Von Schlippe, Lösche, Hawellek (Hg.)
Frühkindliche Lebenswelten und Erziehungsberatung

Arist von Schlippe
Gisela Lösche
Christian Hawellek (Hg.)

Frühkindliche Lebenswelten und Erziehungsberatung.
Die Chancen des Anfangs

Die Deutsche Bibliothek – CIP-Einheitsaufnahme

Ein Titeldatensatz für diese Publikation ist bei
Der Deutschen Bibliothek erhältlich.

2001 © Votum Verlag GmbH
Grevener Straße 89–91, D–48159 Münster

Umschlag: KJM Werbeagentur, Münster
Satz: Maria Krüssel mediendesign, Münster
Druck: Fuldaer Verlagsagentur, Fulda

ISBN 3-933158-54-0

Inhalt

Geleitwort

Die Entwicklung institutioneller Beratung bei Entwicklungsproblemen, Auffälligkeiten und Beeinträchtigungen von Kindern und Jugendlichen reicht zurück bis an den Beginn des vergangenen 20. Jahrhunderts. Wenn eine der ersten Einrichtungen die Bezeichnung Medico-pädagogische Poliklinik für Kinderforschung, Erziehungsberatung und ärztlich-erziehliche Behandlung (Fürstenheim, Berlin, 1906) wählte, brachte dies bereits die Notwendigkeit multiprofessioneller Zusammensicht und Zusammenarbeit zum Ausdruck. Als dann seit den 20er-Jahren der Begriff Erziehungsberatungsstelle kennzeichnend wurde, verband sich damit die Vorstellung von Problembelastungen junger Menschen vor allem im Schulalter. Die Entwicklungsrisiken während der ersten Lebensjahre wurden zwar im Erklärungszusammenhang berücksichtigt und von Eltern erkundet. Der Zeitpunkt für entsprechend frühe Interventionen war jedoch längst vorüber. Allerdings erinnere ich mich, dass ich Anfang der 70er-Jahre als Kinder- und Jugendpsychiater einige Male ausschließlich deswegen in Anspruch genommen worden bin, um – vor dem Hintergrund entsprechender Veröffentlichungen – die Betreuungsorganisation für einen unauffälligen Säugling zu beurteilen. Sonst aber wirkten sich Erkenntnisse über Entwicklungsrisiken der ersten Lebensjahre eher allgemeinpräventiv aus, z.B. bei dem Ersatz langfristiger Heimversorgung von Säuglingen und Kleinstkindern durch frühe Vermittlung in Einzelpflege- bzw. Adoptionsverhältnisse.

Vor allem im letzten Jahrzehnt wird indessen aus nicht wenigen Erziehungsberatungsstellen berichtet, dass sie zunehmend für Probleme von Kindern im Vorschulalter in Anspruch genommen werden. Das macht offensichtlich unterdessen in üblicher Weise – „immer-mehr-Kinder" – Schlagzeilen. Zutreffender wäre die Schlagzeile: Immer mehr Eltern erkennen frühzeitig ihren Bedarf an Beratung und Hilfe. Immer mehr Fachdienste stellen sich auf diesen Bedarf ein. Solch eine Schlagzeile war allerdings bislang nirgendwo zu lesen.

Mit der Inanspruchnahme der Beratungseinrichtungen für jüngere Kinder sind offenbar auch Änderungen der Zugangswege und -anlässe verbunden. Bei Kindern im Schulalter gibt für den Entschluss, professionelle Hilfe zu suchen, häufig den Ausschlag, dass eine schon lange bestehenden Problembelastung außerhalb der Familie auffällt, dass sie „veröffentlicht" wird. Die Inanspruchnahme professioneller Hilfe durch Eltern resultiert dabei aus einer Wechselwirkung zwischen 1. Weite bzw. Enge des Duldungsbereiches für Verschiedenartigkeit, 2. Kenntnis von Hilfemöglichkeiten, 3. Abwägen der voraussichtlich mit den professionellen Interventionen verbundenen eigenen Belastungen. In diesem Band werden jedoch – besonders in den Werkstattberichten – Wege der Vermittlung von Hilfe beschrieben, bei denen sich die Kooperation mit Eltern, Familien und kleinen Kindern in anderen Formen entwickeln kann und keine schwierigen Zugangsentscheidungen getroffen zu werden brauchen. Es sind grundlegende Veränderungen der Art und Weise zu erkennen, in der sich Fachleute zur Verfügung halten und einlassen.

Für alle Kinder bringen die Zeiten ihrer Entwicklung, in denen sie zunächst ganz und gar von der Zuwendung Ihrer Betreuungspersonen abhängig sind (Basissozialisation), und der anschließende Abschnitt, in dem die Familie oder eine entsprechende Gruppierung für sie maßgeblich ist (familiäre Sozialisation), große Entwicklungschancen, aber auch erhebliche Risiken mit sich. Die Risiken haben mit der Beständigkeit und Verlässlichkeit ihrer Beziehungen zu tun, wie sie von unterschiedlichen und vielfältigen Bedingungen abhängen.

Wenn dieses Buch mit den Abschnitten *Engster Nahraum – Ökologischer Nahraum – Professionelle Kontexte* konzentrisch gegliedert ist, dann entspricht das in vieler Hinsicht den sich überlagernden Ebenen des bio-psycho-sozialen Erklärungskonzeptes. Risiken und Belastungen, aber auch protektive Bedingungen und Interventionen lassen sich dabei einander überlagernden Ebenen zuordnen und zueinander in Beziehung setzen. Auf derartige Weise stehen auch die Beiträge zu den drei großen Themenbereichen dieses Buches zueinander in Beziehung. So kann z.B. die Förderung protektiv wirksamer Bedingungen im ökologischen Nahraum manche professionelle Intervention entbehrlich machen. Die Lage aber von Kindern, die Misshandlung und Vernachlässigung erleiden, lässt sich nicht durch eindimensionale Interventionen nachhaltig verändern. Sie ist aus einem komplexen Zusammenwirken von Bedingungen entstanden und nur durch ebenso komplexe Interventionen zu ändern.

Konzentrisch angeordnete Dimensionen oder einander überlagernde Ebenen, beide Vorstellungen machen deutlich, dass Klärungen und Veränderungen in die tradierten Aufgabenbereiche von unterschiedlichen Professionen und Institutionen fallen.

Kooperationsnotwendigkeiten und Kooperationsprobleme zwischen den vier großen Hilfesystemen: Jugendhilfe, Bildungswesen, Gesundheitswesen, Sozialhilfe fordern alle Beteiligten heraus, der Wirksamkeit von Beratung und Hilfe Vorrang zu geben vor professioneller oder institutioneller Zuständigkeit, vor Ausübung von Macht und vor dem Festhalten an grundsätzlicher Überlegenheit der eigenen Erklärungsideologien und Interventionsstrategien. Dies gilt ganz besonders für alle professionellen Einwirkungen bei Entwicklungsproblemen in der ersten Lebenszeit.

Es hört sich immer gut an, wenn von Kooperation geredet und wenn deren Notwendigkeit herausgestellt wird. Kooperation bedeutet indessen mehr als guter Wille und heißt schon gar nicht Unterwerfung unter die Regelungen eines Systems oder einer Erklärungsideologie. Ihre Voraussetzungen sind vielmehr gegenseitige fachliche Achtung und Gleichberechtigung, gegenseitige Kenntnis der Möglichkeiten und Entscheidungsbedingungen sowie das Bemühen um den Abbau fachsprachlicher Verständigungsbarrieren.

Dieses Buch und die Tagungsbegegnungen, die ihm zu Grunde liegen, sind insgesamt und durch viele Einzeldarstellungen ein überzeugendes Beispiel dafür, dass so etwas möglich ist.

Der Band enthält mit den Hauptreferaten Einzelbeiträge, von denen jeder für sich allein wesentliche Erkenntnisse und Perspektiven vermittelt. Seine Werkstattberichte lassen Unmittelbarkeit und Kreativität erkennen. Er ist etwas anderes als ein gewöhnlicher Tagungsband. Er eröffnet Möglichkeiten gemeinsamer Sichtweisen und stellt Handlungskonzepte dar, die scheinbar bewährte Verfahrensweisen sprengen. Er lässt auf frühzeitige und nachhaltige Hilfen für Kinder hoffen, deren Chancen gefährdet sind.

Göttingen im Mai 2001
Friedrich Specht

Vorwort der Herausgeber

In einer Zeit, in der Familien mit Kindern ökonomisch gesehen zu den Verlierern unserer Gesellschaft gerechnet werden müssen, verwundert es nicht, wenn Experten für die Zukunft einen dramatischen Geburtenrückgang mit den entsprechenden volkswirtschaftlichen Konsequenzen ankündigen. Ein solches gesamtgesellschaftliches Klima steht in enger Wechselwirkung mit Prozessen im familialen Mikrokosmos. Schlagzeilen wie: „Experten alarmiert – Deutschland in Erziehungskrise" (Neue Osnabrücker Zeitung, 25.11.2000) oder gar: „Die Elternkatastrophe" (DIE ZEIT, 26.4.2001) verweisen auf die gravierenden Folgen von Vernachlässigung und Konflikten in den frühen Lebensjahren – einer Zeit, in der junge Familien allzu häufig allein gelassen sind.

So erscheint es geradezu als ein Gebot der Stunde, die Lebenssituation kleiner Kinder in den Blick zu nehmen. Bereits ein Jahr vor dem Erscheinen des ersten der oben zitierten Zeitungsartikel hatte die Bundeskonferenz für Erziehungsberatung (bke) im Oktober 1999 eine wissenschaftliche Jahrestagung zu genau diesem Thema ausgerichtet. Die Tagung „Kontexte früher Kindheit" wurde in enger Zusammenarbeit mit dem Fachbereich Psychologie und Gesundheitswissenschaften der Universität Osnabrück durchgeführt. Statt eines üblichen „Tagungsberichtes" haben wir Herausgeber uns entschieden, zum Thema des Kongresses ein eigenständiges Buch zu publizieren, das eine Auswahl der Tagungsbeiträge sowie zusätzliche Texte weiterer Autoren enthält, die zur Abrundung des Themas beitragen.

Das verbindende Thema aller Beiträge sind die Lebenswelten kleiner Kinder – im Alter bis etwa fünf Jahre. Während traditionell die meisten Kinder, die in Erziehungsberatungsstellen vorgestellt werden, zwischen 6 und 12 Jahre alt sind, rückten in den letzten Jahren die kleinen Kinder verstärkt in den Blick der Erziehungsberater/-innen. Die Ergebnisse der Säuglingsforschung finden zunehmend Eingang in die Praxis, Entwicklungstheorien, die diese Ergebnisse integrieren, sind gegenwärtig an einem Punkt angekommen, wo sich aus ihnen Interventionskonzepte ableiten lassen. In dem Maße, in dem solche Konzepte vorliegen, wächst die Sensibilität für die Bedingungen und Möglichkeiten früher Prävention, Beratung und Therapie, steigt das öffentliche Interesse an diesem Bereich und die Schwelle für junge Eltern, sich Hilfe zu holen, sinkt. So wird Erziehungsberatung für kleinere Kinder zunehmend mehr in Anspruch genommen. Stärker als in allen anderen Lebenslagen wird deutlich, dass die Arbeit mit Eltern von Säuglingen und Kleinkindern nicht „Kindertherapie" sein kann, sondern „Beziehungsarbeit" in einem hochkomplexen Feld bedeutet. Die Beraterin/der Berater muss – bildlich gesprochen – über ein „Teleskop" verfügen, das die jeweils bedeutsamen Umwelten „scharf" stellen kann, um ihr entwicklungsförderliches Potential in den Blick zu nehmen, angefangen bei der „Mütterberatung" über „Eltern-Coaching" und Familientherapie bis hin zu neuen Formen multiprofessioneller Zusammenarbeit.

Zu der Lebenswelt eines Säuglings oder Kleinkindes gehören in erster Linie seine engsten Bezugspersonen. Das sind in aller Regel Mutter und Vater, eventuell Geschwister, manchmal Verwandte und Freunde der Eltern, in seltenen Fällen andere Personen wie Tagesmütter, Krippenerzieherinnen oder eventuell Pflegeeltern. Ist ein Kind drei Jahre alt, haben Eltern in Deutschland einen Anspruch auf einen Kindergartenplatz. Damit erweitert sich die Lebenswelt des Kindes erheblich und gewinnt eine neue Qualität. Andere Erwachsene und andere Kinder treten in sein Leben. Je größer die Kreise um das Kind herum werden, desto komplexer werden die sich in ihnen abspielenden Prozesse des Austauschs, der Kommunikation und der Kooperation. Wir haben daher das Buch, ausgehend von dem Bild der konzentrischen Kreise, die sich um das kleine Kind herum ziehen lassen, in drei Teile untergliedert:
- Der engste Nahraum: Erkenntnisse der Säuglingsforschung und ihre Umsetzung in die Praxis
- Der ökologische Nahraum: Qualität und Gestaltung kindlicher Umwelten
- Professionelle Kontexte: Praktizierte Prävention – Modelle von Kooperation und Vernetzung.

Jeder dieser Teile ist so aufgebaut, dass zwei bis drei theoretische Beiträge den Rahmen abstecken. Anschließend geben praxisbezogene Aufsätze, wir haben sie „Werkstattberichte" genannt, einen Einblick in die konkrete Umsetzung theoretischer Überlegungen für Prävention, Beratung und Therapie. Ein Editorial am Anfang eines jeden Teils führt in den Themenschwerpunkt ein.

Die Jugendhilfe hat sich lange Zeit schwer getan, Erziehungsberatung als Teil der Hilfen zur Erziehung zu akzeptieren, wie es das Kinder- und Jugendhilfegesetz (KJHG) vorsieht. Umgekehrt war es für die Erziehungsberatung nicht leicht, sich als Teil der Jugendhilfe zu sehen. Inzwischen haben Erziehungsberatungsstellen ihren Platz dort eingenommen. Sie bereichern die Kinder- und Jugendarbeit durch ihr psychologisches und therapeutisches Fachwissen und bringen Impulse in die Jugendhilfe. Noch zögernd werden Säuglinge und Kleinkinder als eine Zielgruppe wahrgenommen, für die die (Kinder- und) Jugendhilfe zuständig ist. „Kinderhilfe" ist in der öffentlichen Verwaltung und in der Politik noch nicht so recht angekommen. Es gibt ein Jugendamt, einen Jugendhilfeausschuss, die Jugendpflege und den Jugendpfleger – doch einen „Kinderpfleger" kennt man in der Jugendhilfe nicht, ebenso wenig einen

„Kinderhilfeausschuss" oder ein „Kinderamt". Dass die Kinder stärker in den Blick der Jugendhilfe geraten, dazu leisten die Erziehungsberatungsstellen einen erheblichen Beitrag.

Psychologisches, insbesondere entwicklungspsychologisches und klinisches Fachwissen erweist sich nicht nur in der Kinder- und Jugendhilfe als handlungsleitend. Die Arbeit in Familien mit Säuglingen und Kleinkindern ist hierfür ein eindrücklicher Beleg. Sie zeigt aber auch, dass eine Profession alleine den Problemen, die sich auftun können, nicht gewachsen ist. Vernetzung und Kooperation sind gefordert, und zwar nicht allein innerhalb der Kinder- und Jugendhilfe, sondern auch mit dem Gesundheitswesen. Eltern zu stärken und zu stützen, um ihre Kinder zu selbstbewussten und verantwortungsvollen Menschen zu erziehen, ist unser Anliegen. Dies kann nur gemeinsam bewältigt werden. So ist Erziehungsberatung eingebettet in gesamtgesellschaftliche Entwicklungen. Diese verändern – wie die Geschichte der Erziehungsberatung in Deutschland zeigt – das Selbstverständnis der Mitarbeiterinnen und Mitarbeiter, ihre Theorien und ihre Praxis. Erziehungsberatung beansprucht für sich kein Monopol auf eine bestimmte Art verantwortlichen Handelns, um Eltern und Kinder in unserer Gesellschaft zu stärken. Sie beachtet regionale, politische und fachliche Bedingungen und trägt zur Gestaltung des gesellschaftlichen Wandels bei. Das vorliegende Buch soll ein Beitrag dazu sein.

Abschließend möchten wir uns bei all denen bedanken, ohne die dieses Buch nicht hätte entstehen können. Wir drei stehen an dieser Stelle auch stellvertretend für die Vorbereitungsgruppe der Tagung im Oktober 1999. Namentlich möchten wir hier Martin Pfeffer hervorheben, der von der Landesarbeitsgemeinschaft für Erziehungsberatung Niedersachsen (LAG) die Tagung schriftführend mit vorbereitete, sowie Herbert Schilling, der als Vertreter der bke stets präsent war und kontinuierliche Unterstützung gab. Zu danken haben wir auch Prof. Münstermann vom Votum Verlag, allen unseren Autorinnen und Autoren und last not least unseren Familien, die, auch wenn unsere Kinder schon über das Stadium der frühen Kindheit hinausgewachsen sind, doch einen großen Teil der Zusatzlast mittrugen, die die Herausgabe eines solchen Werkes erfordert.

Wir wünschen uns und diesem Buch engagierte und kritische Leserinnen und Leser.

Osnabrück, Celle und Vechta im Mai 2001
Arist von Schlippe, Gisela Lösche, Christian Hawellek

Teil 1:
Der engste Nahraum: Erkenntnisse der Säuglingsforschung und ihre Umsetzung in die Praxis

Editorial der Herausgeber

Dieser Teil beginnt mit theoretischen Aufsätzen zu unterschiedlichen Bedingungen der frühkindlichen Sozialisation aus entwicklungspsychologischer Sicht. Vom Standpunkt der evolutionären Entwicklungspsychologie aus versteht Heidi Keller, Entwicklungspsychologin am Fachbereich Psychologie und Gesundheitswissenschaften der Universität Osnabrück, kindbezogenes Verhalten von Eltern als eine Investition in ihr Kind, die die Wahrscheinlichkeit des Überlebens dieses Kindes erhöht. Sie entwirft ein Komponentenmodell des Elternverhaltens mit fünf Elternsystemen und vier Interaktionsmechanismen als grundsätzlich voneinander unabhängigen universalen Verhaltensprogrammen, die sich im Repertoire aller Menschen finden lassen. Unterschiedliche psychische und soziale Umgebungsbedingungen führen zu einer je spezifischen Bedeutung der Elternsysteme und Interaktionsmechanismen für die Entwicklung eines Kindes und damit zu unterschiedlichen Entwicklungskonsequenzen. Vor dem Hintergrund kulturvergleichender Entwicklungsforschung verdeutlicht Keller ihren Ansatz mit Beispielen aus verschiedenen Kulturen. Damit zeigt sie den großen Bereich von Entwicklungsmöglichkeiten auf, für die ihre Theorie eine Erklärung bietet. Heidi Keller stellt ihr Modell frühkindlicher Sozialisationskontexte an dieser Stelle zum ersten Mal einer breiten Öffentlichkeit von Praktikern vor. Sie hat ein viel versprechendes Modell mit hohem Erklärungsgehalt für die Entwicklung kleiner Kinder entworfen. Der auf einem anspruchsvollen Abstraktionsniveau geschriebene Text lohnt die Lektüre sehr, da in ihren theoretischen Überlegungen ein großes Potenzial liegt, Anwendungskonzepte für Prävention, Beratung und Therapie zu entwickeln.

Der zweite Aufsatz dieses Teils behandelt die Bindungstheorie. Praktikerinnen und Praktiker im Bereich von Kinder-/Jugendhilfe und Gesundheitswesen entdecken zunehmend den handlungsleitenden Wert dieser Theorie für die eigene beraterische und therapeutische Praxis, möglicherweise, weil die Kernaussage der Theorie verhältnismäßig einfach, aber umfassend und damit ihre Umsetzung attraktiv ist: Kinder entwickeln verschiedene Bindungsmuster, die sich voneinander unterscheiden lassen, in Abhängigkeit von Art und Ausmaß der Feinfühligkeit, mit der die engsten Bezugspersonen – in der Regel also die Eltern, und zwar besonders die Mütter – auf das Bindungsverhalten der Kinder reagieren. Die Theorie ermöglicht es, Konzepte zu entwickeln, wie unsichere zu sicheren Bindungsstilen verändert werden können, und zwar schon sehr früh bei den Säuglingen, aber auch noch im Erwachsenenalter. Gerhard Suess, Leiter des Projektes Frühintervention in Hamburg Nord, ist ein Mittler zwischen Wissenschaft und Praxis. Er stellt die Bindungstheorie in einer verständlichen Sprache vor und macht Schritte über ihren bisherigen Rahmen hinaus. Er will sie nicht länger auf Eltern-Kind-Dyaden einge- schränkt wissen, sondern begreift sie vor dem Hintergrund systemischen Ge- dankenguts als eine allgemeine Theorie sozialer Systeme. Suess entwickelt ein Interventionskonzept für eine familienergänzende Kinderbetreuung in Krip- pen und Kindergärten. Zwar sind die Eltern die ersten und engsten Bezugs- personen, sie schaffen die Grundlage für die Persönlichkeitsentwicklung ihres Kindes, doch schon sehr bald erweitert sich dieser familiale Nahraum um wei- tere Personen des ökologischen Umfeldes.

Auf die Bedeutung von Peer-Kontakten für die frühkindliche Entwicklung wei- sen Kornelia Schneider und Wiebke Wüstenberg von der Fachhochschule Frankfurt hin und behandeln damit ein bisher vernachlässigtes Gebiet der modernen Säuglingsforschung, dessen gesellschaftliche Relevanz bislang nur wenig wahrgenommen wird. Bereits im ersten Lebensjahr zeigen Säuglinge und Kleinkinder ein grundsätzliches Interesse an Gleichaltrigen, einjährige Kinder entwickeln in der Krippe feste Freundschaften, Kinder bekommen von Kindern andere Impulse für die kognitive, emotionale und soziale Entwick- lung als von Erwachsenen. Man weiß heute, dass eine gute Krippenerziehung entwicklungsförderlich ist, während eine exklusive elterliche Betreuung eines kleinen Kindes unter Umständen sogar entwicklungshemmend sein kann. Vor dem Hintergrund gesellschaftlicher Veränderungen fordern die Autorinnen eine familienergänzende Betreuung von Säuglingen und Kleinkindern.

Während die theoretischen Beiträge dazu auffordern, neue Konzepte für die Praxis zu entwickeln bzw. praktisch zu erproben, stellen die Werkstattberich- te Beispiele dar, wie die Befunde der Säuglingsforschung bereits umgesetzt werden, um Eltern in ihren erzieherischen Kompetenzen zu stärken und Kin- dern von Anfang an einen guten Start ins Leben zu ermöglichen. Alle Beiträ- ge dieses ersten Teils haben eines gemeinsam: Sie sind beziehungsorientiert und stellen die Interaktion eines Säuglings oder Kleinkindes mit anderen – El- tern, Gleichaltrigen und weiteren Bezugspersonen – in den Mittelpunkt ihrer Betrachtung.

Es hat etwa 30 Jahre gedauert, bis die Befunde der empirischen Säuglings- forschung Eingang in die Praxis gefunden haben. Daran beteiligt waren und sind vor allem Experten wie Entwicklungspsychologinnen und Entwicklungs- psychologen, Pädiaterinnen und Pädiater, die selbst in der Wissenschaft gearbeitet haben oder arbeiten und gleichzeitig praktisch tätig sind. Sie sind diejenigen, die sozusagen die Übersetzung der empirischen Befunde und theoretischen Aussagen in praxisrelevante Konzepte vorgenommen und in der Praxis erprobt haben. Sie tragen dazu bei, dass das Bild des Säuglings als eines von Anfang an aktiven, wenn auch keineswegs gleichberechtigten Interaktionspartners gesellschaftlich zur Kenntnis genommen wird und allmählich auch in die impliziten Alltagsvorstellungen über die Entwicklung im Kindesalter eingeht. Nicht nur Ernährung, Pflege und Schutz braucht der Säugling, sondern von Anfang an auch emotionale Geborgenheit, kommunikativen Austausch, die Erfahrung eigener Wirksamkeit und erste Einsichten in Zusammenhänge. Dies gelingt dem Säugling, weil seine engsten Bezugspersonen ihm dazu intuitiv die entsprechenden Hilfen geben. Unabhängig von Alter, Geschlecht, Kultur und Vorerfahrungen mit kleinen Kindern können wir alle unser Verhalten intuitiv an die Bedürfnisse und Fähigkeiten kleiner Kinder anpassen und bieten so dem Säugling über die Ebene der Beziehung die Voraussetzung dazu, sich entwickeln zu können.

Nun kann es im Einzelfall biologische oder psychosoziale Risikokonstellationen geben, die den Aufbau einer gelingenden Eltern-Kind-Beziehung erschweren, wenn nicht gar misslingen lassen. Von solchen Belastungen und ihrer Bewältigung durch Unterstützung, Beratung und Therapie handeln die Aufsätze von Fries und Jacubeit, die beide das intuitive elterliche Verhalten in den Mittelpunkt ihrer Intervention stellen. Mauri Fries als Entwicklungspsychologin und Leiterin der Beratungsstelle „Beratung für Eltern mit Babys und Kleinkindern" in Leipzig berichtet von ihren Erfahrungen in der Arbeit mit Eltern und ihren Säuglingen im ambulanten Setting einer Beratungsstelle. Fries weist auf die schwierige Situation für Familien mit kleinen Kindern in unserer Gesellschaft hin, die ganz erheblichen psychosozialen Belastungen ausgesetzt sind. Anhand von Fallbeispielen verdeutlicht sie, wie sie arbeitet, um Eltern in ihren erzieherischen Kompetenzen zu stützen und zu stärken.

Als Pädiaterin setzt sich Tamara Jacubeit mit Voraussetzungen und Konsequenzen von Misshandlung und Vernachlässigung im Säuglings- und Kleinkindalter auseinander. Dabei legt sie den Schwerpunkt ihrer Betrachtungsweise auf elterliche wie kindliche Bedingungen, die dem Aufbau einer guten Eltern-Kind-Interaktion entgegenstehen. Auch für Jacubeit ist die Beziehungsarbeit mit den Eltern und ihrem kleinen Kind eine unerlässliche Aufgabe für Prävention und Intervention. Auch sie gibt anhand von Fallbeispielen einen Einblick in ihre Arbeit. Beide Autorinnen kommen mit unterschiedlicher Schwerpunktsetzung zu sehr ähnlichen Behandlungsansätzen. Beide zeigen mit ihren Beispielen auf, dass in Fällen schwerer Beziehungsstörung umfassende Hilfen für Eltern und Kind erforderlich sind. Hier bedarf es der Vernetzung und der Entwicklung von Modellen zur Zusammenarbeit zwischen Kinder- und Jugendhilfe und Pädiatrie und darüber hinaus auch der Psychiatrie, wenn es darum geht, psychisch erkrankte Eltern zu unterstützen.

Mit „Marte Meo" stellen Annegret Sirringhaus-Bünder und Peter Bünder vom Kölner Verein für systemische Beratung gemeinsam mit Christian Hawellek als Erziehungsberater und Maria Aarts als der Urheberin dieses Ansatzes ein Modell und gleichzeitig eine Methode vor, die in verschiedensten psychosozialen Arbeitsfeldern entwickelt und erprobt wurde. Das methodische Herzstück des Modells, das von Maria Aarts in Holland aus dem „Video-Home-Training" heraus weiterentwickelt wurde, ist die Videoanalyse der Eltern-Kind-Interaktion und die sich anschließende Videoberatung. Mit speziellen Anweisungen beim gemeinsamen Betrachten zuvor erstellter Videoszenen lenkt die Beraterin/der Berater die Aufmerksamkeit der Eltern vom Problem hin zu Ressourcen und Lösungen. Eltern werden darin bestärkt, aus eigener Kraft Möglichkeiten zu entwickeln und den Dialog, die Interaktion, die Beziehung zu ihrem Kind in gute Bahnen zu lenken. „Marte Meo" ist dazu angetan, die Erziehungsberatung um eine sehr wirkungsvolle Interventionsmöglichkeit zu bereichern.

Frühkindliche Sozialisationskontexte: Ein Vorschlag zur Spezifikation elterlicher Investitionen in ihre Kinder

Ein Beitrag aus Sicht der evolutionären Entwicklungspsychologie

Heidi Keller

Einleitung

„Wie die Eltern, so die Kinder" (deutsches Sprichwort)
„An den Kindern erkennt man die Eltern" (estländisches Sprichwort)

Die in diesen Sprichwörtern ausgedrückten Volksweisheiten thematisieren den prägenden Einfluss von Eltern auf ihre Kinder. In der modernen Entwicklungspsychologie wird dieser Einfluss jedoch nicht allenthalben akzeptiert. So findet z.B. die Vorstellung von Harris (1995), dass die Eltern gar keine Rolle für die kindliche Entwicklung spielen, sondern dass die Gruppe der Gleichaltrigen („peer group") entscheidende Impulse setzt, eine beachtliche öffentliche Aufmerksamkeit. Auch die Vorstellungen von Sandra Scarr (z.B. 1993), die die Rolle der Eltern auf ihren genetischen Beitrag reduziert, die lediglich „good enough parenting" zu leisten brauchen, das heißt, ihre Kinder nicht extrem vernachlässigen oder misshandeln, haben in fast allen neueren Lehrbüchern der Entwicklungspsychologie Einzug gehalten (z.B. Cole & Cole, 1996). Noch kontroverser wird die Diskussion, wenn der elterliche Einfluss für die Entwicklungsphase der frühesten Kindheit spezifiziert wird (vgl. z.B.: die „Special section: Does infancy matter?" der Zeitschrift Infant Behavior and Development, 1999). Man kann geradezu den Eindruck gewinnen, dass die Relativierung der Bedeutung der Kleinkindzeit für den weiteren Entwicklungsverlauf ein emotionales Anliegen verschiedener Autoren ist (vgl. dazu Keller, 1997; Eckensberger & Keller, 1998).

Dieser Einschätzung steht das expandierende Gebiet der interpersonalen Neurobiologie (Schore, 1994; Siegel, 1999) gegenüber, wo sogar die postnatale Entwicklung und Differenzierung des Gehirns und die damit verknüpften Entwicklungsprozesse auf der Grundlage sozialer Erfahrungen konzeptionalisiert werden. So formuliert Siegel (1999, S. 2): „Der Geist wird innerhalb der Interaktionen interner neurophysiologischer Prozesse und interpersonaler

Erfahrungen geschaffen" [„The mind is created within the interaction of internal neurophysiological processes and interpersonal experiences"]. Weiterhin argumentiert er, dass die Struktur und Funktion des sich entwickelnden Gehirns dadurch geformt wird, wie spezielle interpersonale Erfahrungen die genetisch programmierte Reifung des Nervensystems steuern. Eine solche Sichtweise impliziert jedoch nicht, wie Nelson (1999, S. 425) zutreffend argumentiert, dass die Früheste Kindheit eine generell kritische Periode darstellt, sondern dass die Wirkmechanismen für einzelne Bereiche zu spezifizieren sind. Damit wird Entwicklung zu einem individuellen und subjektiven Prozess. Die darin begründeten interindividuellen Unterschiede ermöglichen die Nutzung unterschiedlichster Ressourcen und Lebensräume, was eine wesentliche Voraussetzung für Adaptivität ist.

Insbesondere zwei theoretische Konzeptionen fokussieren auf die Rolle der Eltern für die Ausbildung frühkindlicher Entwicklungsmuster: die Bindungstheorie und die evolutionäre Psychologie. Mit dem Konzept der elterlichen Sensitivität wurde auf der Grundlage der Bindungstheorie eine normative elterliche Qualität definiert, die als grundlegend für die Ausbildung einer sicheren Bindungsbeziehung gesehen wird (z.B. Sroufe & Waters, 1997; Weinfield et al., 1999). Elterliche Feinfühligkeit („sensitivity") stellt eine fest verschaltete Reaktionsbereitschaft aus Aufmerksamkeit, Promptheit, Angemessenheit und Konsistenz dar, die auf der quantitativen Dimension von weniger nach mehr variieren kann, die mehr oder weniger insbesondere zur Regulation negativer Kindsignale eingesetzt werden sollen. Das Konzept der Feinfühligkeit ist in der jüngeren Vergangenheit allerdings zunehmend kritisiert worden, da die Zusammenhänge mit der späteren Bindungssicherheit zwar vorhanden, aber nicht stärker als andere Aspekte elterlichen Verhaltens sind (de Wolff & van IJzendoorn, 1997; Keller et al., 1999; Völker et al., 1999). Darüber hinaus muss Feinfühligkeit als kulturspezifisches Muster elterlicher Qualität diskutiert werden. Die Definition von Feinfühligkeit basiert auf Vorannahmen, die für viele kulturelle Kontexte nicht zutreffen (Rothbaum et al., 2000; Verhoef et al., im Druck), wie z.B. die implizierte exklusive dyadische Aufmerksamkeit. Wir werden auf diese Aspekte zurückkommen und eine Alternative zur Bestimmung elterlicher Qualität vorschlagen.

Die evolutionäre Psychologie, die auch die menschliche Verhaltensentwicklung unter dem ultimaten Ziel einer optimalen genetischen Reproduktion fasst, konzeptionalisiert elterliches Verhalten als eine „Investitionsleistung" (Theorie der parentalen Investition, Trivers, 1972). Elterliches Investment ist definiert als jegliches Verhalten einer Mutter oder eines Vaters, das die Wahrscheinlichkeit des Überlebens – und damit auch des reproduktiven Erfolgs – eines individuellen Nachkommen erhöht und gleichzeitig das Ausmaß an Investitionen in andere Nachkommen reduziert (Trivers, 1972, 1974). Eltern treffen nach dieser Theorie ständig implizite und nicht bewusste Kosten-Nutzen-Kalkulationen, mit denen sie den „Nettoreproduktionserfolg" abschätzen.[1] Die Investitionsleistungen sind bisher mit wenigen Ausnahmen (vgl. dazu Keller & Zach, im Druck) als quantitative Maße erfasst worden, wie z.B. Verbrauch der Energie beim Stillen oder Tragen oder Zeitdauer der Beschäftigung mit dem Kind; eine Analyse psychologischer Qualitäten steht bisher noch weitgehend aus.

Im Folgenden werden zunächst die Voraussetzungen für die frühen Interaktionsregulationen vorgestellt, bevor dann ein „Komponentenmodell" des Elternverhaltens eingeführt wird. In diesem Modell werden Elternsysteme und Interaktionsmechanismen unterschieden mit dem Ziel, qualitative und quantitative differenzielle Investitionsleistungen zu spezifizieren.

Der vorbereitete Säugling. Kompetenzen und Defizite

Säuglinge sind schon bei der Geburt mit einem Repertoire sozialer Verhaltensweisen ausgestattet, die die sofortige Aufnahme von Interaktionen mit den Bezugspersonen ermöglichen. Ihre grundsätzliche soziale Orientierung äußert sich darin,

- dass sie lieber mit anderen zusammen als alleine sind (Trevarthen, 1977),
- dass sie das menschliche Gesicht vor allen anderen visuellen Mustern (Fantz, 1963) bevorzugen,
- dass sie sich Personen gegenüber anders verhalten als gegenüber Objekten (Brazelton et al., 1974) und schließlich
- dass sie soziale Antworten aus ihrer Umgebung erwarten (z.B. Weinberg & Tronick, 1996)[2].

Um die Aufmerksamkeit ihrer sozialen Partner auf sich zu lenken und zu erhalten, sind Säuglinge mit einem Repertoire ausgestattet, das von morphologischen Charakteristika wie dem Kindchenschema (Lorenz, 1943) bis zu aktiven Bindungsverhaltensweisen reicht, wie dem Ausdruck negativer (Schreien, Quengeln) und positiver Interaktionssignale (Schauen, Vokalisieren, Lächeln). Sie sind mit der Fähigkeit ausgestattet, Kontingenzen zu entdecken (Keller et al., 1999), die es ihnen ermöglichen, den zeitlichen Zusammenhang zwischen sozialen sowie objektbezogenen Ereignissen zu erkennen. Weiterhin sind sie in der Lage, bedeutsame Spracheinheiten (Phoneme) aus ihrer linguistischen Umgebung aufzunehmen (Keller, 2000b). Sie reagieren sensitiv auf Stimulation und erfahren Trost durch soziale Zuwendung in unglücklichen Momenten. Diese typischen Merkmale des Aussehens und Verhaltens des Kleinkindes dienen adaptiven Zwecken, indem so die Pflegebereitschaft der Bezugspersonen motiviert wird. Damit wird aber auch Aufmerksamkeit von Nicht-Familienmitgliedern sichergestellt, da in manchen Kulturen Säuglinge als Eigentum der (Dorf-)Gemeinschaft gelten, wie beispielsweise bei den kamerunischen Nso (Yovsi, 2001). In der Regel sind es jedoch Familienmitglieder und Verwandte, die die Säuglinge betreuen, wobei die Mutter in allen Kulturen die Hauptbezugsperson ist, selbst wenn multiple Pflegearrangements Teil der kulturellen Sozialisation sind, wie bei den zentralafrikanischen Efe (Tronick, Morelli & Ivey, 1992), oder in Sozialisationskontexten mit einem ungewöhnlich hohen Ausmaß väterlicher Betreuung, wie bei den ebenfalls in Zentralafrika lebenden Aka (Hewlett, 1991; vergl. auch Munroe & Munroe, 1997). Aus dem geringen Engagement, das Väter in den meisten Kulturen in der Säuglingszeit an den Tag legen, kann jedoch nicht geschlossen werden, dass ihre Rolle unbedeutend ist. Untersuchungen bei den Ache-Indianern haben ergeben, dass die Abwesenheit des Vaters einen signifikanten Einfluss auf Säuglings- und Kindersterblichkeit hat (Hurtado & Hill, 1991). Auch bei uns hat väterliche Abwesenheit in den ersten Lebensjahren einen nachweisbaren Einfluss auf den weiteren Entwicklungsverlauf. So beschleunigt offensichtlich väterliche Abwesenheit in den ersten fünf Lebensjahren den Beginn der Pubertät. Der Zeitpunkt des Eintritts in die Pubertät ist mit einer Reihe somatischer und psychologischer Konsequenzen assoziiert (Chasiotis, 1999).

Die erste zentrale Entwicklungsaufgabe für den Säugling besteht in der Herstellung einer Beziehungsmatrix (Keller & Eckensberger, 1998). Säuglinge sind ihrer Umwelt dabei nicht passiv ausgesetzt, sondern nehmen aktiv an den sozialen Interaktionen teil und konstruieren dabei individuell ihre frühe soziale Beziehungsmatrix (Keller & Eckensberger, 1998; Keller & Greenfield, 2000). Diese Aktivität täuscht jedoch nicht darüber hinweg, dass Säuglinge in hohem Maße hilfsbedürftig sind und damit abhängig von der Versorgung durch die Bezugspersonen. Einerseits kann der Säugling als „physiologische Frühgeburt" (Prechtl, 1984) gesehen werden, andererseits lässt sich die Hilfsbedürftigkeit des Säuglings aber auch als Anpassungsmuster verstehen, das es ihm erlaubt, alle Ressourcen in das eigene Wachstum und die eigene Entwicklung zu investieren (Keller, im Druck).[3]

Vorbereitete Eltern. Explizite und intuitive Elternprogramme

Säuglinge benötigen eine spezielle Umgebung, die ihren unfertigen Entwicklungsstand kompensiert und komplementiert. Aus diesem Grunde sind auch Pflegepersonen mit einem spezifischen Verhaltensrepertoire ausgestattet, das der emotionalen und sozialkognitiven Ausstattung von Säuglingen Rechnung trägt. Eltern ebenso wie Nicht-Eltern und sogar kleine Kinder im Alter von zwei bis drei Jahren verfügen über Elternprogramme, die es ermöglichen, Signale von Säuglingen zu dekodieren und angemessen darauf zu reagieren.

Die Betreuung und Versorgung kleiner Kinder findet in Kontexten statt, für die den Mitgliedern einer kulturellen Gemeinschaft explizite, normativ orientierte Skripts zur Verfügung stehen. Insbesondere in kulturellen Kontexten, in denen die Entwicklungsstimulation zentrales Anliegen elterlichen Verhaltens ist, gibt es verbindliche „Ethnotheorien", deren Einhaltung durchaus von der Gemeinschaft überwacht wird. Motorische Stimulation, um die Entwicklungsgeschwindigkeit der motorischen Entwicklung zu erhöhen, ist ein gutes Beispiel für eine solche explizite elterliche Strategie (Keller, Völker & Yovsi, in Vorb. a; Keller, Yovsi & Völker, in Vorb. b). Elterliches Verhalten kann aber auch intuitiv gesteuert sein. Dann ist es nicht-intentional und nicht-bewusst, häufig auch ohne ein explizites Verständnis darüber, warum es durchgeführt wird (Papoušek & Papoušek, 1991). Die allgemein menschliche Kapazität zu intuitivem Lernen ist sowohl in der kognitiven Psychologie, insbesondere der Gedächtnisforschung, aufgewiesen worden als auch in der Kulturanthropologie, wo gezeigt werden konnte, dass elterliche Investitionen in Abhängigkeit von Sterblichkeitsdaten der Gemeinschaft getätigt werden, ohne dass darüber ein Bewusstsein vorhanden wäre. Intuitive Elternprogramme wurden bisher meist im Kontext der „Face-to-face"-Interaktionen beschrieben, also dem Blickkontakt und den in diesem Rahmen stattfindenden Regulationen (Papoušek & Papoušek, 1997; Keller, Schölmerich & Eibl-Eibesfeldt, 1988; Keller, Chasiotis & Runde, 1992).

Das Zusammenspiel zwischen den kindlichen sozialen Äußerungen und den kulturell definierten expliziten und biologisch fundierten intuitiven elterlichen Verhaltensweisen bestimmt also den jeweils einzigartigen Entwicklungskontext, der auch von Entwicklungsgenetikern als die nicht-geteilte Umwelt („non-shared environment") als signifikanter Faktor für den Entwicklungsverlauf betrachtet wird (z.B. Plomin, 1994).

Komponentenmodell des Elternverhaltens

Die physische wie psychologische Versorgung des Säuglings ist in Verhaltenssysteme eingebettet, von denen angenommen wird, dass sie als Antworten auf Problemstellungen im Laufe der Evolution entwickelt wurden. Sie können jeweils als relativ unabhängige funktionale Einheiten charakterisiert werden, die klar unterscheidbare Entwicklungskonsequenzen nach sich ziehen. Sie werden durch Entwicklungsziele reguliert (vgl. Bowlby, 1982; Hinde, 1982). Die elterlichen Verhaltenssysteme[4]: „Primäre Pflege", „Körperkontakt", „Körperstimulation", „Objektstimulation" und „Face-to-Face-Austausch" werden nachfolgend kurz charakterisiert. In diesen Elternsystemen werden spezifische Interaktionsmechanismen wirksam, insbesondere die

- Qualität der Aufmerksamkeit,
- Sensitivität für positive und negative Kindsignale,
- Kontingenz und
- Wärme.

Diese Interaktionsmechanismen sind ebenfalls als grundsätzlich unabhängig voneinander konzipiert (Keller, Völker & Zach, 1997; Keller, 2000a; Völker, 2000). Das Vorhandensein eines Elternsystems schließt jedoch das Auftreten anderer Elternsysteme nicht aus. In der Regel treten die Systeme in verschiedenen Mischungen auf. Die Elternsysteme und Interaktionsmechanismen werden als universelle Komponenten elterlichen Verhaltens aufgefasst, deren jeweiliges Zusammenspiel die jeweils spezifischen Sozialisationskontexte gestaltet.

Mit dem Komponentenmodell des Elternverhaltens wird es möglich, komplexe und integrative Konzeptionen elterlichen Verhaltens, wie sie z.B. mit dem Konzept der Sensitivität von der Bindungstheorie (vgl. Bowlby, 1969; Ainsworth et al., 1978) als normativ charakterisiert sind, in verschiedene Bestandteile zu zerlegen und unterschiedliche Konzeptionen elterlichen Verhaltens zu definieren, die sowohl kulturspezifisch als auch interindividuell variieren können (Rothbaum, 2000; Keller et al., in Vorb. a; Keller, 2000a). Die Elternsysteme werden im Folgenden kurz charakterisiert.

Elternsystem 1: Primäre Pflege

Bereitstellung primärer Pflege, wie z.B. Nahrung, Schutz und Hygiene, charakterisiert alle elterlichen Anstrengungen und repräsentiert sicherlich den phylogenetisch ältesten Anteil der Elternsysteme. Intensität und Ausmaß primärer Pflege sind jedoch in sehr unterschiedlichen Dimensionen festzustellen. In extremen Armutskontexten z.B. mag das Stillen die hauptsächliche Art elterlicher Investition sein, die eine Mutter ihrem Kind gegenüber aufbringen kann. Hitchcock & Minturn (1963) z.B. beschrieben den Sozialisationskontext der indischen Rajput-Babys in diesem Sinne: Nur wenn Babys schreien, werden sie gestillt, andere Formen elterlicher Aufmerksamkeit wurden von diesen Autoren nicht beobachtet.

Das primäre Pflegesystem

Diese westkamerunische Nso-Frau stillt ihr Kind, während sie gleichzeitig Gemüse putzt. Sie praktiziert damit das Muster der geteilten Aufmerksamkeit.

Die psychologische Funktion, die dem primären Pflegekontext zugeschrieben werden kann, besteht sicherlich darin, Stress und negative Gefühle zu reduzieren, und weniger darin, positive Verhaltenszustände herzustellen oder positive Emotionen zu teilen. Mit der Promptheit, mit der ein Säugling primäre Pflege erfährt und damit Reduzierung von Schmerz und Unwohlsein, wächst Sicherheit und Vertrauen in die schützende Umgebung und in die Verfügbarkeit sozialer Bezugspersonen. Diese Sicherheit und dieses Vertrauen können als eine grundlegende Dimension des sich entwickelnden Selbstkonzeptes angesehen werden (Bowlby, 1969; Bischof, 1985; Erikson, 1950).

Elternsystem 2: Körperkontakt

Als zweites Elternsystem definieren wir Körperkontakt und Am-Körper-Tragen. In verschiedenen kulturellen Kontexten werden Säuglinge über weite Strecken des Tages am Körper ihrer Mütter getragen, zum Beispiel auf dem Rücken oder auf der Hüfte. Die Aka-Pygmäen-Mütter tragen ihre Kinder ungefähr acht Stunden am Tag (Hewlett, 1991). Auch die westafrikanischen !Kung (Barr et al., 1991) oder die südamerikanischen Aché-Kinder verbringen über 90% der Tageszeit in Körperkontakt mit Bezugspersonen, davon die meiste Zeit mit der Mutter (Hill & Hurtado, 1996). Der US-amerikanische Anthropologe Robert LeVine (1990) klassifizierte kulturelle Kontexte, in denen diese Praxis geübt wird, als „back and hip cultures".

Das Tragen beschützt das Baby vor Gefahren, die in traditionellen dörflichen Umgebungen lauern, wie z.B. offene Feuerstellen oder giftige Tiere am Boden. Die psychologischen Folgen von ausgedehnten Körperkontakterfahrungen

23

können in einer Stärkung der sozialen Bande zwischen Mutter und Kind wie auch zur gesamten Gruppe bei multiplen Pflegearrangements gesehen werden (Harlow & Harlow, 1962; Dunbar, 1998).

Das Körperkontaktsystem

Säuglinge und kleine Kinder sind ständig in engem Körperkontakt mit Mutter und Geschwistern. Bereits Dreijährige tragen ihre kleinen Geschwister beachtlich lange Zeiten.

Diese sozialen Bande lassen sich am besten mit dem Konzept von emotionaler Wärme beschreiben. Eltern-Kind-Beziehungen, die durch Wärme geprägt sind, führen offensichtlich zur Akzeptanz von Normen und Werten der Elterngeneration und bereiten das Kind für ein Leben vor, das in Harmonie und Kooperation zwischen den Mitgliedern der primären sozialen Gruppen gekennzeichnet ist (Keller et al., in Vorb. a).

Die Mutter, die ihr Baby am Körper trägt, kann gleichzeitig auf dem Feld oder für die Familie arbeiten, sodass die Versorgung des Kindes zu einer Aktivität wird, die gleichzeitig mit anderen Aktivitäten verknüpft wird („co-occurring care", Saraswathi, 1994). Dabei erleben sich die Kinder selten als Zentrum der Aufmerksamkeit der erwachsenen Bezugspersonen, sind andererseits aber auch nie alleine, da in diesen Sozialisationskontexten auch das gemeinsame Schlafen von Mutter und Kindern das kulturelle Ideal starker und loyaler Familienbeziehungen unterstützt (z.B. Nsamenang & Lamb, 1994).

Obwohl dem primären Pflegesystem und dem Körperkontaktsystem definierte psychologische Konsequenzen zugeschrieben werden können, sind sie nicht auf den Menschen beschränkt, sondern charakterisieren die elterlichen Investitionen vieler Arten.

Die jetzt im Folgenden charakterisierten drei Elternsysteme, das Körperstimulationssystem, das Objektstimulationssystem und das „Face-to-face"-System jedoch sind spezifisch menschlich.

Elternsystem 3: Körperstimulation[5]

Das Körperstimulationssystem

*Diese kamerunische Nso-Mutter prakti-
ziert die kulturell verbindliche Form
des körperlichen Trainings: vertikales
Auf- und Abbewegen.*

Das dritte Elternsystem ist ebenfalls in körperlichen Kommunikationsprozessen begründet, stellt jedoch eine exklusive dyadische Aktivität dar. Mütter, aber auch Väter, wie z.B. die südamerikanischen Yanomami (Keller et al., 1988), stimulieren ihre Säuglinge durch Berühren und Bewegungen, beobachten die kindlichen Reaktionen und modulieren ihr eigenes Verhalten entsprechend. Körperstimulation ist eine individuelle Reaktion auf ein individuelles Kind. Dieses Interaktionsverhalten wird häufig von emotionalen Äußerungen begleitet, die kontingent auf kindliches Verhalten erfolgen oder aber Momente gleichzeitiger Emotionen darstellen. Körperstimulation wird in der Regel in kurzen Episoden ausgeführt. Funktionell kann Körperstimulation zur motorischen Entwicklung in Beziehung gesetzt werden. Die motorische Überlegenheit des afrikanischen Säuglings (Super, 1976) wird als Konsequenz spezifischer sozialisatorischer Praktiken interpretiert (Bril, 1989; vgl. auch Keller et al., in Vorb. a). Das spezifische Körperstimulationsprogramm, das man in vielen afrikanischen Ländern finden kann, ist in Ethnotheorien begründet, wie z.B. dem Mobilitätskonzept der nigerianischen Yoruba oder dem kamerunischen Nso-Konzept von angemessener Entwicklungsstimulation (Keller et al., in Vorb. a). In subsistenz-wirtschaftlich organisierten dörflichen Gemeinschaften wird frühe motorische Reife sehr geschätzt, da Kinder, die früh laufen können, auch früh bei den häuslichen Aufgaben mithelfen können (Ogunnaike, 1997). Auch die Babymassage und das Baderitual, das man in vielen indischen Kontexten finden kann, hat ähnliche Entwicklungskonsequenzen (Walsh Escarce, 1989).

Die psychologische Funktion der Körperstimulation kann in einer Intensivierung der Körperwahrnehmung und damit auch der Einschätzung der körperlichen Ressourcen in Bezug auf die Umgebung gesehen werden. Der Körper wird als Handlungszentrum in der Umgebung wahrgenommen (Rochat, 1997), was das Entstehen der Dimension eines Körperselbst fördert. Eine frühe mo-

torische Entwicklung kann aber auch soziale Konsequenzen haben, indem –
wie das Beispiel der Yoruba-Kinder zeigt – früh Verantwortlichkeiten in der
Familie übernommen werden.

Elternsystem 4: Objektstimulation

Das Objektstimulationssystem

*Dieses deutsche Baby verbringt viel
Zeit allein mit seinem Spielzeug. Dass
es dabei auch Spaß erlebt, zeigt es mit
Mimik und Bewegungen.*

Das Objektstimulationssystem verbindet das Kind mit der nicht-personalen
Welt der Objekte und der physischen Umwelt im Allgemeinen. Objektstimulation ist fester Bestandteil der frühen Eltern-Kind-Interaktionen in westlichen
Industriegesellschaften, wo sogar das Objekt häufig die Person ersetzt (Keller
& Greenfield, 2000). Objektstimulation ist aber auch populär in städtischen
Kontexten nicht-westlicher Gesellschaften und setzt sich auch mehr und mehr
in traditionellen Gemeinschaften durch. So zeigen ethnotheoretische Formulierungen kamerunischer Nso-Frauen, dass sie Objektstimulation explizit mit
der kognitiven Entwicklung in Beziehung setzen (Keller et al., in Vorb. a). Das
Kind erlebt eine neue Art geteilter Aufmerksamkeitsprozesse, indem ein ext-
radyadischer Fokus entsteht. Dies ist förderlich für die Entwicklung metakog-
nitiver Kompetenzen. Gleichzeitig ist Objektstimulation auch eng verbunden
mit explorativen Aktivitäten (Keller, 1992).

Elternsystem 5: „Face-to-face"-Verhalten

Das fünfte Elternsystem beinhaltet das „Face-to-face"-Verhalten, das insbesondere durch den Blickkontakt und den häufigen Gebrauch von Sprache charakterisiert ist (Keller, 2000b). Das „Face-to-face"-System erfordert exklusive
Aufmerksamkeit und Orientierung auf den gegenseitigen Verhaltensaus-
tausch. „Face-to-face"-Episoden sind kurz und über den Tag verteilt, möglicherweise in andere Elternsysteme wie das primäre Pflegesystem eingebettet.

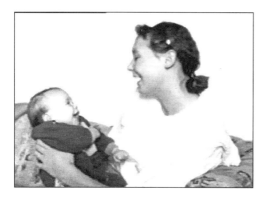

Das „Face-to-face"-System

Diese deutsche Mutter hat intensiven Blickkontakt mit ihrem Baby und zeigt eine Menge kontingenter mimischer Reaktionen.

Das „Face-to-face"-System folgt den Regeln des Dialogs und stärkt mit dem Muster von Aktion und Reaktion insbesondere die Kontingenzwahrnehmung. Die prompte Antwort auf seine Signale ermöglicht es dem Kind, Kausalitätserfahrungen zu machen. Damit erfährt es etwas über seine Einmaligkeit und seinen Selbstwert (Keller, 2000a; Keller et al., in Vorb. a). Aber auch Wärme tritt im „Face-to-face"-Kontext auf, insbesondere durch das Teilen positiver Emotionen, die im mimischen Ausdruck sichtbar werden. Diese Wärme mag möglicherweise andere Facetten aufweisen als Wärme, die in Körperkontakt begründet ist. In diesem Zusammenhang ist die Sprache auch als ein Mechanismus zur Stärkung von Gruppenbeziehungen interpretiert worden. Dunbar (1998) definiert die Sprachentwicklung in der Phylogenese sogar als Möglichkeit der Entwicklung von Bindungsbeziehungen in größer werdenden sozialen Gruppen, die ausschließlich dyadisch orientierte Beziehungsregulationen als zu aufwändig erscheinen ließen.

Die Erfahrung von „Face-to-face"-Interaktionen bereitet die Differenzierung eines Selbst vor, das im Wettbewerb und sozialen Vergleich bestehen kann. Besonders in westlichen Industrienationen und der Mittel- und Oberschicht in den Städten traditioneller Gesellschaften sind elterlichen Praktiken zu finden, die ihrer Struktur nach dialogisch sind. Kulturelle Ethnotheorien betonen entsprechend die Bedeutung von Individualität und früher Unabhängigkeit.

Interaktionsmechanismen

Durch die Interaktionsmechanismen (Aufmerksamkeit, Sensitivität für positive und/oder negative Kindsignale, Kontingenz, Wärme) werden innerhalb der Elternsysteme die psychologischen Konsequenzen intensiviert. Die Interaktionsmechanismen sind als unabhängig von den Elternsystemen und voneinander konzipiert. Es bestehen jedoch unterschiedliche Wahrscheinlichkeiten des

27

Auftretens bestimmter Interaktionsmechanismen innerhalb bestimmter Systeme, wenn z.B. Kontingenz auf negative Kindsignale hauptsächlich im primären Pflegesystem auftritt oder Kontingenz auf positive Interaktionssignale am häufigsten im „Face-to-face"-System zu finden ist. Die verschiedenen Mechanismen werden in den folgenden Abschnitten kurz charakterisiert.

Aufmerksamkeit

In der westlichen Mittelklasse-Gesellschaft, wo die meisten Interaktionsstudien mit Säuglingen durchgeführt wurden, wird exklusive dyadische Aufmerksamkeit der Pflegeperson, zumeist der Mutter, als adäquate Form elterlicher Pflege verstanden. Entsprechend ist exklusive Aufmerksamkeit auch Teil der Definition elterlicher Sensitivität, wie sie in der Bindungstheorie verstanden wird (Ainsworth et al., 1978). Exklusive Aufmerksamkeit ist jedoch eine wertvolle Ressource, die sich Mütter in vielen kulturellen Kontexten nicht leisten können. Deshalb ist das Muster der geteilten Aufmerksamkeit viel weiter verbreitet („shared attention", Rogoff et al., 1993; „co-occurring activity", Saraswathi, 1994). Diese Form der kindlichen Versorgung erlaubt die gleichzeitige Ausübung von Alltagstätigkeiten und der Versorgung des Säuglings. So sagen z.B. kamerunische Nso-Frauen, dass Babys auf dem linken Arm getragen werden sollten, weil der rechte Arm für andere Aktivitäten gebraucht wird (Keller et al., in Vorb. a). Geteilte Aufmerksamkeit ist dort zu finden, wo negative Kindsignale besondere Beachtung erfahren, während exklusive dyadische Orientierung hauptsächlich mit positiven Interaktionssignalen gekoppelt ist.

Das Muster geteilter Aufmerksamkeit wird auch mit älteren Kindern praktiziert. In einer Untersuchung, die das Aufmerksamkeitssucheverhalten und die Reaktionen der Pflegepersonen eines afrikanischen Jäger- und Sammlerstammes, den Efe, mit denen einer euroamerikanischen Mittelklasse aus Salt Lake City verglich, haben Verhoef und Kollegen (im Druck) berichtet, dass Efe-Kinder selten Versuche unternahmen, die Aufmerksamkeit ihrer Mütter auf sich zu ziehen, und Efe-Mütter selten ihre Konversation mit dem Interviewer unterbrachen, um sich exklusiv an ihre Kinder zu wenden. Vielmehr versuchten sie, gleichzeitig die Bedürfnisse der Kinder zu beantworten und das Interview weiterzuführen. Die US-amerikanischen Stadtkinder haben im Gegensatz dazu häufig versucht, die Aufmerksamkeit der Mütter auf sich zu lenken, und die Mütter haben auch häufig das Interview unterbrochen, um sich den Kindern zuzuwenden. Ähnliche Muster der geteilten Aufmerksamkeit im Umgang mit ungefähr zweijährigen Kindern wurden auch beschrieben für den indischen Stamm der Dhol-Ki-Patti (Mistry, 1993; vergl. auch Keller & Eckensberger, 1998).

So wird durch unterschiedliche Aufmerksamkeitsmuster je nach kulturellem Kontext die Entwicklung eines jeweils unterschiedlichen Selbstkonzeptes unterstützt, sei es in einer mehr individuellen und einzigartigen Fokussierung, sei es als Teil eines kommunikativen Systems der Kooperation.

Sensitivität auf positive und negative Kindsignale

Wie schon bei der Diskussion der Aufmerksamkeitsmuster dargelegt, richtet sich exklusive oder geteilte Aufmerksamkeit an verschiedene emotional getönte Kindsignale. Sensitivität für negative Kindsignale, die besonders in traditionellen dörflichen Gemeinschaften zu finden ist, bedeutet in der Regel unmittelbares Stillen als Reaktion auf negative Äußerungen des Kindes, das sogar antizipatorisch sein kann. So kommentierte eine Nso-Mutter ihre Haltung zu negativen Kindsignalen: „Wann immer ein Kind den Mund öffnet, muss die Warze hinein" (Keller et al., in Vorb. a; vergl. auch Rothbaum et al., 2000, für japanische Mütter). Brazelton (1977) beschrieb ähnliches für Zinancanteco-Indianerinnen, die die Meinung vertraten, dass ein Kind niemals vor Hunger weinen sollte. Die zugrunde liegende Strategie besteht darin, negative Zuständlichkeiten zu minimieren. Mütter der westlichen Mittelklasse dagegen reagieren selten mit Stillen auf kindliche Unmutsäußerungen, sondern versuchen zunächst, die Körperposition des Kindes zu verändern oder es durch Objektstimulation abzulenken. Nur wenn diese Maßnahmen versagen, mag Stillen oder Füttern in Betracht gezogen werden. Aufgrund der dyadischen Orientierung versuchen westliche Eltern dem Kind positive Interaktionssignale zu entlocken. Die dahinter liegende Strategie kann daher als Maximierung positiver Emotionalität bezeichnet werden.

Außer kulturellen Unterschieden müssen natürlich auch individuelle Unterschiede betrachtet werden, da Mütter bzw. Betreuungspersonen auch innerhalb von Kulturen unterschiedlich auf positive oder negative Kindsignale orientiert sein mögen. Wie neurophysiologische Untersuchungen gezeigt haben, sind positive und negative Emotionalität in unterschiedlichen Hirnarealen repräsentiert, stellen also unabhängige funktionale Systeme dar (Kuhl & Völker, 1998; Völker, 2000).

Wärme

Wärme als wesentliche Komponente des Elternverhaltens ist in der Literatur besonders durch den Antagonismus mit elterlicher Kontrolle repräsentiert (z.B. Kagitcibasi, 1997). MacDonald (1992) hat jedoch vorgeschlagen, elterliche Wärme als eigenständiges Konstrukt zu betrachten, das als positives Affektsystem das von der Bindungstheorie fokussierte negative Affektsystem komplementiert. Nach seiner Auffassung ist Wärme evolviert, um die innerfamiliären Beziehungen zu stabilisieren, da die Investitionen beider Elternteile für die erfolgreiche Sozialisation menschlicher Nachkommen erforderlich war. Entsprechend wird Wärme auch beschrieben als positiver, affektiver Austausch (MacDonald, 1992) oder als Zugänglichkeit und Empathie (Baumrind, 1971; Hetherington & Frankie, 1967). Wärme äußert sich in der emotionalen Regulation zwischen Säuglingen und Bezugspersonen, besonders im mimischen Ausdruck, aber auch in empathischem Affekt, der sich in der Stimme äußert. Wärme ist aber auch ein Parameter, der den engen Körperkontakt buchstäblich auszeichnet.

Der Interaktionsmechanismus der Wärme scheint eine wichtige Rolle für die Entwicklung des sozialen und emotionalen Zusammenhaltes zu spielen (Mize & Pettit, 1997) und wird damit zu einer Vorbedingung für die Entwicklung von Altruismus und Kooperation (Staub, 1979). Darüber hinaus scheint Wärme soziale Imitation und Rollenübernahme zu begünstigen. Warme und emotional positive Eltern-Kind-Beziehungen erleichtern dem Kind die Identifikation mit den Eltern und die Akzeptanz der Werte der Erwachsenen und resultieren in einem generell höheren Ausmaß an Verbindlichkeit in sozialen Interaktionen (MacDonald, 1992).

Kontingenz

In Interaktionssituationen mit Säuglingen zeigen Eltern, wie auch Pflegepersonen im Allgemeinen, eine spezifische Verhaltensbereitschaft, sehr schnell auf kindliche Signale zu reagieren. Nachdem in älteren Ansätzen (Millar, 1972; Watson, 1985) Zeitspannen von 2 bis 7 Sekunden als Latenzen auf kindliche Signale berichtet wurden, ist inzwischen deutlich geworden, dass Eltern sehr viel schneller, zumindest auf einen bedeutsamen Anteil der kindlichen Signale, reagieren. Hauptsächlich auf positive Interaktionssignale reagieren sie mit einer Geschwindigkeit von 200 bis 800 msec. (Papoušek & Papoušek, 1991; Keller et al., 1999; Lohaus et al., 1997). Die Notwendigkeit einer Reaktionsgeschwindigkeit unter einer Sekunde ist dabei ideal auf die Gedächtniskapazität von Säuglingen bezogen. Die Wahrnehmung zeitlicher Beziehungen konstituiert einen allgemeinen Informationsverarbeitungsmechanismus, der für soziale wie für nicht-soziale Ereignisse wesentlich ist (Kontingenzentdeckungsmechanismen, Gewirtz & Pelàez-Noguera, 1992; Tarabulsky et al.,

30

1996). Die Wahrnehmung von Kontingenzen ist bei Säuglingen mit positivem Affekt besetzt und die Verletzung von Kontingenzerwartungen, wie z.B. in der „still face"-Situation, führt zu negativem Affekt.

Die Funktion der Kontingenzerfahrung besteht in der Kausalitätserfahrung, das heißt, dass das eigene Verhalten Konsequenzen hat und dass andere auf das eigene Verhalten vorhersagbar reagieren (Bigelow, 1998). Entsprechend wurde Kontingenz mit Vorstellungen über personale Effektivität (Skinner, 1985) in Beziehung gesetzt. Kontingenz ist eine wesentliche Voraussetzung für die Herausbildung von Kontrollüberzeugungen und unterstützt das Entstehen von personaler Abgegrenztheit und Individualität und damit einem Selbstkonzept als Handlungszentrum („agency"; vgl. Keller & Eckensberger, 1998).

Ausblick und Überlegungen für die Praxis

Das Komponentenmodell des Elternverhaltens basiert auf komplementären Verhaltensbereitschaften von Säuglingen und ihren Pflegepersonen, die in der Anlage als universell konzipiert sind und in jedem Einzelfall durch ontogenetische Erfahrungen ausgeformt werden. Trotz der grundsätzlichen Unabhängigkeit der funktionalen Einheiten, die die Elternsysteme und Interaktionsmechanismen darstellen, gibt es Kombinationen, die unter bestimmten kontextuellen Bedingungen wahrscheinlicher sind als andere. In der Literatur wird beispielsweise der Fokus auf primäre Pflege und Körperkontakt als „agrarische und pädiatrische Strategie" beschrieben (z.B. LeVine et al., 1994), die von „städtisch-industriellen oder pädagogischen Strategien" unterschieden werden, in denen Blickkontakt und Sprache dominieren (z.B. Keller & Eckensberger, 1998). Neben den ökologischen Bedingungen sind es insbesondere die Wirtschaftsformen, die Auswirkungen auf die Betreuung von Kleinkindern haben: In verschiedenen Untersuchungen in Zentral- und Westafrika wurden unterschiedliche Betreuungsstile von Säuglingen identifiziert, je nachdem, ob die Famlien Bauern, Viehhüter oder Jäger und Sammler waren, die im gleichen Gebiet koexistieren (z.B. Yovsi, 2001, für die bäuerlichen Nso und die viehzüchtenden Fulani in Kamerun; oder Hewlett et al., 1998, für die bäuerlichen Ngandu und die Aka-Jäger und Sammler in Zentralafrika).

Je nach dem individuellen Zusammenspiel der komplexen Verhaltensbereitschaften von Eltern und Kindern entwickeln sich die Persönlichkeiten der Kinder als spezifische Anpassungsmuster an diese ökonomischen und sozialen Bedingungen in den jeweiligen kulturellen Gemeinschaften. Die Persönlichkeit des Kindes kann danach als adaptive Balance bezeichnet werden zwischen

- den psychologischen Dimensionen der Sicherheit und des Vertrauens, die durch das primäre Pflegesystem und die Kontingenz auf negative Kindsignale gespeist werden,
- der Bezogenheit, die in dem Körperkontaktsystem und der Wärme verankert ist,
- dem Körperbewusstsein, das in den entsprechenden Stimulationskontexten beschrieben werden kann,
- und der Erfahrung von Individualität und Einzigartigkeit, die in der Objektstimulation, dem „Face-to-face"-Verhalten und der Kontingenz auf positive Kindsignale, eingebettet in exklusive Aufmerksamkeitsprozesse, lokalisiert sind.

Belege für die universellen Verhaltensbereitschaften der Elternsysteme und Interaktionsmechanismen sehen wir unter anderem in den folgenden beiden Argumenten begründet:

1. Alle Elternsysteme und Interaktionsmechanismen können in den verschiedensten kulturellen Kontexten identifiziert werden, jedoch in sehr unterschiedlichem Ausmaß. Keller, Schölmerich und Eibl-Eibesfeldt (1988) haben zum Beispiel nachweisen können, dass das „Face-to-face"-System in so unterschiedlichen kulturellen Umwelten wie bei Deutschen, Yanomami-Indianern und Trobriand-Insulanern den gleichen Interaktionsstrukturen, aber sehr unterschiedlichen Auftretenshäufigkeiten folgt. In den „Face-to-face"-Situationen kann auch in diesen unterschiedlichen kulturellen Umwelten jeweils eine Neigung zur Kontingenz auf positive Interaktionssignale beobachtet werden (Keller et al., 1992).

2. Auch die Auswirkungen des formalen Schulsystems sind hier interessant. Berichte aus unterschiedlichen kulturellen Kontexten haben übereinstimmend gezeigt, dass die Erfahrung eines westlichen Unterrichtsstils das elterliche Verhalten modifiziert, indem der „Face-to-face"-Kontakt ansteigt und der Gebrauch von Sprache und Objektstimulation größer werden. Greenfield und Childs (1991) haben dieses Muster bei den Zinancanteco-Indianern beobachtet, Richman und Kollegen (1992) in Mexiko, Nsamenang und Lamb (1994) bei den kamerunischen Nso. Das elterliche Verhalten ändert sich nicht durch Imitation, da es keine Rollenmodelle in der vorherigen Generation gibt, und auch nicht durch Instruktion, da Elternverhalten ja nicht in der Schule gelehrt wird, sondern als Konsequenz der unterschiedlichen ökosozialen Lebensorganisation, die die Schulbildung bewirkt. Damit liefert das Komponentenmodell des Elternverhaltens auch Hypothesen darüber, wie ökonomische, soziale und gesellschaftliche Veränderungen für familiäre Beziehungsmuster konzeptionalisiert werden können.

Mit diesem Ansatz können also sowohl kulturelle als auch interindividuelle Unterschiede als adaptive Leistungen interpretiert werden, ohne dass ein normatives Muster der Beziehungsentwicklung angenommen werden muss. Das Verständnis der kontextuell-adaptiven Mischung von Elternsystemen und Interaktionsmechanismen erlaubt dabei zugleich die Formulierung von innovativen Ansätzen der Beziehungsdiagnostik und von Interventionsprogrammen.

Für die praktische Anwendung in der Erziehungsberatung ist dabei von besonderer Bedeutung, die Zusammensetzung des elterlichen Verhaltensstils anhand der Elternsysteme und Interaktionsmechanismen zu identifizieren und den möglichen Anpassungswert zu analysieren. Das bedeutet auch, Ressourcen und Begrenzungen zu erkennen. Anhand der Identifikation von Entwicklungszielen kann auf unterstützende und hinderliche Komponenten fokussiert werden, ohne einen an allgemeinen Normen orientierten Verhaltensstil zu propagieren. Zum Beispiel ist es in bestimmten Kontexten nicht möglich und auch nicht sinnvoll, exklusive Aufmerksamkeit zu fordern und zu fördern. Der/die Erziehungsberater/in muss dabei eine mögliche Diskrepanz zwischen den eigenen impliziten und expliziten Vorstellungen und denen der Beratung Suchenden realisieren und akzeptieren. Darin könnte eine Aufgabe für die Supervision gesehen werden. Die Akzeptanz unterschiedlicher elterlicher Strategien als gleichwertig kann dabei ebenfalls einen unschätzbaren Beitrag für die multikulturelle Gesellschaft darstellen.

Anmerkungen

1 Die kontextuellen und damit auch kulturellen Bedingungen werden sozusagen mit dem potenziellen reproduktiven Wert eines Kindes abgeglichen. Neben Gesundheit und Vitalität wird dieser reproduktive Wert eines Kindes hauptsächlich durch sein Geschlecht und seine Stellung in der Geschwisterreihe definiert.
2 Dies zeigen Untersuchungen, in denen Mütter angehalten wurden, ihre Mimik starr zu halten („still face"). Die Erfahrung dieser Interaktionsleere ist äußerst belastend für Säuglinge. Nach einer Intensivierung ihrer Bemühungen um mütterliche Reaktionen resignieren sie mit quasi depressivem Gesichtsausdruck und/oder fangen an zu weinen.
3 Insbesondere betroffen sind hier natürlich die motorischen Leistungen, aber auch die kognitiven Kapazitäten. Obwohl Säuglinge ab Geburt und bereits davor sehen können, muss die Wahrnehmung dennoch in den ersten Lebensmonaten Konvergenz und Sehschärfenregulation entwickeln (Kaufmann-Hayoz & van Leeuwen, 1997). Die Koordination zwischen Gesichtssinn und Bewegungen ist noch nicht herausgebildet und die Gedächtnisspanne umfasst etwa 1 Sekunde (Keller et al., 1999).
4 Im Folgenden kurz „Elternsysteme" genannt.
5 Die beiden Stimulationssysteme wurden in Kooperation mit Susanne Völker entwickelt.

Literatur

Ainsworth, M. D. S., Blehar, M. C., Waters, E., & Wall, S. (1978). *Patterns of attachment: A psychological study of the strange situation.* Hillsdale, NJ: Erlbaum.

Barr, R. G., Konner, M., Bakeman, R., & Adamson, L. (1991). Crying in! Kung San infants. A test of the cultural specificity hypothesis. *Developmental Medicine and Child Neurology* 33, pp. 601-610.

Baumrind, D. (1971). Current patterns of parental authority. *Developmental Psychology Monograph* 4 (1), Pt. 2.

Bigelow, A. E. (1998). Infants' sensitivity to familiar imperfect contingencies in social interactions. *Infant Behavior and Development* 21, pp. 149-162.

Bischof, N. (1985). *Das Rätsel Ödipus: Die biologischen Wurzeln des Urkonfliktes von Intimität und Autonomie.* München: Piper.

Bowlby, J. (1969). *Attachment and Loss.* Attachment 1. New York: Basic Books.

Bowlby, J. (2nd rev. ed. 1982). *Attachment and Loss.* Attachment 1. New York: Basic Books.

Brazelton, T. B. (1977). Implications of infant development among the Mayan Indians of Mexico. In: P. H. Leiderman, S. R. Tulkin, & A. Rosenfeld (Eds.). *Culture and infancy. Variations in the human experience.* New York: Academic Press, pp. 151-187.

Brazelton, T. B., Koslowski, B., & Main, M. (1974). The origins of reciprocity: The early mother-infant interaction. In: M. Lewis, & L. A. Rosenblum (Eds.). *The effect of the infant on its caregiver.* New York: Wiley, pp. 49-76.

Bril, B. (1. Aufl. 1989). Die kulturvergleichende Perspektive: Entwicklung und Kultur. In: H. Keller (Hg.). *Handbuch der Kleinkindforschung.* Heidelberg: Springer, pp. 71-88.

Chasiotis, A. (1999). *Kindheit und Lebenslauf. Untersuchungen zur evolutionären Psychologie der Lebensspanne.* Bern: Huber.

Cole, M., & Cole, S.R. (3rd ed. 1996). *The development of children.* New York: Freeman & Company.

De Wolff, M. S., & van IJzendoorn, M. H. (1997). Sensitivity and attachment: a meta-analysis on parental antecedents of infant attachment. *Child Development* 68, pp. 571-591.

Dunbar, R.I.M. (1998). *Klatsch und Tratsch.* München: Bertelsmann.

Eckensberger, L. H., & Keller, H. (1998). Menschenbilder und Entwicklungskonzepte. In: H. Keller (Hrsg.), *Lehrbuch Entwicklungspsychologie.* Bern: Huber Verlag, pp. 11-56.

Erikson, E. H. (1950). *Childhood and society.* New York: Norton.

Fantz, R. L. (1963). Pattern vision in newborn infants. *Science* 140, pp. 296-297.

Gewirtz, J., & Peláez-Nogueras, M. (1992). B. F. Skinner's legacy to human infant behavior and development. *American Psychologist* 47, pp. 1411-1422.

Greenfield, P. M., & Childs, C. P. (1991). Developmental continuity in biocultural context. In: R. Cohen, & A. W. Siegel (Eds.). *Context and development.* Hillsdale, N.J.: Erlbaum, pp. 135-159.

Harlow, H. F., & Harlow, M. K. (1962). Social deprivation in monkeys. *Scientific American* 207, pp. 136-146.

Harris, J. (1995). Where is the child's environment? A group socialization theory of development. *Psychological Review* 102 (3), pp. 458-489.

Hetherington, M., & Frankie, G. (1967). Effects of parental dominance, warmth, and conflict on imitation in children. *Journal of Personality and Social Psychology* 6 (2), pp. 119-125.

Hewlett, B. S. (1991). Demography and childcare in preindustrial societies. *Journal of Anthropological Research* 47, pp. 1-37.

Hewlett, B. S., Lamb, M. E., Shannon, D., Leyendecker, B., & Schölmerich, A. (1998). Culture and early infancy among central African foragers and farmers. *Developmental Psychology* 34 (4), pp. 653-661.

Hill, K., & Hurtado, A. M. (1996). *Ache life history. The ecology and demography of a foraging people.* New York: Walter de Gruyter.

Hinde, R. A. (1982). Attachment: Some conceptual and biological issues. In: J. Stevenson-Hinde & C. M. Parkes (Eds.). *The place of attachment in human behavior.* New York: Basic Books, pp. 60-76.

Hitchcock, J. T., & Minturn, L. (1963). The Rajput of Khalapur, India. In: B. B. Whiting (Ed.). *Six cultures. Studies of child rearing.* New York: Wiley, pp. 203-362.

Hurtado, A. M., & Hill, K. (1991). Paternal effect on offspring survivorship among Ache and Hiwi hunter-gatherers: Implications for modeling pair-bond stability. In: B. S. Hewlett (Ed.). *Father-child relations: Cultural and biosocial contexts.* New York: Aldine de Gruyte, pp. 31-55.

Infant Behavior and Development (1999). Special section: Does infancy matter? 22 (4).

Kagitcibasi, C. (2. ed. 1997). Individualism and collectivism. In: J. W. Berry, M. H. Segall, & C. Kagitcibasi (Eds.). *Handbook of Cross-Cultural psychology. Volume 3: Social Behavior and applications.* Boston: Allyn, & Bacon, pp. 1-49.

Kaufmann-Hayoz, R., & van Leeuwen, L. (1997). Entwicklung der Wahrnehmung. In: H. Keller (Hg.). *Handbuch der Kleinkindforschung* (2. Aufl.). Bern: Huber, pp. 483-507.

Keller, H. (1992). The development of exploratory behavior. *The German Journal of Psycholog* 16 (2), pp. 120-140.

Keller, H. (1997). Einführung. In: H. Keller (Hg.). *Handbuch der Kleinkindforschung* (2. erw. Aufl.). Bern: Huber

Keller, H. (1998). *Lehrbuch Entwicklungspsychologie.* Bern: Huber

Keller, H. (2000a). Human parent-child relationships from an evolutionary perspective. Special Issue of the Journal „*American Behavioral Scientist*" with the topic „Evolutionary Psychology: Potential and limits of a Darwinian Framework for the Behavioral Sciences" 43 (6), pp. 957-969.

Keller, H. (2000b). Sozial-emotionale Grundlagen des Spracherwerbs. In: H. Grimm (Hg.). *Enzyklopädie der Psychologie. Band 3: Sprachentwicklung.* Göttingen: Hogrefe, pp. 379-402.

Keller, H. (im Druck). Evolutionary perspectives on lifespan development. In: N. J. Smelser & P. B. Baltes (Eds.). *International encyclopedia of the social and behavioral sciences.*

Keller, H., & Eckensberger, L. H. (1998). Kultur und Entwicklung. In: H. Keller (Hg.). *Lehrbuch Entwicklungspsychologie.* Bern: Huber Verlag, pp. 57-96.

Keller, H., & Greenfield, P. M. (2000). History and future of development in cross-cultural psychology. In: C. Kagitcibasi & Y. H. Poortinga (Eds.). *Millennium Special Issue of the „Journal of Cross-Cultural Psychology"* 31 (1), pp. 52-62.

Keller, H., & Zach, U. (im Druck). Gender and birth order as determinants of parental treatment. International Journal of Behavioral Development.

Keller, H., Chasiotis, A. & Runde, B. (1992). Intuitive parenting programs in German, American, and Greek parents of 3-month-old infants. *Journal of Cross-Cultural Psychology* 23 (4), pp. 510-520.

Keller, H., Lohaus, A., Völker, S., Cappenberg, M., & Chasiotis, A. (1999). Temporal contingency as an independent component of parenting behavior. *Child Development* 70 (2), pp. 474-485.

Keller, H., Schölmerich, A., & Eibl-Eibesfeldt, I. (1988). Communication patterns in adult-infant interactions in Western and non-Western cultures. *Journal of Cross-Cultural Psychology* 19 (4), pp. 427-445.

Keller, H., Völker, S. & Zach, U. (1997). Attachment in cultural context. *Newsletter ISSBD* 1 (31), pp. 1-3.

Keller, H., Völker, S., & Yovsi, R. D. (in Vorb. a). Conceptions of good parenting in West Africa and Germany.

Keller, H., Yovsi, R. D., & Voelker, S. (in Vorb. b). The reflection of motor stimulation in ethnotheories of Cameroonian and German women.

35

Kuhl, J., & Völker, S. (1998). Entwicklung und Persönlichkeit. In: H. Keller (Hg.). *Lehrbuch Entwicklungspsychologie*. Bern: Huber, pp. 207-240.

LeVine, R. A. (1990). Infant environments in psychoanalysis. A cross-cultural view. In: J. W. Stigler, R. A. Shweder, & G. Herdt (Eds.). *Cultural psychology. Essays on comparative human development*. Cambridge: Cambridge University Press, pp. 454-474.

LeVine, R. A., Dixon, S., LeVine, S., Richman, A., Leiderman, P. H., Keefer, C. H., & Brazelton, T. B. (1994). *Child care and culture: Lessons from Africa*. New York, NY: Cambridge University Press.

Lohaus, A., Keller, H., Völker, S., Cappenberg, M., & Chasiotis, A. (1997). Intuitive parenting and infant behavior: concepts, implications, and empirical validation. *The Journal of Genetic Psychology* 158 (3), pp. 271–286.

Lorenz, K. (1943). Die angeborenen Formen möglicher Erfahrung. *Zeitschrift für Tierpsychologie* 5 (2), pp. 235–409.

MacDonald, K. B. (1992). Warmth as a developmental construct: An evolutionary analysis. *Child Development* 63, pp. 753-773.

Millar, W. S. (1972). A study of operant conditioning under delayed reinforcement in early infancy. *Monographs of the Society for research in Child Development* 37, pp. 1-44.

Mistry, J. (1993). Guided participation in Dhol-Ki-Patti. In: B. Rogoff, J. Mistry, A. Göncü, & C. Mosier (Eds.). Guided participation in cultural activity by toddlers and caregivers. *Monographs of the Society for Research in Child Development (Serien-Nr. 236)* 58 (8), pp. 102-125.

Mize, J., & Pettit, G. S. (1997). Mothers' social coaching, mother-child relationships style and children's peer competence: Is the medium the message? *Child Development* 68 (2), pp. 312-332.

Munroe, R. L., & Munroe, R. H. (1997). A comparative anthropological perspective. In: J. W. Berry, Y. H. Poortinga, & J. Pandey (Eds.). *Handbook of cross-cultural psychology, Volume 1: Theory and method* (2. ed.). Boston: Allyn, & Bacon, pp. 171-214.

Nelson, C. A. (1999). Change and continuity in neurobehavioral development: lessons from the study of neurobiology and neural plasticity. *Infant Behavior & Development* 22 (4), pp. 415-429.

Nsamenang, A. B., & Lamb, M. E. (1994). Socialization of Nso children in the Bamenda grassfields of Northwest Cameroon. In. P. M. Greenfield, & R. R. Cocking (Eds.). *Cross-cultural roots of minority child development*. Hillsdale, NJ: Erlbaum, pp. 133-146.

Ogunnaike, A. (1997). *Yoruba toddlers: relating cognitive performance to family sociodemographics and mediating factors in the child's environment*. Unpublished doctoral dissertation, Medford: Tufts University.

Papoušek, M., & Papoušek, H. (1991). Early verbalizations as precursors of language development. In: M. E. Lamb, & H. Keller, H. (Eds.). *Infant development. Perspectives from German-speaking countries*. Hillsdale, N.J.: Erlbaum, pp. 299-328.

Papoušek, M., & Papoušek, H. (1997). Stimmliche Kommunikation im Säuglingsalter als Wegbereiter der Sprachentwicklung. In: H. Keller (Hg.). *Handbuch der Kleinkindforschung* (2. Aufl.). Bern: Huber, pp. 535-562.

Plomin, R. (1994). Nature, nurture, and social development: Response. *Social Development* 3 (1), pp. 71-76.

Prechtl, H. (1984). *Continuity of neural functions from prenatal to postnatal life*. London: Spastics International Medical Publications.

Richman, A. L., Miller, P. M., & LeVine, R. A. (1992). Cultural and educational variations in maternal responsiveness. *Developmental Psychology* 28 (4), pp. 614-621.

Rochat, P. (1997). Early development of the ecological self. In: C. Dent-Read, & P. Zukow-Goldring (Eds.). *Evolving explanations of development. Ecological approaches to organism-environment systems*. Washington, DC: American Psychological Association, pp. 91-121.

Rogoff, B., Mistry, J., Göncü, A., & Mosier, C. (1993). Guided participation in cultural activity by toddlers and caregivers. *Monographs of the Society for Research in Child Development (Serial No. 236)* 58 (8).

Rothbaum, F., Weisz, J., Pott, M., Miyke, K., & Morelli, G. (2000). Attachment and Culture: Security in the United States and Japan. *American Psychologist* 55 (10), pp. 1093-1104.

Saraswathi, T. S. (1994). Women in poverty context: balancing economic and child care needs. In: R. Borooah, K. Cloud, S. Seshadri, T. S. Saraswathi, J. T. Peterson, & A. Verma (Eds.). *Capturing complexity. An interdisciplinary look at women, households and development*. New Dehli: Sage, pp. 162-178.

Scarr, S. (1993). Biological and cultural diversity: the legacy of Darwin for development. *Child Development* 64, pp. 1333-1353.

Schore, A. N. (1994). *Affect regulation and the origin of the self. The neurobiology of emotional development*. Hillsdale, NJ: Erlbaum.

Siegel, D. J. (1999). *The developing mind. Toward a neurobiology of interpersonal experience*. New York: The Guilford Press.

Skinner, E. A. (1985). Determinants of mother sensitive and contingent responsive behavior. The role of child rearing beliefs and socioeconomic status. In: I. E. Sigel (Ed.). *Parental belief systems:* The psychological consequences for children. Hillsdale, NJ: Erlbaum.

Sroufe, L. A., & Waters, E. (1997). On the universality of the link between responsive care and secure base behavior. *ISSBD-Newsletter* 31 (1), pp. 3-5.

Staub, E. (1979). *Positive behavior and morality: Socialization and development* 2. New York: Academic Press.

Super, C. M. (1976). Environmental effects on motor development: A case of African infant precocity. *Developmental Medicine and Child Neurology* 18, pp. 561-567.

Tarabulsy, G. M., Tessier, R., & Kappas, A. (1996). Contingency detection and the contingent organization of behavior in interactions: Implications for socioemotional development in infancy. *Psychological Bulletin* 120, pp. 25-41.

Trevarthen, C. (1977). Descriptive analyses of infant communicative behavior. In: H. R. Schaffer (Ed.). *Studies on mother-infant-interaction*. NY: Academic Press, pp. 227-270.

Trivers, R. L. (1972). Parental investment and sexual selection. In: B. G. Campbell (Ed.). *Sexual selection and the descent of man:* 1871 – 1971. Chicago: Aldine de Gruyter, pp. 136-179.

Trivers, R. L. (1974). Parent-offspring conflict. *American Zoologist* 14, pp. 249–264.

Tronick, E. Z., Morelli, G. A., & Ivey, P. K. (1992). The Efe forager infant and toddler's pattern of social relationships: Multiple and simultaneous. *Developmental Psychology* 28 (4), pp. 568-577.

Verhoef, H., Morelli, G. A., & Anderson, C. (im Druck). „Please don't interrupt me, I'm talking": cultural variations in toddlers' attention-seeking efforts and caregivers' responses.

Völker, S. (2000). *Eine Analyse von Interaktionsmustern zwischen Mutter und Kind im dritten Lebensmonat: Die Bedeutung von Wärme und Kontingenz*. Unveröffentlichte Dissertation, Universität Osnabrueck, Fachbereich Psychologie und Gesundheitswissenschaften.

Völker, S., Keller, H., Lohaus, A., Cappenberg, M., & Chasiotis, A. (1999). Maternal interactive behaviour in early infancy and later attachment. *International Journal of Behavioral Development* 23 (4), pp. 921-936.

Walsh Escarce, M. E. (1989). A cross-cultural study of Nepalese neonatal behavior. In: J. K. Nugent, B. M. Lester, & T. B. Brazelton (Eds.), *The cultural context of infancy*. Norwood: Ablex, pp. 65-86.

Watson, J. S. (1985). Contingency perception in early social development. In: T. M. Field, & N. A. Fox (Eds.). *Social perception in infants*. Norwood, NJ: Ablex, pp. 157-176.

Weinberg, M. K., & Tronick, E. Z. (1996). Infant affective reactions to the resumption of maternal interaction after the still-face. *Child Development* 67, pp. 905-914.

Weinfield, N. S., Sroufe, L. A., Egeland, B., & Carlson, E. A. (1999). The nature of individual differences in infant-caregiver attachment. In: J. Cassidy & P. R. Shaver (Eds.). *Handbook of attachment. Theory, research, and clinical applications.* New York: Guilford Press, pp. 68-88.

Yovsi, R. D. (2001). *An investigation of breastfeeding and mother-infant interactions in the face of cultural taboos and belief systems. The case of Nso and Fulani mothers and their infants of 3-5 months of age in Mbvem, Sub-division of the North-west province of Cameroon.* Dissertation, Universität Osnabrück.

Eltern-Kind-Bindung und kommunikative Kompetenzen kleiner Kinder – die Bindungstheorie als Grundlage für ein integratives Interventionskonzept

Gerhard J. Suess

Vorbemerkung

Forscher, die sich dem Sozialisationsfeld der Gleichaltrigenbeziehungen widmeten, hatten lange Jahre mit einer Dominanz der Familienforschung zu kämpfen. Somit scheint es verständlich, dass man sich in den Bemühungen, das Gleichaltrigensystem gegenüber den Familienerfahrungen als bedeutsamen Erfahrungskontext für Kinder hervorzuheben, anfangs weniger den Verbindungen zwischen diesen beiden Sozialisationsfeldern widmete, wodurch wiederum der Eindruck entstehen konnte, dass es sich hierbei um zwei getrennte Welten im Leben von Kindern handele (Hartup, 1980; Krappmann, 1994). Doch weder eine völlige Trennung noch ein völliges Zusammenfallen dieser beiden Erfahrungskontexte wird durch eine entwicklungspsychologische Perspektive nahe gelegt (Krappmann & Oswald, 1983). In der Bindungsforschung konnte auch innerhalb unterschiedlicher Längsschnittstudien aufgezeigt werden, wie familiäre Beziehungserfahrungen die Bühne für Erfahrungen im Gleichaltrigenkontext bereiten (Suess, Grossmann & Sroufe, 1992; Sroufe, 1983; Vaughn, 2001) und welche unterschiedlichen Beiträge durch die jeweiligen Bereiche für die weitere Entwicklung von Kindern ermöglicht werden (Sroufe et al., 1999). Danach stellt sich Kontinuität über die Entwicklung unterschiedlicher Bindungsmodelle her. Diese Modelle steuern Erwartungshaltungen in Beziehungskontexten und bewirken unterschiedliche Formen der Selektion und Bewertung von beziehungsrelevanten Ereignissen und Informationen. Insbesondere die Erfahrungen in Konfliktsituationen im Kindergarten fallen auf den jeweiligen Bindungshintergründen sehr unterschiedlich aus und leiten unterschiedliche Entwicklungsverläufe ein bzw. verfestigen negative oder auch positive Entwicklungsspiralen. Ein Kind integriert mit zunehmender Entwicklung Erfahrungen aus der Familien- und der Gleichaltrigen-Welt. Es erscheint deshalb nahe liegend, diese kindlichen Integrationsleistungen innerhalb einer integrativen Intervention zu berücksichtigen, die nicht nur bei den unterschiedlichen Ebenen der Handlung und der Repräsentation einer Beziehung, sondern auch bei den unterschiedlichen Bereichen des Familien- und Gleichaltrigensystems ansetzt. Ein solches integratives Praxiskonzept wird nach einer Darstellung der verschiedenen Ebenen einer Bindungsbeziehung und der Felder, in denen sich die erworbenen Bindungsmodelle auswirken, vorgestellt werden.

1. Die Handlungs- und die Repräsentationsebene: Darstellung der Bindungstheorie[1]

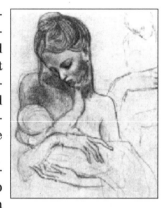

Anhand eines Bildes von Picasso lässt sich die Bindungstheorie in den für unser Interventionskonzept relevanten Bereichen gut darstellen. Während die abgebildete Mutter ihr Kind im Arm hält, hat sie gleichzeitig eine Vorstellung davon – wir nennen diese Vorstellung Repräsentation. Damit sind zwei wesentliche Ebenen der Bindungstheorie angesprochen, nämlich die Handlungsebene und die Repräsentationsebene.
Während innerhalb der Entwicklung beim Säugling die Handlungsebene dominiert, bilden sich ab dem ersten Lebensjahr mit zunehmendem Alter in zunehmendem Maße Repräsentationen von Handlungsmustern, so genannte Bindungsmodelle, heraus – und diese beiden Ebenen sind für die Beratung/Therapie von Bedeutung, wie später aufgezeigt wird.

1.1 Bindungsentwicklung

Der Säugling ist von Anfang an auf eine soziale Welt hin präadaptiert: Er verfügt über soziale Interaktionskompetenzen, die den Aufbau einer Beziehung zu erwachsenen Personen sehr erleichtern. Da er im Vergleich zu anderen nicht-humanen Primaten sehr hilflos auf die Welt kommt – man spricht von einem extra-uterinen Frühjahr und meint damit, dass ein menschliches Neugeborenes mit einem Jahr den Entwicklungsstand eines nicht-humanen Primaten bei Geburt erreicht hat –, ist er in besonderem Maße auf Schutz und Fürsorge angewiesen. Dafür sorgt ein Bindungsverhaltenssystem, das nach Bowlby im Rang eines Primärbedürfnisses steht. In Phasen der Unsicherheit – durch äußere oder innere Faktoren wie Krankheit oder fehlendes Vertrauen in die Bezugsperson ausgelöst – wird beim Kind das Bindungsverhaltenssystem aktiviert, das schließlich Nähe zur Bindungsperson herstellt und so für Schutz sorgt.
Alle Kinder entwickeln in der zweiten Hälfte des ersten Lebensjahres mehr

oder weniger stabile Bindungsmuster zu Personen, von denen sie hauptsächlich versorgt werden bzw. mit denen sie viel Zeit verbringen – in der Regel zu ihren Vätern und Müttern und bei regelmäßiger Fremdbetreuung zu weiteren Betreuungspersonen (Ziegenhain & Wolf, 2000). Eine Bindungsbeziehung in diesem Sinne (Bowlby/Ainsworth) unterscheidet sich deutlich von dem „Bonding"-Konzept, das von einem prägungsartigen Vorgang unmittelbar nach der Geburt ausgeht, wie Klaus und Kennel es in den 70er-Jahren formulierten. Dieses Konzept hat in der Vergangenheit zu respektablen Veränderungen in der Praxis von Entbindungskliniken mit ausgeweiteten Möglichkeiten zu Frühkontakt und „Rooming-In" geführt (s. Rauh, 1995), jedoch zeigten sich die nachgewiesenen Effekte als wenig nachhaltig: Nach wenigen Monaten waren die Effekte von Frühkontakt und Rooming-In verschwunden (Grossmann et al., 1981) und durch andere – bindungsrelevantere – Aspekte des Umgangs von Eltern mit ihren Kindern überlagert. Dies kann und sollte ein Trost für all die sein, die mit weniger guten Startbedingungen konfrontiert sind: Eltern mit postnatalen Depressionen, Adoptiveltern, erschöpfte Eltern usw. Es sollte jedoch auch allen Professionellen eine Warnung sein, nicht durch eine allzu große Betonung des Entwicklungsstartes Eltern unter Druck zu setzen und zu einer Geringschätzung der Bedeutung nachfolgender Entwicklungsphasen beizutragen (s. Erickson & Kurz-Riemer, 1999).

In der Praxis der Frühintervention treffen wir immer wieder auf Eltern, die Schwierigkeiten in der Beziehung zum Kind auf fehlenden Kontakt zu ihm wenige Stunden oder Wochen während seines Lebensstartes zurückführen. Hier sind Überzeugungen und Zuschreibungen maßgeblicher als die Fakten und die Wirklichkeit. Die Bindungstheorie betont die Bedeutung der Bindung von der Wiege bis zum Grab, allerdings mit unterschiedlichen Wertigkeiten und Erscheinungsformen. Wenn den frühen Bindungserfahrungen eine besondere Bedeutung zukommt, dann deshalb, weil sie für das Auseinander-laufen von Entwicklungslinien verantwortlich sein können und eine Rückkehr – z.B. Veränderung durch Therapie – in dem Maße schwieriger wird, in dem die eingeschlagene Entwicklungslinie von anderen abwich und wie lange diese beschritten wurde. Bowlby verwendete zur Veranschaulichung das Bild von fächerartig auseinander laufenden Gleisen, die wie auf einem Rangierbahnhof mit zahllosen Weichen miteinander verbunden sind. Die Schwierigkeit, einen Zug von einem Gleis auf die mittlere Spur zu bringen, bemisst sich danach von seiner Abweichung von der Mittellinie und der Zeit, die er auf diesem abweichenden Gleis gefahren ist. Diese Vorstellungen unterscheiden sich sehr von dem weit verbreiteten Bonding-Konzept, da der unmittelbaren Zeit nach der Geburt auf keinen Fall eine größere Bedeutung zukommt als allen anderen Entwicklungsphasen (s. Sroufe et al., 1992). Entscheidender für die Bindungsentwicklung sind vielmehr die zweite Hälfte des ersten Lebensjahres, da sich hier mit der Objektpermanenz die kognitiven Voraussetzungen für Bindungsmuster entwickeln, und die Phase vom 18. bis 30. Lebensmonat, in der sich die Bindungserfahrungen mit den sprachlichen Fertigkeiten des Kindes verbinden und erstmals für späteres bewusstes Erinnern zugänglich gemacht werden. Die Bindungstheorie postuliert einen relativ langen Zeitraum für das Finden eines geeigneten Umgangs mit dem Kind und empfiehlt dafür das Kind als Lehrmeister/in. Elterliche Feinfühligkeit bedeutet nicht, allgemein Experte/in für kindliche Signale zu sein, sondern die Signale eines besonderen, eben seines Kindes lesen zu lernen und angemessene Reaktionen darauf gemeinsam mit diesem Kind herauszufinden. Diese Eltern respektieren ihr Kind von Anfang an als eine autonome Persönlichkeit, mit der ein gelingendes Zusammenspiel durch das Suchen von Einvernehmen angestrebt wird.

Bowlby unterscheidet insgesamt vier Phasen der Bindungsentwicklung:

1. **Phase** (0 bis 12 Wochen): Das Kind orientiert sich allgemein an Personen, freut sich, wenn man sich ihm zuwendet (insbesondere in der so genannten Ammensprache) und reagiert dann auch verstärkt, allerdings ohne Unterscheidung der Person. In dieser Phase sind Trennungen von Eltern und Kind am ehesten vertretbar.
2. **Phase** (3 bis 6 Monate): Das Kind zeigt zunehmend eine deutliche Präferenz von ausgesuchten Personen, lässt sich z.B. nicht mehr unterschiedslos von jedem trösten und lächelt auch nicht mehr jeden an.
3. **Phase** (6 bis 12 Monate): Das Kind entwickelt klare Bindungsmuster, die seine Erfahrungen mit den jeweiligen Bindungspersonen zusammenfassen, der Einschätzung ihrer psychologischen Zugänglichkeit dienen und dem Kind Halt und Orientierung bei Unsicherheit geben können. Voraussetzung hierfür ist, dass das Kind begreifen kann, dass Personen weiter existieren, auch wenn sie aus dem Sichtfeld verschwunden sind, d.h. dass das Kind Objektpermanenz entwickelt hat.
4. **Phase** (Kindergartenalter): Während ein Kind im zweiten Lebensjahr seine jeweiligen Bindungspersonen als sichere Basis für die Erkundung der Umwelt benutzt und mit ihrer Unterstützung wichtige Erfahrungen über die eigene Wirksamkeit und das eigene Selbst macht, zeichnet sich im 3. Lebensjahr der Beginn einer Partnerschaft zwischen dem Kind und den jeweiligen Bindungspartnern ab. Das Kind entwickelt zunehmend die Fähigkeit zu erkennen, dass Partner unterschiedliche Bedürfnisse haben, und lernt sich zunehmend darauf einzustellen. Bindungsmodelle werden nun auch in andere Sozialisationskontexte, beispielsweise das Gleichaltrigensystem, hineingetragen.

1.2 Unterschiedliche Bindungsqualitäten (Handlungsebene)

Die biologische Verankerung des Bindungssystems führt dazu, dass alle Kinder sich an Erwachsene binden, wenn sie dazu Gelegenheit bekommen. Die Qualität dieser Bindungsbeziehungen unterscheidet sich jedoch in Abhängigkeit von der Qualität der gemachten Erfahrungen. Erfährt ein Kind während des ersten Lebensjahres insbesondere bei Verunsicherung, dass eine Bindungsperson verlässlich und angemessen reagiert, so entwickelt es in der zweiten Hälfte des ersten Lebensjahres eine sichere Bindungsbeziehung zu dieser Person. Ergeben sich nachfolgend Veränderungen in der Qualität des Umgangs zwischen Eltern und Kind, wird sich auch die Bindungsqualität ändern.

Mit einem Jahr lässt sich dieses Bindungsmuster in der so genannten „Fremde Situation" (Ainsworth et al. 1978) feststellen – eine Prozedur, die kurz dargestellt wird, bevor wir auf die unterschiedlichen Bindungsqualitäten eingehen. Bindungsmuster können nur dann beobachtet werden, wenn das Bindungsverhaltenssystem durch Verunsicherung des Kindes aktiviert wird. Dies geschieht bei Kindern im zweiten Lebensjahr meist durch kurze Trennungen von Bindungspersonen in fremden Umgebungen. Das Bindungsverhaltenssystem wiederum ist inkompatibel mit dem Explorationsverhaltenssystem, J. Bowlby spricht von einer Balance zwischen beiden Verhaltenssystemen, die schließlich innerhalb der Fremde-Situations-Prozedur systematisch durch zunehmende Stress-Induktion beeinflußt wird.

Ein Kind wird zusammen mit seiner Bindungsperson in einen fremden Raum gebracht, in dem das Kind Spielsachen vorfindet. Später kommt eine fremde Person hinzu, die sich zunächst zurückhaltend verhält, dann mit der Mutter ein Gespräch beginnt und schließlich mit dem Kind Kontakt aufnimmt. Für die meisten Kinder dieser Altersgruppe bedeutet dies keinen besonderen Stress. Sie verhalten sich der Fremden gegenüber meist freundlich. Verunsichert wird das Kind erst, wenn die Bindungsperson für kurze Zeit (3 Minuten) den Raum verlässt und das Kind mit der fremden Person allein bleibt. Zur Feststellung des Bindungsmusters ist es nicht bedeutsam, wie stark verunsichert das Kind in dieser Episode reagiert, sondern wie es sich der wieder eintretenden Bindungsperson gegenüber verhält, wenn es verunsichert ist. Diagnostik auf der Grundlage der Bindungstheorie orientiert sich nicht an der Häufigkeit und Intensität von Verhaltensweisen, sondern an Verhaltensmustern in Abhängigkeit von unterschiedlichen Kontexten. In der „Fremden Situation" lernt man unterschiedliche Bindungsverhaltensmuster bei Kindern in Abhängigkeit vom Ausmaß ihrer Verunsicherung unterscheiden. Während einer zweiten Trennungsepisode bleibt das Kind ganz alleine im Raum, und nachfolgend kommt nicht die Mutter, sondern die fremde Person zurück. Hier interessiert vor allem, ob das Kind Unterschiede zwischen der Fremden und der Bindungsperson macht. Manche Kinder lassen sich eher von Fremden trösten als von den eigenen Eltern. Erst nach dieser Episode kommt die Bindungsperson zum Kind in den Raum zurück, während die Fremde den Raum verlässt. Bei der Einstufung von Bindungsqualitäten wird insbesondere darauf geachtet, wie das Kind sich während der zwei Wiedervereinigungsepisoden gegenüber der Bindungsperson verhält. Die Einstufung kann trainiert werden und erweist sich als aussagekräftig (valide) für die weitere Entwicklung der Kinder. Ainsworth hat insgesamt acht unterschiedliche Muster unterschieden, die sich wiederum in drei Hauptgruppen einteilen lassen (Ainsworth et al., 1978). Später wurde eine vierte Hauptgruppe hinzugefügt (Main & Solomon, 1990; s. Jacobvitz, 2001). Die vier Hauptmuster werden nachfolgend beschrieben.

Sicher gebundene Kinder (Typ B-Beziehungen) können ihre Unsicherheit unverfälscht und direkt der Bindungsperson mitteilen und sich die Zuwendung von der Bindungsperson holen, die sie in dem Augenblick brauchen. Diese Kinder suchen also in Phasen der Unsicherheit die direkte Kommunikation mit den Eltern und können kompetent auf Beziehungspartner zurückgreifen, um aus Phasen der Unsicherheit wieder herauszukommen und Sicherheit zur Exploration in der Situation zu gewinnen. Es kommt dabei weniger auf das Ausmaß der Verunsicherung an, also nicht so sehr auf die Intensität des Weinens, sondern auf die Organisation von Verhalten und Gefühl gegenüber einem Beziehungspartner im Kontext dieser Verunsicherungssituation. Sicher gebundene Kinder können auf die volle Spannbreite von Gefühlen, also auch auf negative Gefühle in dieser Situation zurückgreifen und sich gegenüber den Beziehungspartnern gefühls-stimmig verhalten. Damit haben sie eine Bewältigungsstrategie erlernt, die beziehungsorientiert ist und als kompetent gelten kann. Diese Kinder stellen mit einem Anteil von ca. 60 % in den meisten Kulturen die größte Gruppe der untersuchten Kinder dar.[2]

Etwa ein Drittel der Kinder zeigt ein Bindungsverhaltensmuster in dieser Situation, das wir als unsicher vermeidend bezeichnen (Typ A-Beziehung). Nicht nur, dass sie während der Trennungsepisoden insgesamt weniger Verunsicherung zeigen, sondern das aktive Vermeiden der Bindungsperson bei Wiedereintritt in den Raum zeichnet die Bindungsstrategie dieser Kinder aus. Sie erwecken zunächst den Eindruck, besonders cool zu sein und keinesfalls „am Rockzipfel der Mutter zu hängen". Genaue Analysen von Video-Aufnahmen zeigen jedoch, dass die Kinder während der Trennungsepisoden angespannt sind und ihr Spiel in diesen Phasen unterdrückt ist. Dies findet auch eine Bestätigung auf der physiologischen Ebene. Sowohl die Stresshormone als auch die Herzschlagfrequenz der Kinder steigen während dieser Phasen enorm an und bleiben lange Zeit auf hohem Niveau (Spangler & Schieche, 1995; Spangler, 2001). Diese Kinder haben während des ersten Lebensjahres die Erfahrung machen müssen, dass ihre Eltern in Phasen der Unsicherheit nicht für sie da waren, d.h. ihre Annäherungs- und Stresssignale im höchsten Maße ignorierten, ja, sie in diesen Phasen sogar zurückwiesen (Grossmann et al., 1985). Sie haben also lernen müssen, dass ihre Eltern immer dann psychologisch unzugänglich sind, wenn sie sie am dringendsten brauchen. So lernten sie, die negativen Gefühle in solchen Phasen vor den erwachsenen Bindungspersonen zu verstecken, um keine Zurückweisung erleben zu müssen. Später dann konnten sie in ähnlichen Phasen nicht mehr bewusst über diese negativen Gefühle verfügen. Die Bewältigungsstrategie dieser Kinder beruht also nicht auf voller Gefühlsstimmigkeit, insbesondere im negativen Gefühlsbereich und im Kontext von Verunsicherung. Sie ist nicht beziehungsorientiert und sie gilt schließlich im Rahmen der Bindungstheorie als weniger kompetent.

Eine weitere Gruppe von Kindern verhält sich in der „Fremde-Situation" sehr ambivalent (Typ C-Beziehung). Die Kinder sind durch die Trennungsepisoden sehr verunsichert, können diese negativen Gefühle jedoch ihren Beziehungspersonen in dieser Situation direkt mitteilen. Sie zeigen ihren Jammer unverfälscht, wollen auf den Arm genommen werden, kaum oben, wollen sie auch schon wieder runter, als ob sie nicht wüssten, was sie wollen. Ihre Bindungsverhaltensweisen sind durchmischt von Ärger und Wut auf die Bindungsperson, und sie finden in dieser Situation auch mit deren Hilfe nicht zu einer Beruhigung. Diese Kinder haben während des ersten Lebensjahres die Erfahrung gemacht, dass ihre Bindungspersonen sich in hohem Maße schwankend gegenüber ihren Signalen verhielten. Mal zeigten sie sich höchst einfühlsam, dann wieder waren sie blind gegenüber der von ihren Kindern geäußerten Unsicherheit.

Erst spät fiel den Bindungsforschern eine weitere Gruppe von Kindern auf, die ein desorganisiertes bzw. desorientiertes Bindungsverhalten zeigen (Typ D-Beziehung). Dazu zählen unverständlich erscheinende Verhaltensweisen, z.B. Schreien, wenn die jeweilige Bindungsperson den Raum betritt, um sich danach auf den Boden zu werfen. Oder das Kind hält beim Eintritt der Bindungsperson die Hände vor den Mund und zieht die Schultern hoch. Auch konfligierende Verhaltensweisen, z.B. sich im Kreis drehen und sich dabei der Bindungsperson annähern, sowie einfrierendes Verhalten oder regelrechte

Trancezustände lassen sich beobachten. Diese Verhaltensweisen können sehr kurz und flüchtig sein und treten zusätzlich zu den oben beschriebenen Hauptmustern auf. Der Erfahrungshintergrund dieser Kinder ist meist geprägt durch misshandelnde bzw. psychisch kranke[3] oder sich gegenseitig vor dem Kind prügelnde Eltern (s. Solomon & George, 1999; Jacobvitz et al., 2001). Die Kinder drücken in ihrem Verhalten während der „Fremde Situation" ganz offensichtlich aus, dass sie in einem unlösbarem Dilemma stecken, da die eigenen Eltern gleichzeitig Quelle des Erschreckens und der Sicherheit sind. Einfrierendes Verhalten und Trancezustände können bei Kindern unter 3 Jahren auch während der Übergabesituationen bei Umgangskontakten beobachtet werden, wenn die Beziehung der Eltern durch ein hohes Konfliktpotenzial geprägt ist und sich dies in Mimik, Gestik oder ganz offen im Verhalten ausdrückt (s. Solomon & George, 1999).

Die beschriebenen Bindungsmuster sind im Alter von einem Jahr eindeutig Charakterstiken von Beziehungen und keine individuellen Charakteristiken der Kinder, sodass man auf keinen Fall von A-Kindern bzw. von B- oder C-Kindern sprechen kann. Es zeigt sich nämlich immer wieder, dass Kinder zu Vater und Mutter qualitativ unterschiedliche Bindungsbeziehungen haben können. Die Qualität des Bindungsmusters richtet sich nach der Art der Erfahrungen, die Kinder im Umgang mit den jeweiligen Bindungspartnern über einen längeren Zeitraum sammeln konnten. Mit zunehmendem Alter der Kinder werden diese dyadisch organisierten Bindungsmodelle zunehmend in individuellen Repräsentationen der Kinder organisiert und können dann auch ohne die Anwesenheit der Bindungspersonen beim Kind festgestellt werden, wie dies z.B. bei der „Attachment Story Completion Task" (ASCT) von Inge Bretherton (Bretherton et al., 2001; Bretherton et al., 1990) der Fall ist. Kindern im Kindergartenalter werden unter Verwendung von Puppen so genannte Rumpfgeschichten erzählt, die sie dann – im Puppenspiel und durch Erzählen – vervollständigen sollen. Die Geschichten enthalten bindungsrelevante Themen. So verschüttet ein Kind in einer Geschichte Saft beim Essen, in einer anderen verletzt ein Kind sich am Knie. In einer weiteren Geschichte muss ein Kind sich darauf einstellen, dass die Eltern über Nacht verreisen und die Oma es betreut. Die Art der Erzählungen der Kinder im Kindergartenalter gibt schließlich Auskunft über die Qualität ihrer Bindungsorganisation. Während für das Kindergartenalter noch weitere Methoden zur Erfassung von Bindungsqualitäten existieren (Cassidy & Marvin, 1992; Main & Cassidy, 1988; s. Wartner et al., 1994; Crittenden, 1999), fehlen sie für die mittlere Kindheit vollständig. Ab dem Jugendalter kann dann das von dem Team um Mary Main (George et al., 1985) für Erwachsene entwickelte „Erwachsenen-Bindungs-Interview" verwendet werden, das im folgenden Abschnitt beschrieben wird.

Wir können festhalten, dass eine gute Eltern-Kind-Bindung nicht von punktuellen Ereignissen, schon gar nicht von prägungsartigen Phänomenen unmittelbar nach der Geburt abhängt, sondern von Beziehungserfahrungen über einen längeren Zeitraum und von der psychologischen Verfügbarkeit der Eltern, besonders in Phasen der Unsicherheit. Inwieweit Eltern über einen längeren Zeitraum als feinfühlige Bindungspartner für ihr Kind zur Verfügung stehen, hängt zum einen von ihren Bindungserfahrungen innerhalb gegenwärtiger Beziehungen sowie allgemein von der Qualität des sozialen Unterstützungssystems und dem allgemeinen Lebensstress ab. Eine entscheidende Rolle spielen außerdem die Beziehungserfahrungen in der eigenen Kindheit und die Fähigkeit, diese Beziehungserfahrungen stimmig in die Erwachsenenpersönlichkeit zu integrieren. Letzteres wird mittels des Erwachsenen-Bindungs-Interviews erfasst.

1.3 Das Erwachsenen-Bindungs-Interview (Repräsentationsebene)

Das so genannte „Erwachsenen-Bindungs-Interview" (AAI)[4] stellt eine Kombination aus klinischem und standardisiertem Interview zu Erfahrungen in der Beziehung zu den eigenen Eltern dar, wobei die Erinnerungen möglichst vor die Schulzeit reichen sollten. Ein Set von Themenkomplexen zielt in erster Linie darauf ab, das Unbewusste zu überraschen. Die Art der Schilderung dieser Erinnerungen lässt Rückschlüsse auf ein allgemein vorherrschendes Bindungsmodell zu. Dabei ist es für den Interviewer nicht nur wichtig, eine natürliche Gesprächssituation anzustreben, sondern durch gezielte Nachfragen bestimmte angesprochene Themen zu vertiefen, und zwar aufgrund einer guten Kenntnis der Bindungstheorie und der Auswertungskriterien für das AAI. Hierzu ist ein besonderes Training notwendig. Die Beschreibung der Beziehungen zu beiden Eltern anhand von fünf Adjektiven – und zwar getrennt für die Beziehung zu Vater und Mutter – stellt einen wichtigen Teil des Interviews dar. Zu jedem Adjektiv werden anschließend konkrete Situationen und Erlebnisse abgefragt, die das jeweilige Eigenschaftswort untermauern sollen. Diese Vorgehensweise stützt sich auf die Ergebnisse der Gedächtnispsychologie, wonach Erinnerungen in unterschiedlichen Speichern abgelegt werden, im vorliegenden Fall im semantischen und im episodischen Gedächtnisspeicher. Während der semantische Speicher zusammenfassende Bewertungen beinhaltet, wie sie ausschließlich durch sprachliche Repräsentationen ermöglicht werden, beinhaltet der episodische Speicher konkrete Erinnerungsspuren.

Im AAI wird insbesondere auf Widersprüchlichkeiten im Interviewverlauf geachtet, um auf Abwehr und Verdrängung von Bindungserfahrungen zu schließen. Im weiteren Verlauf werden weitere bindungsrelevante Bereiche wie z.B.

Krankheit, Trennung und Verlust bzw. emotional sehr aufwühlende oder ver-unsichernde Situationen abgefragt. In einem abschließenden Teil des Inter-views will der Interviewer erfahren, wie stimmig die Bindungserfahrungen in die Erwachsenenpersönlichkeit integriert worden sind und ob deren Einfluss auf die Beziehung zu den eigenen Kindern und andere Gegenwartsbeziehun-gen der kritischen Reflexion zugänglich sind.

Für die Auswertung des Interviews zählen weniger die Inhalte als die Art, in der diese Inhalte erzählt werden. Es lassen sich drei Gruppen von Eltern da-nach unterscheiden, wie sie ihre Kindheitserinnerungen äußern: sicher-auto-nome (F-Gruppe), unsicher-distanzierte (Ds-Gruppe) und unsicher-verwickelte Eltern (E-Gruppe). Interessant – insbesondere für Praktiker – ist die Tatsache, dass sich in der F-Gruppe auch Eltern mit negativen Kindheitserfahrungen be-finden. Dies allerdings nur, wenn sie ihre Kindheitserfahrungen kritisch reflek-tieren und stimmig in ihre Erwachsenenpersönlichkeit integrieren können, wenn sie die Auswirkungen dieser frühen Bindungserfahrungen auf gegen-wärtige Beziehungen beachten lernen und wenn schließlich ein gewisses Maß an Aussöhnung mit den eigenen Eltern deutlich wird.

In der Ds-Gruppe befinden sich dagegen Eltern, die sehr viel Abwehr im Zu-sammenhang mit ihren Kindheitserinnerungen zeigen und negative Kind-heitserinnerungen abspalten, sodass es auch nicht zu der genannten Integra-tionsleistung kommt. Eine Abspaltung von emotional relevanten Erinnerun-gen kann entweder durch Idealisierung des Bindungspartners oder durch sei-ne Verteufelung erfolgen. Einmal werden negative, das andere Mal positive Erinnerungen verdrängt. Eine stimmige Integration innerhalb der Person kann in beiden Fällen nicht erfolgen, was sich auch im gegenwärtigen Bezie-hungsleben auswirkt. Auf Abspaltung und Verdrängung weisen u.a. Wider-sprüchlichkeiten in den Erzählungen hin. In der E-Gruppe schließlich befin-den sich Eltern, die zwar negative Erlebnisse in ihrer Kindheit durchaus er-innern können, die also Zugang zu diesen Gefühlsbereichen haben, die aber ganz offensichtlich von diesen Erinnerungen nach wie vor so in Beschlag ge-nommen sind, dass sie damit nicht in einer stimmigen Weise umgehen kön-nen. Sie sind verwickelt/verstrickt in ihre negativen Kindheitserinnerungen und können kein Resümee für ihre Persönlichkeit oder ihr gegenwärtiges Be-ziehungsleben ziehen (Jacobvitz & Hazan, 1999; Solomon & George, 1999).

1.4 Generationenenübergreifende Transmission von Bindungsqualitäten

In Untersuchungen wurden die AAI-Kategorien der Erwachsenenrepräsentationen mit den beobachteten Qualitäten der Eltern-Kind-Bindungen dieser Erwachsenen mit ihren einjährigen Kindern in Verbindung gebracht. Bei einer Untersuchung wurden die Erwachsenen-Bindungs-Interviews sogar vor der Geburt der Kinder durchgeführt. Es zeigte sich in allen Untersuchungen ein hohes Maß an Übereinstimmung zwischen der jeweiligen Bindungsrepräsentation bei den Eltern und der Qualität der Bindungsbeziehung zu ihren Kindern. Kennt man die Bindungsmodelle der Eltern, so lassen sich mit einer Trefferrate von etwa 80% die Qualitäten der Eltern-Kind-Bindung mit ihren einjährigen Kindern vorhersagen. Diese Untersuchungen belegen nicht einfach Zusammenhänge zwischen Bindungsstilen in zwei verschiedenen Generationen, sie geben vielmehr Auskunft über den Tradierungsprozess an sich. Ausschlaggebend für die Tradierung von Bindungsstilen ist, ob eine kritische Reflexion von Beziehungserfahrungen stattfindet und ihre Auswirkungen auf die Gegenwartsbeziehungen beachtet werden. Dies alles kann durch Erfahrungen in gegenwärtigen Beziehungen, also auch durch eine Beratung bzw. Therapie gefördert werden. Kindheitserfahrungen sind somit keineswegs Schicksal, denn Bindungsmodelle sind nicht nur an die realen Kindheitserfahrungen gebunden, sondern vielmehr an den Umgang damit in der Beziehung zum eigenen Selbst und in bedeutsamen Gegenwartsbeziehungen.

Zusammenfassend lässt sich also festhalten, dass die Qualität von Eltern-Kind-Bindungen wesentlich von den Bindungsmodellen der Eltern beeinflusst werden. Von Bedeutung ist auch die konkrete Lebenssituation der Eltern. Insbesondere Stress und soziale Unterstützung wirken sich aus. Die Qualität der Bindungsbeziehungen – besonders die so genannte D-Bindung – lässt zwar Aussagen über die psychische Gesundheit im Erwachsenenalter zu (s. Dozier, Stovall & Albus, 1999), eine unsichere Bindungsbeziehung ist jedoch keineswegs mit einer Persönlichkeitsstörung bzw. Pathologie gleichzusetzen (s. Suess & Zimmermann, 2001). Eine entwicklungspsychologische Perspektive betont vielmehr den komplexen transaktionalen Prozess, der von einer unsicheren Bindung zu einer Störung führt. Hier erweist sich auch das Gleichaltrigensystem als bedeutsam für die kindliche Entwicklung. Probleme im Umgang mit Gleichaltrigen stellen vergleichsweise gute Prädiktoren späterer psychischer Auffälligkeiten dar. Die Vorhersagequalität erhöht sich, wenn die Besonderheiten des familiären und des Gleichaltrigensystems gleichermaßen berücksichtigt werden (Sroufe et al., 2000).

1.5 Bindungssicherheit und Kompetenz im Umgang mit Gleichaltrigen

Die Welt der Kinder erfährt eine weitere Ausdehnung im Kindergartenalter (3-6 Jahre). Jedoch bedeutet der Kindergarteneintritt auch einen entscheidenden ersten Schritt in Richtung Ablösung in der Beziehung zu den eigenen Eltern. Er bringt neben zusätzlichen Lernerfahrungen ganz besondere Herausforderungen mit sich. Zwar wird jedem Kind eine Eingewöhnungsphase zugestanden, doch erwartet die Umgebung, dass das Kind auftauchende Probleme ohne die Möglichkeit des Rückgriffes auf die eigenen Bindungspersonen zunehmend alleine bzw. mit Hilfe von Erzieherinnen meistert. Die Entwicklung, die dem Kind die Bewältigung dieser Anforderung ermöglicht, ist gekennzeichnet durch einen Prozess des Überganges von der dyadischen zur individuellen Organisation des eigenen Selbst (s. Suess et al., 1992) und lässt sich mit dem Konzept der „sicheren Basis"[5] der Bindungstheorie beschreiben. Im Kindergartenalter hat ein Kind alle Aspekte einer sicheren Basis[5] ins eigene Selbst integriert, d.h. Bindungsqualitäten haben sich auf das individuelle Selbst des Kindes ausgewirkt. Dies zeigen auch die Längsschnittstudien in Regensburg (Suess, 1987; Suess et al., 1992) und in Minnesota (Sroufe, 1983; Sroufe et al., 2000).

Kinder mit einem sicheren Bindungshintergrund können im Kindergarten sehr viel mehr Sicherheit aus sich selbst schöpfen als Kinder mit unsicher-vermeidendem Bindungshintergrund, die während der Beobachtungen im Kindergarten in hohem Ausmaß Abhängigkeitsverhalten gegenüber den erwachsenen Erzieherinnen zeigten.[6] Wir erinnern uns, dass es letztere Kinder waren, die im zweiten Lebensjahr einen so „coolen" Eindruck machten, wenn sie in einer „Fremde Situation" kurzzeitig von ihren Bindungspersonen getrennt wurden. In Wirklichkeit waren sie damals schon – wie physiologische Untersuchungen (s. Spangler, 2001) zeigten – hoch verunsichert und konnten die eigene Bindungsperson nicht als sichere Basis nutzen. Kinder mit sicherem Bindungshintergrund dagegen haben dies sehr wohl in der Beziehung zu ihren Eltern gelernt. Sie teilen den Eltern ihre Unsicherheit direkt und unvermittelt mit und erlangen mit deren Hilfe und Unterstützung ihre Sicherheit zurück. Die Erfahrungen mit einer sicheren Basis werden zum Kern des eigenen Selbst. Ein bindungssicherer Hintergrund führt zu erhöhter Autonomie, ein unsicherer Bindungshintergrund zu vermehrter Abhängigkeit. Es ist schon bezeichnend, dass gerade aus der Angst heraus, Kinder zu verwöhnen, der Grundstock für spätere Abhängigkeiten geschaffen wird. Einfühlsames Eingehen auf die Kinder führt zu größerer Autonomie und keineswegs dazu, dass diese Kinder später am Rockzipfel der Eltern hängen, wie es lange Zeit nicht nur von Eltern, sondern auch von manchen Praktikern behauptet wurde (s.

Suess et al., 1992; Sroufe, 1983; Vaughn, 2001). Sicher gebundene Kinder sind bestrebt, Kontakt mit Gleichaltrigen zu bekommen und reagieren auf stressvolle Begegnungen mit der nötigen emotionalen Flexibilität. Sie haben im Kindergarten weniger Konflikte und machen häufiger die Erfahrung, dass sie Konflikte mit Kindern eigenständig und ohne Zutun Erwachsener lösen können. Auch sind sie in der Lage, ruhig und konzentriert alleine zu spielen.

Eine negative Entwicklung lässt sich jedoch bei unsicher gebundenen Kindern beobachten. Sie sind häufiger in Konflikte mit anderen Kinder verwickelt und fordern schneller die Hilfe Erwachsener ein. Oder ziehen sich zurück, statt in einen Verhandlungsprozess mit den Konfliktpartnern einzutreten. So sammeln sie kaum positive Erfahrungen in der eigenständigen Bewältigung von Konflikten. Sie fallen häufiger durch Problemverhaltensweisen (Feindseligkeiten, soziale Isolation usw.) auf, vor allem aber erwarten sie nichts Gutes von Beziehungspartnern, ja, unterstellen ihnen fälschlicherweise bei Konflikten eine böse Absicht, wie wir in Untersuchungen zur interpersonellen Wahrnehmung feststellen konnten – und zwar auch dann, wenn es sich eindeutig um so genannte Unglücksfälle handelte und nicht nur um Situationen, die nicht eindeutig zu beurteilen sind (Suess et al., 1992). Sie fühlen sich öfter als andere Kinder angegriffen, und aus ihrer Sicht wehren sie sich ja nur. Dieses Ergebnis ist auch ein Hinweis auf die Mechanismen, die bei Kindern für Kontinuität sorgen: Es sind die Erwartungshaltungen in Beziehungen.

Die Bindungsforschung beschäftigt sich intensiv mit der Frage nach Stabilität und Veränderung im Laufe der Bindungsentwicklung. Deshalb ist es nicht nur wichtig, etwas über das Ausmaß von Veränderung und Kontinuität im Lebenslauf zu erfahren, sondern auch über die zugrunde liegenden Mechanismen, die eine Erklärung dafür liefern. Generell konnte nachgewiesen werden, dass Kinder auf dem Hintergrund früher innerer Arbeitsmodelle zum eigenen Selbst und ihren Bindungsbeziehungen sich immer wieder eigene soziale Welten zu schaffen bestrebt sind, die mit ihren Erwartungshaltungen in Einklang stehen. Dafür sprechen die Ergebnisse des Regensburger Kindergartenprojektes, bei dem die Kinder in 33 verschiedenen Kindergärten untergebracht waren, also die Zusammenhänge zu frühkindlichen Bindungsmustern trotz beträchtlicher Variabilität der sozialen Umwelten gefunden werden konnten (Suess et al., 1992). Dies spricht für die Bedeutung individueller Gestaltungskraft. Dem aktiven Gestaltungsbeitrag der Kinder sind natürlich Grenzen in der jeweiligen sozialen Umgebung gesetzt. Um dieser Frage nachzugehen wurden im Kindergartenprojekt in Minnesota (Troy & Sroufe, 1987)[7] Kinder in Abhängigkeit von ihrem jeweiligen Bindungshintergrund paarweise aus der Kindergartengruppe in einen besonderen Spielraum gebracht und beobachtet. Dabei zeigte sich, dass Kinder mit unsicher-vermeidendem Bindungshintergrund dazu neigten, Kinder mit unsicher-ambivalentem Bindungshintergrund auszubeuten. Des Weiteren wurde in dieser Untersuchung festgestellt, dass Kinder mit unterschiedlichen Bindungshintergründen auch unterschiedliche Gefühle bei den Erzieher/innen auslösten. Auf Kinder mit unsicherem Bindungshintergrund reagierten diese häufiger mit ablehnenden Gefühlen als auf Kinder mit sicherem Bindungshintergrund. Dies alles sind Hinweise dafür, dass im Kindergarten eine besondere Dynamik entsteht, die durch all die versammelten Bindungshintergründe mit gestaltet wird und leider auch negative Bindungsmodelle immer wieder bestätigen lässt. Es kann jedoch auch zu Veränderungen kommen. Dies ist dann der Fall, wenn das erworbene Bindungsmodell und die daraus resultierenden Erwartungshaltungen eines Kindes nicht bestätigt werden. Hier kommt dem Kindergarten künftig eine besondere Bedeutung zu, da die familiären Hintergründe sich zunehmend schwieriger gestalten. Allerdings müssen die Rahmenbedingungen stimmen, die auch Fortbildungsmöglichkeiten für Erzieher/innen umfassen. An dieser Stelle sei ausdrücklich darauf hingewiesen, dass die beiden Erfahrungsbereiche Familie und Kindergarten nicht getrennt betrachtet werden können. Eine der Entwicklungsaufgaben für Kinder in unserer Gesellschaft besteht in der Integration der Erfahrungen in diesen beiden Bereichen. Dies sollte auch die Grundlage von Interventionen sein.

Somit kann zusammenfassend davon gesprochen werden, dass Kinder in Abhängigkeit von ihren familiären Bindungserfahrungen im Kindergarten unterschiedliche Erfahrungen sammeln. Nur im günstigen Fall lernen Kinder im Kindergarten, Konflikte zu bewältigen und Freundschaften zu schließen, sich in eine Gruppe zu integrieren oder sich konzentriert mit einer Aufgabe zu beschäftigen. Diejenigen, die am meisten einer positiven Kindergartenumgebung bedürfen, tun ihrerseits alles dazu, um sie nicht zu bekommen. Wie hier Intervention einsetzen kann, soll in Bezug auf Aggression und Feindseligkeit, sehr markanten Verhaltensauffälligkeiten im Kindergartenalter, aufgezeigt werden.

2. Ein integratives Interventionsmodell

2.1 Unterschiedliche Ebenen und Bereiche der Intervention

Da die Bindungstheorie davon ausgeht, dass die Eltern-Kind-Bindung als Modell für alle weiteren Beziehungen dient, bildet die Beziehung den Fokus der Intervention. Diese wiederum lässt sich nicht nur in unterschiedliche Ebenen, sondern auch in unterschiedliche Bereiche, die innerhalb einer integrativen Intervention angesprochen werden können, gliedern. In Abbildung 1 sind diese unterschiedlichen Bereiche und Ebenen dargestellt.

Beziehungen drücken sich auf den Ebenen der Repräsentation (Vorstellungsebene) und der Interaktion (Handlungsebene) aus. Eine ablehnende Haltung einem Kind gegenüber kann in der Art und Weise, wie Eltern über das Kind reden und wie sie konkret mit ihm in bestimmten Situationen umgehen, deutlich werden. Nicht immer können beide Ebenen, die Vorstellungs- und die Handlungsebene, in einer Therapie/Beratung in gleicher Weise angesprochen werden. Am deutlichsten wird dies in der Beziehung einer Person zu ihrem eigenen Selbst, die in der Regel nur über das Gespräch erschlossen werden kann, und zwar dadurch, dass die Person erkennen lässt, wie sie mit sich selbst umgeht, ob kritisch und ablehnend oder nachsichtig und annehmend. In einer Beratung/Therapie stellen Erinnerungen und Vorstellungen den Fokus der Intervention dar, wenn es um die Beziehung der Rat suchenden Eltern zu ihren eigenen Eltern geht. Konkrete Interaktionen können zum Fokus werden, wenn die Großeltern noch leben und in die Beratung/Therapie einbezogen werden können. In der Beziehung zwischen Eltern und Kindern können beide Ebenen, die Vorstellungs- und die Handlungsebene, in den Blick genommen werden. Die Bedeutung der jeweiligen Ebene in der konkreten Intervention ist abhängig von einem Aushandlungsprozess zwischen den Rat Suchenden und ihren Berater/innen/Therapeut/innen. Hierfür bietet ein integratives Vorgehen, das von Interventionsmöglichkeiten auf der Handlungs- und der Vorstellungsebene Gebrauch machen kann, erhebliche Vorteile. Fachleute stimmen darin überein, dass Veränderungen auf der Repräsentationsebene wegen der großen Stabilität der Bindungsmodelle nicht kurzfristig zu erreichen sind (Stern, 1998; Egeland et al., 2000). Jedoch spricht vieles dafür, dass eine alleinige Intervention auf der Handlungsebene – z.B. in Form eines Feinfühligkeitstrainings für Eltern – keine nachhaltige Verbesserung bringt, wenn die Verankerung in der Gesamtpersönlichkeit fehlt. Hier bietet eine Intervention, die jederzeit die Möglichkeiten auf Repräsentations- und Handlungsebene auszuschöpfen bereit ist, erhebliche Vorteile.

In Abbildung 1 sind die unterschiedlichen Beziehungsbereiche für Eltern und Kinder aufgelistet, wobei die unterschiedlichen Ebenen in der Mitte gemäß ihren ineinander fließenden Anteilen dargestellt sind. Die Bindungstheorie legt nun nahe, dass ein bestimmtes internalisiertes Bindungsmodell sich in unterschiedlichen Bereichen der Beziehung auf unterschiedlichen Ebenen ausdrückt und im Verlaufe der Entwicklung immer eine Integration stattfindet. Ein Kind, das von den Eltern Ablehnung erfährt, wird ein Modell von sich

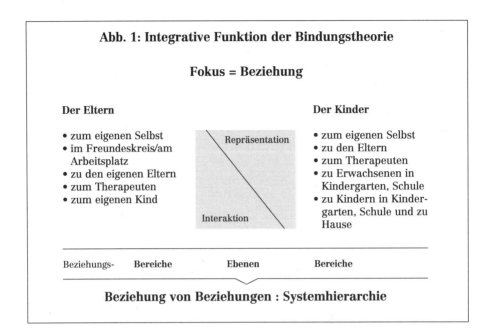

selbst entwickeln, das lautet „ich bin nicht liebenswert". Dieses Modell wird es in andere Beziehungen in anderen Sozialisationskontexten, beispielsweise mit Gleichaltrigen und Erwachsenen in Kindergarten und Schule, hineintragen. Es wird versuchen, sein Modell zu bestätigen und neue Beziehungen aktiv so zu gestalten, dass sein Weltbild nicht in Frage gestellt wird. Für eine effektive Intervention ist es daher erforderlich, die integrativen Leistungen des Kindes zu berücksichtigen und sein bisheriges Weltbild umfassend in Frage zu stellen. Dies geschieht am besten dadurch, dass sowohl die Beziehung zu den eigenen Eltern als auch alle wichtigen Beziehungen in anderen Sozialisationskontexten potenziell zum Gegenstand der Intervention werden. Da die Beziehungen, die in Abbildung 1 angeführt sind, wiederum in Beziehung zueinander stehen, müssen nicht immer alle Beziehungsbereiche in gleichem Ausmaß angesprochen werden, um Bindungsmodelle und ihre Auswirkungen in gelebten Beziehungen nachhaltig zu verändern. Es kann auch eine Veränderung in einem einzigen Bereich zu einer Veränderung in allen anderen Bereichen führen. Wenn durch ein spezielles Feinfühligkeitstraining der Umgang einer Mutter mit ihrem Kind verbessert werden kann, unterliegen die Bindungsrepräsentationen und damit auch die Beziehungen der Mutter in anderen Bereichen einem Veränderungsdruck. Doch besteht immer die Gefahr, dass einzelne Veränderungen, die nicht ins Gesamtbild passen, gleichsam wieder „repariert" werden, und zwar immer dann, wenn die Intervention nicht umfassend genug war (ausführlicher dazu Suess & Röhl, 1999).

Im Folgenden sollen integrative Vorgehensweisen in zwei Altersbereichen, der so genannten Trotzphase (18.-30. Lebensmonat) und dem Kindergartenalter (3.-6. Lebensjahr), beschrieben werden.

2.2 Das Trotzalter (18.-30. Lebensmonat)[8]

Wenn kleinere Kinder in Erziehungsberatungsstellen vorgestellt werden, dann häufig in dieser Entwicklungsphase. Die Eltern sind oft verzweifelt über die Wutausbrüche und Tobsuchtsanfälle ihrer Kinder, zumal, wenn sie sich in aller Öffentlichkeit abspielen.

Entwicklungspsychologisch gesehen sorgt eine Veränderung im Bereich der Selbstentwicklung für einschneidende Veränderungen in anderen Beziehungs-bereichen. In der so genannten Trotzphase (18.-30. Lebensmonat) lernt ein Kind die Fähigkeit, sich selbst die Sicherheit zu geben, die es vorher nur in Anwesenheit einer Bindungsperson von dieser selbst erhalten konnte. Es lernt sich zunehmend als eigenständige Person – losgelöst von den Eltern – zu begreifen. In Konflikten mit den Eltern lernt es sehr viel Grundlegendes über Beziehungen. So wie bildlich gesehen seine Fortschritte in der Fortbewegung von einem ständigen Auf und Ab geprägt sind, so schwankend ist auch sein Gefühlsleben: mal sehr erhebend und großartig, dann schon wieder jäh gestürzt und ganz klein – eben schwankend in jeder Beziehung. Eltern dienen hier als sichere Basis für die wachsende Autonomieentwicklung ihrer Kinder, indem sie geduldig und nachsichtig mit deren Zorn und Ärger umgehen; allerdings auch, indem sie Grenzen aufzeigen und den Kindern verdeutlichen, wie weit sie in der Beziehung gehen können. Sie ermöglichen den Kindern schließlich, ein Modell von sich selbst zu entwickeln, das in zunehmendem Maße an Stelle der konkreten Beziehung zu den Eltern Sicherheit und Orientierung spendet. Später tragen Kinder das innerhalb familiärer Beziehungen erworbene Selbst- und Weltbild in die Beziehung zu Gleichaltrigen im Kindergarten hinein und bringen in ihrer Person zwei so unterschiedliche Sozialisationsfelder wie Familie und Kindergarten in Einklang.

Doch davor steht erhöhter Stress für Eltern und Kinder und ein besonderes Risiko für die Kindesentwicklung.[9] Auf dem Weg von der Regulation eigener Ich-Zustände innerhalb der Eltern-Kind-Beziehung zur selbstständigen Regulation liegen sehr viele Herausforderungen für Eltern und Kind. Für die kindliche Befindlichkeit ist – wie bereits erwähnt – der tapsige Gang, der in der englischen Fachsprache mit der Bezeichnung „Toddlerhood" dieser Entwicklungsphase einen bezeichnenden Namen gab, von sinnbildlicher Bedeutung.

Das Kind erlebt die Höhepunkte des aufrechten Ganges, der selbstständigen Fortbewegung und die Tiefpunkte des Hinfallens kurz hintereinander. Dementsprechend labil ist oft auch der Gefühlszustand bei Kindern in dieser Phase. Dann ist da auch noch der Drang zur Autonomie, zur Selbstständigkeit. Die häufigsten Worte, die ein Kind jetzt benutzt („Ich will", „Selber machen"), bezeichnen den Drang weg von den primären Bindungsfiguren. Die Entdeckung des eigenen Willens ist nicht ohne Probleme für Eltern und Kind, ruft dies doch oftmals große Kämpfe, ausgelöst durch zwei entgegengesetzte Willensbekundungen, hervor. Nicht nur für die Beziehung beinhaltet diese neuerliche Entwicklung eine Gefahr. Der Selbstständigkeitsdrang des Kindes bedeutet auch für das Kind selbst eine Gefahr, da es Gefahrenmomente noch nicht realistisch abschätzen kann. Die Anforderungen an Bindungspersonen, deren Aufgabe weiterhin im Bereitstellen einer sicheren Basis besteht, haben sich nun gegenüber der vorhergehenden Entwicklungsphase grundlegend geändert. Sie müssen nun auch in effektiver Weise Grenzen setzen, damit der Tatendrang der Kinder nicht zur Gefahr wird. Das konsequente Setzen von Grenzen schafft Sicherheit. Des Weiteren müssen die Herausforderungen innerhalb der Beziehung in angemessener Weise bewältigt werden. Ein Kind, das seinen Willen dem Willen der Eltern entgegensetzt, die Beziehung kräftig rüttelt oder gar zu zerstören versucht, erlebt die Eltern-Kind-Beziehung dann als sicherheitsspendenden Rahmen, wenn die Eltern trotzdem grundlegende Akzeptanz vermitteln und das Kind nicht persönlich ablehnen. Letzteres geschieht vielfach auf dem Hintergrund eigener Ablehnung in der Kindheit. Es ergibt sich eine Ablehnungsspirale, innerhalb derer von beiden Beziehungspartnern versucht wird, gegenseitig Zwang auszuüben. Dieser Prozess wird im Fachjargon „koerziv" genannt (Crittenden, 1999) und soll im Folgenden anhand eines typischen Beispieles im Supermarkt beschrieben werden.[10] Ein Kind in unserem Altersbereich bleibt vor einem Regal mit Süßigkeiten stehen und versucht bei der Mutter um den Kauf eines Schokoriegels zu betteln. Während die Mutter zunächst noch elegant und bestimmt das Anliegen des Kindes verneint, hält das Kind sehr beharrlich an seinen Wünschen fest. Da die Mutter schon zahlreiche negative Erfahrungen mit ihrem Kind in vergleichbaren Situationen gesammelt hat, versucht sie nun, möglichst schnell durch die Kasse zu kommen, und ignoriert ihr Kind. Damit hat sie die Hartnäckigkeit ihres Kindes unterschätzt. Das Kind steigert die Intensität seiner Bitten, ausgerichtet auf das Ziel, die Aufmerksamkeit der Mutter zu erhalten, was jedem Kind in dieser Altersphase leicht gelingen kann – schließlich kann es sich ja auch auf den Boden werfen und mit zornesrotem Kopf mit den Beinen stampfen. Die Mutter erfährt die Hartnäckigkeit des Kindes als persönlichen Angriff (Bösartigkeit, unmögliches Kind, mit dem man sich überall blamiert usw.) und kocht innerlich, während sie versucht, möglichst schnell aus der Situation herauszukommen. Sie zerrt das Kind hinter sich her ins Freie, um es mit geballtem Ärger zu maßregeln. Das quengelnde Kind kann nun von einer Sekunde auf die andere seine Verhaltensstrategie ändern und einzig und allein das Ziel verfolgen, die wütende Mutter zu beschwichtigen. Es setzt eine Unschuldsmiene mit Engelsblick auf. Mit großen Augen blickt es von unten herauf die Mutter an und ist nun völlig ruhig. Dieses in der Fachsprache „Coy-Behaviour" (Crittenden, 1999) genannte Verhaltensmuster führt in der Regel bei vielen Eltern zu einer Beschwichtigung und einem Abklingen der sich steigernden und mit Ärger unterlegten Drohungen. Misshandlungen kann somit von Kindern mit so einer Verhaltensstrategie aktiv vorgebeugt werden. Innerlich jedoch kocht das Kind. In unserem Fall wird es, wenn der Ärger und die Drohungen der Bindungsperson abgeklungen sind, wieder anfangen zu quengeln, wobei es gar nicht mehr um den Schokoriegel gehen muss, sondern nur noch um den Machtkampf. Eine neue Folge in dem koerziven Drama könnte beginnen. Wenn wir nun diesem Eltern-Kind-Paar vom Supermarkt in die Straßenbahn gefolgt wären, könnten wir möglicherweise noch einige Abfolgen dieses koerziven Musters und damit eine Steigerung des Dramas bis hin zu körperlicher Züchtigung des Kindes beobachten.

Alle Eltern erleben in dieser Phase Überforderungen im Umgang mit ihrem Kind. Dies hängt sicherlich von vorangegangenen Beziehungserfahrungen ab, die in der Situation zur Regulierung der Kommunikation negativer Gefühle beitragen. Eine sichere Bindung an die eigenen Eltern hat in der Vergangenheit einen sicheren Rahmen für Gefühlsaustausch in schwierigen, verunsichernden Situationen abgegeben und zu einer verfeinerten Kommunikation beigetragen. Es besteht insbesondere eine größere Sicherheit, von negativen Emotionen im Hinblick auf Beziehungsregulierungen Gebrauch zu machen. Somit können Ärger, Wut und Enttäuschung sehr viel stimmiger und zeitnaher zu den auslösenden Momenten mitgeteilt werden. Oft lässt sich bei Eltern, die sich in einer koerziven Spirale aufwärts bewegen, zunächst ein überwiegend emotionsloser Gesichtsausdruck im Umgang mit ihrem Kind beobachten, ganz so, als ob sie nur dadurch ihren immensen Ärger gegenüber dem Kind unterdrücken könnten. Dadurch erfährt das Kind allerdings nicht die regulierende Kraft stimmiger Gefühle für den Umgang mit anderen. Da alle Beherrschung sich irgendwann verliert, lernen sie nur die Extreme von „zerstörerischem Ärger" oder „falschen Gefühlen". Eltern, die diese Entwicklungsphase meistern, ohne dass es zu einem koerziven Prozess kommt, reagieren in schwierigen Situationen mehr im Einklang mit ihren Gefühlen, eben gefühlsstimmig, und warten nicht ab, bis sie jegliche Beherrschung verlieren. In Gesprächen mit Eltern, die einen sicheren Bindungshintergrund haben, fällt immer wieder auf, dass sie über unangenehme Beziehungserfahrungen mit ihrem Kind und über eigene „Fehler" sprechen können. Eltern mit unsicherem Bindungshintergrund sind dagegen in sehr viel größerem Maß auf einen sicherheitsspendenen Rahmen angewiesen. Es fällt auf, dass sie zunächst im Gespräch nicht nur selektiv und idealisierend mit ihrer eigenen Beziehungsvergangenheit umgehen, sondern auch mit der Beziehung zu ihrem Kind. Manche scheitern geradezu durch einen ausgeprägten Zwang zum Perfektionismus.[11] Dabei bekommen Kinder gerade dann ein Gefühl für den ablaufenden Prozess der Regulierung innerhalb von Beziehungen, wenn sie die Eltern nicht perfekt erleben, sondern eben suchend – und zwar in ständiger Aushandlung mit dem Kind.[12]

Das dieser Entwicklungsphase immanente Risiko besteht in dem Beitrag einer koerziven Spirale für weitere und nachhaltig negative Entwicklungen der Eltern-Kind-Beziehung. Es kann dadurch ein erster Grundstock für aggressive Verhaltens- und Erlebensstrukturen im Kindergarten gelegt werden. Die Beziehungserfahrungen spielen sich immer häufiger zwischen Drohungen und Grenzüberschreitungen ab. Es entsteht gefühlsmäßig ein Gegeneinander, positiv aufbauende Beziehungserfahrungen werden immer seltener. Begünstigt wird eine solche koerzive Spirale auf Seiten der Eltern durch unsichere Bindungsmodelle, auf Seiten des Kindes durch ein schwieriges Temperament, auf Seiten der Eltern und Kinder durch eine unsichere Bindungsbeziehung und schließlich auf Seiten der Umgebung durch zusätzlichen Stress (geringer Geschwisterabstand, Partnerkonflikte, finanzielle Probleme etc.).

Eine Intervention hat in dieser Phase zwei wesentliche Ziele: der Entwicklung von koerziven Spiralen durch ein Interaktionstraining mit dem Fokus auf effektive Grenzensetzungen vorzubeugen bzw. diese Spiralen zu unterbrechen. Da jedoch Eltern in diesen Überforderungssituationen vielfach auf Erlebnisse im Umgang mit den eigenen Eltern in ihrer eigenen Kindheit zurückgreifen, sollten auch die Bindungsmodelle der Eltern Ziel der Intervention sein, und zwar nicht nur hinsichtlich ihrer erinnerten Beziehung zu ihren Eltern, sondern auch hinsichtlich ihrer Beziehung zum eigenen Selbst.[13] Das Interaktionstraining geschieht am besten unter Einsatz von Videotechnik (siehe auch den Beitrag von Sirringhaus-Bünder et al. in diesem Band; Downing & Ziegenhain, 2001). Der Berater/Therapeut wählt aus den videographierten Szenen zunächst nur Sequenzen mit positiven Eltern-Kind-Interaktionen aus, die in einer annehmenden Atmosphäre gemeinsam mit den Eltern angeschaut und diskutiert werden. Er bereitet den Boden dafür, dass die Eltern ihr Verhalten im Umgang mit ihrem Kind bewusst reflektieren können. Diese Vorgehensweise ermöglicht es ihnen, ihre Vorstellungen von ihrem Kind zu verändern, Sicherheit im Umgang mit ihm zu gewinnen und die Eltern-Kind-Interaktionen vermehrt positiv zu gestalten.[14]

2.3 Das Kindergartenalter

Wir haben im Abschnitt „Trotzalter" etwas über die Anfänge des aggressiven Verhaltens erfahren. Es verläuft ab dem 7. Lebensalter sehr stabil, es ist eines der stabilsten Verhaltensmuster, das wir kennen. Hat ein Kind während eines koerziven Prozesses im zweiten und dritten Lebensjahr keine Feinabstimmung in Beziehungen durch Aushandeln gelernt, sondern nur Beeinflussung durch Aufdrücken des eigenen Willens, hat es also gelernt, in Extremen zu handeln und ansonsten Ablehnung erlebt, so wird es für das soziale Leben im Kindergarten schlecht gerüstet sein. „Hier eröffnen sich Kindern – anders als im Verhältnis zu überlegenen Erwachsenen – Chancen, anderen mit Gewalt den eigenen Willen aufzuzwingen" (BMFSFJ, 1998; S. 121). Das Kind kann hier ein altbekanntes Konfliktbewältigungsmuster anwenden und wird – falls es damit Erfolg hat – auch gar nicht versuchen, nach gemeinsamen Lösungen in Aushandlungsprozessen zu suchen. Zudem wird Kindern im Kindergartenalter von den Erwachsenen immer auch zugestanden, sich durchsetzen oder sich wehren zu dürfen. Nur haben manche Kinder große Probleme in der dazu notwendigen Einschätzung der sozialen Konfliktsituation. Wie bereits dargelegt, unterstellen hochaggressive Kinder in Konfliktsituationen den anderen beteiligten Personen oftmals unangemessen eine negative Absicht. Dies wiederum erklärt, warum sie für Außenstehende ohne ersichtlichen Grund auf andere Kinder einschlagen – eben weil sie sich fälschlicherweise angegriffen fühlen. Kinder mit unsicher-vermeidendem Bindungshintergrund fielen im Regensburger Kindergartenprojekt (Suess, 1987; Suess, Grossmann & Sroufe, 1992) nicht nur durch aktive Feindseligkeiten – aggressive Akte gleichsam aus heiterem Himmel – auf, sondern zeigten in sozialen Wahrnehmungstests beziehungspessimistische Verzerrungen in sozialen Konfliktsituationen. Sie unterstellten fälschlicherweise bei Unfällen im Kindergarten, die nicht beabsichtigt waren, eine negative Absicht. Diese Kinder verstehen dann, wenn sie für Außenstehende ohne ersichtlichen Grund auf ein anderes Kind einschlagen, die Reaktionen der Erwachsenen nicht, die oftmals sehr ungehalten reagieren (verbal: „Du böses Kind"; körperliche Bestrafung). Diese Kinder können insbesondere dann die Erwachsenen nicht verstehen, wenn ihnen gleichzeitig zugestanden wird, sich wehren zu dürfen, wenn sie angegriffen werden.

Kinder mit einem solchen Erfahrungshintergrund lernen eventuell wiederum, abgelehnt und zurückgewiesen zu werden, und bestätigen somit nur ihre vorhergehenden beziehungspessimistischen Erfahrungen. Oftmals erleben Kinder im Kindergarten auch, dass die von Feindseligkeiten betroffenen Opfer „keine hinreichende Unterstützung in ihrer Notlage erhalten, sondern Erzieher/innen und Lehrer/innen hilflos reagieren" (BMFSFJ, 1998, S. 125). Gewalt bahnt sich als Konfliktbewältigungsmuster seinen Weg nicht nur bei den ursprünglichen Tätern, sondern auch bei Kindern, sie sich „sozial anstecken" lassen.

In der Beratungssituation wird man natürlich den familiären Anteil des Problems beleuchten. Die Eltern-Kind-Bindung und vor allem effektive und konsequente Grenzsetzungen der Eltern gegenüber ihrem Kind oder auch Gewalt innerhalb der Familie/Ehepartnerschaft sind Themen einer Beratung/Therapie. Auch die Wahrnehmung sozialer Konfliktsituationen mit dem Kind allein kann in der Erziehungsberatung trainiert werden (s. Petermann & Petermann, 1997).[15] Doch schon hier wird deutlich, dass im Kindergarten ungleich mehr soziale Konfliktsituationen auftreten. Sie besitzen aufgrund ihrer Natürlichkeit eine hohe emotionale Signifikanz und stellen eine mehr oder weniger ausgeprägte Krise für die betroffenen Kinder dar, was wiederum ein gute Rahmenbedingung für die Nachhaltigkeit sozialen Lernens darstellt (Silbereisen, 1995). Es hängt von den Möglichkeiten im Kindergarten vor Ort ab, ob Erzieher/innen bei Konflikten, in die ein Kind verwickelt ist, die Frage nach der Absicht mit dem Kind klären („Wollte der denn deinen Turm umwerfen? Hat der das mit Absicht gemacht?") und dadurch die Chance nutzen, verzerrte intentionale Zuschreibungsprozesse jedes Mal zu korrigieren. Gleichzeitig können sie damit das Aushandeln in Konfliktsituationen fördern und Gewaltanwendung als untauglich anprangern. Eine weitere Intervention, ohne die alle anderen Bemühungen zum Scheitern verurteilt sind und die das Gruppenklima im Kindergarten betrifft, kann nur im Kindergarten erfolgen. Befinden sich in der Gruppe mehrere Kinder mit „aggressivem/feindseligem" Verhaltensmuster, so können Kinder als Beobachter solcher aggressiven/feindseligen Akte immer wieder feststellen, dass sich solch ein Verhalten lohnt. Die Erzieher/innen können aufgrund der Häufigkeit solcher Akte gar nicht verhindern, dass die Akteure immer wieder „gut" davon kommen. Das Verhaltensmuster wird somit belohnt und wirkt auf die anderen Kinder sozial ansteckend. So werden unsere Beratungs-/Therapiebemühungen durch reale Erfahrungen im Kindergarten immer wieder konterkariert. Schlimmer noch: Auch andere Kinder ohne koerziven Bindungshintergrund und ohne familiäre Gewalterfahrung können von dieser sozialen Ansteckung erfaßt werden. Darum sollte die Kooperation mit Erzieher/innen nicht nur das einzelne Kind, sondern auch das Gruppenklima umfassen. Ob es sinnvoll ist, eine Gruppenzusammensetzung im Kindergarten zu verändern, kann dann gemeinsam mit dem Kindergarten erörtert werden. Dies wiederum ist oft eine nötige Rahmenbedingung für positive Veränderungsprozesse in der Beratung/Therapie. Können Erzieherinnen darüber hinaus in die Bemühungen einbezogen werden, Kindern im Kindergarten kompensatorische Erfahrungen in den Beziehungen zu Gleichaltrigen und Erwachsenen zu ermöglichen, wird dies dann zusammen mit Interventionsbemühungen in der Beratung/Therapie im Familiensystem zu einer positiven Veränderung führen. Insbesondere bei aggressiven/feindseligen Verhaltensmustern greift eine Einzel- oder Familientherapie alleine ohne die Einbeziehung des Kindergartens zu kurz.

3. Ausblick

Dass innerhalb der Bindungsforschung im Bereich der Aggression/Feindseligkeit nach Zusammenhängen gesucht wurde, überrascht kaum. Schon John Bowlby hat Zusammenhänge zwischen Bindungshintergrund und aggressivem Verhalten angenommen. Bereits in den vierziger Jahren des letzten Jahrhunderts untersuchte er – allerdings retrospektiv – jugendliche Delinquenten (s. Grossmann, 2001; Bretherton, 1995). Neuere Untersuchungen an jugendlichen Gangs mit Neigung zu brutalen Gewalttaten ergeben ein erschreckend deutlich kohärentes Bild eines unsicheren Bindungshintergrundes (s. Main, 1999). Sie weisen auf die gesellschaftlichen Auswirkungen von Fehlentwicklungen in der Eltern-Kind-Bindung hin. So betrachtet, bietet die Bindungstheorie eine Grundlage, um die Bedeutung von Erwartungshaltungen, interpersoneller Wahrnehmung und sozialer Kommunikation über den gesamten Lebenslauf hinweg zu verstehen. Die Bindungstheorie darf hierbei allerdings nicht auf familiäre Eltern-Kind-Dyaden bzw. auf individuelle Repräsentationen solcher Beziehungen eingeengt werden, sondern muss vielmehr als Theorie sozialer Systeme allgemein begriffen werden, auf deren Grundlage sich die Einflüsse von Erwartungshaltungen, sozialen Wahrnehmungs- und Kommunikationsmustern ebenso wie Gruppenprozessen auf Lebensläufe verstehen lassen. Dies legt auch der systemtheoretische Grundstock der Bindungstheorie nahe. Die Bindungstheorie ist im Kern eine integrative Theorie. Schon ihre Entstehung und bisherige Entwicklung bestätigt dies. Sie wurde von einem praktizierenden Psychoanalytiker und Psychiater entworfen, verdankt ihren Aufstieg der akademischen Entwicklungspsychologie, erlebt seit geraumer Zeit geradezu einen Boom innerhalb psychotherapeutischer/psychiatrischer Disziplinen und gewinnt schließlich innerhalb der Sozialpsychologie im Hinblick auf das Verständnis von Gruppenprozessen und interpersonellen Wahrnehmungs- und Zuschreibungsprozessen an Bedeutung (s. Vaughn, 2001).[16]

Anmerkungen

1 Angesichts der weit mehr als 1000 Seiten umfassenden Trilogie von John Bowlby muss es sonderbar anmuten, die Bindungstheorie auf ein paar Seiten zusammenfassen zu wollen. Gute Zusammenfassungen für Praktiker finden sich in den Sammelbänden, herausgegeben von Spangler und Zimmermann (1995) sowie von Suess und Pfeifer (1999), Suess, Scheuerer-Englisch & Pfeifer (2001). Zur Geschichte der Bindungstheorie sei auf Beiträge von Bretherton (1995), Grossmann (2001) sowie von Brisch (1999) verwiesen.

2 Eine Übersicht über Abweichungen im deutschsprachigen Raum gibt Rauh (2000).

3 Wenn die sich nicht in Therapie befinden, die ebenfalls die Eltern-Kind-Beziehung mit einbezieht.

4 Adult Attachment Interview

5 Im ungünstigen Fall einer „unsicheren Basis", d.h. fehlender Fähigkeiten, Sicherheit aus sich selbst bzw. aus signifikanten Beziehungen zu schöpfen.

6 Hier werden statistische Zusammenhänge berichtet, die zwar signifikant sind, jedoch heißt das nicht, dass immer alle Kinder der betreffenden Gruppe das angesprochene Verhalten zeigen.

7 Im Unterschied zum Regensburger Kindergartenprojekt waren die Kinder des „Minnesota Preschool Project" alle im institutseigenen Kindergarten mit besonders geschulten Erziehern untergebracht.

8 Eine gute Beschreibung dieses Altersbereiches für Praktiker findet sich bei Lieberman (1995).

9 Risiken für die Kindesentwicklung kommen nicht nur von außen, sondern sind auch mit den Übergangsphasen der Entwicklung verbunden. Deshalb ist es wichtig, neben den Risiko- auch Schutzfaktoren zu berücksichtigen, da Risiken in solchen Fällen nicht beseitigt, sondern nur durch Schutzmechanismen kompensiert werden können (s. Suess & Fegert, 1999; Romer & Riedesser, 1999; Zimmermann, Suess, Scheuerer-Englisch & Grossmann, 1999, 2000; Suess & Zimmermann, 2001; Hantel-Qitmann, 1997, S. 8-27).

10 Sehr viel ausführlicher ist dieser Prozess bei Crittenden (1999) nachzulesen.

11 Dazu tragen auch Fachleute bei, die Beziehungsmuster als Zustand betrachten und nicht als Ausdruck eines zugrunde liegenden Prozesses der Regulation eigener Befindlichkeit innerhalb von Beziehungen, wie dies z.B. von Sroufe (1997) betont wird. Darum wird die derzeitige Überbetonung der Bindungskategorien aus der „Fremde Situation" gegenüber dem zugrunde liegenden Prozess hier als kritisch im Hinblick auf die Anwendung der Bindungstheorie in der Praxis bewertet (so auch Zimmermann et al., 1999). Eine Prozessorientierung findet sich im Übrigen auch beim Münchener Beratungsmodell von Papoušek (1998).

12 Lieberman (1995) beschreibt sehr schön den Lernprozess von Kindern, wenn Eltern zunächst übers Ziel hinaus schießen und sich dann beim Kind damit entschuldigen, dass sie versuchen, sich zu bessern. Gerade Toddler lernen dadurch auch besser mit ihren eigenen Gefühlsschwankungen und Unzulänglichkeiten umzugehen.

13 Eine Ausweitung der Bindungsdynamik auf das gesamte Beziehungssystem ist innerhalb einer längeren Erziehungsberatung erstrebenswert (s. auch Scheuerer-Englisch, 1999; Marvin, 2001; Hantel-Quitmann, 1997).

14 Bei der Anwendung der Bindungstheorie in der Beratung/Therapie steht die therapeutische Beziehung im Mittelpunkt. Der Therapeut/Berater dient den Rat Suchenden als sichere Basis (s. Scheuerer-Englisch, 1999; Suess & Röhl, 1999; Hédervári-Heller, 1999). Eine sehr anschauliche Schilderung findet sich bei Downing (1996).

15 Wertvolle Anregungen beinhaltet auch das Buch von Weidner (1990).

16 Bezeichnend dafür ist, dass mit Phil Shaver ein Sozialpsychologe Mitherausgeber ist für das umfassende „Handbook of Attachment" – zusammen mit dem Buch von Solomon & George (1999) die wohl einflussreichste Buchpublikation auf dem Gebiet der Bindungstheorie in 1999 (Cassidy & Shaver, 1999).

Literatur

Ainsworth, M.D.S., Blehar, M.C., Waters, E. & Wall, S. (1978). Patterns of attachment. A psychological study of the strange situation. Dillsdale: Lawrence Erlbaum.

Bowlby, J. (1975). Bindung. München: Kindler.

Bowlby, J. (1976). Trennung. München: Kindler.

Bowlby, J. (1983). Verlust. Frankfurt: Fischer.

Bretherton, I., Ridgeway, D., Cassidy, J. (1990). Assessing internal working models of the attachment relationship: An Attachment Story Completion Task (ASCT) for three-year olds In: M.T. Greenberg, D. Cicchetti, & E.M.Cummings (Eds.). Attachment in the preschool years. Chicago: University of Chicago Press, pp. 273-308.

Bretherton, I. (1995). Die Geschichte der Bindungstheorie. In: Spangler, G. & Zimmermann, P. (1995). Die Bindungstheorie. Stuttgart: Klett-Cotta, pp. 27-49.

Bretherton, I., Suess, G.J., Golby, B. Oppenheim, D. (2001). „Attachment Story Completion Task" (ASCT) – Methode zur Erfassung der Bindungsqualität im Kindergartenalter durch Geschichtenvervollständigungen im Puppenspiel. In: Suess, G.J., Scheuerer-Englisch, H. & Pfeifer, K-W. P. (Hg.). Bindungstheorie und Familiendynamik. Anwendung der Bindungstheorie in Beratung und Therapie. Gießen: Psychosozial-Verlag.

Brisch, K. H. (1999). Bindungsstörungen – Von der Bindungstheorie zur Therapie. Stuttgart: Klett-Cotta.

Bundesministerium für Familie, Senioren, Frauen und Jugend (1998). Zehnter Kinder- und Jugendbericht. Bonn: Bonner Universitäts-Buchdruckerei.

Cassidy, J., Marvin, R.S., with the MacArthur Working Group on Attachment (1992). A system for classifying individual differences in the attachment-behavior of 2? to 4? year old children. Unpublished coding manual, University of Virginia (Kann als Teil eines Trainingsmoduls bei Bob Marvin angefordert werden).

Cassidy, J., Shaver, P.R. (1999). Handbook of Attachment. Theory, Research, and Clinical Applications. N.Y., London: The Guilford Press.

Crittenden, P.M. (1999). Klinische Anwendung der Bindungstheorie bei Kindern mit Risiko für psychopathologische Auffälligkeiten oder Verhaltensstörungen. In: Suess, G.J. & Pfeifer, W.-K: Frühe Hilfen. Gießen: Psychosozial-Verlag, pp. 86-104.

Dornes, M. (1997). Die frühe Kindheit. Entwicklungspsychologie der ersten Lebensjahre. Frankfurt: Fischer.

Dornes, M. (1998). Bindungstheorie und Psychoanalyse. Konvergenzen und Differenzen. Psyche 52, pp. 299-348.

Downing, G. (1996). Körper und Wort in der Psychotherapie. Leitlinien für die Praxis. Kempten: Kösel.

Downing, G., Ziegenhain, U. (2001). Besonderheiten der Beratung und Therapie bei jugendlichen Müttern und ihren Säuglingen – die Bedeutung von Bindungstheorie und videogestützter Intervention. Suess, G.J., Scheuerer-Englisch, H. & Pfeifer, K-W. P. (Hg.). Bindungstheorie und Familiendynamik. Anwendung der Bindungstheorie in Beratung und Therapie. Gießen: Psychosozial-Verlag.

Dozier, M., Stovall, K.C., Albus, K.E. (1999). Attachment and Psychopathology in Adulthood. In: Cassidy, J., Shaver, P.R. (Eds.). Handbook of Attachment. Theory, Research, and Clinical Applications. N.Y., London: The Guilford Press, pp. 497-519.

Egeland, B., Weinfield, N.S., Bosquet, M., Cheng, V.K. (2000). Remembering, Repeating, and Working Through: Lessons from Attachment-Based Interventions. In: Osowsky, J.D. & Fitzgerald, H.E.(Eds.). Infant Mental Health in Groups at High Risk 4. WAIMH Handbook of Infant Mental Health. N.Y.: J. Wiley & Sons, Inc.

Erickson, M.F., Kurz-Riemer, K. (1999). Infants, Toddlers, and Families. A Framework for Support and Intervention. N.Y., London: The Guilford Press.

George, C., Kaplan, N. & Main, M. (1985). The attachment interview for adults. University of California. Berkely: Unpublished manuscript.

Gloger-Tippelt, G. & Hoffmann, V. (1997). Das Adult Attachment Interview: Konzeption, Methode undErfahrungen im deutschen Sprachraum. Kindheit und Entwicklung 6, pp. 161-172.

Grossmann, K., Thane, K., Grossmann, K.E. (1981). Maternal tactual contact of the newborn after various postpartum conditions of mother-infant care. Developmental Psychology 17, pp. 158-169.

Grossmann, K., Grossmann, K.E., Spangler, G., Suess, G.J. & Unzner, L. (1985). Maternal sensitivity and newborns´ orientation responses as related to quality of attachmetn in northern Germany. In: I. Bretherton & E. Waters (Hg.). Growing points of attachment theory and research. Monographs of the Society for Research in Child Development 50, pp. 233-278.

Grossmann, K.E. (2001). Die Geschichte der Bindungsforschung: Von der Praxis zur Grundlagenforschung und zurück. In: Suess, G.J., Scheuerer-Englisch, H. & Pfeifer, K-W. P. (Hg.). Bindungstheorie und Familiendynamik. Anwendung der Bindungstheorie in Beratung und Therapie. Gießen: Psychosozial-Verlag.

Hédervári-Heller, E. (1999). Bindungstheorie und „Eltern-Kind-Therapie": Ein Fallbeispiel. In: Suess, G.J. & Pfeifer, W.-K (Hg.). Frühe Hilfen. Gießen: Psychosozial-Verlag, pp. 200-221.

Hantel-Quitmann, W. (1997). Beziehungsweise Familie. Bd. 3: Gesundheit und Krankheit . Freiburg: Lambertus.

Hartup. (1980). Peer relations and family relations: Two social worlds. In: Rutter, M. (Ed.). Children on playgrounds: Research perspectives and applications. Ihtaca: State University of New York Press, pp. 44-84.

Jacobvitz, D., Hazan, N. (1999). Developmental Pathways from Infant Disorganization to Childhood Peer Relationships. In Solomon, J., George, C. (Eds). Attachment disorganization. N.Y., London: The Guilford Press.

Jacobvitz, D., Hazen, N. Thalhuber, K. (2001). Die Anfänge von Bindungsdesorganisation in der Kleinkindheit: Verbindungen zu traumatischen Erfahrungen der Mutter und gegenwärtiger seelisch geistiger Gesundheit. In: Suess, G.J., Scheuerer-Englisch, H. & Pfeifer, K-W. P. (Hg.). Bindungstheorie und Familiendynamik. Anwendung der Bindungstheorie in Beratung und Therapie. Gießen: Psychosozial-Verlag.

Klitzing, K.v. (1998). Psychotherapie in der frühen Kindheit. Göttingen: Vandenhoeck & Ruprecht.

Köhler, L. (1999). Anwendung der Bindungstheorie in der psychanalytischen Praxis. Einschränkende Vorbehalte, Nutzen, Fallbeispiele. In: Suess, G.J. & Pfeifer, W.-K (Hg.). Frühe Hilfen. Gießen: Psychosozial-Verlag, pp. 107-140.

Krappmann, L. (1994). Sozialisation und Entwicklung in der Sozialwelt gleichaltriger Kinder. In: Schneewind, K.A. (Hg.): Enzyklopädie der Psychologie – Pädagogische Psychologie, Bd. 1: Psychologie der Erziehung und Sozialisation. Göttingen, pp. 495-524.

Krappmann, L., Oswald, H. (1983). Types of children's integration into peer society. Paper presented at the SRCD-Conference, April 21-24, Detroit, USA.

Lieberman, A. (1995). Ein kleiner Mensch: Das Gefühlsleben des Kindes in den ersten drei Jahren. Reinbek: Rowohlt. Bezugsadresse für Restauflage: Schibli-Doppler, Rheinfelderstr. 12, CH-4127 Rheinfelden, Tel.: 0041613131504.

Main, M. (1999). Epilogue. In: J. Cassidy & P. R. Shaver (Eds.). Handbook of attachment: Theory, research, and clinical applications. New York: The Guilford Press, pp. 845-889.

Main, M., Cassidy, J. (1988). Categories of response to reunion with the parent at age six: Predictable from infant atachment classifications and stable over a 1-month period. Developmental Psychology 24, pp. 415-426.

Main, M., Solomon, J. (1990). Procedures for identifying infants as disorganized/disoriented during the Ainsworth Strange Situation. In: M.T. Greenberg, D. Cicchetti, & E.M. Cummings (Eds). Attachment in the preschool years. Chicago: University of Chicago Press, pp. 121-160.

Marvin, R.S. (2001). Beiträge der Bindungsforschung zur Praxis der Familientherapie. In: Suess, G.J., Scheuerer-Englisch, H. & Pfeifer, K-W. P. (Hg.). Bindungstheorie und Familiendynamik. Anwendung der Bindungstheorie in Beratung und Therapie. Gießen: Psychosozial-Verlag.

Olweus, D. (1994). Gewalt in der Schule: Was wir wissen und was wir tun können (Ein Handbuch). Ministerium für Frauen, Bildung, Weiterbildung und Sport des Landes Schleswig-Holstein.

Papoušek, M. (1998). Das Münchner Modell einer interaktionszentrierten Säuglings-Eltern-Beratung und -psychotherapie. In: Klitzing, K. v. (Hg.). Psychotherapie in der frühen Kindheit. Göttingen: Vandenhoeck & Ruprecht, pp. 88-118.

Petermann, F. & Petermann, U. (8. veränderte Aufl. 1997). Training mit aggressiven Kindern. Weinheim: Psychologie Verlags Union (Beltz).

Rauh, H. (1995). Frühe Kindheit. In: Oerter, R., Montada, L. (Hg.). Entwicklungspsychologie. Weinheim: Psychologie Verlags Union (Beltz), pp.167-248.

Rauh, H. (2000). Bindungsforschung im deutschsprachigen Raum. Psychologie in Erziehung und Unterricht 2000 47, pp. 81-86.

Romer, G. & Riedesser, P. (1999). Prävention psychischer Störungen im Kindes- und Jugendalter: Perspektiven einer Beziehungsberatung. In: Suess, G.J. & Pfeifer, W.-K (Hg.). Frühe Hilfen. Gießen: Psychosozial-Verlag, pp. 65-85.

Scheuerer-Englisch, H. (1999). Bindungsdynamik im Familiensystem und familientherapeutische Praxis. In Suess, G.J. & Pfeifer, W.-K. (Hg.). Frühe Hilfen. Gießen: Psychosozial-Verlag, pp. 141-164.

Sigel, I.E. (1997): Practice and Research: A problem in developing communication and cooperation. In: Sigel, I.E. & Renninger, K.A. (Eds.). Handbook of Child Psychology, Vol 4: Child Psychology in Practice. New York usw.: John Wiley & Sons, pp. 1113–1132.

Silbereisen, R. (3. völlig veränderte Auflage. 1995). Soziale Kognition. In: Oerter, R. & Montada, L. (Hg.). Entwicklungspsychologie). Weinheim: Psychologie Verlags Union, pp. 823-861.

Solomon, J., George, C (1999). Attachment Disorganization. N.Y., London: The Giulford Press.

Spangler, G. & Zimmermann, P. (1995). Die Bindungstheorie. Stuttgart: Klett-Cotta.

Spangler, G. & Grossmann, K. (1995). Zwanzig Jahre Bindungsforschung in Bielefeld und Regensburg. In: Spangler, G. & Zimmermann, P. (Hg.). Die Bindungstheorie. Stuttgart: Klett-Cotta, pp. 50-63.

Spangler, G. & Schieche, M. (1995). Psychobiologie der Bindung. In: Spangler, G. & P. Zimmermann: Die Bindungstheorie. Stuttgart: Klett-Cotta, pp. 297-310.

Spangler, G. (2001). Die „Psycho-Somatik" von Bindung. In: Suess, G.J., Scheuerer-Englisch, H. & Pfeifer, K-W. P. (Hg.). Bindungstheorie und Familiendynamik. Anwendung der Bindungstheorie in Beratung und Therapie. Gießen: Psychosozial-Verlag.

Sroufe, L.A., Cooper, R.G., DeHart, G.B. (1992). Child Development – It's Nature and Course. 2nd Edition. N.Y. usw: McCraw-Hill.

Sroufe, L.A. (1997). Emotional Development. The Organization of Emotional Life in the Early Years. Cambridge: Cambridge University Press.

Sroufe, L.A., Egeland, B., Carlson, E.A. (2000). One Social World: The Integrated Development of Parent-Child and Peer Relationships. In: Collins, A. & Laursen : Relationships as developmental contexts 30.

Sroufe, L.A. (1983). Infant-caregiver attachment and patterns of adaptation in preschool: the roots of maladaptation and compentence. In: M. Perlmutter (Ed.), Minnesota Symposium in Child Psychology 16, pp. 41-81.

Stern, D. (1998). Die Mutterschaftskonstellation. Stuttgart: Klett-Cotta.

Strauß, B. & Schmidt, S. (1997). Die Bindungstheorie und ihre Relevanz für die Psychotherapie. Teil 2: Mögliche Implikationen der Bindungstheorie für die Psychotherapie und Psychosomatik. In: Psychotherapeut 42, pp. 1-16.

Suess, G.J. (1987). Auswirkungen frühkindlicher Bindungserfahrungen auf die Kompetenz im Kindergarten. Unveröffentlichte Dissertation, Universität Regensburg.

Suess, G.J., Grossmann, K.E., Sroufe, L.A. (1992). Effects of infant attachment to mother and father on quality of adaptation in preschool: From dyadic to individual organization of self. International Journal of Behavioral Development 15, pp. 43-65.

Suess, G.J. & Pfeifer, W.-K. (1999). Einleitung. In: Suess, G.J. & Pfeifer, W.-K (Hg.). Frühe Hilfen. Gießen: Psychosozial-Verlag, pp. 16-24.

Suess, G. J. & Röhl, J. (1999). Die integrative Funktion der Bindungstheorie in Beratung/Therapie. In: Suess, G.J. & Pfeifer, W.-K (Hg.). Frühe Hilfen. Gießen: Psychosozial-Verlag, pp. 165-199.

Suess, G. J. & Fegert, J.M. (1999). Das Wohl des Kindes in der Beratung aus entwicklungspsychologischer Sicht. Familie, Partnerschaft & Recht, 03/1999. Haufe-Verlag, pp. 157-164.

Suess, G.J., Scheuerer-Englisch, H. & Pfeifer, K-W. P. (2001). Bindungstheorie und Familiendynamik. Anwendung der Bindungstheorie in Beratung und Therapie. Gießen: Psychosozial-Verlag.

Suess, G. J. & Zimmermann, P. (2001). Anwendung der Bindungstheorie und Entwicklungspsychopathologie. Eine neue Sichtweise für Entwicklung und (Problem-) Abweichung. In: Suess, G. J., Scheuerer-Englisch, H. & Pfeifer, K-W. P. (Hg.). Bindungstheorie und Familiendynamik. Anwendung der Bindungstheorie in Beratung und Therapie. Gießen: Psychosozial-Verlag.

Troy, M. & Sroufe, L. A. (1987). Victimization among preschoolers: Role of attachment relationship history. Journal of the American Academy of Child and Adolescent Psychiatry 26, pp. 166-172.

Vaughn, B.E. (2001). Bindung, Familie und Gleichaltrige. In: Suess, G. J., Scheuerer-Englisch, H. & Pfeifer, K-W. P. (Hg.). Bindungstheorie und Familiendynamik. Anwendung der Bindungstheorie in Beratung und Therapie. Gießen: Psychosozial-Verlag.

Wartner, U. G., Grossmann, K., Fremmer-Bombik, E. & Suess, G. J. (1994). Attachment patterns at age six in South Germany: Predictability from infancy and implications for preschool behavior. Child Development 65, pp. 1014-1027.

Weidner, Jens (1990). Anti-Aggressivitäts-Training für Gewalttäter. Ein deliktspezifisches Behandlungsangebot im Jugendvollzug. Bonn: Forum.

Ziegenhain, U. (1999). Die Stellung mütterlicher Sensitivität bei der transgenerationalen Übermittlung von Bindungsqualität. Praxis der Kinderpsychologie und Kinderpsychaitrie 48, pp. 86-100.

Ziegenhain, U., Wolff, U. (2000). Der Umgang mit Unvertrautem – Bindungsbeziehung und Krippeneintritt. Psychologie in Erziehung und Unterricht 2000 47, pp. 176-188.

Zimmermann, P., Suess, G. J., Scheuerer-Englisch, H. & Grossmann, K.E. (1999). Bindung und Anpassung von der frühen Kindheit bis zum Jugendalter: Ergebnisse der Bielefelder und Regensburger Längsschnittstudie. Kindheit und Entwicklung 8 (1), pp. 36-48.

Zimmermann, P., Suess, G. J., Scheuerer-Englisch, H. & Grossmann, K.E. (2000). Der Einfluß der Eltern-Kind-Bindung auf die Entwicklung psychischer Gesundheit: Konzepte und Befunde aus Längsschnittstudien. In Petermann, Niebank & Scheithauer (Hg). Entwicklungspsychopathologie der frühen Kindheit. Göttingen: Hogrefe, pp. 300-322.

Entwicklungspsychologische Forschung und ihre Bedeutung für Peer-Kontakte im Kleinkindalter

Kornelia Schneider, Wiebke Wüstenberg

1. Einleitung

Neue Forschungsmethoden (Video-Beobachtung, Mikroanalysen) haben in den letzten 20 Jahren neue Erkenntnisse über soziale, kognitive und emotionale Fähigkeiten von Säuglingen und Kleinkindern hervorgebracht, die das Bild von der Entwicklung im frühen Alter stark verändert haben. In der Wissenschaft werden Kinder jetzt von klein auf beschrieben als kompetent, sich selbst entwickelnd, wählend, kommunikativ, nach Bedeutung suchend und konstruierend, kurz: als Akteure ihrer Entwicklung (vgl. z.B. Schäfer, 1999). Aber trotz umfangreicher Belege zu dieser Sichtweise ist nach wie vor nicht geklärt, in welcher Weise die physische, psychische, kognitive und soziale Entwicklung voneinander abhängig sind bzw. wie die Dynamik zwischen diesen Dimensionen verläuft.

Ein weiterer Schwachpunkt der Forschung ist, dass sie sich weitgehend an der weißen Mittelschicht westlicher Industrieländer orientiert (eurozentristisch). Die Herausforderung ist, Schicht, Ethnie, Geschlecht konsequent in der Forschung zu berücksichtigen (vgl. den Beitrag von Heidi Keller in diesem Band). So wäre z.B. zu klären, welche unterschiedlichen Potenziale in der Kleinkinderziehung verschiedener sozio-ökonomischer Schichten oder in den bei uns lebenden verschiedenen ethnischen Gruppen existieren.

Wichtig für das Verstehen von Kindern wäre u.a., welche Bedeutung es für die Entwicklung eines Kindes, aber auch für die Entwicklung einer „Kultur der Kinder" hat, wenn Kleinkinder in eine verwandtschaftliche oder nachbarschaftliche Kindergruppe aufgenommen werden oder wenn sie durch kaum ältere Geschwister, meistens Schwestern, betreut werden (vgl. Corsaro, 1997).

Bisher lag der Schwerpunkt der Forschung über Kleinkinder auf der Mutter/Eltern-Kind-Beziehung. Zwar ist allgemein anerkannt, dass Peer-Kontakte für die Entwicklung von Kindern eine große Rolle spielen, aber die Bedeutung dieser Erfahrung für *Kleinkinder* zu überprüfen, wird bei uns – im Gegensatz zu den USA oder Schweden – nur sehr zögerlich angegangen. Die hiesige Praxis der Eltern-Kind-Gruppen, Krippen und Krabbelstuben wird von der Forschung insgesamt wenig beachtet, und die Forschung, die zu diesem Thema durchgeführt wurde (vgl. z.B. Beller & Stahnke, 1989; Schmauch, 1987; Schneider, 1982; Wüstenberg, 1992), wird kaum zur Kenntnis genommen. Deshalb werden wir in unserem Beitrag nicht die Erwachsenen-Kind-Beziehungen, deren Wichtigkeit unumstritten ist, in den Mittelpunkt stellen, sondern ausgewählte Ergebnisse von Gleichaltrigenforschung im Kleinkindalter und die Bedeutung des sozialen Netzes herausheben.

2. Ergebnisse der Gleichaltrigenforschung

Neuere Untersuchungen zeigen, dass Kinder von Anfang an *aktiv an der Kommunikation beteiligt sind.* Mimische, vokale und gestische Nachahmung, Schreien, Sich-Anklammern, genussvoll Glucksen, Lächeln sind deutlich Kontakt stiftende Verhaltensweisen des Säuglings, die sich zu immer differenzierteren Verständigungsformen entwickeln (vgl. Schneider & Wüstenberg, 1996, S. 129). Bereits Säuglinge können ihre Aufmerksamkeit auf die Umwelt richten oder sie ihr entziehen, sie können in Austausch treten und durch Zu- und Abwendung den Kontakt regulieren (vgl. Schäfer, 1999, S. 216), und das nicht nur im Kontakt mit Erwachsenen, sondern auch mit Gleichaltrigen. Das heißt, sie sind in der Lage, *vorsprachliche Dialoge* zu führen. In der Beobachtung von Gleichaltrigen ist deutlich geworden, dass Säuglinge mit fortschreitender Bewegungs- und Sinnesentwicklung ab der zweiten Hälfte des ersten Lebensjahres Gegenstände zur Kontaktanbahnung einsetzen und durch vorverbale Verständigung differenzierte Nachahmungsspiele entwickeln (vgl. Schneider & Wüstenberg, 1996).

Hubert Montagner spricht in einem französischen Film über die Entwicklung von Krippenkindern (Vincent, 1995) von *fünf Sockelkompetenzen,* die sich bei seinen Forschungen herauskristallisiert haben. Sie sind die Voraussetzung für jede weitere kognitive, affektive und vor allem soziale Entwicklung:

1. die Fähigkeit zur konzentrierten visuellen Wahrnehmung
2. der Wille zur Interaktion
3. der Wunsch nach Anschluss und Gemeinsamkeit, in dem das Kind Bereitschaft zeigt, gemeinsam mit dem Gegenüber zu handeln
4. der zielgerichtete und richtungsgenaue Einsatz von Bewegung
5. die Fähigkeit zur Nachahmung bzw. die Fähigkeit, andere zur Nachahmung zu bewegen. Dies impliziert, dass Kinder sich gegenseitig in ihren Fähigkeiten unterstützen.

Es gibt laut Hubert Montagner viele Beispiele dafür, die zeigen, „wie sehr positives Sozialverhalten und der Wunsch nach Anschluss und Gemeinsamkeit Teil eines normalen Entwicklungsprozesses sind. Dieser Prozess läuft auf die so genannte Sozialisation hinaus. D.h. Kinder lernen, das, was andere sagen oder tun, zu dekodieren und zu verstehen, sie lernen, das, was andere sagen oder tun, mit in ihr eigenes Verhaltensrepertoire zu übernehmen. Auf diese Weise werden die grundsätzlichen Voraussetzungen für eine soziale Interaktion mit verschiedenen Kommunikationspartnern geschaffen" (Vincent 1995). Je nach Kind sind diese Fähigkeiten ab 3 1/2 oder 5 Monaten zu beobachten. „Zwischen dem 7. und 12. Monat werden Verhaltensformen, die den Wunsch nach Anschluss und Gemeinsamkeit widerspiegeln, weiter verfeinert" (Vincent 1995). Sozialisationseffekte durch Gleichaltrigenkontakte sind also nicht zu unterschätzen. Kinder scheinen ein Gespür dafür zu haben. Das zeigt ihr *grundsätzliches Interesse an Gleichaltrigen,* das sie bereits im ersten Lebensjahr deutlich zum Ausdruck bringen (vgl. Schneider & Wüstenberg, 1993). Krippen- oder Krabbelstubenkinder genießen die Spielmöglichkeiten mit anderen Kindern. Sie vermissen am Wochenende und in den Ferien ihre Spielpartner/innen. Besonders Eltern und Bezugspersonen aus Elterninitiativen (wie Krabbelstuben) beschreiben, wie stark Kinder ab dem zweiten Lebensjahr die Erwachsenen herausfordern, das Zusammensein mit einem bevorzugten Kind auch außerhalb der Gruppenbetreuungszeit zu organisieren.

Ältere Kinder können schon selbst Auskunft geben. Bei einer Befragung von Fünfjährigen in Dänemark, was sie zu Hause und was sie in der Kindertagesstätte gut finden, gab es eine herausragende Aussage: Das Wichtigste an der Tageseinrichtung ist, dass andere Kinder da sind (Langsted, 1994, S. 37).

Das Interesse der Kinder aneinander wird auf wissenschaftlicher Ebene anerkannt seit dem Paradigmenwechsel, den die Konfrontation der ehemals individualistischen Theorien kognitiver Entwicklung mit sozialen Perspektiven hervorgebracht hat.

„Von Beginn an lernt das Kind durch Beteiligung, und diese Beteiligung beeinflusst den Inhalt und den Ablauf des Lernens. Es ist eine große Herausforderung für die Entwicklungssozialpsychologie, die dynamischen Spannungen aufzuzeichnen, die sich aus dem Zusammentreffen entwicklungsbedingter Veränderungen in den Fähigkeiten und den sozialen Kontexten ergeben, innerhalb derer eine Entwicklung erst entstehen kann" (Durkin, 1997, S. 75). „Von Anfang an beinhalten die soziale Beteiligung und die Entdeckung der Sozialstrukturen eine wechselseitige Empfänglichkeit, ein Hin und Her, aufbauend auf Kooperation statt Repression" (ebd., S. 76). Die Entwicklungsförderung durch *kooperatives Miteinander* ist für folgende Kontexte erforscht und gut dokumentiert in der Literatur: für die Mutter-Kind-Beziehung (vgl. z.B. Stern, 1979), für den Erziehungsstil in der Familie und für peer-group-Verhalten in der mittleren Kindheit (vgl. Krappmann & Oswald, 1995). Was bisher wenig Beachtung findet, ist, dass auch bei jüngeren Kindern schon Aushandeln unter Gleichen ein essentieller Faktor für Entwicklung ist.

69

2.1 Das Besondere von Peer-Beziehungen

Was die Kind-Kind-Interaktionen so bedeutend macht, ist der *Qualitätsunterschied* im Vergleich zu Erwachsenen-Kind-Interaktionen. Erwachsenen-Kind-Interaktionen sind von ihrer Grundstruktur her aufgrund des großen Kompetenzgefälles asymmetrisch. Nur unter Kindern besteht von der Beziehungsstruktur her die Möglichkeit zu symmetrisch-reziproken Interaktionen. Daher gehen von Kind-Kind-Interaktionen andere Impulse für die kognitive, emotionale und soziale Entwicklung aus als von Erwachsenen-Kind-Interaktionen.

Im Kontakt mit ihresgleichen bekommen Kinder eine wichtige Form der *Selbstbestätigung:* „Es gibt andere Kinder, die sind wie ich, die sprechen meine Sprache, spielen wie ich ...", auch wenn sie nicht immer die gleichen Interessen, Ideen und Ansichten haben.

Montagner bewertet die Gleichaltrigenspiele als entscheidenden Motor für die *Entwicklung sozialer und kognitiver Fähigkeiten:* „Es ist wichtig, dass ein Kind zu spielen lernt und dass es seine Art zu spielen zusammen mit anderen Kindern in einer Gruppe entwickelt. Dabei wird es nämlich feststellen, dass andere Kinder einem Spiel oder einer Sache eine andere Bedeutung beimessen als es selbst. Es handelt sich gewissermaßen um eine Gegenüberstellung der eigenen Vorstellungen mit dem Verhalten der anderen. Für ein Kind ist es wichtig festzustellen, dass dieselben Spiele und Spielsachen für die anderen einen anderen Sinn und andere Eigenschaften haben können. Erst dann kann es diese Vorgänge und Dinge ... voll in sein inneres Weltbild integrieren" (Vincent, 1995).

Hier wird deutlich, dass der Austausch unter Kindern nicht nur für die soziale Entwicklung, sondern auch für die Denkentwicklung von großer Bedeutung ist. Von Salisch (1993) argumentiert in Anlehnung an Youniss (1982), dass Kinder in einer symmetrisch-reziproken Beziehung eher die Chance haben, „sich *gemeinsam* eine Problemlösung zu erarbeiten, als wenn einer dem anderen in punkto Macht und Wissen dauerhaft überlegen ist" (v. Salisch, 1993, S. 60). Das fördert ein positives Selbstbild und Vertrauen in eigene Kompetenzen.

Bestätigung dafür liefern auch die sog. Konservierungsexperimente nach Piaget (Umfüllen von Flüssigkeit in ein Gefäß von anderer Gestalt). Wenn Kinder nicht allein, sondern in einer Gruppe arbeiten, erreichen sie bessere Ergebnisse. Denn angeregt durch verschiedene Sichtweisen werden sie darin gefördert, mehr als nur eine Dimension – üblicherweise Höhe und Breite – in Betracht zu ziehen (vgl. Durkin, 1997, S. 68f).

Der Austausch unter Peers ist ein wesentlicher Motor dafür, sich mit Gedanken anderer auseinander zu setzen, sich gemeinsam neue Gedanken zu machen und dadurch das eigene Denken weiterzuentwickeln. Peer-Kontakte bieten Kindern die Gelegenheit, unter ihresgleichen ein Verständnis von Gedanken und Gefühlen anderer zu erwerben. Deshalb spielen sie auch eine entscheidende Rolle für die Entwicklung der Perspektivenübernahme, für die Entwicklung der Moral und die Entfaltung von Phantasie.

Kinder in kontinuierlichen Peer-Beziehungen entwickeln früher und intensiver als andere „Als-ob-Spiele" (Symbolspiele) und denken sich aus, „was wäre, wenn ...", und zwar am ehesten mit gleichaltrigen Freunden oder Freundinnen. Dabei ist es völlig klar, dass sie *Phantasie und Realität* voneinander unterscheiden können. Wenn Erwachsene sich auf die Phantasieebene der Kinder begeben, lassen die Kinder das oft nicht zu, sondern wechseln auf die realistische Ebene und appellieren an den „vernünftigen" Erwachsenen. Man kann den Eindruck gewinnen, dass Kinder Phantasie- und Rollenspiele als Rückzugsmöglichkeit für sich retten wollen. Letzteres wird durch Gabarino und Kostelny (1992) bestätigt, die darauf hinweisen, dass Kinder und besonders Kinder mit negativen familiären Erfahrungen in Phantasiespielen die Möglichkeit suchen, aus der Realität zu entfliehen, um wenigstens im Spiel belastende Erfahrungen und Ängste kontrollieren zu können. Das ist ein wesentlicher Faktor für gesunde Entwicklung.

Wurde die Fähigkeit zum Wechseln in die Welt der Phantasie früher eher als Unfähigkeit angesehen, die Realität wahrzunehmen, ist heute klar, dass es um einen wesentlichen Entwicklungsschritt von Kindern geht. Auch in Bezug auf animistisches Denken („Der blöde Stuhl soll mich nicht stoßen!") geht die Forschung heute nicht mehr davon aus, dass es sich um eine defizitäre Vorstufe des realistischen Denkens handelt: „Sie erschaffen in Gedanken eine Welt, die es in der Realität gar nicht gibt, und erweitern so ihren Handlungs- und Erlebnisspielraum" (Bretherton, 1984, S. 211). Kinder entwickeln diese beiden Denkmöglichkeiten, das *realistische* und das *animistische Denken,* parallel, können sie voneinander unterscheiden und sind in der Lage, je nach ihren Bedürfnissen beliebig zwischen beiden zu wechseln.

Ein anderer wichtiger Gesichtspunkt von Peer-Erfahrungen zeigt sich im Hinblick auf *Moralentwicklung.* Siegel und Storey (1985) haben in ihrer Untersuchung unterschieden zwischen Verstößen gegen Konventionen und Verstößen gegen Moral, die von Erwachsenen häufig gleich sanktioniert werden. Kinder können diesen Unterschied schon mit 3 Jahren treffen. Sie bewerten unabhängig von fürsorglichem, vernachlässigendem und misshandelndem Familienhintergrund die Verstöße gegen Konventionen und die Verstöße gegen Moral anders als Erwachsene. Moralische Verstöße hatten nach Siegel und Storey (1985) für Kinder dieses Alters eindeutig größere Bedeutung, denn sie bezogen sie auf den Schaden für das Opfer und auf den Kummer, den Streitigkeiten, Besitzrechte oder Ungerechtigkeiten verursachten, und nicht auf äußerliche Gebote und Verbote. Harris (1992) findet es in diesem Zusammenhang bedenklich, dass Einzelkinder mit wenig Gleichaltrigenerfahrungen sich abhängiger von Konventionen der Erwachsenen zeigen, d.h. ihnen möglicherweise unverhältnismäßig stark ausgesetzt sind, während Kinder mit längeren Erfahrungen in der Vorschule „... einen Teil dieses Ballasts abwerfen" (Harris, 1992, S. 52).

2.2 Zusammenspiel und Freundschaft

Entgegen dem früher vorherrschenden Bild, dass sehr junge Kinder wenig miteinander anfangen können und sich lediglich gegenseitig Spielzeug wegnehmen, zeigen heutige Ergebnisse empirischer Forschung aus Krippen und Krabbelstuben, „dass pro-soziale Kommunikations- und Interaktionsformen wesentlich mehr Platz in den Begegnungen von Kleinkindern einnehmen als Machtkämpfe und Streit (vgl. Schneider, 1982, und Wüstenberg, 1992, S. 77). Zu den sog. *pro-sozialen Verhaltensweisen* zählen alle freundlich gesinnten Versuche, Kontakt herzustellen: Anbieten, Austausch und Teilen von Spielmaterial; Imitation; Zärtlichkeit, Fürsorge und Unterstützung (häufig als altruistisches Verhalten bezeichnet); kooperative Bewegungsaktionen und andere selbst initiierte Gruppenarrangements; Verständigung über Interessen und Bedürfnisse; komplementäre Kooperation; gemeinsames symbolisches Rollenspiel.

Kinder unter drei Jahren sind auch schon in der Lage, Freundschaften zu schließen: Bei einer Untersuchung von Kindern im Alter zwischen 5 und 49 Monaten (Howes, 1983) „stellte sich heraus, dass in allen Altersstufen Freundschaften gebildet wurden und dass die meisten Kinder auch Freundschaften eingingen. Kinder profitieren in besonderem Maße von Freundschaft. Unter Freundschaftspaaren ergeben sich die differenziertesten Verständigungsformen, die intensivsten und andauerndsten Kontakte und komplexesten Aktionen."

Auch wir (vgl. Schneider, 1982 und Wüstenberg, 1992) beobachteten bei einbis zweijährigen Kindern in der Krippe und in der Krabbelstube feste Freundschaften, die deutlich zu erkennen sind: „Freunde bevorzugen sich gegenseitig als Partner in Interaktionen, sie drücken sichtlich positive Gefühle füreinander aus (z.B. Freude und Begeisterung im gemeinsamen Spiel), sie vermissen sich gegenseitig, wenn die oder der andere nicht da ist, sie kümmern sich umeinander und sie verfügen über ein breites Spektrum von komplementären und reziproken Verhaltensweisen im Zusammenspiel, was bei anderen Gleichaltrigen, die nicht miteinander befreundet sind, erst später auftaucht" (Schneider & Wüstenberg, 1993, S. 132f.).

Freundschaften unter Kindern beflügeln die Entwicklung offensichtlich in vielfacher Hinsicht. Kinder, die miteinander befreundet sind, erweisen sich nicht nur in ihren Spielformen als besondere Meister, sondern gehen auch intensivere Auseinandersetzungen ein als nicht befreundete Spielpartner. Einerseits sind sie besonders erfindungsreich im Aushandeln bei unterschiedlichen Spielideen, andererseits riskieren sie aber auch heftige Kämpfe und setzen dann viel ein, um wieder zu Gemeinsamkeit zu finden.

Die neuere Forschung hat auch dazu geführt, *Konflikte* nicht mehr als Gegensatz zu Kooperation, sondern als Teil von ihr zu betrachten (vgl. das Projekt des Deutschen Jugendinstituts „Konfliktverhalten von Kindern in Kindertagesstätten", Dittrich et al., 2001). Konflikte gehören zum Zusammenleben dazu. Daher sind auch Konflikte ein wichtiger Motor für die Sozialentwicklung und für die Denkentwicklung. Die Erfahrung, dass andere andere Interessen haben oder anderer Meinung sind als ich, fordert heraus zum Vergleich von Sichtweisen, zur Verdeutlichung und zur Begründung der eigenen Ansicht.
Es ist wichtig, dass Kinder solche Erfahrungen mit anderen Kindern machen können, weil Kinder untereinander – zumindest bei ähnlichem Entwicklungsstand – im Prinzip über gleichberechtigte Möglichkeiten verfügen, ihre Interessen einzubringen und Einfluss zu nehmen. Beziehungen mit Erwachsenen sind immer von einem Machtgefälle geprägt. Die Möglichkeit, Macht ausüben zu können, ist für das Aushandeln verschiedener Lösungswege hinderlich.

2.3 Körpererfahrungen

Bewegungsaktivitäten haben einen besonderen Stellenwert bei der Entwicklung pro-sozialer Verhaltensweisen. Sie stimulieren ausgesprochen oft Kooperationen, werden aber in dieser Funktion noch immer verkannt. „Mit unseren Untersuchungen können wir nachweisen, dass Kinder sich über Bewegungsexperimente verständigen und gegenseitig animieren können, dass sie die Grenzen ihrer Fähigkeiten suchen, erkennen und achten lernen, aber vor allen Dingen, dass sie die Freude an der Bewegung mit Gleichaltrigen in einer Form teilen können, die Lebenslust und Wohlbefinden in der Gruppe ausdrücken" (Schneider & Wüstenberg, 1993, S. 131).
Vielseitige lustvolle Bewegungsspiele aktivieren alle Sinne und die Wahrnehmung. In der Entwicklungspsychologie ist allgemein anerkannt: „Wahrnehmung ist ein breit angelegter innerer Verarbeitungsprozess, an dem Sinnesorgane, der Körper, Gefühle, Denken und Erinnerung beteiligt sind" (Schäfer, 1999, S. 220). Noch nicht bedacht wurde, was die Animation unter Kindern dazu beitragen kann.

Kinder haben in diesem Alter auch direktes *Interesse am Körper* von anderen. „Das Zusammenleben von Kleinkindern in Kindergruppen, das normalerweise damit verbunden ist, dass sich Kinder auch gegenseitig nackt sehen und sich gegenseitig beim Wickeln, Waschen, Eincremen, Pinkeln erleben können, ermöglicht gemeinsame lustvolle Erfahrungen, in denen sich Kinder gegenseitig bestätigen.

Liegt es für Jungen im Allgemeinen auf der Hand, sich mit ihren Genitalien zu beschäftigen, z.B. beim Pinkeln, haben Mädchen eher unter Mädchen in Kindergruppen die Möglichkeit, ihren Körper einschließlich ihrer Vagina zu erforschen und ihre Genitalien, d.h. auch sich selbst als Mädchen, positiv zu bewerten und sich nicht nur als Nicht-Junge ohne Penis zu erfahren. Natürlich gehören dazu Erwachsene, die dies zulassen und den spezifischen Wert davon erkennen, dass nur Kinder untereinander diese Art Körperexperimente und lustvolle Spiele entwickeln können" (Schneider & Wüstenberg, 1996).

2.4 Fazit

Peer-Beziehungen im Kleinkindalter haben einen eigenen Wert für die physische, kognitive und sozial-emotionale Entwicklung von Kindern. So gesehen ist es von großer Bedeutung, wie die Erziehungsberatung Peer-Beziehungen berücksichtigt.

3. Konsequenzen für Erziehungsberatung

Die bekannten Veränderungen von Familien- und Lebensformen bewirken, dass in ihnen nicht nur weniger Erfahrungen in Kind-Erwachsenen-Beziehungen, sondern auch weniger Erfahrungen in Kind-Kind-Beziehungen vorkommen als früher. Mütter und Väter müssen, besonders wenn sie Kleinkinder zu versorgen haben, große Anstrengungen unternehmen, um aus der Isolation der Kleinfamilie herauszukommen. Wie ihnen das gelingt, ist abhängig von den ökonomischen, sozialstrukturellen und kommunikativen Ressourcen, die ihnen zur Verfügung stehen. Wir sind der Meinung, dass Eltern an dieser Stelle nicht allein gelassen werden dürfen. Eine gesellschaftliche Verantwortung wahrzunehmen hieße, Wohn- und Betreuungsformen zu entwickeln, in denen *vielfältige soziale Beziehungen* entstehen können. Peer-Kontakte in allen Altersstufen, auch für Kleinkinder, gehören dazu.

Statt Peer-Kontakte unter Kleinkindern in Wissenschaft, Praxis und Öffentlichkeit weiterhin mit Skepsis zu betrachten, sollten ihre möglichen Potenziale gesehen und genutzt werden. In diesem Zusammenhang können Beratungsstellen eine wichtige Rolle übernehmen: Sie können helfen, Vorurteile über außerfamiliäre Tagesbetreuung im Kleinkindalter abzubauen und die neuen Erkenntnisse über Peer-Beziehungen dieser Altersstufe an professionelle HelferInnen und Eltern zu vermitteln, vor allem an Eltern, die bezüglich früher Kleinkindbetreuung oft von Schuldgefühlen geplagt sind. Das hieße auch, die fachliche Basis dafür zu schaffen, sich auf der sozialpolitischen Ebene gemeinsam für bedarfsgerechte, qualitativ gute Betreuungsmöglichkeiten für Kinder unter drei Jahren einzusetzen. Denn qualitativ gute, zuverlässige Betreuungsdienste für *alle* Altersstufen entlasten Mütter/Eltern im Erziehungsalltag, wirken insgesamt netzwerkbildend und erfüllen nachweislich vom Säuglingsalter an eine entwicklungsunterstützende Funktion.

Die Erfahrungen von Kinderschutzzentren und Forschungsergebnisse über physische und psychische Vernachlässigung und Misshandlung von Kindern (vgl. Schone et al., 1997) zeigen, dass Eltern/Mütter mit der Versorgung von Kleinkindern allein gelassen sind und in familiären Krisen besonders Kleinkinder existentiell gefährdet sein können – unbemerkt von Nachbarn, Gesundheits- und Sozialen Diensten. Eine Konsequenz wäre – und das wird durch die Risiko- und Resilienzforschung ausdrücklich unterstrichen –, Bedingungen herzustellen oder offensiv zu stützen, die protektiv für die kindliche Entwicklung wirken. Als Schutzfaktoren, die dazu beitragen, schwierige familiäre Lebensumstände zu bewältigen, gelten:

- Große Aufmerksamkeit für das Kind während des ersten Lebensjahres
- Positives Eltern-Kind-Verhältnis während der ersten Lebensjahre
- Existenz von Bezugspersonen zusätzlich zur Mutter
- Gute Pflege durch Geschwister und Großeltern
- Verwandte und Nachbarn, die für emotionale Unterstützung zur Verfügung stehen
- Enge Gleichaltrigenfreundschaften
- Gute Möglichkeiten der Beratung durch Erzieherinnen, Lehrer, Geistliche
- Guter Zugang zu speziellen Hilfsorganisationen wie Gesundheitsamt, Beratungsstelle
- Zufriedenheit der Mutter durch permanente Berufstätigkeit
- Gemeinsam geteilte Werte und Lebensperspektiven der Familienmitglieder (vgl. Hurrelmann, 1988, S. 141).

Deutlich ist: Im normalen Familienalltag und besonders in problematischen Lebenslagen von Familien ist es hilfreich, Unterstützungspersonen zur Verfügung zu haben. Im Beratungskontext gilt es, solche Ressourcen abzuklären und dabei auch Kinderbetreuungsmöglichkeiten sowie Kinderkontakte und Kinderfreundschaften im Kleinkindalter einzubeziehen, ggf. zu stabilisieren oder zu schützen. Überhaupt Kinderwelten in der Beratungseinrichtung zu schaffen, um Kleinkindern positive Erfahrungen zu ermöglichen und sie konkret in der Entwicklung zu unterstützen, wäre eine sinnvolle Ergänzung zum üblichen Angebot von therapeutischen Spielgruppen.

In Kooperation mit Fachdiensten können sich Beratungsstellen dafür engagieren, dass Gleichaltrigenbelange auch im Kleinkindalter zum Thema gemacht werden und in Krippen, Krabbelstuben, altersgemischten Gruppen, Frühförderstellen, Kinderkliniken, Kinderschutzzentren und anderen sozialen Diensten Berücksichtigung finden.

4. Zusammenfassung

Die neuen Erkenntnisse über Entwicklungsbedingungen von Kindern stellen eine Herausforderung für die Pädagogik und die Familienpolitik dar. Erwachsene – seien es Eltern oder Fachkundige aus Erziehungs- und Beratungsberufen oder Verwaltung und Politik – müssen ihr Bild vom Kind überprüfen, um den durch neue Forschung belegten Bedürfnissen und Fähigkeiten von kleinen Kindern nach Wirkmächtigkeit, nach Einfluss in der Interaktion mit Erwachsenen und nach Spielkontakten mit ihresgleichen gerecht zu werden.

Kinder bringen die Grundfähigkeiten für Wahrnehmung und Kommunikation mit auf die Welt. Was sie in ihrer Entwicklung besonders unterstützt, ist wechselseitiger Austausch. Erwachsene müssen in der Regel erst lernen, die Signale von Kindern zu beachten, zu verstehen und feinfühlig zu beantworten. Die Gleichaltrigenforschung hat gezeigt, dass auch Säuglinge schon einander aufmerksam begegnen, dass sie mit differenzierten Verständigungs- und Annäherungsweisen Kontakt miteinander aufnehmen (vgl. Hay et al., 1983, S. 561).

Wenn die Erwachsenenperspektive den Blick für das Interesse von Kindern an der Kommunikation mit Gleichaltrigen verstellt, wird Kindern ein entscheidender Motor für ihre Entwicklung vorenthalten. Kinder brauchen Kinder – auch schon in den ersten Lebensjahren. Kontakte unter Kleinkindern sollten nicht ausschließlich im Familienkontext, nicht nur im Erwachsenensystem mitgedacht, sondern mit den ihnen eigenen Qualitäten im Kindersystem reflektiert werden, damit Situationen entstehen, die Gelegenheit zum regelmäßigen Austausch unter Peers im Kleinkindalter bieten. Dann können auch kleine Kinder mit anderen zusammen die Welt entdecken und ihre eigene Welt entstehen lassen, selbst organisierte kollektive Bewegungsaktivitäten entwickeln, frühe Körpererfahrungen unter Mädchen und Jungen machen und stabilisierende Freundschaften ausbilden.

Literatur

Beller, E. K., Stahnke, M. (1989). Ein Modell der Kleinstkindpädagogik und seine empirische Evaluation. In: Beller, E. K. (Eds.). Forschung in den Erziehungswissenschaften. Weinheim: Deutscher Studien Verlag, pp. 231-237.

Bretherton, I. (1984). Representing the social World in symbolic play: Reality and fantasy. In: I. Bretherton (Ed.). Symbolic play. The development of social understanding. Orlando, Fl.

Corsaro, W. A. (1997). The Sociology of Childhood. Thousand Oaks/California: Pine Forge Press.

Dittrich, G., Dörfler, M., Schneider, K. (2001). Wenn Kinder in Konflikt geraten. Eine Beobachtungsstudie in Kindertagesstätten. Neuwied, Berlin: Luchterhand.

Dornes, M. (1993). Der kompetente Säugling. Frankfurt/M.: Fischer.

Dornes, M. (1997). Die frühe Kindheit. Entwicklungspsychologie der ersten Lebensjahre. Frankfurt/M.: Fischer.

Durkin, K. (1997). Entwicklungssozialpsychologie. In: Stroebe, W., Hewstone, M., Stephenson, G. M. (Hg.). Sozialpsychologie. Eine Einführung (3. Aufl.). Berlin u.a.: Springer, pp. 49-78.

Garbarino, J., Kostelny, K. (1992). Child maltreatment as a community problem. Child Abuse & Neglect 16, pp. 455-64.

Gottman, J. (1997). Kinder brauchen emotionale Intelligenz. Ein Praxisbuch für Eltern. München: Heyne.

Harris, P. L. (1992). Das Kind und die Gefühle. Wie sich das Verständnis für die anderen Menschen entwickelt. Bern, Göttingen, Toronto, Seattle: Hans Huber.

Hay, D.F., Pedersen, J., Nash, A. (1983). Interaction between Six-Month-Old Peers. Child Development, Jg. 54.

Howes, C. (1983). Patterns of Friendhip. Child Development 54, pp. 1041-1053.

Hurrelmann, K. (1988). Sozialisation und Gesundheit. Weinheim, München: Juventa.

Krappmann, L., Oswald, H. (1995). Alltag der Schulkinder. Beobachtungen und Analysen von Interaktionen und Sozialbeziehungen. Weinheim, München: Juventa.

Langsted, O. (1994). Looking at Quality from the Child´s Perspective. In: Moss, P., Pence, A. (Eds.). Valuing Quality in Early Childhood Services. New Approaches to Defining Quality. New York and London: Teachers College, Columbia University.

Mähler, C. (1995). Weiß die Sonne, dass sie scheint? Eine experimentelle Studie zur Deutung des animistischen Denkens bei Kindern. Münster, New York: Waxmann.

Salisch, M. v. (1993). Kind-Kind Beziehungen: Symmetrie und Asymmetrie unter Peers, Freunden und Geschwistern. In: Auhagen, A. E., Salisch, M. v. (Eds.). Zwischenmenschliche Beziehungen. Göttingen, Bern, Toronto, Seattle, pp. 59-78.

Schäfer, G. E. (1999). Frühkindliche Bildungsprozesse. Herausforderungen einer Pädagogik der Frühen Kindheit. Neue Sammlung (2), pp. 213-226.

Schmauch, U. (1987). Anatomie und Schicksal. Zur Psychoanalyse der frühen Geschlechtersozialisation. Frankfurt/M.: Fischer.

Schneider, K. (1982). Zur Situation der Krippenbetreuung. Ergebnisse einer explorativen Feldstudie. Zeitschrift für Pädagogik (5), pp. 737-748.

Schneider, K., Wüstenberg, W. (1993). Kinderfreundschaften im Krabbelalter. In: Deutsches Jugendinstitut (Hg.). Was für Kinder. Aufwachsen in Deutschland. Ein Handbuch. München, pp. 127-134.

Schneider, K., Wüstenberg, W. (1996). Soziale Kompetenz bei Kindern unter drei Jahren. In: Engelhard, Dorothee u.a. (Eds.): Handbuch der Elementarerziehung. Ergänzungslieferung 1.4. Seelze-Velber: Kallmeyer´sche Verlagsbuchhandlung.

Schone, R., Gintzel, U., Jordan, E., Kalscheuer, M., Münder, J. (Hg.) (1997). Kinder in Not. Vernachlässigung im frühen Kindesalter und Perspektiven Sozialer Arbeit. Münster: Votum.

Siegel, M./Storey, R. M. (1985). Daycare and children´s conceptions of moral and social rules. Child Development 56, pp. 1001-1008.

Stern, D. (1979). Mutter und Kind. Die erste Beziehung. Stuttgart: Klett-Cotta.

Vincent, G. (1995). La vie est un jeu. Deutscher Titel: Spiel, Baby, spiel! Fernsehfilm, gesendet in Arte, 30.4.1995.

Wüstenberg, W. (1992). Soziale Kompetenz 1-2jähriger Kinder. Frankfurt/M.: Johann Wolfgang Goethe-Universität, Institut für Sozialpädagogik und Erwachsenenbildung.

Youniss, J. (1982). Die Entwicklung und Funktion von Freundschaftsbeziehungen. In: Edelstein, W., Keller, M. (Hg.). Perspektivität und Interpretation. Frankfurt/M.: Suhrkamp, pp. 78-109.

Schwierige Babys, erschöpfte Eltern – Möglichkeiten früher Intervention

Mauri Fries

Vorbemerkungen

Familien mit Babys und kleinen Kindern erleben heute eine Reihe von Belastungsfaktoren, die sich im Vergleich mit den Generationen der Eltern und Großeltern erheblich gewandelt haben. Gleichzeitig stellt die frühe Kindheit einen Altersbereich dar, der von der Gesellschaft kaum wahrgenommen wird. Die Veränderung gesellschaftlicher Bedingungen und Werte wie eine Zunahme der beruflichen Mobilität und Flexibilität sowie erhöhte Ansprüche an die persönliche Selbstverwirklichung schaffen ein gesellschaftliches Klima, das zu strukturellen Ungerechtigkeiten gegenüber Familien mit Kindern führt (Bundesministerium für Familie, Senioren, Frauen und Jugend, 1998). Die Verantwortung für eine gesunde physische und psychische Entwicklung des Kindes wird der individuellen Familie, insbesondere der Mutter, zugeschrieben, ohne die für die Mutter bzw. die Eltern notwendige Unterstützung in ausreichendem Maße zur Verfügung zu stellen oder die Leistungen der Elternschaft zu würdigen (Sichtermann, 1987).

Zu den Belastungen zählen Armut und soziale Not sowie berufliche Überlastungen, die häufig in Wechselwirkung mit anderen psychosozialen Risikokonstellationen auftreten, wie
- soziale Isolation und fehlende emotionale Stützsysteme beim Übergang zur Elternschaft,
- unrealistische Selbst- und Fremderwartungen bezüglich der Entwicklung des Kindes und der elterlichen Anforderungen in der frühen Erziehung,
- organische und psychosoziale Belastungen in der Schwangerschaft mit dem Risiko von Frühgeburtlichkeit und einer erhöhten somatopsychischen Empfindlichkeit des Säuglings und Kleinkindes,
- beengte Wohnbedingungen,
- konflikthafte Elternbeziehungen,
- Vernachlässigung und Misshandlungen im Säuglings- und Kleinkindalter
- elterliche Belastungen und Störungen wie eingeschränktes Selbstwertgefühl, Überforderung oder chronische Depression,
- verminderte Zugangsmöglichkeiten zu medizinischen, psychosozialen und pädagogischen Unterstützungsangeboten,

- deutlich erhöhtes Risiko eines Alkohol-, Medikamenten- oder Drogenmissbrauchs,
- jugendliche und vielfach allein erziehende Mütter.

Unter bestimmten Lebensumständen entsteht eine unsichere Eltern-Kind-Beziehung, die als eigener Risikofaktor nachteilig die Entwicklung des Kindes in seiner Familie beeinträchtigen kann (vgl. den Beitrag von G. Suess in diesem Band). Diese Belastungsfaktoren führen zu Gefährdungen der kindlichen Entwicklung, welche Auswirkungen bis ins Jugendalter bzw. auch in die nächste Generation haben können. Aus Längsschnittstudien ist bekannt, dass die Anfänge einer dissozialen Entwicklung häufig in der frühen Kindheit liegen (Fonagy, 1996).

Die Ergebnisse der Säuglings- und Bindungsforschung der letzten Jahrzehnte ermöglichen es, Konzepte für begleitende, unterstützende und intervenierende Maßnahmen für Familien mit kleinen Kindern zu entwickeln und anzuwenden. An dieser Stelle werden wir uns auf diejenigen Ergebnisse zur Entwicklung im ersten Lebensjahr beziehen, die Erklärungen und Modelle liefern, um Eltern bei den für dieses Alter typischen Belastungsreaktionen wie übermäßiges Schreien, Schlaf- und Fütterprobleme angemessen unterstützen zu können.

1. Praxisrelevante Ergebnisse der Säuglingsforschung

Aufgrund der umfangreichen Untersuchungen der empirischen Säuglingsforschung wandelte sich in den letzten Jahrzehnten unser Bild vom passiven zum „kompetenten Säugling" (Dornes, 1993), der über ein erstaunliches Repertoire zur Regulation von Interaktionen mit seinen Bezugspersonen verfügt. Neben seinen Bedürfnissen nach Ernährung, Pflege und Schutz hat der Säugling Bedürfnisse nach emotionaler Geborgenheit, nach Anregung und Kommunikation, nach dem Erkennen von Zusammenhängen in Alltagshandlungen, nach Selbstwirksamkeit und nach Erkundung seiner sozialen und dinglichen Umwelt, deren ausreichende Befriedigung seine Entwicklung nachhaltig unterstützen.

Zur Entfaltung und Nutzung seiner zunächst noch begrenzten regulatorischen Fähigkeiten benötigt der Säugling Interaktionspartner, die ebenfalls über ein Repertoire von Verhaltensbereitschaften verfügen, welche die kindlichen Prozesse der Verhaltensregulation und der Entwicklung begleiten, stimulieren und kompensatorisch unterstützen (Papoušek, 1984). Diese Verhaltensbereitschaften gelten als intuitiv, weil wir uns unabhängig vom Geschlecht, vom Alter, von unserer Kultur und vom Ausmaß unserer Erfahrungen mit kleinen Kindern unbewusst an die kommunikativen Bedürfnisse und Fähigkeiten von

Babys und Kleinkindern anpassen können. Wir verändern ohne rationale Kontrolle unsere Mimik, unsere Gesten und insbesondere unsere Sprache, indem wir uns langsamer, in einer höheren Tonlage, mit einfachen Worten und Wiederholungen dem Kind zuwenden und Pausen für seine Reaktionen lassen.

Die Eltern-Kind-Beziehung entwickelt sich in einem dynamischen Anpassungsprozess als eine funktionelle Einheit. Unterstützt wird die Entwicklung der Eltern-Kind-Beziehung durch wirksame Rückkopplungssignale, die sowohl durch das Kind als auch durch den Erwachsenen ausgelöst und empfangen werden. Auf Seiten des Kindes sind sein Aussehen (Kindchenschema) und sein für die Eltern beobachtbares Verhalten wie Blickkontakt und soziales Lächeln unterstützende und stabilisierende Faktoren. Auf Seiten der Eltern erweisen sich Faktoren wie Selbstvertrauen und Selbstwertgefühl und die Fähigkeit zu uneingeschränkter emotionaler Zuwendung als Schlüsselfaktoren für die psychische Regulation des eigenen Verhaltens. Die angeborenen Fähigkeiten des Säuglings, Verhaltenszustände zu regulieren und frühe Interaktionserfahrungen zu integrieren sowie die intuitiven Verhaltensbereitschaften seiner Eltern ermöglichen es, Selbstregulationsfähigkeiten der Familie zu entwickeln, die als Ressourcen gegenüber biologischen und psychosozialen Belastungsfaktoren wirksam werden können.

2. Belastungen in der frühen Eltern-Kind-Beziehung

Eine der häufigsten Belastungen der frühen Eltern-Kind-Beziehung ist das exzessive Schreien, das allein oder im Zusammenhang mit anderen Verhaltensproblemen, insbesondere Schlafproblemen, ursächlich die Ressourcen der Familie erschöpft oder sekundär als Folge von Belastungsfaktoren der Eltern zur Überforderung der Selbstregulationsfähigkeit der Familie führt. Eine nicht geringe Anzahl von Säuglingen (Schätzungen reichen von 10-29% aller Babys im ersten Vierteljahr, vgl. v. Hofacker, 1998) leidet unter diesen Unruhezuständen, die durch Schreien, Unwohlsein und Quengeln gekennzeichnet sind. Unter diesen Unruhezuständen leiden auch die Eltern.

Ein Baby, das über Monate viele Stunden täglich schreit, stellt für die ganze Familie einen erheblichen Stressfaktor dar. Schreien ist ein Signal des Kindes, das die Eltern in Unruhe versetzt. Sie suchen nach den Ursachen für das Schreien und bemühen sich, diese zu beseitigen. Gelingt es den Eltern wiederholt nicht, das Baby erfolgreich zu beruhigen, werden ihre intuitiven Verhaltensbereitschaften eingeschränkt oder blockiert (Papoušek, 1996). Das elterliche Verhalten wird stereotyper, die kindlichen Signale werden häufiger ignoriert, der spielerische Austausch wird seltener oder fehlt gänzlich.

Bei den Eltern stellen sich Gefühle der Ohnmacht und des Versagens ein, aber auch der Wut, über deren Ausmaß Eltern sehr erschrocken sein können. Gefühle der Wut verstärken wiederum ihre Schuldgefühle. Ein Baby, das über Wochen und Monate scheinbar grundlos schreit, bringt Eltern an den Rand ihrer Kräfte. Es stellt sich ein Erschöpfungssyndrom ein. Wut und Erschöpfung können ein explosives Gefühlsgemisch eingehen, das dazu führt, dass „die Sicherungen der Eltern durchbrennen". Schreien ist im Säuglings- und Kleinkindalter das häufigste Auslösesignal für Misshandlungen (Riedesser, 1989; Barth, 1994; Esser, 1994).

Die Ergebnisse der interdisziplinären Säuglingsforschung legen die Erklärung nahe, dass das exzessive Schreien Ausdruck einer verzögerten postpartalen Anpassung des Säuglings an seine neue Umgebung ist, der eine mangelnde Ausreifung seiner Verhaltensregulation zugrunde liegt. Eltern von Kindern mit Problemen in der Verhaltensregulation berichten, dass es ihnen schwer fällt, die Signale ihres Kindes richtig zu lesen und einzuschätzen, was das Kind braucht oder möchte.

Die Einschränkungen in der Verhaltensregulation betreffen die Regulation von Biorhythmen und Verhaltenszuständen (Papoušek, 1984, 1985). Die Biorhythmen umfassen die innere Organisation des Schlaf-Wach-Rhythmus und die äußere Synchronisation des zirkadianen Schlaf-Wach-Zyklus. Die Fähigkeit, tief schlafen zu können, ist gekoppelt an Reifungsvorgänge des ZNS. Die Qualität der Wachphasen, wach und aufmerksam oder quengelig und unzufrieden zu sein, bestimmt die Möglichkeit der Reizaufnahme oder Reizabwehr. Verhaltenszustände regulieren zu können, beinhaltet die Fähigkeit zur Regulation der Zuwendung oder Abwendung gegenüber der Außenwelt. Säuglinge mit einer verzögerten Ausreifung der Verhaltensregulation stellen eine Herausforderung für die Eltern dar. Es sind die „schwierigen Babys" oder, weniger fatalistisch formuliert, die „Babys mit besonderen Bedürfnissen" nach Unterstützung ihrer Verhaltensregulation (Fries, 2000).

Erschwert wird die Beurteilung der Verhaltensregulation in diesem frühen Alter durch eine hohe intra- und interindividuelle Variabilität der kindlichen Verhaltensmuster (v. Hofacker, 1998). Diese Variabilität wird verursacht durch Unterschiede in den konstitutionellen Verhaltensbereitschaften des Säuglings, seine erst allmählich nach der Geburt entstehenden biologisch-physiologischen Rhythmen sowie das individuell unterschiedlich schnelle Reifungsgeschehen.

Eine weitere Besonderheit besteht in einer häufig zu beobachtenden Diskrepanz zwischen dem beobachteten Verhalten des Kindes und der Interpretation seines Verhaltens durch die Eltern (Brazelton & Cramer, 1994). Ein unwillkürliches Stoßen eines Beinchens gegen den Bauch des Vaters könnte z.B. als Wunsch nach Kontaktaufnahme oder als aggressiver Angriff interpretiert werden. Eine Zeigegeste des Kindes kann verstanden werden als Wunsch einen Gegenstand, den die Mutter in der Hand hat, zu bekommen oder mit den Worten, man zeige nicht mit dem Finger auf andere Leute, kommentiert werden. Je nach Interpretation des Verhaltens durch die Eltern werden die Konsequenzen für ein sich anschließendes Spielchen oder ein „Gespräch" unterschiedlich sein. Eltern schaffen einen Interpretationsrahmen für das Kind, an dem es in der weiteren Entwicklung sein Verhalten orientieren kann.

Es macht einen Unterschied, ob die Eltern mit Gelassenheit denken und sagen können: „Na das wird schon noch, Babys schlafen eben noch nicht durch und schreien auch manchmal viel." Oder ob sie sagen: „So schlafe doch endlich, das ist ja schrecklich mit dir; alle anderen Kinder schlafen schon durch!" Diese unterschiedlichen Gedanken drücken sie unbewusst in ihrer Mimik, Gestik und Stimmung aus. Babys haben hochgradig sensible Antennen für diese Botschaften. Auch wenn sie den sprachlichen Inhalt nicht verstehen, können sie doch den mit den Gedanken und Äußerungen verbundenen Druck oder die Gelassenheit wahrnehmen. Gelassenheit wirkt im Sinne der koregulatorischen Unterstützung. Im Falle der Belastung durch das exzessive Schreien und/oder die Schlafstörungen wirken das angespannte, ungeduldige elterliche Verhalten und ihre enttäuschten oder negativen Deutungen des kindlichen Verhaltens im Sinne einer Aufrechterhaltung oder Verstärkung der Regulationsprobleme.

3. Möglichkeiten früher Intervention

Kinderärzte sind in der Regel die ersten Ansprechpartner für Eltern, die sich durch das unerwartete Verhalten ihres Babys verunsichert und überfordert fühlen. In den letzten Jahren entstehen darüber hinaus im Rahmen von Gesundheitswesen und Jugendhilfe weitere Beratungsangebote für Eltern von Säuglingen und Kleinkindern, beispielsweise in Erziehungsberatungsstellen, freien psychotherapeutischen Praxen, spezialisierten Ambulanzen von Kinderkliniken oder kinderpsychiatrischen Einrichtungen. Die regionale Ausstattung mit solchen familienunterstützenden Angeboten ist abhängig von der Sensibilität, der Initiative und der Zusammenarbeit der interdisziplinär arbeitenden Kolleginnen und Kollegen und dem Verständnis für die Notwendigkeit früher Prävention, auch angesichts finanziell begrenzter Ressourcen von Ämtern und Kassen. Betrachtet man noch einmal die eingangs aufgeführten Belastungsfaktoren, dann wird deutlich, dass für deren Bewältigung Modelle der

Zusammenarbeit zwischen der Jugendhilfe (Kindertagesstätten, Erziehungsberatung, sozialpädagogische Familienhilfe), der Pädiatrie (Babys und Kleinkinder mit somatopsychischen Belastungen und Reaktionen) und der Psychiatrie (psychisch erkrankte Eltern) entwickelt werden müssen (vgl. Verein für
Kommunalwissenschaften, 2000).

Die folgenden Beispiele aus der Beratungsstelle *Beratung für Eltern mit Babys
und Kleinkindern* in Leipzig sollen die o.g. Risikokonstellationen in unterschiedlicher Intensität ihrer Ausprägungen belegen und Möglichkeiten der Intervention sowie die im Einzelfall bestehende Notwendigkeit der engen Kooperation von Jugendhilfe, Psychiatrie, Pädiatrie und Beratung beschreiben.

3.1 Erstes Beispiel: Wie wird man eine Familie?

Der acht Wochen alte Martin wurde von seinen Eltern in der Beratungsstelle
Beratung für Eltern mit Babys und Kleinkindern vorgestellt, weil sie sich
durch sein unerwartet vieles Schreien beunruhigt und verunsichert fühlten.
Beide Eltern befanden sich in der Ausbildung, die Mutter als Studentin im Er-
ziehungsurlaub, der Vater in einer Umschulungsmaßnahme. Der Vater war
außerdem in einer Reihe ehrenamtlicher Aktivitäten engagiert, was unter an-
derem zu Unstimmigkeiten bezüglich der Aufgabenverteilung zwischen den
Partnern führte. Die Mutter hatte eine bedürfnisorientierte Vorstellung vom
Umgang mit ihrem Sohn, fühlte sich jedoch durch die Einmischungen der
Oma verunsichert.

Martin, das erste Kind seiner Eltern, war ein aufgewecktes Baby mit lebhaf-
tem Interesse an den Spielangeboten der Eltern, einer gut entwickelten Verhaltensregulation und klaren Signalen seiner Bedürfnisse. Die Beobachtung
der Spielinteraktionen zeigte, dass die Eltern über gut ausgeprägte intuitive
Kompetenzen verfügten, jedoch in Stresssituationen mit Überstimulationen
ihr Baby überforderten. Aufgrund der beobachtbaren kommunikativen Fähigkeiten beim Kind und seinen Eltern und dem Fehlen weiterer psychosozialer
Belastungsfaktoren stand die Unterstützung der Eltern im Vordergrund der
Beratung. Es wurde nach Möglichkeiten gesucht, Selbstvertrauen und Sicherheit der Eltern zu stärken. Im Abstand von zwei Wochen fanden zwei Treffen
statt, bei denen die Fähigkeiten der Eltern gewürdigt wurden, feinfühlig und
sensibel auf die Signale Ihres Kindes einzugehen. Weitere Themen der Beratung waren die Bedürfnisse der Eltern als Paar und der Anpassungsprozess
an die neue Situation einer Familie mit einem Kind (Fries, 1999). Videoanaly-
sen des Verhaltens des Kindes und der Interaktion der Eltern im entspannten

spielerischen Austausch mit ihrem Baby stärkten das Vertrauen der Eltern in ihre Kompetenzen. Die Beratung wurde nach zwei Terminen einvernehmlich beendet.

3.2 Zweites Beispiel: Weniger ist mehr!

Im Alter von sechs Wochen wurde Falk von seinen Eltern in der Beratungsstelle vorgestellt, weil er scheinbar grundlos extrem viel schrie und die Eltern sich nicht mehr zu helfen wussten. Die Mutter fühlte sich sehr erschöpft und zu wenig durch ihren Mann unterstützt, der beruflich bedingt selten zu Hause war. Aufgrund der erlebten Ohnmacht bei ihren Beruhigungsversuchen war ihr Selbstwertgefühl erschüttert. In der Beobachtung der Interaktionen zwischen Mutter und Kind sowie Vater und Kind fiel auf, dass der Junge für seine Eltern nur schwer erkennbare Signale zeigte und häufig den Blick abwendete. Um das befürchtete, aber auch ständig erwartete Schreien zu verhindern, reagierten die Eltern mit Überstimulation. Zudem neigten sie dazu, sein Verhalten als absichtsvoll gegen sich gerichtet zu interpretieren.

Bei dieser Familie wurde schwerpunktmäßig mit der Mutter gearbeitet. Im Mittelpunkt der Beratung stand die Beobachtung des Babys mit Hilfe von Videoaufnahmen. Durch eine so genannte Still-face-Aufnahme (Brazelton & Cramer, 1994), bei der die Mutter gebeten wurde, ihr Kind für einige Minuten mit unbewegtem Gesicht zu beobachten, konnte sie im anschließenden Videofeedback entdecken, welche mimischen und vokalisierenden Fähigkeiten zur Interaktion ihr Kind zeigt, wenn es Gelegenheit dazu erhält.
Im Gespräch beschrieb die Mutter das Gefühl, nichts richtig zu machen. Egal was sie unternahm, um ihren Sohn zu beruhigen, es schlug fehl. Auf die Frage, ob sie dieses Gefühl auch aus anderen Lebenssituationen kenne, berichtete sie über ihre Eltern, ihre Schulzeit und ihren Partner, dass es bei denen auch schon immer so gewesen sei. Aus diesem Gefühl heraus hatte sie in der Interaktion mit dem Sohn eine Überstimulation entwickelt, bei der das Kind nicht zur Ruhe kam und in den Wachzeiten, verstärkt durch die bestehenden Einschränkungen seiner Verhaltensregulation, häufig überfordert war. Dies führte bei dem Kind zu Blickabwendung, Schrei- und Unruhezuständen und langen Einschlafphasen, was wiederum bei der Mutter das Gefühl verstärkte, alles falsch zu machen.
Über acht Beratungstermine im wöchentlichen Abstand stand zunächst die unmittelbare Interaktion zwischen Mutter und Kind im Vordergrund. Die Beraterin übernahm hierbei die Funktion einer Übersetzerin der Signale und der Bedürfnisse des Babys für die Mutter. Da wir in den Erstgesprächen negative

oder abwertende Interpretationen des Verhaltens durch die Eltern beobachtet hatten, z.B.: „Jetzt willst du deine Mama treten" als begleitender Kommentar für das Strampeln des Kindes, boten wir andere Formen der Interpretationen an: „Ihr Kind hat sehr viel Kraft, sodass Sie es gut an ihrem Bauch spüren können, wenn es Sie mit seinen Füßen berührt" (vgl. Erickson, 1999). Die Beraterin sprach anstelle des Babys: „Liebe Mama, ich sehe dich so gerne an, denn dein Gesicht ist das Interessanteste, was ich kenne. Ich höre dir auch so gerne zu, wenn du mir etwas erzählst. Aber ich bin auch schnell erschöpft. Dann muss ich mal kurz weggucken, um wieder aufzutanken für die nächsten Minuten."

Übersetzungen, Perspektivenwechsel und Videofeedback führten im Zeitraum von acht Sitzungen zu einer Stärkung des Selbstvertrauens und einer zunehmenden Überzeugung, mit dem Kind richtig umzugehen. Die Schreiphasen wurden kürzer und der spielerische Austausch nahm zu. Bezüglich der Erinnerungen der Mutter an ähnlich verunsichernde Situationen haben wir über die Möglichkeiten einer Psychotherapie und Wege dorthin diskutiert, die die Mutter zu diesem Zeitpunkt jedoch nicht in Anspruch nehmen wollte.

3.3 Drittes Beispiel: Alleine schaffen wir es nicht!

Eine binationale Familie mit massiven Partnerkonflikten, sozialer Isolation, psychischer Erkrankung beider Eltern und der Gefahr von Misshandlungen des Kindes erforderte eine Zusammenarbeit von Einrichtungen der Pädiatrie, Jugendhilfe, Psychiatrie und der Beratungsstelle *Beratung für Eltern mit Babys und Kleinkindern.*

Die Eltern der drei Monate alten Anna kamen auf Empfehlung der Kinderklinik, weil das Kind blaue Flecke im Gesicht hatte. Die Mutter berichtete, sie könne sich an die Situation nicht genau erinnern, sei jedoch erschrocken darüber, dass sie wahrscheinlich ihr Kind zu grob angefasst habe und die Klinik den Verdacht auf Misshandlung äußerte. Sie fühle sich schnell vom Schreien ihrer Tochter überfordert und habe Angst vor unkontrollierten Reaktionen. Sie wünsche sich Begleitung und Unterstützung durch die Beratung, um sich auf ihr Baby einlassen zu können und ihre Misshandlungsimpulse zu kontrollieren. Der Vater war nur in der ersten Begegnung anwesend, beteiligte sich aber nicht am Gespräch.

Intuitive elterliche Kompetenzen waren bei der Mutter vorhanden, konnten jedoch nicht durchgängig aufrechterhalten werden. Sie wurden oft unterbrochen durch den emotionalen Ausdruck von Ungeduld und Verärgerung. In diesen Momenten zog sie sich vom Kind zurück. In der Beratung ließ sich das

Kind scheinbar relativ wenig davon beeindrucken, explorierte aufmerksam seine Umgebung und die sporadischen Angebote seiner Mutter. Das Kind verwendete viel Charme, um die Beraterin zu einem mimischen und stimmlichen Austausch anzuregen, was die Mutter als persönliche Zurückweisung ihrer Bemühungen erlebte. Die Beratung hatte zunächst das Ziel, konkrete Strategien mit der Mutter zu entwickeln, um die immer wieder aufkommende Wut und Ungeduld zu kontrollieren. Die Mutter fand heraus, dass sie ihre Wut besser beherrschen konnte, wenn sie sie in Bewegung umsetzte. Sie gewöhnte sich an, je nach Situation alleine oder mit dem Kind kurzzeitig aus dem Haus zu gehen. Adressen von Kinderschutzeinrichtungen in der nahen Umgebung gaben ihr die Sicherheit, im Falle einer bedrohlichen Situation handeln zu können. Die Ansätze einer gelingenden Interaktion im Hier und Jetzt wurden unterstützt und gewürdigt. Die Mutter erhielt Hilfe bei der angemessenen Interpretation der Signale des Babys. Hier nutzten wir ebenfalls die Möglichkeiten des Perspektivenwechsels wie im zweiten Beispiel beschrieben, verzichteten jedoch auf Videoaufnahmen. Videoaufnahmen waren der Mutter unangenehm, was wir aufgrund ihrer Erkrankung, wo sie Momente „des Sich-Beobachtet-Fühlens" erlebt hatte, selbstverständlich respektierten. Außerdem wurden Fragen zur kindlichen Entwicklung und zur Strukturierung des Alltags besprochen.

Im Verlaufe von zehn Wochen kam es zu einer Stabilisierung der Mutter-Kind-Beziehung. In dem Maße, wie die Mutter Sicherheit im Umgang mit ihrem Kind gewann, reduzierten sich ihre aggressiven Gedanken gegenüber dem Kind. Bestehen blieben jedoch die massiven Partnerkonflikte, die sich an religiösen Themen und der Arbeitsteilung bei der Betreuung des Kindes entzündeten. Es kam zur Zuspitzung und psychotischen Dekompensation des Vaters. Die Mutter brachte Anna in den Kindernotdienst, damit sie „aus der Schusslinie" kam. Nachdem der Mann sich in stationäre Behandlung begeben hatte, nahm sie an sich ebenfalls vermehrte Anzeichen einer beginnenden Psychose wahr. In Zusammenarbeit mit dem Verbund gemeindenaher Psychiatrie, dem Jugendamt und der Beratungsstelle konnte sie dafür sorgen, dass ihr Kind bei Pflegeeltern eines Vereins unterkam, der in Leipzig Aufgaben der Betreuung von Kindern im Falle von akuten Erkrankungen der Eltern übernimmt. Nach der Entlassung der Eltern aus der psychiatrischen Klinik fand eine Unterstützung der Familie in Zusammenarbeit mit dem Jugendamt, der Psychiatrie und der Beratungsstelle statt. Über das Jugendamt wurde eine stundenweise Betreuung des Kindes in einer Krippe initiiert, um dem Kind eine kontinuierliche und strukturierte Unterstützung seiner Entwicklung zu initiierten und die Mutter stundenweise von der Betreuung ihres Kindes zu entlasten. In einer selbsthilfeorientierten Anlaufstelle für Eltern des regionalen Verbundes gemeindenaher Psychiatrie konnten die Eltern ihre soziale Isolation zeitweise überwinden. Die Beratungsstelle *Beratung für Eltern mit Babys und Kleinkindern* begleitete die Familie in alters- und alltagsrelevanten Kontexten wie gemeinsamem Spielen und Essen. Insbesondere die sprachliche Anregung des Kindes galt es zu unterstützen. Beiden Eltern fiel es sehr schwer, mit ihrer Tochter zu reden und zu spielen.

Anna und ihre Eltern werden weiterhin professionelle Begleitung brauchen, die kontinuierlich, behutsam und an den Stärken der Familie orientiert ist. Dazu wird die Zusammenarbeit zwischen den Einrichtungen des Jugendamtes (Allgemeiner Sozialdienst und sozialpädagogische Familienhilfe; Kinderkrippe bzw. Kindergarten) und der Beratungsstelle *Beratung für Eltern mit Babys und Kleinkindern* notwendig sein.

Gerade bei Familien wie dieser wird sehr schnell deutlich, vor welchen Herausforderungen die beteiligten Institutionen stehen, um eine wirkliche interdisziplinäre und kontinuierliche Zusammenarbeit zu gewährleisten. Noch ist diese Arbeit viel zu sehr vom Engagement und den Initiativen Einzelner getragen, anstatt von einer auch von Entscheidungsträgern auf kommunaler, Landes- und Bundesebene unterstützten systematischen Entwicklung einer Angebotsstruktur für Eltern mit Babys und Kleinkindern.

4. Schlussbemerkung

Unterschiedliche Risikokonstellationen im Säuglings- und Kleinkindalter erfordern unterschiedliche Konzepte der Unterstützung, Beratung und Therapie von Familien. Das reicht von salutogenetischen Konzepten, wie Kinderkrippen, Krabbelgruppen oder Mütterzentren, bis hin zu spezialisierten Beratungsstellen, die Aufgaben der Sekundärprävention für diesen Altersbereich übernehmen. Dies setzt die Einsicht mit den entsprechenden finanziellen und strukturellen Konsequenzen voraus, dass die frühe Kindheit Möglichkeiten der psychosozialen Unterstützung braucht und dass das Wissen, welches die empirische Säuglingsforschung erarbeitet hat, den entsprechenden Berufsgruppen in qualifizierter Form zur Verfügung gestellt wird. Ebenso brauchen Eltern ein Klima, das ihnen erlaubt, Beratung und Unterstützung in Anspruch zu nehmen, ohne sich als Versager im Umgang mit ihrem Baby oder Kleinkind zu fühlen.

Literatur

Barth, R. (1994). Prävention von Misshandlung und Vernachlässigung: Ein Beratungsangebot für Eltern mit Säuglingen und Kleinkindern in Australien. In: P. Kürner, R. Nafroth (Hg.). Die vergessenen Kinder: Vernachlässigung und Armut in Deutschland. Köln: PapyRossa, pp. 139-156.

Brazelton, T. B., Cramer, B. G. (2. Aufl. 1994). Die frühe Bindung. Stuttgart: Klett Cotta.

Bundesministerium für Familie, Senioren, Frauen und Jugend (Hg.) (1998). Zehnter Kinder- und Jugendbericht. Bericht über die Lebenssituation von Kindern und die Leistungen der Kinderhilfen in Deutschland. Bonn: Bonner Universitäts-Buchdruckerei.

Dornes, M. (1993). Der kompetente Säugling. Die präverbale Entwicklung des Menschen. Frankfurt/M.: Fischer.

Erickson, M. F. (1999). Infants, toddlers and families: a framework for support and intervention. New York: Guilford Press.

Esser, G. (1994). Ablehnung und Vernachlässigung im Säuglingsalter. In: P. Kürner, R. Nafroth (Hg.). Die vergessenen Kinder: Vernachlässigung und Armut in Deutschland. Köln: PapyRossa, pp. 72-80.

Fonagy, P. (1996). Prevention, the appropriate target of infant psychotherapy. Plenary address at the Sixth World Congress of the World Association for Infant Mental Health. Tampere, Finland, on Saturday 27 July, 1996.

Fries, M. (1999). Babys, die sich nicht beruhigen lassen – Auswege für Eltern und Babys in der lösungsorientierten Kurzzeittherapie. In: J. Kühl (Hg.). Autonomie und Dialog. Kleine Kinder in der Frühförderung. München: Ernst Reinhardt Verlag, pp. 70-79.

Fries, M. (2000). Vom „Schreibaby" zum „Baby mit besonderen Bedürfnissen". In: J. Hargens und W. Eberling (Hg.). Einfach kurz und gut – Teil 2. Ressourcen erkennen und nutzen. Dortmund: borgmann publishing, pp. 147-158.

Hofacker, N. v. (1998). Frühkindliche Störungen der Verhaltensregulation und der Eltern-Kind-Beziehung. Zur differentiellen Diagnostik und Therapie psychosomatischer Probleme im Säuglingsalter. In: K. v. Klitzing (Hg.). Psychotherapie in der frühen Kindheit. Göttingen: Vandenhoeck & Ruprecht, pp. 50-71.

Klitzing, K. v. (Hg.). (1998). Psychotherapie in der frühen Kindheit. Göttingen: Vandenhoeck & Ruprecht.

Kürner, P., Nafroth, R. (Hg.). (1994). Die vergessenen Kinder: Vernachlässigung und Armut in Deutschland. Köln: PapyRossa.

Pachler, J. M., Straßburg, H.-M. (1990). Der unruhige Säugling. Fortschritte der Sozialpädiatrie 13. Lübeck: Hansisches Verlagskontor.

Papoušek, M. (1984). Psychobiologische Aspekte des Schreiens im frühen Säuglingsalter. Sozialpädiatrie in Praxis und Klinik 6, pp. 517-526.

Papoušek, M. (1985). Umgang mit dem schreienden Säugling und sozialpädiatrische Beratung. Sozialpädiatrie in Praxis und Klinik 7, pp. 294-300, pp. 352-357.

Papoušek, M. (1996). Die intuitive elterliche Kompetenz in der vorsprachlichen Kommunikation als Ansatz zur Diagnostik von präverbalen Kommunikations- und Beziehungsstörungen. Kindheit und Entwicklung 5, pp. 140-146.

Papousek, M. (1998). Das Münchner Modell einer interaktionszentrierten Säuglings-Eltern-Beratung und Psychotherapie. In: K. v. Klitzing (Hg.). Psychotherapie in der frühen Kindheit. Göttingen: Vandenhoeck & Ruprecht, pp. 88-118.

Riedesser, P. (1990). Vernachlässigung und Misshandlung chronisch unruhiger Säuglinge und Kleinkinder. In: J.M. Pachler, H.-M. Straßburg (Hg.). Der unruhige Säugling. Fortschritte der Sozialpädiatrie 13. Lübeck: Hansisches Verlagskontor, pp. 257-269.

Schlippe, A. v. und Schweitzer, J. (1996). Lehrbuch der systemischen Therapie und Beratung. Göttingen, Zürich: Vandenhoeck & Ruprecht.

Sichtermann, B. (1987). Vorsicht Kind: Eine Arbeitsplatzbeschreibung für Mütter, Väter und andere. Berlin: Klaus Wagenbach.

Verein für Kommunalwissenschaften (Hg.) (2000). Rechtzeitiges Erkennen von Fehlentwicklungen im frühen Kindesalter und das angemessene Reagieren von Jugendhilfe und Medizin unter besonderer Berücksichtigung von Datenschutz und Schweigepflicht. In: „Hilfen von Anfang an. Unterstützung von Familien als interdisziplinäre Aufgabe" (Dokumentation der Fachtagung am 23. und 24. April 1999), Berlin 1999, Verein für Kommunalwissenschaften e.V., Arbeitsgruppe Fachtagungen Jugendhilfe, Postfach 120321, 10593 Berlin.

Misshandlung und Vernachlässigung im Säuglings- und Kleinkindesalter

Präventive und therapeutische Möglichkeiten auf der Basis der frühen Eltern-Säuglings-Interaktion

Tamara Jacubeit

Vorbemerkung

Versteht man Vernachlässigung und Misshandlung im Säuglings- und Klein-kindesalter als destruktive Entgleisung einer sich entwickelnden Beziehung zwischen Eltern und Kind, so bedeutet dies für präventive und therapeutische Konzepte im frühen Kindesalter, dass der Fokus auf die Beziehung und Wech-selwirkungen zwischen Risiko- und Schutzfaktoren auf Seiten des Kindes und der Eltern gelegt werden muss. Genaue Zahlen über die Häufigkeit von Ver-nachlässigung und Misshandlung im Säuglings- und Kleinkindesalter liegen in Deutschland nicht vor, vermutlich ist aber das Risiko, im Säuglingsalter ver-nachlässigt und misshandelt zu werden, deutlich höher als bei älteren Kin-dern. Vernachlässigung kommt wesentlich häufiger vor als Misshandlung (Engfer, 1997). Eine Fülle von Risikofaktoren, wie hohe psychosoziale Bela-stung der Familie, psychische und körperliche Erkrankung der Eltern, man-gelnde Unterstützung im sozialen Netz, Partnerschaftskonflikte und schwieri-ges Temperament, Behinderung oder Regulationsstörungen auf Seiten des Babys sind bekannt, führen aber nicht unweigerlich zu Vernachlässigung und Misshandlung. Ein komplexes Zusammenspiel dieser Faktoren ist Vorausset-zung hierfür. Die Entstehungsbedingungen sind für Misshandlung und Ver-nachlässigung bei ähnlichen Risikofaktoren zwar unterschiedlich, nicht selten sind beide Phänomene gemeinsam zu beobachten. Säuglinge und Kleinkinder werden häufiger von Müttern als von Vätern misshandelt (Steele & Pollock, 1987).

Schon vor oder spätestens in der Schwangerschaft entwickeln Eltern oder die Mutter eine Beziehung zum phantasierten Kind. Die Vorstellungen sind ge-prägt u.a. von Wünschen, Beziehungsvorerfahrungen der Eltern, vom elterli-chen Selbstbild und je nach Stadium der Schwangerschaft typischen Ängsten bezogen auf das Kind. Üblicherweise antizipieren Eltern sich als gute und für-sorgliche Eltern, auch die Eltern unerwünschter oder zu einem unglücklichen Zeitpunkt gezeugter Kinder. Spätestens nach der Geburt trägt das reale Baby selbst viel dazu bei, dass Eltern sich einfühlsam um ihr Baby kümmern. Es stimuliert mit seiner Hilfsbedürftigkeit und seinen sozialen Fähigkeiten intuitive elterliche Kompetenzen. So bewirken Wimmern und Schreien des Babys natürlicherweise Reaktionen wie z.B. Nachschauen, Beruhigen, Füttern oder Wickeln. Erfolgreiche Interaktionen zwischen Eltern und Baby wie Einschlafen nach längerer Erregung oder ein fröhliches Zwiegespräch entschädigen die Eltern für die großen Anstrengungen, die den Alltag mit einem kleinen Säugling begleiten. Schwierige Interaktionen wie stundenlanges Schreien trotz Beruhigungsversuchen oder andauernde Blickvermeidung und mangelnde Responsivität eines Babys belasten Eltern zunehmend. Ein Teufelskreis zwischen Eltern und Baby kann beginnen, mit zunehmender Dysregulation auf Seiten des Babys sowie Erschöpfung und Hilflosigkeit auf Seiten der Eltern. In jeder Eltern-Kind-Beziehung kommt es mehr oder weniger häufig auch zu problematischen Interaktionssequenzen. Diese sind nicht nur belastend, sondern in gewissem Maße auch entwicklungsfördernd. Nehmen sie aber einen zu großen Raum ein und führen sie zu zunehmender Belastung bei den Eltern, so kann es je nach psychischer Struktur der Eltern zu Misshandlung und Vernachlässigung kommen. Lassen sich Eltern von den Signalen und Bedürfnissen des Kindes nicht mehr zu fürsorglichem Verhalten verleiten, so können kurzzeitige oder chronische Vernachlässigung die Folge sein. Körperliche Misshandlung dagegen findet ihren Ursprung meist in einem Wechselspiel zwischen schwierigem Verhalten des Babys, wie z.B. exzessivem Schreien oder Nahrungsverweigerung, und herabgesetzter Impulskontrolle bei erschöpften Eltern. Schon vor der Geburt eines Kindes kann es bei konflikthafter Verleugnung der Bedürfnisse des Ungeborenen zu Misshandlung und Vernachlässigung im weitesten Sinne kommen (exzessives Rauchen und Alkoholkonsum, andere Drogen und mangelnde Nahrungszufuhr).

Nicht alle Formen von Misshandlung und Vernachlässigung im Säuglingsalter lassen sich mit dem im nächsten Abschnitt beschriebenen Erklärungsmodell verstehen. Babys können durch schwerste elterliche, meist mütterliche Psychopathologie (Psychosen, Zwangserkrankungen, Persönlichkeitsstörungen, Münchhausen-by-proxy-Syndrom, erweiterter Suizid) sehr gefährdet sein. Im Kontext ideologischer und religiöser Vorstellungen werden u.U. schon Säuglinge ihren Bedürfnissen nicht entsprechenden Situationen ausgesetzt (z.B. unzureichende Ernährung, rituelle Handlungen und sensorische Deprivation bei Meditationen). Auch der sexuelle Missbrauch kommt schon im Säuglingsalter vor, allerdings deutlich seltener als bei älteren Kindern. Auf diese Phänomene wird im Folgenden nicht weiter eingegangen.

1. Folgen und Ursachen von Misshandlung und Vernachlässigung

Die Folgen körperlicher Gewalt Säuglingen gegenüber sind wegen der Unreife des Skelett- und Muskelapparates gravierend. Neben dem in allen Altersstufen vorkommenden Battered-child-Syndrom (wegweisend sind hier Hämatome in unterschiedlichen Stadien, typische knöcherne Verletzungen und unplausible Erklärungen der Eltern) ist das Schütteltrauma des Babys (Shaken-baby-Syndrom), eine für dieses Alter typische und besonders gefährliche Misshandlungsform. Wird ein Baby geschüttelt, kann es wegen der noch unreifen Kopfkontrolle zu Verletzungen von intracerebralen Gefäßen mit Blutungen (subdurales Hämatom) kommen. Die typischen Zeichen wie Bewusstseinstrübung, Krampfanfälle und Blutungen am Augenhintergrund werden nicht selten falsch gedeutet und nicht richtig diagnostiziert. Meist passiert unerfahrenen Eltern dies in einer Situation hoher Belastung gepaart mit Erschöpfung und Hilflosigkeit bei exzessivem Schreien oder Nahrungsverweigerung des Babys. Ambivalente Gefühle wie Wut und Angst dem Baby gegenüber können nicht ausreichend integriert werden. Dabei kommt es zu einem Verlust der Impulskontrolle. Viele Eltern wissen nicht, wie gefährlich das Schütteln kleiner Babys ist.

Ein typisches Misshandlungszeichen bei Babys, die die Nahrung verweigern, sind Hämatome auf beiden Wangen. Sie entstehen durch gewaltsames Öffnen des Mundes bei frustranen Fütterversuchen.

Chronische Vernachlässigung im Säuglingsalter kann zu Entwicklungsverzögerungen (kognitiv, sozial, sprachlich und motorisch), Verhaltensdysregulation, Gedeihstörungen und Bindungsstörungen führen. Unsichere, desorganisierte Bindungsmuster bis hin zur sog. reaktiven Bindungsstörung des Kindesalters sind die Folge von mangelnder Feinfühligkeit oder von das Baby überfordernden Beziehungswechseln und -abbrüchen. Babys und Kleinkinder mit einer reaktiven Bindungsstörung zeigen abnorme und unberechenbare soziale Muster (sozialer Rückzug oder Distanzlosigkeit) und eine Störung des emotionalen Ausdruckes. Sie erscheinen durchgehend unglücklich und emotional wenig ansprechbar. Nicht selten wird bei diesen Kindern der Verdacht einer autistoiden Verhaltensstörung geäußert. In fördernder Umgebung mit kontinuierlichem Beziehungsangebot wird meist schnell deutlich, dass sie im Gegensatz zu autistischen Kindern altersangemessene soziale Fähigkeiten haben.

Schwere globale Vernachlässigung mit grob unangemessener Versorgung des Babys kann schnell diagnostiziert werden (schlechter Pflegezustand, Gedeihstörungen). Viel schwieriger ist die Einschätzung emotionaler Vernachlässigung, bei der das Baby zwar körperlich ausreichend versorgt wird, aber wenig oder keine altersangemessene Zuwendung (Spielanregung, sprachlicher

Kontakt und Bestätigung) bekommt. Hier müssen beim Untersucher zur Einschätzung detaillierte Kenntnisse über notwendige entwicklungsfördernde
Umgebungsbedingungen vorliegen (Deutscher Kinderschutzbund, 2000).

Im Kontext protrahierter postpartaler mütterlicher Depressionen, die häufiger vorkommen als allgemein bekannt, ist nicht selten eine solche emotionale Vernachlässigung zu beobachten. Diese Mütter merken meist, dass sie keinen emotionalen Zugang zu ihrem Baby finden, und sind dadurch zusätzlich
belastet. Schuld- und Schamgefühle halten diese Mütter davon ab, sich angemessene Unterstützung zu holen. Diese Kinder sind meist ausgesprochen ge-
nügsam im Zusammensein mit ihrer depressiven Mutter, zeigen später nicht
selten unspezifische Sprachentwicklungsverzögerungen, blühen im Kontakt
zu anderen responsiveren Menschen aber sichtlich auf. Dieses Verhalten belastet die Mütter zusätzlich, destabilisiert sie weiter in ihrem mütterlichen
Selbstwertgefühl und mobilisiert aversive Gefühle dem Kind gegenüber.
Babys jugendlicher Mütter sind besonders gefährdet, vernachlässigt und
misshandelt zu werden. Die psychische Struktur in der Adoleszenz lässt nur
schwer eine verlässliche, kontinuierliche und angemessene Versorgung eines
Babys zu.

2. Diagnostik

Je nach Fragestellung ergeben sich im diagnostischen Prozess unterschiedliche, in den meisten Fällen interdisziplinäre Vorgehensweisen. Entwicklungspsychologische und pädiatrische Untersuchung des Babys, Psychodiagnostik
der Eltern und Einschätzung der psychosozialen Bedingungen der Familie
werden durch Beziehungs- und Interaktionsdiagnostik in verschiedenen Situationen ergänzt.

Eine kinderärztliche Untersuchung des Babys dient dem Ausschluss von körperlicher Misshandlung. Unkenntnis der Dynamik von Misshandlung im Säuglingsalter – auch bei in der Untersuchungssituation vermeintlich fürsorglichen
Eltern – führt allerdings nicht selten zu Fehldiagnosen bei unklaren Verletzungen in der pädiatrischen Praxis. Insbesondere das sog. Shaken-Baby-Syndrom wird häufig nicht diagnostiziert (Thyen/Tegtmeyer, 1991). Soll Vernachlässigung ausgeschlossen werden, steht neben der pädiatrischen Untersuchung zum Ausschluss einer Gedeihstörung eine genaue entwicklungspsychologische Diagnostik im Vordergrund. Dabei werden neben den kognitiven
Fähigkeiten die selbstregulatorischen und sozialen Kompetenzen eines Babys
und die Bindungsmuster zu seinen Bezugspersonen eingeschätzt.

Das psychische Befinden der Eltern, ihre Fähigkeit, sich auf das Baby einzulassen und eigene Bedürfnisse eher zurückzustellen, die individuellen Copingstrategien und die Entwicklung der Partnerschaft im Übergang zur Elternschaft müssen erfasst werden. Dabei ist zu berücksichtigen, dass sich vor allem die Mütter in den ersten Monaten nach der Geburt eines Kindes in einer besonderen psychischen Verfassung befinden, der so genannten Mutterschaftskonstellation (Stern, 1998). Eine protrahierte depressive Reaktion oder auch schwere postpartale Depression der Mutter sollte gezielt ausgeschlossen werden. Im Rahmen einer biografischen Anamnese sind eigene frühe Kindheitserfahrungen zu erfragen. Nicht selten findet man bei schwer vernachlässigenden Müttern lang dauernde Deprivation in der eigenen frühen Kindheit, z.B. Heimunterbringung. Eine ausführliche psychosoziale Anamnese umfasst u.a. die aktuelle Wohnsituation, die soziale Sicherheit der Familie, das soziale Netz einschließlich der Herkunftsfamilien und aktuelle Unterstützungsmöglichkeiten. Ein Hausbesuch und fremdanamnestische Daten können das Bild vervollständigen.

Im Zentrum der Diagnostik sollte aber die Qualität der Eltern-Kind-Beziehung stehen. Im diagnostischen Gespräch mit den Eltern wird auf die Vorstellungen fokussiert, die die Eltern von ihrem Kind haben. Ein wichtiger Punkt ist hierbei, ob die Eltern in der Lage sind, kindliches Verhalten dem Entwicklungsstand und dem aktuellen Befinden des Kindes gemäß zu interpretieren und zu beantworten. Im Kontext von Misshandlung finden sich nicht selten viel zu hohe Anforderungen an das Baby und überzogene Vorstellungen über seine Fähigkeiten. Kindlichem Verhalten wird eine unangemessene Bedeutung gegeben, meist werden dem Kind aggressive Impulse unterstellt. Zu Vernachlässigung tendierende Eltern sind wenig sensibel für die kindlichen Bedürfnisse. Häufig haben diese Eltern keine Vorstellung davon, dass neben Nahrung, Körperpflege, Kleidung und Schlaf ein Säugling soziales und auch sprachliches Miteinander, gemeinsames Spielen, ausreichend Explorationsräume und viel Bestätigung braucht.

Zusätzlich zum Explorationsgespräch, das auf die elterlichen Repräsentationen fokussiert, muss die konkrete Eltern-Kind-Interaktion möglichst in verschiedenen Situationen beobachtet werden. Videoaufnahmen und standardisierte Ratingverfahren (Crittenden, 1981; Esser et al.; 1989, Papoušek, 1996; s.a. Sirringhaus-Bünder et al. in diesem Band) können hier hilfreich sein. Neben Spielsequenzen sind schwierige Situationen wie Schreien des Babys oder Füttern relevant. Hier ist das Augenmerk darauf zu richten, ob Eltern in der Lage sind, situationsangemessene Regulationshilfen zu geben und eskalierende Interaktionspiralen zu unterbrechen.

95

Letztlich entscheidend für die Entwicklung des Kindes ist nicht die Anzahl von Risikofaktoren, sondern die Frage, ob die Eltern trotz aller Probleme in der Lage sind, im Hier und Jetzt ihr Kind hinreichend gut zu versorgen und nicht in Erschöpfungsphasen die Impulskontrolle dem Baby gegenüber zu verlieren. Geglückte Interaktionen zwischen Eltern und Baby in der Untersuchungssituation dürfen nicht grundsätzlich dahingehend interpretiert werden, das diese Eltern nicht doch in einer Stresssituation ihr Baby möglicherweise misshandeln. Chronische und schwere Vernachlässigung dagegen ist meist schon in der Untersuchung zu beobachten und der direkten Diagnostik somit besser zugänglich.

Voraussetzung für eine umfassende Diagnostik ist die gemeinsame Untersuchung von Mutter bzw. Eltern und Baby oder Kleinkind. Andernfalls stehen wichtige Informationen über den konkreten Umgang miteinander nicht zur Verfügung. Letztlich bleibt es auch bei Berücksichtigung und angemessener Wertung aller Informationen ausgesprochen schwierig, das individuelle Risiko eines Babys abzuschätzen. Nicht selten soll nach stattgefundener Misshandlung eine Aussage über ein Wiederholungsrisiko gemacht werden. Zusätzlich zu den o.g. Kriterien sind hier Umgang der Eltern mit diesem Thema – Verleugnung vs. realistisches Problembewusstsein – und die Beziehungsgestaltung der Eltern zum Untersucher wichtig. Weniger problematisch sollte eigentlich die Beurteilung von Vernachlässigung sein. Zum einen ist sie der direkten Beobachtung sehr viel leichter zugänglich, zum anderen sind die Folgen nicht in kurzer Zeit vergleichbar gravierend. Allerdings ist für die Diagnostik eine Kenntnis der Entwicklungsbedingungen eines Säuglings und die differenzierte Einschätzung der psychischen Entwicklung des Babys notwendige Voraussetzung und nicht in jedem Fall gegeben. Es ist gerade in diesem Kontext von einer hohen Dunkelziffer auszugehen.

2. Grundzüge präventiver und therapeutischer Ansätze

Voraussetzung für eine psychotherapeutische Arbeit mit Eltern und Baby bei einem erheblichen Misshandlungsrisiko, nach Misshandlung oder in Fällen schwerer Vernachlässigung ist ein Problembewusstsein bei den Eltern, der Wunsch, zum Wohle des Kindes etwas zu verändern, und die Bereitschaft, sich in einen therapeutischen Prozess einzulassen. Oberste Priorität hat die Sicherheit des Babys und die Herstellung einer entwicklungsfördernden Umgebung. Im Zentrum der therapeutischen Arbeit steht neben der Entlastung der Mutter die Verbesserung der Eltern-Kind-Beziehung. Ob hierfür die Arbeit an den elterlichen Repräsentationen, der beobachtbaren Interaktion zwischen

Eltern und Baby oder beidem gewählt wird, hängt von der jeweiligen Problematik der Familie und der individuellen Ausbildung des Therapeuten ab. Beim Baby stehen entwicklungsfördernde und die Verhaltensregulation verbessernde Interventionen im Vordergrund. Ob dies die Familie mit Anleitung selbst leisten kann oder ob es im Rahmen einer Fremdbetreuung geschehen sollte, muss individuell entschieden werden und hängt von den zu mobilisierenden Ressourcen einer Familie ab. Stundenweise tägliche Fremdbetreuung, am besten in einer heilpädagogischen Einrichtung mit konstantem Beziehungsangebot, kann somit unter dem Gesichtspunkt der Entlastung der Familie und der Entwicklungsförderung des Kindes begleitend zu einer therapeutischen Arbeit indiziert sein. Ist zur Sicherheit eine Fremdunterbringung des Babys akut notwendig, sollte ein regelmäßiger, je kleiner das Kind, desto häufigerer, im Säuglingsalter am besten täglicher, Kontakt zur Mutter möglich sein und unterstützt werden, falls die Rückführung des Babys in die Herkunftsfamilie zu einem späteren Zeitpunkt Erwägung gezogen wird. Nur so kann sich die Eltern-Kind-Beziehung weiterentwickeln und verbessern.

Zur Vermeidung von in der Arbeit mit diesen Familien häufig beobachteten Spaltungsprozessen ist eine gute und reflektierte Zusammenarbeit im Helfersystem mit klar abgesprochener Aufgabenverteilung und Verantwortlichkeit sinnvoll. Gerichtliche Auflagen in schweren Fällen können durchaus hilfreich sein. Der Familie sollte transparent gemacht werden, bei wem die notwendige Kontrollfunktion liegt. Spezifisch für die Arbeit mit Familien mit ganz kleinen Kinder ist auch hier, wie z.B. in der Frühförderung, dass mit dem Baby und auch seinen Eltern möglichst wenig unterschiedliche Fachleute direkten Kontakt haben sollten. Spezifische Beratungs- und Behandlungsangebote für junge Risikofamilien mit der Möglichkeit der Eltern-Säuglings-Psychotherapie im häuslichen Umfeld wie z.B. in Australien (Barth & Warren, 1993) oder USA (Fraiberg, 1980) gibt es in Deutschland soweit bekannt nicht.

Supervision oder Intervision sowie Selbsterfahrung sollten in der psychotherapeutischen Arbeit mit diesen Familien selbstverständlich sein. Nicht vergessen werden darf in dieser Arbeit, dass man es nicht nur mit gefährdeten oder schon traumatisierten Kindern, sondern auch mit multipel belasteten und meist ebenfalls traumatisierten Eltern zu tun hat. Sensibler Umgang mit den Scham- und Schuldgefühlen der Eltern ist wünschenswert, aber bei den heftigen Affekten, die das Thema Misshandlung auch im Therapeuten freisetzen kann, nicht immer ganz einfach.

3. Fallbeispiele mit Diskussion

Fall 1

Die sechs Monate alte Janine wird von ihrer 16-jährigen Mutter zur stationären Aufnahme in ein Sozialpädiatrisches Zentrum (SPZ) gebracht. Die Aufnahme erfolgt auf dringenden Wunsch eines Mutter-Kind-Heimes, in dem
Mutter und Säugling wenige Tage zuvor aufgenommen wurden. Fragestellung
ist die Erziehungsfähigkeit der Mutter und ggf. eine Verbesserung der mütterlichen Kompetenzen. Janine wird vom einweisenden Jugendamt als unauf-
fälliger Säugling beschrieben. Der Vater ist unbekannt. Die Mutter ist, anders
als zunächst angekündigt, nicht für eine gemeinsame stationäre Aufnahme zu
motivieren, die besprochenen Besuchskontakte nimmt sie nur in den ersten
zwei Tagen wahr, wenige Tage nach Aufnahme teilt sie der Klinik mit, ihre
kleine Tochter in eine Pflegefamilie geben zu wollen.

Anamnestisch ergibt sich folgendes Bild: Die Mutter stammt aus einer kinder-
reichen, sozial belasteten Familie. Wegen dissozialer Entwicklung und Schul-
verweigerung wurde sie im Alter von 13 Jahren in einem Heim fremdunterge-
bracht und in einer Förderschule bis zur Schwangerschaft beschult. Während
der ungewollten Schwangerschaft kehrte die Mutter mit Einverständnis des
Jugendamtes in ihre Herkunftsfamilie zurück. Eine weitere Betreuung bzw.
Beratung der jugendlichen Schwangeren fand trotz der vorbestehenden Problematik nicht statt. Die Geburt erfolgte regelrecht in einer Geburtsklinik. Retrospektiv war zu erfahren, dass dort zwar die mangelnde Versorgungskom-
petenz der Mutter aufgefallen, eine Beratung oder Meldung ans Jugendamt
aber nicht erfolgt war.

Die ersten Wochen nach der Geburt lebten die Jugendliche und ihr Baby bei
der Mutter zusammen mit mehreren z.T. ebenfalls dissozialen Geschwistern.
Im Alter von 10 Wochen wurde das kleine Mädchen ohne Rücksprache mit
dem Jugendamt zur weiteren Betreuung einer Nachbarin übergeben. Dort
lebte sie mit einigen Unterbrechungen durch plötzliches Abholen durch die
Mutter bis zum 5. Lebensmonat. Als die Mutter sie zu diesem Zeitpunkt wieder ganz zu sich nehmen wollte, machte die Nachbarin eine Meldung wegen
Vernachlässigung und Misshandlung an das Jugendamt und stellte den An-
trag Janine als Pflegekind aufnehmen zu dürfen. Da der Verdacht auf Kindesmisshandlung mangels körperlicher Symptome nicht erhärtet werden
konnte, brachte das Jugendamt daraufhin Mutter und Baby ohne weiterführende Diagnostik in einem Mutter-Kind-Haus unter.

Im Aufnahmegespräch fällt auf, dass die Mutter nicht in der Lage ist, kindliche Signale zu interpretieren und verlässlich zu beantworten. Zeitweise zeigt sie innigen Kontakt zu ihrer Tochter, bricht diesen aber nach kurzer Interaktion ohne für die Untersucher nachvollziehbaren Grund plötzlich ab. Janine erscheint dysreguliert und zeigt keine altersangemessene Kontaktbereitschaft. Da sich die Mutter der weiteren Diagnostik entzieht, kann keine ausführliche Exploration erfolgen. Die pädiatrische und entwicklungspsychologische Untersuchung zeigt folgende Ergebnisse: Janine zeigt eine schwere Regulationsstörung mit fehlendem Schlaf-Wach-Rhythmus, chronischer Unruhe und Fütterstörung mit Gedeihstörung. Zeichen körperlicher Misshandlung sind nicht zu sehen. Der bei der ärztlichen Untersuchung und in diversen Alltagsuntersuchungen entstandene Verdacht einer Beeinträchtigung des Hörvermögens bestätigt sich in der weiterführenden Überprüfung nicht. In der Entwicklungsdiagnostik ergeben sich entgegen dem ersten klinischen Eindruck nach intensiver Stimulation altersgerechte kognitive Fähigkeiten im Umgang mit Spielmaterialien. Janines Spiel ist ausdauernd, aber insgesamt wenig variabel und explorativ. Hochauffällig sind ihre sozialen Reaktionen. Sie zeigt zunächst keinerlei Kontaktaufnahme zu anwesenden Personen, sie reagiert mit aktiver Blickvermeidung auf Interaktionsangebote, in Frustrationssituationen protestiert sie nicht altersangemessen, sondern zeigt nur eine Blockade ihrer Spielbereitschaft. Die wenigen zu beobachtenden sozialen Signale sind desorganisiert und selbst für die erfahrene Untersucherin nur schwer zu verstehen. Erst nach langer geduldiger und einfühlsamer Stimulation zeigt Janine für kurze Momente altersgemäße Kommunikation. In allen Untersuchungssituationen fällt eine traurige Stimmungslage auf. Auch bei aktivem Spiel mit Spielzeug zeigt sie kaum Äußerungen der Freude.

Diagnostisch bestätigte sich die ursprünglich vermutete globale Entwicklungsretardierung mit autistoiden Verhaltensweisen nicht. Neben der pervasiven Regulationsstörung liegt dagegen eine schwere reaktive Bindungsstörung bei weitgehend altersgerechter körperlicher und kognitiver Entwicklung vor. Ursache hierfür war emotionale und körperliche Vernachlässigung mit diversen Beziehungsabbrüchen.

Vernachlässigung im Säuglingsalter kann schon innerhalb weniger Monate zu schwerer Psychopathologie beim Säugling führen. Soweit anamnestisch zu eruieren war, handelte es sich bei Janine um ein von Geburt an schwieriges Baby. Zusammen mit den eindeutig reaktiven Symptomen der Bindungsstörung stellt dies selbst wieder einen erheblichen Risikofaktor für Vernachlässigung und Misshandlung dar und bewirkt einen sich verschlechternden Teufelskreis zwischen Mutter und Baby. Ein so wenig kontaktbereites („slow-towarm-up") und chronisch unruhiges (fuzzy) Baby ist nur äußerst schwer zu einem positiven Miteinander als Basis für eine gute Beziehung zu motivieren. Bewertet man die Risikokonstellation retrospektiv, so muss man von folgender Situation ausgehen: Eine in ihrer eigenen Persönlichkeitsentwicklung erheblich beeinträchtigte Jugendliche wird ungewollt schwanger, verlässt die sie selbst unterstützende soziale Struktur (Heimeinrichtung) und kehrt in das schwierige und wohl auch von emotionaler Vernachlässigung und Misshandlung geprägte Herkunftsmilieu zurück. Psychosoziale und medizinische Betreuung während der Schwangerschaft erfolgt nicht, obwohl dem Jugendamt die Situation bekannt war. Es gibt kein die Mutter und das Baby gemeinsam unterstützendes soziales Netz als Basis für eine positive Beziehungsentwicklung. Beziehungsabbrüche, die Regulationsstörung des Säuglings und die zunehmenden Bindungsstörungen stellen zusätzliche Belastungsfaktoren dar. Als Schutzfaktor ist die Bereitschaft der Nachbarin, Janine zeitweise zu betreuen, und ihre Anzeige beim Jugendamt zu bewerten.

Prävention hätte hier in der Schwangerschaft der jugendlichen Mutter beginnen müssen. Ein dem Alter der Mutter angepasstes Beratungsangebot hätte ihr schon zu diesem Zeitpunkt Lösungsmöglichkeiten wie Betreuung in einem Mutter-Kind-Haus oder Fremdunterbringung des Kindes aufzeigen können. Spätestens nach der Geburt wäre eine kontinuierliche Begleitung von Mutter und Kind auch zur Sicherheit des Neugeborenen notwendig gewesen. Zum Zeitpunkt der Diagnosestellung beim Kind und des Verschwindens der Mutter war therapeutische Intervention und damit sekundäre Prävention dringend erforderlich. Ein Baby mit einer solch gravierenden Bindungsstörung und Dysregulation ist selbst für eine kompetente Pflegemutter nicht leicht zu betreuen. Es besteht ein erhebliches Risiko für das Kind, auch in einer Pflegefamilie vernachlässigt oder misshandelt zu werden. Fokus der Behandlung war daher die Verhaltensregulation und die Bindungsbereitschaft des kleinen Mädchens.

Katamnestisch ist zu berichten, dass Janine in eine Pflegefamilie vermittelt werden konnte, in der sie fünf Jahre später noch lebt. Kontakt zur leiblichen Mutter besteht nicht. Insgesamt ist die psychische Entwicklung des Mädchens als erfreulich zu bewerten. In Situationen hoher Anforderungen und Überstimulation zeigt sie allerdings auch als Vorschulkind noch vermeidende Verhaltensstrategien.

Fall 2

Frau F. kommt mit ihrer 3 Monate alten Tochter Tina wegen einer interaktionellen Fütterstörung in eine kinderpsychosomatische Ambulanz mit Spezialsprechstunde für Familien mit Säuglingen und Kleinkindern. Die Überweisung erfolgt durch den Kinderarzt, bei dem Tina wegen einer schweren, in den ersten Lebenswochen mehrfach lebensbedrohlichen genetischen Erkrankung in Behandlung ist. Dieser schließt zum Zeitpunkt der Überweisung eine organische Ursache der Nahrungsverweigerung des Kindes aus. Besorgt ist er wegen der hohen Anspannung und Verzweiflung der Mutter.

Im Erstgespräch kann zunächst eine feinfühlige Mutter mit großen intuitiven elterlichen Kompetenzen beobachtet werden, die auf das kleine, trotz schwerer Erkrankung gut altersgerecht entwickelte Mädchen liebevoll reagiert. Anamnestisch wird schnell die bisherige Leidensgeschichte von Mutter und Baby mit mehreren Operationen und lebensbedrohlichen Situationen deutlich. Die Mutter hat im therapeutischen Erstgespräch offensichtlich zum ersten Mal die Möglichkeit, zusammenhängend die Lebensgeschichte ihrer Tochter mit all ihren Ängsten zu berichten. Über aversive Gefühle dem Baby gegenüber und eine Wut über die schwere Erkrankung berichtet sie zu diesem Zeitpunkt nicht. In der Füttersituation, die regelhaft in der Diagnostik von Fütterstörungen zu erfolgen hat, ist dies dagegen deutlich beobachtbar. Hier zeigt die Mutter plötzlich kein intuitives Verhalten mehr. Tina beginnt schon bei den Vorbereitungen zu schreien. Sie beruhigt sich nicht durch das Angebot der Flasche, sondern wird immer erregter. Die Mutter wird starr in ihren Reaktionen dem Baby gegenüber. Sie zeigt keinen Babytalk und keine beruhigenden Regulationshilfen mehr, sondern zeitweise intrusives Füttern. Mehr als zwanzig Minuten versucht die Mutter ihr schreiendes und mit der Flasche nicht zu beruhigendes Baby zu füttern. Sie beendet die erfolglose Füttersituation erst auf Intervention der Untersucherin.

Auf der Basis der insgesamt hohen mütterlichen Kompetenzen reicht zu diesem Zeitpunkt ein stützendes, psychodynamisch orientiertes und das Selbstwertgefühl steigerndes Gespräch mit der Mutter, um die für Mutter und Baby bedrohliche Situation zu entschärfen. Wenige Tage später lässt sich das Baby gut füttern und trinkt wieder ausreichend. Die Mutter ist entlastet und stolz darauf. In Folgeterminen zeigen sich neben der schweren Erkrankung des Babys allerdings weitere Risikofaktoren für Misshandlung: eine chronifizierte mehrfach vorbehandelte neurotische Erkrankung der Mutter und Partnerschaftskonflikte mit mangelnder Unterstützung durch den Vater. Sichere soziale Verhältnisse und wenn auch nicht ganz konfliktfreie Unterstützung durch die Herkunftsfamilie entlasten die Mutter.
Im Alter von neun Monaten kommt es wieder zu massiver Nahrungsverweigerung bei Tina. Die Mutter erlebt sich als hilflos und zugleich extrem wütend auf das verweigernde Mädchen. Sie weiß durch Gespräche mit den behan-

delnden Ärzten, dass eine überdurchschnittlich hohe Kalorienzufuhr langfristig lebensnotwendig für das Kind ist. In Füttersituationen kommt es mehrfach zu körperlichen Übergriffen und Zwangsfütterung des Kindes. Die Mutter erlebt ihr eigenes Verhalten als sehr bedrohlich für das Kind und überlässt Tina mehrere Tage den Großeltern, reagiert selbst aber darauf aber mit Selbstmordphantasien. Als Krisenintervention erfolgt eine stationäre Aufnahme von Mutter und Kind mit dem Ziel der Entlastung der Mutter und der Behandlung des Kindes. In einer im Anschluss an den stationären Aufenthalt eingeleiteten Psychotherapie (zunächst als Mutter-Säuglings-Psychotherapie begonnen und später als tiefenpsychologisch fundierte Einzeltherapie fortgesetzt) kann die Mutter ihre aggressiven Impulse in der Füttersituation trotz großer Scham benennen und zunehmend in ihrer Dynamik verstehen. In der Folge können sich anbahnende Krisen wahrgenommen und rechtzeitig z.B. durch kurzzeitige stationäre Aufnahme oder durch zusätzliche Behandlung nicht altersgerechten Essverhaltens im Rahmen einer längeren Mutter-Kind-Kur abgefangen werden. Es kommt in der Folge zu keinen weiteren Misshandlungen.

In diesem Fall handelt es sich um eine Familie, die durch eine schwere, in den ersten Lebenswochen mehrfach lebensbedrohliche Erkrankung des Babys hoch belastet ist. In Situationen, in denen die das Baby weitgehend allein versorgende Mutter mit Nahrungsverweigerung konfrontiert ist, wird sie zeitweise von aggressiven Impulsen so überschwemmt, dass es zu körperlicher Misshandlung (Schläge und intrusives Füttern gegen den Willen des Kindes) kommt. Die Mutter kann durch psychotherapeutische Behandlung ihr eigenes Verhalten reflektieren, ihre heftigen Affekte besser integrieren und zunehmend die Möglichkeit finden, aus schwierigen Interaktionen auszusteigen. Das Risiko für das Kind minimiert sich zunehmend. Die Mutter selbst phantasiert mehrfach die Herausnahme des Kindes aus der Familie und entwertet sich als Mutter massiv. Auf Seiten der Behandler wird in Hinblick auf die großen Ressourcen der Familie nie über Trennung von Mutter und Kind ernsthaft nachgedacht, obwohl zu einem Zeitpunkt großer Erschöpfung bei der Mutter ein nicht unerhebliches Misshandlungsrisiko besteht. Ein hohes Maß an intuitiven mütterlichen Kompetenzen und große Feinfühligkeit im Alltag bei intensiver Förderung des kognitiv sehr gut entwickelten Kindes, ein soziales Netz und die tragfähige therapeutische Beziehung lassen dieses Vorgehen als vertretbar erscheinen.

Literatur

Barth, R., Warren, B. (1993). Zur Förderung einer positiven Beziehung zwischen Eltern und Kind – ein Beratungsangebot für Familien mit Säuglingen und Kleinkindern in Sydney. Praxis der Kinderpsychologie und Kinderpsychiatrie 42, pp. 339-345.

Crittenden. P.M. (1981). Abusing, neglecting, problematic, and adequate dyads: Differentiating by patterns of interaction. Merrill-Palmer Quart 27, pp. 201-18.

Deutscher Kinderschutzbund Landesverband NRW e.V. (2000). Kindesvernachlässigung. Fulda: Fuldaer Verlagsagentur.

Engfer, A.(1997). Gewalt gegen Kinder in der Familie. In: Egle, U.T., Hoffmann, S.O., Joraschky, P. (Hg.). Sexueller Missbrauch, Misshandlung, Vernachlässigung. Stuttgart: Schattauer, pp. 23-39.

Esser, G., Scheven, A., Petrova, A., Laucht, M., Schmidt, M., (1989). Mannheimer Beurteilungsskalen zur Erfassung der Mutter-Kind-Interaktion im Säuglingsalter (MBS-MKIS). Zeitschrift für Kinder- und Jugendpsychiatrie 17, pp. 185-93.

Fraiberg, S. (Ed.) (1980). Clinical studies in infant mental health: The first year of life. New York: Basic Books.

Papoušek, M. (1996). Die intuitive elterliche Kompetenz in der vorsprachlichen Kommunikation als Ansatz zur Diagnostik von präverbalen Beziehungsstörungen. Kindheit und Entwicklung 5, pp. 140-146.

Steele, B.F., Pollock C.B. (1987). Eine psychiatrische Untersuchung von Eltern, die Säuglinge und Kleinkinder misshandelt haben. In: Helfer R.E., Kempe C.H. (Hg.). Das geschlagene Kind. Frankfurt: Suhrkamp, pp. 161-243.

Stern, D. (1998). Die Mutterschaftskonstellation. Stuttgart: Klett.

Thyen, U., Tegtmeyer, F.K. (1991). Das Schütteltrauma des Säuglings – eine besondere Form der Kindesmisshandlung. Monatsschrift für Kinderheilkunde 139, pp. 292-296.

103

Die Kraft entwicklungsfördernder Dialoge. Das Marte Meo Modell im Praxisfeld Erziehungsberatung

Annegret Sirringhaus-Bünder, Christian Hawellek, Peter Bünder, Maria Aarts

„Beginne dort, wo sie sind und baue auf das, was sie haben"
(nach Lao Tse, 300 v. Chr.)

Vorbemerkung

Der vorliegende Artikel beschreibt die Konzeption der in den Niederlanden entwickelten videogestützten Beratungsarbeit, des Marte Meo Modells, und seine Integration in die Erziehungsberatungsarbeit. Im Zentrum dieses Arbeitskonzeptes steht eine systematische Nutzung von Videoaufnahmen für die Vermittlung von Informationen an Eltern oder andere wichtige Bezugspersonen von Kindern. Diese Informationen sollen Eltern unterstützen, die Bedürfnisse ihrer Kinder besser wahrzunehmen und zu verstehen sowie adäquat darauf zu reagieren.

1. Marte Meo: Aus eigener Kraft

Dieses Motto beschreibt in Kürze die „Philosophie" des Arbeitsmodells. Ziel der Arbeit ist, bei Eltern oder anderen wichtigen Bezugspersonen u.a. mit Hilfe von Videointeraktionsanalysen, kurz „VIA", Fähigkeiten und Fertigkeiten zu finden, zu aktivieren und zu entwickeln, die dazu beitragen, konstruktive Interaktionen zu ermöglichen und zu verstärken. Marte Meo ist aus dem Lateinischen mars, martis abgeleitet und bedeutet soviel wie etwas „aus eigener Kraft" zu erreichen. Ein zentrales Ziel dieses Arbeitskonzeptes ist, Menschen zu ermutigen, ihre eigene Kraft zu nutzen, um Entwicklungsprozesse anzuregen und fortschreiten zu lassen, seien es die der Kinder, der Eltern, professioneller Erzieher oder anderer Fachkräfte. Marte Meo ist ein praxisorientiertes Arbeitsmodell, das darauf zielt, die Fähigkeiten, mit Kindern in Alltagssituationen umzugehen, planvoll weiterzuentwickeln.[1] Historisch hat Marte Meo seine Wurzeln im Orion Home Training, wie es in den Niederlanden Mitte der siebziger Jahre von Aarts und Bieman entwickelt wurde.[2] Aarts hat die

Entwicklung und Weiterentwicklung des ursprünglichen Konzeptes ausführlich beschrieben (Aarts, 2000).

Marte Meo lässt sich zum einen als *Modell* und zum anderen als *Methode* sozialer Intervention beschreiben.

1.1 Marte Meo als Modell

Marte Meo basiert auf der Annahme, dass eine Familie (ein System) im Normalfalle die Fähigkeit hat, sich für eigene Interessen und die eigene Entwicklung zu engagieren und dabei entsprechende Ressourcen zu mobilisieren und einzusetzen (vgl. Aarts, 2000). So wollen Eltern im Regelfall für ihre Kinder das Beste in dem Sinne, dass sie bereit sind, ihren Kindern alles zu geben, was ihnen selbst zur Verfügung steht. Bisweilen suchen sie dabei auch nach externer Unterstützung. Im Marte Meo Arbeitsmodell wird den Eltern *Verantwortung* wie auch *Kompetenz* im Umgang mit ihren Kindern zugesprochen. Das Modell basiert auf zahlreichen Studien jener Elemente in der Alltagskommunikation, die man *natürliche entwicklungsunterstützende Dialoge* zwischen Eltern und Kindern nennen kann (Øevreeide & Hafstad, 1996; Papoušek, 1994; Dornes, 1993; Stern, 1992; Bruner, 1987; Trevarthen, 1979). All diese Studien belegen, dass man in unbeeinträchtigten Entwicklungsverläufen von einem natürlichen bzw. prototypischen entwicklungsfördernden Prozess zwischen Eltern und Kindern sprechen kann. Parallel zur der Entdeckung des „kompetenten Säuglings" (Dornes, 1993) steht die Beschreibung „intuitiver Elternschaft" (Papoušek, 1994), die aufzeigt, dass nahezu alle Eltern das intuitive Vermögen haben, mit ihren Kindern so zu kommunizieren, dass sie die kindliche Entwicklung unterstützen.

Erziehungsberaterinnen werden häufiger mit Situationen konfrontiert, in denen die entwicklungsunterstützenden Dialoge „entgleist" sind (vgl. Spitz, 1974). In diesen Fällen wird der natürliche Prozess aus den unterschiedlichsten Gründen zuerst beeinträchtigt, dann mehr und mehr belastet und schließlich ernsthaft gestört. Häufig sind es Belastungen in den Biographien der Eltern und/oder in ihren aktuellen Lebensbedingungen, die es ihnen schwer oder gar unmöglich machen, entwicklungsunterstützende Dialoge mit ihren Kindern dauerhaft sicherzustellen. Manche Eltern blicken selber auf eine problematische Kindheit zurück. Häufig berichten sie, dass sie fest entschlossen waren, ihren eigenen Kindern bessere Lebensbedingungen zu bieten. Sie hatten gute Absichten, haben aber nicht die Fähigkeiten und Fertigkeiten entwickelt[3], ihre Ziele auch zu erreichen. Bei der Vorstellung in der Erziehungsberatung haben sich in der Regel in den Beziehungen zwischen Eltern und Kindern dann zunehmend Missstimmungen und Schwierigkeiten entwickelt. In einer derartigen Situation wird das Kind häufig von den Eltern und/oder auch von den Helferinnen als „in seiner Entwicklung beeinträchtigt" oder „gestört" beschrieben. Damit werden jene Prozesse begünstigt, die dazu führen, dass sich anstelle eines entwicklungsfördernden ein „problem-definiertes System" um das Kind herum organisiert (Anderson & Goolishian, 1990; White, 1989).

Ist der entwicklungsunterstützende Dialog erst einmal nachhaltiger gestört, organisiert sich die Kommunikation innerhalb des Systems in einer Weise, daß sich das Kind selbst als „Problem" präsentiert. Eltern und/oder andere Beobachter stellen dann fest, dass „irgend etwas falsch läuft".

1.2 Marte Meo als Methode

Eine in dieser Situation passende Hilfe sollte die *Beziehung* zwischen Eltern und Kind(ern) in den Blick nehmen. Die Eltern benötigen in einer solchen Situation eine sehr *konkrete* Unterstützung, die sie in die Lage versetzt, ihre Kinder selbstständig in ihrer Entwicklung zu unterstützen. Eltern suchen Beratung, weil ihnen *spezifische* Informationen fehlen und sie nicht wissen, wie sie sich konkret im Alltag verhalten können, um ein bestehendes Problem zu lösen. Beraterinnen und die „akademische Welt" haben genügend Informationen über entwicklungsförderndes Elternverhalten, häufig aber nicht Mitteilungsformen und eine Sprache, die die betroffenen Eltern unmittelbar verstehen können.

Marte Meo ist aus der Notwendigkeit entstanden, Eltern Informationen zu geben, die sie in *konkrete* Handlungsschritte umsetzen können. Mit dem Marte Meo Ansatz wird versucht, das „fehlende Verbindungsglied" zwischen entwicklungsförderndem „Know-How" und elterlichen Problemlösungskompetenzen zu schaffen. Wenn Beraterinnen oder Therapeutinnen beispielsweise sagen: „Ihr Sohn benötigt mehr Struktur", „Ihre Tochter müsste mehr Zutrauen entwickeln" oder auch: „Sie müssen sich ihm mehr zuwenden", wissen Eltern noch lange nicht, wie genau „das geht" und wann das möglich ist. In helfenden Systemen gibt es in der Regel eine Fülle von Informationen über Problembeschreibungen und verglichen damit wenig Informationen über Problemlösungen.

Marte Meo hat den Anspruch, konkrete Informationen über Gelegenheiten, Entwicklungsprozesse zu unterstützen, so an Eltern weiterzugeben, dass sie schrittweise aus eigener Kraft ihre Probleme lösen können. Marte Meo arbeitet mit spezifisch konstruierten Anleitungen, die es ermöglichen, mit Hilfe von Videointeraktionsanalysen nicht nur ein Bild des „Problems", sondern vor allem „Bilder möglicher Lösungen" sowie alternativer Handlungsmöglichkeiten zu entwickeln (Hawellek, 1997). Kern der Methode ist eine für den Einzelfall maßgeschneiderte Anleitung und Unterstützung von Eltern, ihre dialogischen Fähigkeiten im Umgang mit den Kindern wahrzunehmen bzw. einzuüben. Die Beraterinnen arbeiten mit Interaktionsanalysen familiärer Alltagssituationen (Mahlzeiten, Spielsituationen, Zubettgeh-Situationen, Hausaufgabenbetreuung u.a.). Während Eltern und Beraterin gemeinsam die einzelnen Sequenzen (Clips) anschauen, werden der Alltag und damit sowohl die Problemsituation als auch die kompetenten Reaktionen der Eltern wieder erfahrbar und lebendig. Im Medium Video wird der Alltag authentisch gezeigt, während in anderen Beratungsformen die Szenerie erst durch die Beschreibungen der Beobachterinnen (re)konstruiert werden muss (Øevreeide & Hafstadt, 1996; Hawellek, 1995). Die Videointeraktionsanalyse zeigt die Fähigkeiten und Ressourcen der Eltern ebenso wie die Entwicklungsbedürfnisse und -anforderungen des jeweiligen Kindes.

Die Durchführung von Videointeraktionsanalysen, eine fundierte und konkrete Exploration der bereits entwickelten und noch zu entwickelnden Fähigkeiten und Fertigkeiten von Eltern und Kind sowie die Durchführung von Videoberatungen bedürfen eines angeleiteten gezielten Trainings und einer fundierten Supervision.

Die Idee, dass Eltern geeignete *Informationen* zur Bewältigung problematischer Be- und Erziehungssituationen benötigen, knüpft an ein durchaus traditionelles Verständnis von Beratungsarbeit an, das auch die Weitergabe von Informationen einschließt. Wir verstehen den Informationsbegriff in diesem Zusammenhang durchaus im Sinne Batesons (1987), der Information in einem bekannten Aphorismus als einen Unterschied bezeichnet hat, „der einen Unterschied macht". Hier wäre es derjenige Unterschied, der die Eltern zu angemessenen und kompetenten Handlungsschritten in einer konkreten Situation befähigt.

1.3 Basale fördernde Kommunikationsweisen

Als Basis für die Analyse der elterlichen Fähig- und Fertigkeiten und der kindlichen Entwicklungsbedürfnisse dienen sieben als grundlegend angesehene Elemente kommunikativer Entwicklungsförderung in komplementären Beziehungen, also in allen Beziehungen, in denen eine Person für eine andere verantwortlich ist.[4] Diese Elemente werden nachfolgend beschrieben.

1. Der Erwachsene lokalisiert den Aufmerksamkeitsfokus des Kindes

Bei Kindern lässt sich ihr Aufmerksamkeitsfokus häufig anhand ihrer Initiativen, d.h. den Ansätzen von Aktionen oder Aktivitäten erkennen. Der Aufmerksamkeitsfokus kann

- in einer face-to–face Situation auf den Erwachsenen gerichtet sein,
- auf eine Person oder ein Objekt oder ein Phänomen außerhalb der aktuellen face-to-face Situation gerichtet sein,
- auf einen inneren Prozess (Wunsch, Gedanken, Gefühl usw.) gerichtet sein.

Bei diesem Geschehen nimmt der Erwachsene eine zweifache Beobachterperspektive ein:

- Er beachtet den Aufmerksamkeitsfokus des Kindes.
- Er beachtet, welche Erfahrung das Kind mit dem macht, was gerade im aktuellen Fokus seiner Aufmerksamkeit ist.

Wenn der Erwachsene in dieser Weise mit dem Kind umgeht, lernt er dabei auch die kindlichen Entwicklungs- und Unterstützungsbedürfnisse kennen. Er verdeutlicht damit auch, dass er *Verantwortung* für das Kind übernimmt (vgl. Riemann, 1972).

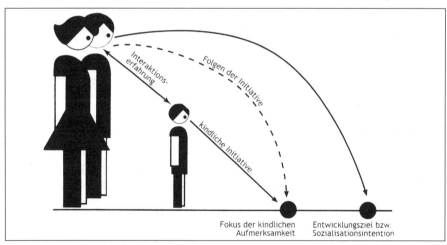

Abb. 1 (nach: Øevreeide & Hafstad, 1998)

2. Der Erwachsene bestätigt den Aufmerksamkeitsfokus des Kindes

Die Bestätigung des kindlichen Aufmerksamkeitsfokus erfolgt entweder verbal, para- oder nonverbal. Sie vermittelt die Erfahrung: „Ich teile Dir mit, dass ich sehe, was für Dich jetzt bedeutsam ist." Dies ist ein Signal von Verständnis für das Kind, ein Baustein von Empathie bzw. „liebevoller Einfühlung" (Riemann, 1972). Für das Kind bedeutet das soviel wie: „Ich werde gesehen, erhalte Beachtung". Die Beachtung durch den Erwachsenen macht diesen in den Augen des Kindes bedeutsam, erhöht seine Konzentration und bildet die Voraussetzung für einen emotionalen Austausch. Die Erfahrung des Kindes könnte sein: „Ich bin eine wichtige Person, weil Du mir so einladend antwortest, und daher bist Du wichtig für mich".

3. Der Erwachsene wartet aktiv darauf, wie das Kind auf ihn reagiert

Ein aktives Warten des Erwachsenen gibt dem Kind Raum und „schöpferische Distanz" (Riemann, 1972). Die aktive Haltung signalisiert Interesse und ist eine Einladung zum Reagieren. Sie schützt das Kind vor Überstimulation und hilft ihm, kohärent zu reagieren. Die Erfahrung des Kindes könnte sein: „Jemand erwartet von mir, meine Erfahrung mitgeteilt zu bekommen. Er gibt mir Zeit zu reagieren, er denkt, meine Reaktion ist wichtig." Auf diese Weise lernt das Kind auch, andere als wichtig zu erachten.

4. Der Erwachsene benennt die ablaufenden Ereignisse, Erfahrungen und Gefühle. Darüber hinaus antizipiert er nahe liegende Erfahrungen

„... Du bist ja ganz müde! Gleich kannst du dich ins warme Bett kuscheln. Papa holt dein Fläschchen und Mama singt dir ein Gute-Nacht-Lied." Das aktive Benennen durch den Erwachsenen fasst Erfahrungen und Aktionen des Kindes, des Erwachsenen und weiterer beteiligter Personen in Worte und bezieht das Geschehen auf das, was jetzt ist, das was war und das, was kommt. Auf diese Weise kann sich im Kind eine „innere Landkarte" auch im Sinne einer sozialen Erwartungsstruktur entwickeln, eine wichtige Vorbedingung für die Fähigkeit, sich im sozialen Raum orientieren zu können. Darüber hinaus bekommt das Kind auf diese Weise eine dezentrierte Sicht auf seine eigenen Erfahrungen sowie Ideen davon, was in anderen Personen vorgeht. Der Erwachsene orientiert sich dabei am Aufmerksamkeitsfokus des Kindes und seinen eigenen Vorstellungen darüber, wie die Situation ablaufen sollte.

5. Der Erwachsene bestärkt erwünschtes Verhalten unmittelbar

Eine unmittelbare Verstärkung erwünschten Verhaltens ist eine Unterstützung für das Kind, Reaktionen zu entwickeln, die zur aktuellen sozialen Situation passen. Ein Kind mag die Erfahrung machen: „Das, was ich tue, wird beachtet; mir wird gesagt, was ich tun kann, und das, was der Erwachsene für wichtig hält, wird bekräftigt."

Eine solche Haltung erleichtert es Eltern, ein mögliches ‚Feuerwerk der Initiativen' ihres Kindes zu steuern und ein Denken in Möglichkeiten zu fördern. Die Erwachsenen weisen auf passende Gelegenheiten hin, anstatt Verbote auszusprechen. Das führt zu positiven Interaktionen. Bei Verboten durch den Erwachsenen fehlt dem Kind die entscheidende Information: das erwünschte Verhalten.

6. Der Erwachsene setzt das Kind in Beziehung „zur Welt", indem er dem Kind Personen, Objekte und Phänomene vorstellt

Entwicklungsfördernde Dialoge fördern auch das Interesse an „der Welt". Der Erwachsene führt aktiv und mit emotionaler Beteiligung Phänomene ein, an denen das Kind Interesse zeigt: *„Schau mal, wie lustig der Hund mit dem Schwanz wedelt!"*

Eine besondere Bedeutung hat das Vorstellen von Personen *(„Schau, da kommen Oma und Opa...").* Es fördert die soziale Achtsamkeit und bildet ein Modell für positives Sozialverhalten.

7. Der Erwachsene sorgt für angemessene Anfangs- und Endsignale der Situation

Um den Beginn und das Ende einer Situation erkennen zu können, braucht das Kind verbale oder nonverbale Signale, die beides kennzeichnen. Diese Signale machen soziale Kontexte unterscheidbar und helfen damit, sozialen Sinn zu erfassen. Sie markieren die Übergänge z.B. von der Arbeit zum Spiel oder vom Vorlesen zum Ins-Bett-Gehen. Derartige Markierungen sind wichtig, um dem Kind Orientierung zu geben und seinen Alltag zu strukturieren, besonders, wenn es sich diffus oder chaotisch verhält (vgl. Aarts 2000, a+b, Øevreeide & Hafstad, 1996).

Die Marte Meo Arbeit wendet sich an die Erwachsenen, die den Dialog gestalten und lenken. Auf diese Weise wird deutlich, dass die Erwachsenen die Verantwortung für das Geschehen haben, auch indem sie darauf achten, dass alle Beteiligten in angemessener Form am Dialog teilnehmen.[5]

2. Marte Meo in der Erziehungsberatung

In der Praxis der Erziehungsberatung hat sich für uns das Marte Meo Arbeitsmodell insbesondere in der Arbeit mit Eltern von Säuglingen und Kleinkindern und in der Arbeit mit Familien, denen es schwer fällt, Problemlösungen in Beratungsgesprächen zu entwickeln, als ein wirksames Arbeitsinstrument erwiesen. Nach einer initialen Klärungsphase wird eine schriftliche Vereinbarung mit den Klienten über eine Videoberatung geschlossen. Aus dieser Vereinbarung geht hervor, dass die Aufnahmen nur Beratungszwecken dienen und nach Abschluss der Beratung gelöscht werden oder in den Besitz der Klientinnen übergehen. Danach schließen sich Zyklen an von

- *Videobeobachtung,* d.h. einer teilnehmenden Beobachtung mit einer kurzen, höchstens zehnminütigen Videoaufnahme, entweder in der Beratungsstelle oder in der Familie,
- *Videointeraktionsanalyse* (Arbeit der Beraterinnen ohne Familie) und
- *Videoberatung* (Beraterin und Eltern) usw.

Die Videoberatungen oder „Reviews" finden mit den Eltern in der Beratungsstelle statt. Sie nehmen das Anliegen der Eltern zum Ausgangspunkt und betonen hauptsächlich die gelungenen Aspekte der familiären Kommunikation und nicht die häufig sehr ausgeprägten Schwierigkeiten.

Die Beraterin zeigt anhand von ausgewählten Bildern, dass sie die Schwierigkeiten der Eltern auch versteht. Auf diese Weise werden sie nicht geleugnet oder bagatellisiert, sondern relativiert. Für die Beratung sind diejenigen Videosequenzen leitend, die zumindest ansatzweise förderliches Erziehungsverhalten zeigen und damit die Eltern ermutigen und selbstsicherer machen können. Jede Videoberatung endet mit einer neuen Arbeitsabsprache, in der festgelegt wird, was genau die Eltern bis zur nächsten Aufnahme ausprobieren oder intensivieren wollen. Gelingt dies, erarbeiten sich die Eltern ihren Erfolg selbst. Gelingt es nicht, geht es im Beratungsgespräch darum, herauszufinden, was es ihnen schwer gemacht hat und welche Unterstützung möglicherweise gefehlt hat. In sehr kleinen, konkreten und intensiven Schritten werden die Eltern dabei unterstützt, ihre Angelegenheiten und die positive Entwicklung ihrer Kinder eigenverantwortlich in die Hand zu nehmen. Gelingt es, Eltern (wieder oder zum ersten Mal) ihre eigene Stärke erleben zu lassen, ist die Verbesserung der Kommunikation mit ihren Kindern die größte Belohnung und der stärkste Anreiz, diesen Weg weiterzugehen.

Für ihre Entwicklung benötigen Kinder die Unterstützung ihrer Eltern oder

111

von Menschen, die bei ihnen Elternstelle vertreten. Viele Eltern, die sich an eine Erziehungsberatungsstelle wenden oder an sie verwiesen werden, weil sie Schwierigkeiten mit ihren Kindern haben, schauen selbst auf eine Biographie zurück, in der es ihnen nur bedingt möglich war, diejenigen Fähigkeiten zu entwickeln, die sie benötigen, um ihren Kindern zu geben, was diese von ihnen brauchen. Ihnen fehlen gute Modelle für die Ausübung ihrer Rolle als Mutter oder Vater. Ihre Modelle waren beispielsweise Eltern, deren Verhalten unberechenbar, vernachlässigend, ambivalent, gewalttätig und vielleicht von Sucht oder psychischer Erkrankung geprägt war. Manchmal gab es gar keine Person, die eine positive mütterliche oder väterliche Rolle für sie verkörperte. Diese Eltern benötigen für sich selbst Hilfen, um eine Vorstellung von positiver Elternschaft zu entwickeln. Auf dieser Basis können sie Fähigkeiten erlernen, die sie zunehmend die mütterliche oder väterliche Rolle positiv ausfüllen lassen. Erst das Erleben, eine „hinreichend gute Mutter" (Winicott, 1974) oder ein „hinreichend guter Vater" sein zu können, wird ihnen das entsprechende Selbstbewusstsein vermitteln, das nötig ist, um dem Kind gegenüber sicher aufzutreten, d.h. ihm ein positives Modell zu vermitteln. Im Marte Meo Modell sind die elterliche und die kindliche Entwicklung gleichzeitig im Blick der Beraterin, sodass beide Entwicklungsstränge von ihr parallel initiiert und gefördert werden können.

Dies soll an einem Beispiel verdeutlicht werden:

Frau E. verbrachte ihre Kindheit in verschiedenen Kinderheimen. Als wir sie kennen lernten, lebte sie in einer beruflich annähernd stabilen Situation, sodass sie ihren Lebensunterhalt selbst verdienen konnte. Mehrere Beziehungen zu Männern waren jedoch gescheitert und zwei ihrer Kinder waren aufgrund von Verhaltensauffälligkeiten und drohender seelischer Vernachlässigung in Jugendhilfeeinrichtungen untergebracht. Die Frage war nun, ob ihr jüngster Sohn, damals sechsjährig, bei ihr bleiben konnte.

Die ersten Filmaufnahmen zeigten ein deutliches Bedürfnis des Kindes nach Lenkung und ein großes Bedürfnis der Mutter nach Anerkennung. Der Junge zappelte und grimassierte, flippte aus, wenn er nicht bekam, was er wollte. Seine Blicke zur Mutter wurden selten erwidert. Die Mutter reagierte gekränkt, beleidigt, vorwurfsvoll und drohte mit Strafen. Ihre Stimme klang oft hart oder schrill, wenn sie das Kind ansprach. Uns fiel auf, dass die Mutter die Initiativen ihres Sohnes erst wahrnahm, wenn sich diese störend auswirkten und dass sie selten ihr eigenes Tun oder das des Sohnes benannte. Dennoch war zu merken, wieviel Bemühen sie aufbrachte und wie groß ihr Druck zu sein schien.

112

In den ersten Videoberatungen achteten wir hauptsächlich auf die verbalen und nonverbalen Reaktionen der Mutter, die Initiativen, die sie beim Betrachten derjenigen Filmausschnitte zeigte, in denen uns der Kontakt zwischen Mutter und Kind am positivsten erschien. Wir stoppten den Film, sobald wir eine Initiative von ihrer Seite bemerkten, benannten unsere Wahrnehmung und gaben ihr Raum, über das zu sprechen, was ihr zu dieser Szene in den Sinn kam. In dieser Phase der Beratung erfuhren wir viel über ihr Weltbild und die Filter, durch die sie ihren Sohn wahrnahm. Formulierungen, die sie häufig benutzte, waren *„Das macht der immer so!", „So ist der!", „Wenn dem was nicht passt, flippt der einfach aus!", „Da versucht er wieder seinen Kopf durchzusetzen!", „Gleich macht er wieder Stress!"* usw. Wenn der Junge etwas sagte oder tat, was sie nicht erwartete, lächelte sie amüsiert, kommentierte es mit einem *„hm"* und verkrampfte ihre Hände dabei.

Im Gespräch stellte sich heraus, dass Frau E. in ihrer Kindheit und Jugend kaum die Erfahrung gemacht hatte, als eigenständige Person wahrgenommen zu werden. Dafür, was ihr Freude machte, was sie fühlte oder dachte, was sie war oder werden wollte, interessierte sich kaum jemand. Wichtig in ihrem Leben waren die Anpassung an die Regeln des Heimes, gute Schulleistungen und unauffälliges Verhalten. Ihr wurde klar gemacht, dass sie keinen Ärger machen sollte und niemandem zur Last zu fallen hatte. Die erzieherischen Mittel waren moralischer Druck, Strafen und verbale Disqualifizierung. So hatte Frau E. ein sehr eingeschränktes Modell für das eigene Erziehungsverhalten. Wie häufig bei derartigen Biographien, ging Frau E. früh intime Beziehungen zu Männern ein mit dem Wunsch, emotionale Nähe und Anerkennung als Frau zu finden. Sie wurde mit 19 Jahren zum ersten Mal Mutter, erhielt wenig Unterstützung vom Vater des Kindes, konnte aber Angebote in Form von Kinderkrippe und später Tagesbetreuung in Anspruch nehmen. Dies entlastete sie auf der einen Seite, half ihr aber wenig, ein eigenes, konstruktives und differenziertes Elternverhalten zu entwickeln. Uns wurde deutlich, dass Frau E. zuerst die Erfahrung benötigte, als Person wichtig zu sein, gesehen und anerkannt zu werden, bevor wir ihr helfen konnten, ihren Sohn mit seinen Bedürfnissen wahrzunehmen. Da ein Kind u.U. nicht Monate oder gar Jahre warten kann, bis seine Eltern die Defizite ihrer Kindheit aufgeholt haben, bestand nun die Kunst darin, beide Entwicklungsbedürfnisse miteinander zu verknüpfen. Dazu waren zwei Maßnahmen erforderlich:

1. Dass wir sie in ihrem Bedürfnis stützten, ihrem Sohn eine gute Mutter zu sein.
2. Dass wir ihr halfen, das Kind immer weniger als „Feind" zu sehen, der ihre guten Absichten zunichte machte, sondern als ein Kind, das sie lieben und erziehen könnte.

Zur Durchführung dieser Aufgabe wählten wir folgenden Weg: Nach unserem Verständnis ist die Basis eines guten Kontaktes und einer befriedigenden Kommunikation zwischen Eltern und Kindern die Fähigkeit, die Initiativen von Kindern zu erkennen, ihnen zu folgen, den Empfang von Botschaften zu bestätigen sowie die eigenen Absichten, Ziele und Verhaltensweisen zu benennen. Wenn es Frau E. gelingen könnte, diese Fähigkeiten zu entwickeln, wäre ein bedeutsamer Schritt auf dem Weg zu ihrem Ziel erreicht. Der Weg dorthin bestand darin, dass wir bei jeder Szene, die wir ihr zeigten, zuerst selbst benannten, welche nonverbale Reaktion wir bei ihr wahrnahmen, wenn sie die Bilder betrachtete. Damit waren zunächst ihre Freude, ihr Ärger, ihre Irritation, ihr Stolz, ihre Erinnerungen oder Gedanken Themen der Videoberatung. Wir fassten so präzise wie möglich zusammen, was wir von ihr gehört hatten, und fragten ggf. so lange nach, bis sie uns bestätigte, dass wir sie richtig verstanden hatten. Wenn ihr Gesicht Befriedigung über diese Erfahrung ausdrückte, richteten wir ihren Blick auf das Kind. Bild für Bild zeigten wir, wie sich beispielsweise das Gesicht des Sohnes aufhellte, als sie, nachdem er ein Gesellschaftsspiel gewonnen hatte, zu ihm mit eher weicher Stimme sagte: *„Da hast du aber Glück gehabt!"*, oder wie sehr er sich freute, als er ein Spiel aussuchen durfte, oder als er seiner Mama half, ihre Figuren auf dem Brett richtig zu setzen.

Wir zeigten ihr diese Bilder so lange, bis sie sehen und glauben konnte, was es an guten Beziehungselementen zwischen ihr und ihrem Kind gab. Wir erklärten ihr, dass es möglich sei, mehr davon zu entwickeln. Ebenso bestätigten wir ihr, dass es noch Schwierigkeiten zu überwinden gäbe. Diese Anerkennung ihrer Schwierigkeiten brauchte sie, um sich verstanden zu fühlen und um darauf Vertrauen und Zuversicht aufzubauen. Um einen ersten Schritt zu einer positiven Veränderung tun zu können, brauchte sie „innere Bilder" einer solchen Veränderung und eine Idee, wie sie diese erreichen könnte. Wir zeigten ihr im Film, was wir unter „benennen" verstehen und wozu Kinder diese Form von Unterstützung benötigen. Wir nutzten dazu Szenen, in denen sie dies ansatzweise tat, und zeigten ihr die Reaktionen des Sohnes darauf. Oft kam z.B. von seiner Seite ein versöhnliches *„Na gut!"* oder er folgte ihrer Handlung mit dem Blick, wenn sie benannte, was sie tat. Wir baten sie nun, im Alltag zu üben, ihre Handlungen und Absichten zu benennen. Sie erlebte, dass sich viele Situationen entspannten, weil sie das Gefühl hatte, dass ihr Sohn sie hörte und sie sich besser verständlich machen konnte.

In einem weiteren Schritt halfen wir ihr, Handlungen ihres Sohnes zu benennen und später dann, seine Gefühle von seinem Gesicht oder aus seinem Verhalten abzulesen. Dies barg einige Schwierigkeiten, denn niemand hatte sich bislang für ihre Gefühle interessiert und sie hatte eine Überlebensstrategie entwickelt, die besagte: *„Wie es drinnen ausschaut, geht niemanden etwas an!"* Auch hier griffen wir darauf zurück, *ihr* mitzuteilen, was wir in ihrem Gesicht lasen. Oft war sie verblüfft, was wir erkannten. Um ihr zu zeigen, dass dies alles keine Zauberei ist, baten wir sie, ihr eigenes Gesicht auf den Bildern, die wir ihr zeigten, anzuschauen und uns zu sagen, was sie darin lesen konnte. Natürlich vermischten sich hier ihre Erinnerungen an ihr Befinden während der Videoaufnahmen mit ihrer aktuellen Wahrnehmung, aber das schien uns erlaubt. Erst dann lernte sie, im Gesicht ihres Kindes „zu lesen". Auf diesem Weg lernte sie Schritt für Schritt, ihr Kind zu sehen und „ganz nebenbei", sich selbst mitzuteilen.

Die Entwicklung eines positiven Lenkungsverhaltens war eine weitere Etappe ihres Lernprozesses. Auch hier mussten alte, einschränkende Erfahrungen durch neue, erweiternde ergänzt und mit Hilfe der beschriebenen Kommunikationsprinzipien erarbeitet werden. Frau E. erwies sich als lebhaft interessiert an all dem Neuen und begann im Laufe der Beratung immer mehr, ihre Marte Meo Therapeutin zu kopieren. Zeitweise ließ sie sich sogar den gleichen Haarschnitt machen. Die Beratung endete, als die Filme zeigten, dass sich die Kommunikation zwischen Mutter und Sohn deutlich verbessert hatte und Frau E. signalisierte, jetzt alleine zurecht kommen zu können. Eine Zeit lang machte sie noch sporadisch von dem Angebot Gebrauch, uns bei aktuellen Fragen in Anspruch nehmen zu können.

3. Das Vorbild entwicklungsunterstützender Dialoge

Ähnlich wie in anderen Formen videogestützter Beratungsarbeit, z.B. dem „Münchener Modell" der Eltern-Säuglingsberatung und -Psychotherapie (Papoušek, 2000), lenkt Marte Meo den Blick auf das *reale* Kind im Gegensatz zum *repräsentierten* Kind sowie auf das „elterliche, implizite Beziehungswissen" (Papoušek, 2000, S. 623) als Ausgangsbasis eines positiven therapeutischen Entwicklungsprozesses. Darüber hinaus werden im Marte Meo Modell die Entwicklungsprozesse Beraterin – Eltern, Eltern – Kind als, systemtheoretisch ausgedrückt, strukturell miteinander verkoppelt betrachtet. Diese Verkoppelung zeigt sich häufig darin, dass die Entwicklungsprozesse in der Videoberatung der Eltern denen zwischen Eltern und Kind ähneln. So illustriert das beschriebene Beispiel, wie die Beraterin der Mutter ein Beziehungsangebot machte, das genau dem Entwicklungsbedürfnis des Kindes an die Mutter entsprach. Insofern können die Beraterin-Mutter-Interaktion und die Mutter-Kind-Interaktion als verkoppelte, sozusagen „parallele" Entwicklungsprozesse betrachtet werden. In dem Beispiel ist es auch gelungen, zentrale Elemente eines positiven Elternmodells in die Mutter-Sohn-Interaktion einzuführen und so einen natürlichen Entwicklungszyklus „positiver Gegenseitigkeit" anzuregen.

Die bisherigen Überlegungen und Darstellungen machen deutlich, dass die grundlegenden Informationen des Marte Meo Modells Kopien natürlicher entwicklungsunterstützender Dialoge sind. Sie bestehen aus detaillierten, konkreten und kleinen praktischen Schritten. Die Abläufe natürlicher Eltern-Kind-Kommunikationen beinhalten alle Informationen darüber, was zu tun ist, um ein Kind in seiner Entwicklung zu fördern. Sie zeigen ebenso den Beginn dysfunktionalen Verhaltens auf. Nach dem Marte Meo Arbeitsmodell finden Veränderungen dann statt, wenn Verstehen zu Handeln wird. Aus diesem Grunde sind die Informationen immer auf erzieherisches *Tun* und seine sichtbaren *Wirkungen* auf das Kind ausgerichtet.

Klienten der Erziehungsberatung stehen häufig in der Situation, zeitweise die Sicht auf ihr eigenes Potenzial, das ihnen bei der Problembewältigung zur Verfügung steht, verloren zu haben. Die Lebensprobleme, mit denen die Klientinnen kommen, können auch Gelegenheiten zur Entwicklung oder zum Wachstum in vielleicht neue Richtungen eröffnen. Probleme gelten normalerweise als „schwierig". Daher bedarf es manchmal einer Hilfe, in ihnen auch Chancen sehen zu können, sich neue Fähigkeiten aneignen zu können. Probleme können dann auch als Hilfen angesehen werden, sich kontinuierlich weiterzuentwickeln. Sie zeigen, welche Fähigkeiten oder Fertigkeiten (noch) nicht angemessen entwickelt wurden, um die eigene Situation konstruktiv zu bewältigen. In Beziehungen zwischen Klientinnen und Helferinnen gehen die Klientinnen normalerweise davon aus, dass die Helferinnen erwarten, dass sie über ihre Probleme lediglich sprechen. Je mehr Helferinnen sie aufgesucht haben, desto häufiger ist das der Fall. Demgegenüber kann das Marte Meo Prinzip auch als Versuch beschrieben werden, auf der Ebene *konkreter Handlungen* Probleme in neue Gelegenheiten zu verwandeln. Damit bietet dieses Modell über seine Verhaltensorientierung hinaus einen *dekonstruierenden Zugang* an, wie er narrative und systemische Therapieansätze kennzeichnet (Hawellek, 1995, 1997).

4. „Werkzeug Video"

Diese Dekonstruktionen haben jedoch eine besondere Qualität. Marte Meo Videoberatungen befassen sich zwar auch mit der Welt der Repräsentationen,

116

der Bedeutungen von Ereignissen, nehmen aber die Szenerie auf den Videos, das Alltagsleben selber, als ein wichtiges Korrektiv. Die Videos dienen so auch der „Realitätsprüfung" für alle Beteiligten.

In diesem Sinne sind Videoszenen wichtige Werkzeuge von Beraterinnen und Beratern. Nachfolgend seien einige Aspekte aufgezählt, die den Nutzen dieser Werkzeuge für die beraterische Arbeit beschreiben:

- Mit Hilfe der Technik der Videointeraktionsanalyse ist es möglich, detaillierte, bildhafte Informationen über natürliche entwicklungsunterstützende Alltagsinteraktionen zwischen Eltern und Kindern zu sammeln.
- Videos helfen den Klientinnen, einen Einblick in ihre eigene Alltagsrealität aus einer Beobachterperspektive zu bekommen (Hawellek, 1995). Die Situation Rat Suchender, die Hilfen bei einer Problembewältigung benötigen, ist durch zunehmenden Pessimismus gekennzeichnet. Videoaufnahmen können dazu genutzt werden, ihnen ihre Potenziale und Möglichkeiten zu zeigen.
- Videos helfen dabei herauszufinden, welche Art von Unterstützung ein Kind oder ein Klient benötigt.
- Videos helfen Helfern, ihre Hilfen an die Lebensrealität ihrer Klienten anzupassen. Sie können die Helfer davor bewahren, sich in den eigenen Gefühlen und Ideen zu verlieren.
- Die Technik der Videointeraktionsanalyse eröffnet den Helferinnen die Gelegenheit, den Klienten schrittweise konkrete Informationen zu vermitteln. Die Klientinnen erhalten die Gelegenheit, sich ein konkretes Bild von den erforderlichen Verhaltensweisen zu machen.
- Videos sind hilfreich, um zu überprüfen, ob die Interventionen in die gewünschte Richtung führen und sie an fallspezifische Erfordernisse anzupassen. Das ermöglicht eine Rückmeldung für die Helferinnen, ob und wie sie den Klientinnen helfen. Darüber hinaus besteht auch die Möglichkeit, den Verlauf von Hilfeprozessen nachzuvollziehen.
- Videos, die erfolgreiche Interaktionen zeigen, helfen den Klientinnen, das, was sie erreicht haben, zu genießen.
- Helferinnen können eigene Entwicklungsprozesse auf Video nachvollziehen.
- Videos helfen Helferinnen und Supervisorinnen, Orientierungen für bestimmte Familien zu entwickeln.
- Bei Evaluationssitzungen ermöglichen Videos Klientinnen und Helferinnen einen guten Einblick in konkrete Ergebnisse des Hilfe- und Entwicklungsprozesses.

5. Schluss

Der vorliegende Artikel hat, so hoffen wir, deutlich gemacht, dass das Marte Meo Modell eine Bereicherung für die Praxis der Erziehungsberatung ist. Dies gilt insbesondere auch für die Arbeit in Familien mit kleinen Kindern sowie für die Arbeit mit so genannten Unterschichtsfamilien, zwei Klientele, bei denen Erziehungsberatungsarbeit bisher eher kritisch betrachtet wurde. Die planvolle Nutzung von Videointeraktionsanalysen steht dabei nicht in Konkurrenz, sondern eher in sinnvoller Ergänzung zur Methodenvielfalt, die die Arbeit von Erziehungsberatungsstellen kennzeichnet.

Anmerkungen

1   Dabei ist bedeutsam, dass Marte Meo weder auf Jugendhilfekontexte noch auf ein sog. Home-Training beschränkt ist. Vielmehr gibt es elaborierte Marte Meo-Konzepte u.a. für Schulen, Krankenhäuser, Altersheime und Kinderpsychiatrie (vgl. Aarts, 1996). In unserem Zusammenhang bezieht sich Marte Meo jedoch ausdrücklich auf den Jugendhilfekontext.
2   Noch bevor Aarts „Marte Meo" gründete, hatte Bieman bereits Orion verlassen und „SPIN" gegründet. SPIN steht für „Stichting Promotie Intensieve Thuisbehandeling Nederland", auf deutsch: „Stiftung zur Förderung einer intensiven Hausbehandlung" in Holland. SPIN bietet in Holland und in Deutschland das „Video-Home-Training" (VHT) an (vgl. Bünder, 1998).
3   Der Unterschied von „Fähigkeit" und „Fertigkeit" besteht darin, dass eine Fertigkeit eine sichtbar ausgeübte Fähigkeit ist. Er entspricht weitgehend der Unterscheidung zwischen „Kompetenz" und „Performanz". Es kommt durchaus vor, dass kompetente Eltern ihre Fähigkeiten aus den unterschiedlichsten Gründen nicht einsetzen, sodass der Eindruck entstehen kann, dass sie diese Fähigkeiten nicht besitzen. Durch die Videoberatung wird es möglich, über den Sinn dieses Elternverhaltens zu sprechen und auf die Bedeutung elterlicher Fertigkeiten zur Bewältigung von Be- und Erziehungssituationen hinzuweisen.
4   Marte Meo-Aufnahmen von geriatrischen Stationen in Dänemark zeigen eindrucksvoll, wie ähnlich die Bedürfnisse von Menschen sind, die soziale Orientierung noch lernen müssen (Kinder) und dementen Alten, die diese Orientierung wieder verloren haben.
5   Die englische Sprache kennt für das, was hier gemeint ist, die Bezeichnung „taking turns", was soviel heißt wie sich beim Dialog in angemessener Weise abzuwechseln und so dafür zu sorgen, dass man einander im Gespräch folgen kann.

Literatur

Aarts, M. (2000a). Marte Meo Basic Manual. Harderwijk: Marte Meo-Production.

Aarts, M. (2000b). Marte Meo Guide. Harderwijk: Marte Meo-Production.

Anderson, H.,Goolishian, H. A. (1990). Menschliche Systeme als sprachliche Systeme. In: Familiendynamik 15 (3), pp. 212-243.

Bateson, G. (1987). Geist und Natur. Eine notwendige Einheit. Frankfurt: Suhrkamp.

Bruner, J.S. (1987). Wie das Kind sprechen lernt. Göttingen/Bern: Huber.

Bünder, P. (1998). Marte Meo-Videotraining. Kommunikationstraining und Entwicklungs-förderung für Familien und familien- ähnliche Systeme. Köln: Kölner Verein für systemische Beratung e.V.

Bundesministerium für Familie, Senioren, Frauen und Jugend (1998). Zehnter Kinder und Jugendbericht. Bonn.

Chasiotis, A., Keller, H., (1995). Zur Relevanz evolutionsbiologischer Überlegungen für klinische Psychologie und Psychotherapie. In: Petzold, H. G. (Hg.). Die Kraft liebevoller Blicke, Psychotherapie und Babyforschung 2. Paderborn: Junfermann, pp. 45-75.

Dornes, M. (1993). Der kompetente Säugling. Die präverbale Entwicklung des Menschen. Frankfurt: Fischer.

Ernst, C. (1993). Sind Säuglinge psychisch besonders verletzlich? In: Petzold, H. G. (Hg.). Frühe Schädigungen Späte Folgen? Psychotherapie und Babyforschung 1. Paderborn: Junfermann, pp. 67-83.

Hawellek, Ch. (1995). Das Mikroskop des Therapeuten. In: Systhema 1, pp. 6-28.

Hawellek, Ch. (1997). Von der Kraft der Bilder. In: Systhema 2, pp. 125-135.

Hawellek, Ch. (2000). Die Nutzung von Videointeraktionsanalysen in der Arbeit mit depravierten Familien. Tagungsbericht der Östererreichschen Jugendamtspsychologinnen. Wien: Selbstverlag.

Hundsalz, A.(1995). Die Erziehungsberatung. Weinheim/München: Juventa.

Keller, H. (Hg.) (1997). Handbuch der Kleinkindforschung. Göttingen/Bern: Huber.

Keller. H., Eckensberger, L.H. (1998). Kultur und Entwicklung. In: H. Keller (Hg.). Lehrbuch Entwicklungspsychologie. Göttingen/Bern: Huber.

Øevreeide, H., Hafstad, R. (1996). The Marte Meo Method and developmental supportive dialogues. Harderwijk: Marte Meo Productions.

Øevreeide,H., Hafstad, R.(1998). Forelrefokusert arbeid med barn. Kristiansand.

Papoušek, H., Papoušek, M. (1995). Vorsprachliche Kommunikation: Anfänge Formen Störungen und psychotherapeutische Ansätze. In: Petzold, H. G. (Hg.), pp. 123–143.

Papoušek, M. (1994). Vom ersten Schrei zum ersten Wort: Anfänge der Sprachentwicklung in der vorsprachlichen Kommunikation. Göttingen/Bern: Huber.

Papoušek, M. (2000). Einsatz von Video in der Eltern- Säuglingsberatung und Psychotherapie. In: Praxis der Kinderpsychologie und Kinderpsychiatrie 49, pp. 611–627.

Petzold, H. G. (Hg.) (1995). Die Kraft liebevoller Blicke. Paderborn: Junfermann.

Petzold, H. G., Van Beek, Y., van der Hoek, A. M. (1995). Grundlagen und Grundmuster intimer emotionaler Kommunikation und Interaktion „Intuitive Parenting" and „Sensitive Caregiving" von der Säuglingszeit bis über die Lebensspanne. In Petzold, H. G. (Hg.), pp. 491-647.

Riemann, F. (1972). Entwicklungsgeschichtliche Voraussetzungen mitmenschlicher Beziehungen. In: Rohner, P. (Hg.). Verständnis für den anderen. München: Pfeiffer, pp. 35-65.

Spitz, R. (1973). Die Evolution des Dialogs. In: Psyche 8/1973, pp. 697-717.

Spitz, R. (1974). Der Dialog entgleist. In: Psyche 2/1974, pp. 135-156.

Stern, D.(1992). Die Lebenserfahrung des Säuglings. Stuttgart: Klett–Cotta.

Stern, D. (1998). Die Mutterschaftskonstellation. Stuttgart: Klett–Cotta.

Stern, D. (1996). Tagebuch eines Babys. München, Zürich: Piper.

119

Schlippe, A. v. , J. Schweitzer, (1996). Lehrbuch der systemischen Therapie und Beratung. Göttingen, Zürich: Vandenhoeck & Ruprecht.

Schlippe, A. v. (1999). Psychoedukative Ansätze und Systemische Therapie, Vortrag auf der Tagung des Kölner Vereins für systemische Beratung 1999. Sonderdruck. Kölner Verein für systemische Beratung.

Trevarthen, C. (1979). Communication and cooperation in early childhood: a description of primary intersubjectivity. In: Bullowa, M. (Ed.). Before speech. The beginning of interpersonal communication. Cambridge.

White, M. (1989). Selected papers. Adelaide.

Winnicott, D. W. (1974). Reifungsprozesse und fördernde Umwelt. München: Pfeiffer.

Zentner, M. (1993). Passung, eine neue Sichtweise psychischer Entwicklung. In: Petzold, H. G. (Hg.). Frühe Schädigungen – späte Folgen? Paderborn: Junfermann, pp. 157-195.

120

Teil 2:

Der ökologische Nahraum: Qualität und Gestaltung kindlicher Umwelten

Editorial der Herausgeber

Schon früh erweitert sich der familiale Nahraum eines Kindes. Andere Menschen und andere Orte kommen hinzu, das Kind dehnt seinen Aktionsradius aus. Es macht die ersten, noch kaum als solche wahrnehmbaren Schritte in die Welt hinaus. Diese „Hinwendung zur Welt" gelingt dann, wenn die Eltern ihr Kind darin unterstützen, ihm Sicherheit und liebevolle Unterstützung geben. Dann kann es sich vertrauensvoll auf Beziehungen zu anderen Erwachsenen einlassen und sich gemeinsam mit anderen Kindern auf die Entdeckungsreise ins Leben begeben.

So weit, so schön. Im Einzelfall soll es ja auch gelingen. Gleichwohl sieht die Realität für viele Kinder anders aus: Ihre Eltern sind nur bedingt in der Lage, sie angemessen zu unterstützen, es sei denn unter großen Opfern, weil ihre eigenen Lebensbedingungen unbefriedigend und belastend sind, nicht zuletzt wegen ihrer Kinder. Kinder sind in unserer heutigen Gesellschaft ein Armuts- und Karriere-Risiko und ein Unsicherheitsfaktor für die eigene Zukunftsplanung – vor allem für ihre Mütter. So kann es kaum überraschen, dass ein Drittel der jungen Frauen in Deutschland keine Kinder hat. Diese Tatsache setzt die Politik unter Druck und mündet in der Forderung nach mehr Hilfen für junge Familien, meist reduziert auf den Ruf nach mehr Kindergeld. Noch zögerlich werden Forderungen nach anderen Formen der Unterstützung erhoben. Ein Vergleich mit dem benachbarten Ausland verdeutlicht beispielsweise, dass in denjenigen Ländern die Geburtenraten am höchsten sind, die die weitestgehenden familienergänzenden Angebote wie Krippen, Ganztagskindergärten und -schulen vorhalten. In diesen Ländern, allen voran Schweden und Frankreich (und früher auch die DDR!), ist gleichzeitig die Zahl der berufstätigen Mütter am höchsten. Das fordert zum Nachdenken auf.

Die Diskussion um die nachwachsende Generation bezieht neuerdings auch die Tatsache mit ein, dass Deutschland nicht nur ein Einwanderungsland ist, sondern dass wir auf Migranten und vor allem auf deren Kinder angewiesen sind, wenn Wohlstand und soziale Absicherung gewährleistet bleiben sollen. Was aber tun wir, um Ausländer zu integrieren? In Deutschland gibt es dazu bislang keine zufrieden stellenden Konzepte.

Müttern und Vätern, ausländische Eltern eingeschlossen, muss jede Unterstützung zur Erziehung ihrer Kinder zuteil werden. Die gelingende Entwicklung der nachwachsenden Generation stellt die wichtigste gesellschaftliche

Ressource dar. Die folgenden Beiträge über familienunterstützende und familienergänzende Ansätze behandeln dieses Thema aus unterschiedlichen Perspektiven. Klaus Schneewind vom Psychologischen Institut der Universität München ist als engagierter Vertreter der Familienpsychologie bekannt. Er fordert in seinem Überblick über die Situation kleiner Kinder in Deutschland vor allem anderen die Sicherstellung angemessener materieller Rahmenbedingungen für junge Familien und darüber hinaus niedrigschwellige Angebote zur Stärkung der elterlichen Beziehungs- und Erziehungskompetenzen als eine gesellschafts- und familienpolitische Aufgabe ersten Ranges. Vor dem Hintergrund eines nahezu enzyklopädischen Wissens über die Entwicklung von Kindern weist Schneewind auf die zahlreichen Forschungsbeiträge hin, die darauf warten, in großem Stil in Unterstützungsangebote für junge Eltern umgesetzt zu werden.

Forschungsergebnisse, die zum Nachdenken über die Situation kleiner Kinder in Deutschland anregen, werden von Sabine Walper und Wolfgang Tietze vorgestellt. Ernüchternde Fakten zeigt dabei Sabine Walper vom Institut für Pädagogik der Universität München in ihrem Beitrag über die Auswirkungen von Armut auf die Entwicklung von Kindern und Jugendlichen auf: Armut herrscht überproportional häufig in Familien mit einem allein erziehenden Elternteil. Sie hat direkte Auswirkungen auf die Gesundheit sowie die kognitive, emotionale und Verhaltensentwicklung. Andere vorhandene Belastungssituationen werden durch die tägliche Sorge um die Existenzsicherung verstärkt. Armut ist nicht lediglich eine Begleiterscheinung anderer Belastungssituationen, sie stellt einen eigenständigen, schwerwiegenden Belastungsfaktor dar. Beratung und Therapie müssen dies künftig verstärkt beachten und berücksichtigen.

Die Ergebnisse einer bundesweiten Untersuchung zur pädagogischen Qualität von Kindertagesstätten und deren Einfluss auf die Entwicklung von Kindern stellt Wolfgang Tietze vom Institut für Kleinkindpädagogik an der Freien Universität Berlin in seinem Beitrag vor. Seine Forderung: mehr fachliche Anleitung und Unterstützung von Erzieherinnen und Erziehern, Einhaltung von Qualitätsstandards für Kindertagesstätten und Übernahme von Verantwortung der Politik in Bund, Ländern und Kommunen für eine Kinder- und Familienpolitik, die Eltern bei ihrer Aufgabe, Kinder großzuziehen, wirksam unterstützt.

Unterstützung von Eltern und Kindern ist auch das Thema der Werkstattberichte. Wolfgang Loth und Michael Grabbe stellen Konzepte von Beratung und Therapie vor, wie sie in und für Erziehungsberatungsstellen entwickelt wurden und dort angewendet werden. Die Autoren fühlen sich dem Ansatz der systemischen Familientherapie verpflichtet und haben in ihrer beraterischen und therapeutischen Praxis unterschiedliche Aspekte des systemischen Vorgehens weiterentwickelt. Wolfgang Loth von der EB Leichlingen arbeitet ressourcenorientiert mit „klinischen Kontrakten" und entwickelt gemeinsam mit den Eltern Arbeitsaufträge, die dann gemeinsam bearbeitet werden. Loth versteht Beratung und Therapie als Hilfe zur Selbsthilfe.

Wie Kinder von Anfang an in Beratung und Therapie einbezogen werden können, zeigt Michael Grabbe, Lehrtherapeut am Institut für Familientherapie Weinheim, mit seinem Beitrag. Er zeigt die Breite der Möglichkeiten nonverbaler und verbaler Zugänge zu Kindern und zu Erwachsenen und erweist sich als ein Geschichtenerzähler, der über Symbole und Metaphern hilft, dass sich Selbstheilungskräfte entfalten können.

Wie können Eltern bereits im Vorfeld von Beratung und Therapie – also vor dem Auftreten von zeitweisen oder dauerhaften Verhaltensauffälligkeiten bei ihren Kindern – durch niedrigschwellige präventive Maßnahmen erreicht werden, um sie in ihrem Erziehungsverhalten zu unterstützen? Yvonne Miller von der Christoph-Dornier-Stiftung für Klinische Psychologie und Kurt Hahlweg, Klinischer Psychologe und Psychotherapeut an der Technischen Universität Braunschweig, stellen in ihrem Beitrag das in Australien sehr erfolgreiche „Triple P-Programm" (Positive Parenting Program) vor, das mit Unterstützung der Christoph-Dornier-Stiftung an der TU Braunschweig an deutsche Verhältnisse angepasst wird. Erste praktische Erfahrungen in Projekten mit wissenschaftlicher Begleitforschung in Braunschweig belegen die Wirksamkeit dieses Ansatzes.

Zur Integration von Migrantenfamilien ergreift der Aufsatz von Andrea Lanfranchi Position. Als Leiter der Fachstelle Interkulturelle Pädagogik in der Lehrerbildung des Kantons Zürich plädiert Lanfranchi sehr engagiert für familienergänzende Betreuungseinrichtungen. Am Beispiel albanischer Familien in der Schweiz zeigt er beispielhaft auf, dass Investitionen in die Integration gesellschaftlicher Randgruppen geeignet sind, soziale Folgekosten zu verhindern.

Kleine Kinder in Deutschland: Was sie und ihre Eltern brauchen

Klaus A. Schneewind

Vorbemerkung

Kleine Kinder wollen – wie Abbildung 1 deutlich macht – für ihre Eltern nur das Beste. Gleiches gilt für die Eltern, die für ihre kleinen (und auch größeren) Kinder zumeist auch nur das Beste wollen. Aber was ist das Beste? Was brauchen kleine Kinder und deren Eltern, damit sich dieses ominöse „Beste" zeigen und entwickeln kann? Im Folgenden sollen einige Annäherungen an dieses nicht ganz einfache Thema versucht

Abbildung 1

werden. Es sind dies Annäherungsversuche, die – obwohl sie sich in weiten Teilen auf erfahrungswissenschaftliche Befunde stützen – als Angebote zum Nach- und Weiterdenken zu verstehen sind, da ein „imperialistisches" Wissenschaftsverständnis aus meiner Sicht ohnehin nicht vertretbar ist. Dennoch möchte ich nicht verhehlen, dass meinen Überlegungen einige Kernüberzeugungen zugrunde liegen, die weniger in meiner eigentlichen Profession, der Psychologie, wurzeln, sondern eher in den Erkenntnissen der weit traditionsreicheren praktischen Philosophie. Zu diesen Kernüberzeugungen gehört u.a., dass es in unser aller Leben darum geht, ein „bejahenswertes Leben" (vgl. Schmid, 2000) zu führen und sich um die entsprechenden Bedingungen hierfür zu kümmern.

Eltern kleiner Kinder sind angesichts des jungen Lebens, das ihnen zur Pflege und Betreuung anvertraut ist, vielleicht in besonderer Weise dafür sensibilisiert, sich über die Entwicklung dieses jungen Lebens und über den eigenen Beitrag, den sie dazu leisten können, Gedanken zu machen. Dies führt ohne Umstände zu der Frage, wie kleine Kinder sich entwickeln und was sie dafür brauchen, aber auch zu der Frage, was Eltern brauchen, um die Entwicklung ihrer kleinen Kinder angemessen begleiten zu können. Ein zentraler Gedanke bei dem Versuch, diese beiden Fragen zu beantworten, wird sein, dass Kinder zur Befriedigung ihrer grundlegenden Entwicklungsbedürfnisse vor allem verlässliche Beziehungen benötigen, wobei die Eltern in aller Regel diejenigen Bezugspersonen sind, die an erster Stelle zu nennen sind. Als Interaktionspartner, Erzieher und Arrangeure kindlicher Entwicklungsgelegenheiten übernehmen sie wichtige Funktionen für den Entwicklungsgang ihrer Kinder. Diese sollen anhand einiger herausgehobener Beispiele verdeutlicht werden.

Damit die Eltern kleiner Kinder diese Aufgaben angemessen erfüllen können, bedürfen sie ihrerseits einiger wichtiger Voraussetzungen, zu denen vor allem Zeit, Kompetenz und Unterstützung zählen. Ein besonderer Anknüpfungspunkt für die Unterstützung von Eltern kleiner Kinder besteht in der Bereitstellung möglichst flächendeckender, interessanter und leicht nutzbarer Angebote zur Stärkung ihrer Beziehungs- und Erziehungskompetenzen. Dies ist – so die abschließende Forderung dieses Beitrags – neben der Sicherstellung angemessener materieller Rahmenbedingungen für junge Familien eine gesellschafts- und familienpolitische Aufgabe ersten Ranges, für deren Umsetzung – auch im Hinblick auf die Zukunftssicherung unserer Gesellschaft – deutlich mehr an Engagement und Finanzen investiert werden sollte.

Nach diesem kurzen Überblick über das, was nun folgt, zunächst ein paar Zahlen zum Thema „Kleine Kinder in Deutschland", die der amtlichen Statistik entnommen sind bzw. auf einschlägigen Umfrageergebnissen beruhen.

1. Zunächst ein paar Zahlen

Wenn man im Hinblick auf das Lebensalter unter „kleinen Kindern" all die Kinder versteht, die bis zu fünf Jahre (genauer: bis unter sechs Jahre) alt sind, dann lebten nach den Angaben der amtlichen Statistik im Jahre 1996 in Deutschland insgesamt 4,76 Millionen Kinder dieser Altersgruppe. Bezogen auf alle ledigen Kinder, die bis unter 18 Jahre alt sind und in ihren Familien leben, umfasst die Gruppe der kleinen Kinder 30,5 Prozent. Und im Hinblick auf die Gesamtbevölkerung stellen kleine Kinder 5,8 Prozent des gesamten „Personals" der Bundesrepublik Deutschland. Schlüsselt man die Lebensverhältnisse kleiner Kinder nach dem Familientyp auf, dann ergibt sich das in Tabelle 1 (S. 126) wiedergegebene Zahlenbild.
Es zeigt sich, dass 85, 2 Prozent der bis unter drei Jahre alten Kinder und 84,9 Prozent der Drei- bis Fünfjährigen mit ihren Eltern zusammenleben. 7,8 bzw. 6,1 Prozent leben mit ihren unverheirateten Müttern zusammen, 4,0 bzw. 6,5

125

Tab. 1: Ledige Kinder unter 18 Jahren in Familien nach Alter und Familientyp im Jahre 1996 (nach Engstler, 1998, S. 37)

Alter des Kindes (in Jahren)	Kinder insgesamt	davon: bei...					
		Ehe-paaren	unverheirateten oder getrennt lebenden Müttern				allein stehenden Vätern
			ledig	getrennt/ geschieden	verwitwet	zusammen	
	Tsd.	Prozent					
		Deutschland					
unter 3	2221	85,2	7,8	4,0	0,3	12,1	2,7
3-5	2537	84,9	6,1	6,5	0,6	13,2	1,9
		Früheres Bundesgebiet					
unter 3	1988	88,2	5,8	3,5	0,3	9,6	2,2
3-5	2202	87,5	4,1	6,2	0,5	10,9	1,7
		Neue Länder und Berlin-Ost					
unter 3	233	59,7	24,5	8,2	/	33,5	6,4
3-5	335	67,8	19,1	7,8	1,8	28,7	3,6

Prozent mit ihren getrennt lebenden oder geschiedenen Müttern, 0,3 bzw. 0,6 Prozent mit ihren verwitweten Müttern und 2,7 bzw. 1,9 Prozent leben bei ihren allein stehenden Vätern. Aufschlussreich sind dabei Vergleiche zwischen dem früheren Bundesgebiet und den neuen Ländern (einschließlich Berlin-Ost): In den neuen Bundesländern leben nämlich lediglich 59,7 Prozent der bis zu Dreijährigen und 67,8 Prozent der Drei- bis Fünfjährigen in einer Zwei-Eltern-Familie, während es in den alten Bundesländern 88,2 bzw. 87,5 Prozent der beiden Altersgruppen von kleinen Kindern sind. In den neuen Ländern leben nahezu viermal so viel kleine Kinder mit ihren ledigen Müttern zusammen wie in dem früheren Bundesgebiet. Weniger deutlich ist der Ost-West-Unterschied, wenn man den Anteil der Kinder betrachtet, die mit ihren getrennt lebenden oder geschiedenen Müttern zusammenleben (es sind dies 3,5 bzw. 6,2 Prozent im Westen und 8,2 bzw. 7,8 Prozent im Osten). Hingegen finden sich in den neuen Bundesländern dreimal so häufig Kinder, die mit ihren allein stehenden Vätern zusammenleben, als dies in den alten Ländern der Fall ist.

Über die unterschiedlichen Familienstrukturen und die damit womöglich einhergehenden unterschiedlichen Betreuungsverhältnisse bzw. Sozialisationserfahrungen von kleinen Kindern im Osten und Westen Deutschlands ist – abgesehen von deutlichen Unterschieden hinsichtlich der Nutzung familienergänzender Einrichtungen zu Beginn der Wiedervereinigung der beiden deutschen Staaten – wenig bekannt. 1990 belief sich die Versorgungsquote von Krippenplätzen für Kinder im Alter zwischen 1 und 3 Jahren in den neuen Bundesländern auf 56,4 Prozent, während sie in den alten Bundesländern 2,7 Prozent betrug. Und bezüglich der Kindergartenplätze für Kinder zwischen 3 und 6 Jahren gab es in der ehemaligen DDR mit 113 Prozent sogar eine Überversorgung, wohingegen in den westlichen Bundesländern eine durchschnittliche Versorgungsquote von 78,3 Prozent registriert wurde (vgl. Bundesministerium für Familie und Senioren, 1994, S. 190). Auch vier Jahre später waren die Unterschiede zwischen Ost- und Westdeutschland noch deutlich erkennbar. Nach den Daten des Familiensurveys des Deutschen Jugendinstituts belief sich 1994 die institutionelle Betreuung von 1- bis 3-Jährigen in Westdeutschland auf 8 Prozent und in Ostdeutschland auf 62,5 Prozent. Bei den Kindern im Alter zwischen 3 und 6 Jahren waren die Unterschiede weniger markant: im Westen besuchten im Schnitt 75 Prozent und im Osten 82 Prozent der Kinder dieser Altersgruppe einen Kindergarten oder eine andere Institution (vgl. Bien, 1996, S. 216 ff.).

In der ehemaligen DDR stand in den familienergänzenden Institutionen eine Erziehung im Sinne des Leitbilds der „sozialistischen Persönlichkeit" im Vordergrund, was zur Folge hatte, dass die Bildungs- und Erziehungspläne stärker kollektivistisch orientiert waren und den Kindern weniger Möglichkeiten zur Berücksichtigung individueller Wünsche und Bedürfnisse einräumten (vgl. Schmidt, 1992). Dessen ungeachtet dominierte im Leben der im Osten Deutschlands aufwachsenden Kinder – wie Bertram und Hennig (1995) festgestellt haben – trotz der zeitlichen Belastung der in der Regel berufstätigen Mütter und Väter der familiäre Einfluss, d.h. emotionaler Halt und individuelle Zuwendung der Eltern. Abgesehen von diesen empirischen Befunden klafft gerade für die genannten Altersgruppen von Kindern eine beträchtliche Wissenslücke, und zwar gleichermaßen für den Osten wie für den Westen Deutschlands. Zu vermuten ist jedoch, dass es je nach Familienform einen Unterstützungsbedarf mit spezifischen Akzentsetzungen gibt. Dies insbesondere im Hinblick darauf, dass Kleinst- und Kleinkinder in den ersten Jahren ihres Lebens in körperlicher, psychischer und sozialer Hinsicht eine rasante Entwicklung durchmachen.

2. Wie kleine Kinder sich entwickeln

Die immensen Entwicklungsfortschritte von Kindern in den ersten Lebensjahren lassen sich eindrücklich an einem einzigen Indikator ablesen – der Gehirnentwicklung. Bezogen auf das gesamte nachgeburtliche Leben erreicht das Gehirn eines Kindes bis zum Ende des ersten Lebensjahres ca. 50 Prozent und bis zum Ende des dritten Lebensjahres ca. 80 Prozent des Zuwachses an Masse. Darüber hinaus kommt es in der nachgeburtlichen Phase zu einem rasanten Zuwachs an Verknüpfungen zwischen den Nervenzellen des Gehirns, wie der in Abbildung 2 dargestellte Vergleich von Nervengewebe des Frontalhirns eines neugeborenen und eines zweijährigen Kindes veranschaulicht (vgl. Barnet & Barnet, 1998, S. 22).

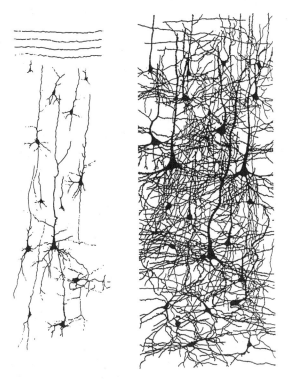

Abb.: 2
Neuronen und Dendriten-
bildung im Frontalhirn eines
neugeborenen (links) und
eines zwei Jahre alten Kindes
(rechts). Abbildung übernom-
men aus Barnet und Barnet
(1998, S. 22).

Der Zuwachs an Gehirnmasse und an Verknüpfungen der Nervenzellen des Gehirns stellt gewissermaßen die sich erweiternde Hardware des Kindes zur Informationsaufnahme und -verarbeitung sowie zum Lernen und zur Erfahrungsbildung dar. Hierbei kommt es – wie neuere Befunde zur Neurobiologie der Gehirnentwicklung zeigen (vgl. Greenough & Black, 1992) – zunächst zu einer Überproduktion von Synapsen im Sinne einer evolutionär begründeten *erfahrungsunabhängigen Synapsenbildung* im Cortex, damit das Kind auf erwartbare Entwicklungserfordernisse wie z.B. das Erlernen der visuell-motorischen Koordination bei Greifbewegungen vorbereitet ist. Daneben gibt es aber auch eine *erfahrungsabhängige Synapsenbildung,* die je nach den spezifischen Umweltgegebenheiten des Kindes mehr oder weniger intensiv ausfällt. So zeigt sich etwa, dass die in unterschiedlichen Gerhirnarealen gemessene Synapsendichte des menschlichen Cortex in den ersten drei bis vier Jahren ein Maximum erreicht und danach – insbesondere in der Adoleszenz – auf ein Niveau zurückgeht, das ein Baby bereits mit etwa einem halben Jahr erreicht hat (vgl. Huttenlocher & Dabholkar, 1997).

So sehr vor allem der zuletzt genannte Befund nachdenklich stimmt, so wird durch die Ergebnisse der entwicklungsbiologischen Forschung deutlich, welch bedeutende Rolle die Interaktion des Kindes mit seiner Umwelt und die damit verknüpften Prozesse des Lernens und der Erfahrungsbildung spielen. In einer psychologischen Perspektive spiegelt sich dies auch in einer vom Kleinstkind bis zum Vorschulkind reichenden Reihe von Entwicklungsaufgaben wider. In Tabelle 2 sind in Anlehnung an Bloomquist (1996, S. 224) einige zentrale Entwicklungsaufgaben für vier Entwicklungsbereiche, nämlich die Entwicklung der Selbstkontrolle sowie die soziale, kognitive und emotionale Entwicklung, wiedergegeben.

Tab. 2: Entwicklungsaufgaben in vier Bereichen der kindlichen Entwicklung bei 0- bis 6-Jährigen (in Anlehnung an Bloomquist, 1996, S. 224)

Alter	Selbstkontrollentwicklung	Soziale Entwicklung	Kognitive Entwicklung	Emotionale Entwicklung
Kleinstkind (0-1 Jahr)	• Exploriert die Umgebung und benutzt die Bezugsperson als sichere Basis	• Geht Bindung mit der primären Bezugsperson ein • Zeigt soziales Lächeln und Weinen	• Exploriert die Umgebung und benutzt die Bezugsperson als sichere Basis	• Zeigt einfache Emotionen
Kleinkind (1-3 Jahre)	• Reagiert auf externe Kontrolle von Erwachsenen	• Trennt sich von Bezugsperson, um mit anderen zu interagieren • Spielt mit anderen (paralleles Spiel)	• Ist neugierig auf die Welt	• Zeigt komplexe Emotionen • Drückt Emotionen durch Verhalten und Spiel aus
Vorschulkind (3-6 Jahre)	• Folgt Regeln • Spricht laut beim Spielen oder als Mittel, um das eigene Verhalten zu kontrollieren	• Spielt mit anderen (interaktives Spiel) • Kooperiert mit anderen • Teilt mit anderen • Hilft anderen • Konkurriert mit anderen	• Stellt sich darauf ein, von Eltern entfernt zu sein • Entwickelt Freude am Lernen	• Drückt Emotionen sprachlich aus • Ist mitfühlend mit anderen

Wenn auch ohne Anspruch auf Vollständigkeit, machen die in Tabelle 2 dargestellten Entwicklungsaufgaben für Kleinst-, Klein- und Vorschulkinder einerseits deutlich, was Kinder in den verschiedenen Altersstufen können, andererseits veranschaulichen sie – wie der Begriff „Entwicklungsaufgabe" na-

129

he legt – aber auch, was Kinder aus ihrer eigenen Sicht können wollen bzw. aus Sicht der Eltern können sollen. Dabei liegt eine Perspektive zugrunde, die davon ausgeht, dass Kinder von Anfang an aktive Lebewesen sind, die in Interaktion mit ihrer sozialen und materiellen Umwelt die Prozesse ihrer Entwicklung selbst beeinflussen und damit gleichermaßen die Ergebnisse, aber auch die Bedingungen ihrer Entwicklung mitgestalten. Eine derartige transaktionale Sichtweise von Entwicklung haben vor allem Bronfenbrenner und seine Mitarbeiter in ihrem bio-ökologischen Entwicklungsmodell zum Ausdruck gebracht (vgl. Bronfenbrenner & Ceci, 1994; Bronfenbrenner & Morris, 2000). Dies nicht zuletzt auch, um eine Gegenposition zu einem allzu einseitigen verhaltensgenetischen Verständnis von Entwicklung und Entwicklungsunterschieden (vgl. z.B. Harris, 2000; Rowe, 1997) zu schaffen.

Von zentraler Bedeutung sind dabei *proximale Prozesse,* die Bronfenbrenner und Morris (2000, S. 31f.) wie folgt beschreiben: „Besonders in ihren frühen Phasen, aber auch über den gesamten Lebenslauf, beruht die menschliche Entwicklung auf Prozessen der immer komplexeren gegenseitigen Interaktion zwischen einem aktiven, sich entwickelnden bio-psychischen Organismus und den Personen, Objekten und Symbolen in seiner unmittelbaren äußeren Umwelt. Um wirksam zu sein, muss die Interaktion auf einer relativ regelmäßigen Basis über ausgedehnte Zeiträume stattfinden. [...] Die Form, die Kraft, der Inhalt und die Richtung proximaler Prozesse, welche auf die Entwicklung einwirken, variieren systematisch als gemeinsame Funktion der Eigenschaften der sich entwickelnden Person; der Umwelt – sowohl der unmittelbaren als auch der ferneren –, in der die Prozesse stattfinden; der Natur der jeweils untersuchten Entwicklungsbereiche; und der sozialen Kontinuität bzw. Diskontinuität über die Zeit während des Lebenslaufs und der historischen Periode, während der die Person gelebt hat." Die sich entwickelnde Person ist in die Dynamik solcher „proximaler Prozesse" als aktiver Agent ihrer Entwicklung eingebunden. Hinzuzufügen ist aber auch, dass sie mit zunehmender Bewusstheit ihres Selbst und ihrer Lebensbedingungen selbst die Voraussetzungen für ihre eigene Selbstentwicklung und Selbstsozialisation schafft, und zwar so, dass auch unter einschränkenden Bedingungen eine autonome Lebensführung möglich wird (vgl. Schneewind, 2000).

Selbstsozialisation im Sinne einer eigenverantwortlichen, erfahrungsfördernden und die eigene Entwicklung voranbringenden Lebensgestaltung setzt idealerweise voraus, dass im Entwicklungsgang von Kindern zwei aufeinander abgestimmte Bedingungsmuster von Entwicklung wirksam werden. Dabei können wir uns auch hier wiederum auf Bronfenbrenner (1979, S. 845) beziehen, der diese beiden Bedingungsmuster von Entwicklung als primäre bzw. sekundäre

Entwicklungskontexte bezeichnet hat. *Primäre Entwicklungskontexte* sind in den Worten Bronfenbrenners dadurch gekennzeichnet, dass „das Kind zusammen mit oder unter der direkten Führung von Personen, die über Wissen und Fähigkeiten verfügen, die das Kind noch nicht hat, und mit denen das Kind eine positive emotionale Beziehung aufgebaut hat, zunehmend komplexer werdende Aktivitätsmuster beobachten und sich in diese einlassen kann." Hingegen betrachtete Bronfenbrenner als *sekundäre Entwicklungskontexte* die Bereitstellung „von Möglichkeiten, Ressourcen und Ermunterungen, sich in Aktivitäten einzulassen, die das Kind in primären Entwicklungskontexten gelernt hat, diesmal aber ohne die aktive Beteiligung oder direkte Führung anderer Personen, die über mehr Wissen und Fähigkeiten verfügen als das Kind selbst." Was aber brauchen Kinder, insbesondere Kleinkinder, damit sie diese Fähigkeit zur Selbstsozialisation ausbilden und vervollkommnen können?

3. Was kleine Kinder brauchen

Was kleine Kinder brauchen, lässt sich am Besten an ihren grundlegenden Bedürfnissen ablesen. Und diese sind im Prinzip nicht anders als die grundlegenden Bedürfnisse von älteren Kindern, Jugendlichen und Erwachsenen, wenngleich sie sich jeweils in unterschiedlichen individual-, alters-, geschlechts- und epochaltypischen Manifestationen äußern. Es sind vor allem drei grundlegende psychische Bedürfnisse, denen eine entwicklungsförderliche Dynamik zugeschrieben werden kann. An erster Stelle ist dies das *Bedürfnis nach Verbundenheit,* das auf dem Angewiesensein der Existenzsicherung durch andere Personen beruht, wobei diese Personen – in aller Regel sind es zuallererst die Eltern – im günstigen Fall als sichere Basis dienen, d.h. als lebensermöglichende und Schutz spendende Befriedigungsquellen für das eigene Dasein (vgl. hierzu die Befunde der bindungstheoretischen Forschung, z.B. Gloger-Tippelt, 2000). Ein zweites grundlegendes Bedürfnis ist das *Bedürfnis nach Autonomie,* worunter im eigentlichen Wortsinne die „Selbstgesetzgebung", d.h. eine vom Selbst ausgehende Wahl unterschiedlicher Formen des Erlebens und Handelns zu verstehen ist, die sich zu der Erfahrung von „Selbstmächtigkeit" verdichtet und insofern ein wesentliches Bestimmungsstück für intrinsische Motivation ist (vgl. Deci, 1995). Als drittes grundlegendes Bedürfnis kann schließlich das *Bedürfnis nach Kompetenz* genannt werden, das sich in dem Bestreben nach gekonnter Meisterung von herausfordernden Situationen etwa im Sinne der von Bandura (1997) intensiv untersuchten Selbstwirksamkeitserfahrungen und -überzeugungen äußert.

Diese drei grundlegenden Bedürfnisse manifestieren sich – wie gesagt – in un-

131

terschiedlichen Lebens- und Interessenbereichen und lassen sich auch bereits aus dem Verhalten kleiner Kinder erschließen. So zeigt sich etwa das *Bedürfnis nach Verbundenheit*, wenn das Kind von sich aus den Körperkontakt zur Mutter oder zum Vater sucht, um zu schmusen und zu kuscheln, oder wenn es sich in einer Angst auslösenden Situation auf dem Spielplatz in die sichere Nähe der Elternperson zurückzieht. Das *Bedürfnis nach Autonomie* wird mit der ersten Nichtbeachtung oder Verweigerung der „Heteronomie" elterlicher Forderungen (z.B. beim Essen oder beim Anziehen) erkennbar und kann sich vom beharrlichen Selbermachen-Wollen bis zu veritablen Trotzanfällen steigern. Das *Bedürfnis nach Kompetenz* schließlich lässt sich z.B. aus dem freudestrahlenden Gesichtsausdruck erschließen, wenn es dem Kind erstmals gelungen ist, selbst seine Schuhe anzuziehen oder ein Puzzle zu lösen.

Was kleine Kinder am meisten benötigen, um diese grundlegenden Bedürfnisse befriedigen zu können, sind verlässliche Beziehungen mit erwachsenen Personen – in der Regel sind dies vor allem die Eltern –, die sie in ihrer Entwicklung begleiten und sie in ihrer Entwicklung fördern. In seinem Buch „Die 0-5 Jährigen" stellt Baacke (1999, S. 10f.) fest, „dass gerade kleine Kinder erzieherische Zuwendung brauchen ... (und) ... dass gerade kleine Kinder, die schließlich selbst kompetente Wesen von Anfang an sind, eines großen Erziehungsaufwands bedürfen und einer sensibilisierten Begleitung für ihr Leben, vor allem aber kommunikativ-sozialer Begleitung, um diese Kompetenz nicht verwahrlosen zu lassen." Dabei fallen den Eltern als den primären Bezugspersonen, und zwar unabhängig davon, in welchen strukturellen Familienformen sie leben, drei zentrale Aufgaben zu, die sie mehr oder weniger kompetent erfüllen können (vgl. Parke & Buriel, 1997). Zum einen sind Eltern wichtige Interaktionspartner für ihre Kinder. Sodann befinden sie sich im engeren Sinne des Wortes in der Rolle von Erziehern. Und schließlich sind sie in nicht unerheblichem Maße auch Arrangeure kindlicher Entwicklungsgelegenheiten. Im Folgenden sollen diese drei elterlichen Funktionen etwas genauer beleuchtet werden.

3.1 Eltern als Interaktionspartner

Zuallererst befinden sich Eltern in der Rolle des *Interaktionspartners* mit ihrem Kind, d.h. dass sie idealerweise durch das Zusammensein mit dem Kind und das sensible Eingehen auf seine Bedürfnisse die Basis für eine verlässliche Beziehung herstellen – dies vor allem während der Zeit der ersten 18 Monate, die im Sinne eines „attachment parenting" (zu deutsch etwa: bindungsförderliches Elternverhalten) in besonderer Weise die Möglichkeit zur Bildung einer sicheren Bindung zwischen Elternperson und Kind darstellt (vgl. Sears & Sears, 1995).

Die bindungstheoretische Forschung hat hierzu eine Reihe von Merkmalen des elterlichen Interaktionsverhaltens eruiert, die in der frühen Entwicklung von Kindern zu engen affektiven Bindungen zwischen den Elternpersonen und ihren Kindern führen und mit hoher Wahrscheinlichkeit dazu beitragen, dass die Kinder als „sicher gebunden" klassifiziert werden. Hierzu gehören vor allem die folgenden sechs Kriterien: (a) *Sensitivität,* d.h. das prompte und angemessene Reagieren auf kindliche Signale, z.B. wenn ein Kind schreit oder weint; (b) *positive Haltung,* d.h. die Äußerung von positiven Gefühlen und Zuneigung gegenüber dem Kind, z.B. durch Köperkontakt, Lächeln und freundliches Sprechen; (c) *Synchronisation,* d.h. die sanfte Abstimmung reziproker Interaktionen mit dem Kind; z.B. Eingehen auf kindliche Spielappelle und langsames Wiederausklinken, wenn die Aufmerksamkeit des Kindes nachlässt; (d) *Wechselseitigkeit,* d.h. die Gestaltung von Interaktionen, in denen sich Elternperson und Kind auf denselben Gegenstand beziehen, z.B. beim Bewegen eines Mobiles; (e) *Unterstützung,* d.h. eine aufmerksame Zuwendung und emotionale Hilfestellung bei kindlichen Aktivitäten, z.B. beim Essen und Trinken; (f) *Stimulation,* d.h. eine häufige Kontaktaufnahme mit dem Kind, z.B. um ihm etwas zu zeigen oder mit ihm zu spielen (vgl. De Wolff & van IJzendoorn, 1997).

In einer stärker verhaltenstheoretisch orientierten Perspektive haben Ramey und Ramey (1999, S. 145) sieben Essentials für das elterliche Interaktionsverhalten vorgeschlagen, die nicht nur die Qualität der Eltern-Kind-Beziehungen begünstigen, sondern sich auch förderlich auf die kindliche Entwicklung auswirken. Es sind dies: (a) *Ermutigen,* und zwar Ermutigen zur Exploration mit allen Sinnen, an vertrauten und neuen Orten, mit anderen und allein, und auf eine sichere und Spaß erzeugende Weise; (b) *als Mentor fungieren,* d.h. grundlegende Fertigkeiten zeigen, auf Dinge aufmerksam machen, vorführen und erklären, wie etwas funktioniert oder wie Menschen sich verhalten; (c) *Zelebrieren* von kleinen oder großen Entwicklungsfortschritten, z.B. beim Erlernen neuer Fertigkeiten oder wenn eine individuelle Besonderheit erkennbar wird; (d) *Wiederholen und Erweitern* neuer Fertigkeiten, z.B. indem dem Kind gezeigt wird, wie es etwas immer wieder auf die gleiche oder eine andere Weise machen kann; (e) *Beschützen* vor unsicheren Orten im Haus und anderswo, aber auch vor unangemessener Ablehnung, Hänseln, Vernachlässigung oder Bestrafung; (f) *Kommunizieren,* und zwar reichhaltig und auf das Kind eingehend mit Geräuschen, Singen, Gesten und vor allem mit Worten, um Kinder mit der Welt der Sprache und ihrer vielfältigen Verwendungsmöglichkeiten vertraut zu machen; (g) *Führen,* d.h. das Verhalten des Kindes lenken und begrenzen, um ihm beizubringen, sich in einem sicheren Umfeld zu bewegen und akzeptables von unakzeptablem Verhalten zu unterscheiden.

Für all diese Aspekte elterlichen Interaktionsverhaltens machen Ramey und Ramey (1999) konkrete altersbezogene Vorschläge für den Umgang mit Kindern im Alter bis zu 18 Monaten. Dabei greifen sie jeweils auf einschlägige Forschungsbefunde zurück, die bisweilen auch über den Altersbereich von eineinhalb Jahren hinausreichen. Als Beispiel sei der oben bereits genannte Aspekt des Kommunizierens, genauer: des Sprachgebrauchs in Interaktion mit dem Kind, erwähnt. Eine Studie von Huttenlocher et al. (1991) zeigt – wie in Abbildung 3 dargestellt – , dass die Entwicklung des kindlichen Vokabulars im Alter zwischen 12 und 26 Monaten im engen Zusammenhang mit dem mütterlichen Sprachniveau steht.

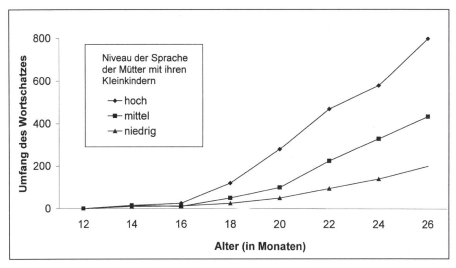

Abb. 3:
Auswirkungen der Sprache der Mutter auf den Wortschatz des Kleinkindes
(nach Huttenlocher et al., 1991, S. 214).

Die in Abbildung 3 wiedergegebenen Kurvenverläufe lassen in beeindruckender Weise erkennen, dass es im Alter von 12 Monaten noch keinen Unterschied macht, ob die Mütter mit ihren Kindern auf einem niedrigen oder hohen sprachlichen Anregungsniveau kommunizieren. Vierzehn Monate später ergibt sich jedoch ein völlig anderes Bild. In diesem Alter haben die Kinder von Müttern, die viel mit ihnen sprechen, einen ca. achtmal größeren Wortschatz als Kinder, deren Mütter wenig mit ihnen kommunizieren. An dieser

Stelle wird deutlich, in welch erheblichem Maße Eltern allein über die sprachliche Interaktion mit ihren Kindern auf deren kognitive Entwicklung Einfluss nehmen können, wobei freilich auch die Qualität der Kommunikation in Form von Wiederholungen, Präzisierungen, Ergänzungen und Verknüpfungen sowie deren Einbettung in einen für das Kind interessanten und lebendigen Kontext eine wesentliche Rolle spielt.

3.2 Eltern als Erzieher

Neben ihrer Rolle als Interaktionspartner sind Eltern auch Erzieher, indem sie – wiederum idealerweise – entsprechend ihren Erziehungsvorstellungen explizit auf ihre Kinder einwirken, um ihnen unter Berücksichtigung ihrer individuellen Besonderheiten dabei behilflich zu sein, dass sie sich zu eigenständigen, kompetenten und gemeinschaftsfähigen Personen entwickeln können. Eltern vermitteln damit ihren Kindern das Rüstzeug dafür, dass sie letztlich in Selbstverantwortung ein – wie der sich mit Fragen der Lebenskunst beschäftigende Philosoph Wilhelm Schmid (2000, S. 179f.) sich ausdrückt – „bejahenswertes Leben" führen können. Hierbei ergibt sich das bereits angesprochene Spannungsverhältnis von Autonomie und Heteronomie, mit dem jegliche Form von Erziehung „belastet" ist, da es in der Erziehung zunächst einmal um die aus Kultur und Gesellschaft übernommenen heteronomen Gewohnheiten der Lebensführung geht. Schmid (2000, S. 35) formuliert dieses Spannungsverhältnis wie folgt: „Wenn Erziehung zunächst auch darauf zielt, heteronome, gesellschaftlich passfähige Gewohnheiten zu vermitteln, so erscheint es in einer freien Gesellschaft doch geboten, die Arbeit der Gewöhnung sukzessive zu einer autonomen zu machen, um die Individuen in die Lage zu versetzen, bestehende Gewohnheiten beurteilen zu können und neue Gewohnheiten selbst ins Werk zu setzen."

Dieser grundsätzliche Gedanke lässt sich – abgestimmt auf die unterschiedlichen Entwicklungsphasen und -aufgaben von kleinen Kindern – auf eine Reihe von „Erfolgsfertigkeiten" und Entwicklungszielen übertragen, wobei jeweils entsprechende Unterstützungsmaßnahmen zugeordnet werden können (vgl. Borba, 1999). Die Tabelle 3, die sich an den Vorschlägen von Borba orientiert, gibt eine Übersicht über acht zentrale Erfolgsfertigkeiten.

Tab. 3: Entwicklungsziele, Erfolgskriterien und elterliche Unterstützungsmaßnahmen
(nach Borba, 1999, S. 5)

Erfolgskriterien	Elterliche Unterstützungsmaßnahmen	Entwicklungsziele
Persönliche Fertigkeiten		
Positives Selbstwertgefühl	Dem Kind helfen, solide, positive Selbst-Überzeugungen und eine Haltung des „Ich kann's schaffen" vermitteln, so dass es sich erfolgszuversichtlich fühlt	Selbstvertrauen
Kultivierung von Stärken	Sensibilisierung der Achtsamkeit des Kindes für seine speziellen Talente und Stärken, so dass es auf seine Individualität stolz sein kann und sein persönliches Potential erweitern kann	Selbstbewußtsein
Emotionale Fertigkeiten		
Kommunizieren	Das Kind unterstützen, aufmerksam zuzuhören, für sich selbst zu sprechen und das, was es sagen will mitzuteilen, um das eigene Wissen zu vergrößern und Missverständnisse zu reduzieren	Verstehen
Problemlösen	Dem Kind beibringen, wie es in Ruhe die besten Lösungen findet und verantwortliche Entscheidungen treffen kann	Selbstverantwortlichkeit
Soziale Fertigkeit		
Mit anderen auskommen	Unterstützung des Kindes bei der Entwicklung seiner Fähigkeiten, Freundschaften zu schließen und mit schwierigen Beziehungen zurechtzukommen	Kooperation
Motivationale Fähigkeiten		
Ziele setzen	Dem Kind helfen, wie es lernen kann, die Ziele zu bestimmen, die es erreichen möchte und die Schritte für eine erfolgreiche Zielerreichung festzulegen	Selbstmotivation
Nicht aufgeben	Dem Kind zeigen, wie es etwas, das es begonnen hat, zu Ende bringen kann, auch wenn sich Schwierigkeiten auftun	Beharrlichkeit
Moralische Fertigkeit		
Sich kümmern	Stärkung des kindlichen Mitgefühls und seiner Sensibilität für die Gefühle und Bedürfnisse anderer	Empathie

Für jede dieser acht Erfolgsfertigkeiten zeigt Borba ausführlich, welche Mittel
Eltern zur Verfügung stehen, um die angestrebten Entwicklungsziele so zu er-

reichen, dass sie von den Kindern erfolgreich in ihr Persönlichkeitssystem integriert und die damit verbundenen Erfahrungs- und Verhaltensmuster im Sinne autonomer Gewohnheiten zu ihren eigenen gemacht werden können.

3.3 Eltern als Arrangeure von Entwicklungsgelegenheiten

Eine dritte zentrale Funktion, die Eltern im Umgang mit ihren kleinen Kindern zufällt, besteht darin, dass sie *Arrangeure von Entwicklungsgelegenheiten* für ihre Kinder sind. Idealerweise besagt dies, dass sie nicht nur im inner-, sondern auch im außerfamiliären Kontext solche Umweltbedingungen schaffen, die ihre Kinder dazu anregen, ihren Lern- und Erfahrungshorizont etwa im Sinne der oben genannten Entwicklungsziele erweitern zu können, und zwar zum Teil auch ohne ihre Präsenz bzw. ihr unmittelbares Eingreifen. Eltern übernehmen dadurch die Rolle von „Türöffnern" für die Ökologie ihrer Kinder, die sich im Sinne Bronfenbrenners als sekundäre Entwicklungskontexte qualifizieren und den Kindern sich ständig erweiternde Erfahrungs- und Handlungsspielräume erschließen. Eltern können auf diesem Wege, der durchaus ein hohes Maß an pädagogischer Kompetenz und Behutsamkeit erfordert, viel von der „Zudringlichkeit" direkter Erziehungsbemühungen entschärfen (vgl. Domke, 1997).

3.3.1 Eltern als Arrangeure einer „Ökologie der Sicherheit"

Eine wesentliche Aufgabe von Eltern in ihrer Rolle als Arrangeure kindlicher Entwicklungsgelegenheiten besteht zuallererst darin, für eine kindgerechte „Ökologie der Sicherheit" zu sorgen. Besonders wichtig ist hierbei die physische Sicherheit von Kindern innerhalb und außerhalb der Wohnung, z.B. durch die Installation von Kindersicherungen für Steckdosen, die Auswahl sicherer und ungiftiger Spielzeuge, das Beiseiteschaffen gefährlicher Gegenstände im Haushalt, das Aufsuchen kindersicherer Spielpätze, die Verwendung von gesicherten Kindersitzen bei Autofahrten, die Durchsetzung von verkehrsberuhigten Zonen und Kinderspielstraßen auf kommunalpolitischer Ebene etc. (vgl. hierzu entsprechende Hinweise in Elternratgebern wie z.B. Leach, 1993, S. 573-576, oder die von der Bundeszentrale für gesundheitliche Aufklärung in Köln herausgegebene Broschüre „Die neue Sicherheitsfibel: Ein Ratgeber für Eltern zur Verhütung von Kinderunfällen").

Ein weiterer Aspekt einer kindorientiertend Ökologie der Sicherheit hat mit der physischen und psychischen Sicherheit von Kindern zu tun, wenn sie mit anderen Personen in Berührung kommen. Dies betrifft den Umgang mit anderen Familienmitgliedern (z.B. Geschwistern, Verwandten), Babysittern und sonstigen zeitweiligen Betreuungspersonen (z.B. Tagesmütter, Krippen- und Kindergartenpersonal) im Hinblick auf physische Gewaltanwendung, psychische Misshandlung, Missbrauch oder Vernachlässigung (vgl. Egle, Hoffman & Joraschky, 1997), die – wie entsprechende Dunkelfeldstudien zeigen – in einem erheblichem Maße im familiären Kontext nachweisbar sind (vgl. Deegener, 2000; Wetzels, 1997).

Eine besondere Rolle spielen dabei die Eltern selbst, die ja aus der Sicht der Kinder zunächst ihre wichtigste „soziale Ökologie" darstellen. Dabei können Eltern nicht nur dadurch, dass sie im direkten Kontakt mit ihren Kindern Gewalt in ihren unterschiedlichen Formen ausüben, sondern auch dadurch, dass Kinder Zeugen heftiger und destruktiver Partnerkonflikte werden, auf indirektem Wege die Entwicklung ihrer Kinder beeinträchtigen. Dies wurde inzwischen in einer Fülle von Studien nachgewiesen, in denen sich die „spillover"-Hypothese, d.h. das „Überschwappen" von interparentalen Konflikten auf konflikthafte Eltern-Kind-Beziehungen und daraus resultierende Verhaltensstörungen der Kinder, weitgehend bestätigt hat (vgl. Cummings & Davies, 1994; Erel & Burman, 1995; Krishnakumar & Buehler, 2000).

3.3.2 Eltern als Arrangeure einer „Ökologie der Entwicklungsförderung"

In den bisher genannten Aspekten einer kindorienierten Ökologie der Sicherheit geht es vor allem darum, negative Bedingungen des Aufwachsens zu entschärfen. Als Arrangeure kindlicher Entwicklungsgelegenheiten übernehmen Eltern aber auch die Aufgabe, entwicklungsförderliche Umwelten zu schaffen, an denen sie entweder überhaupt nicht, nur teilweise oder nur marginal beteiligt sind. Eine derartige kindorientierte „Ökologie der Entwicklungsförderung" hat viele Facetten und trifft im Prinzip auf alle bereits genannten Punkte zu – allerdings mit einem positiven Vorzeichen. Mit anderen Worten: Innerhalb des häuslichen und außerhäuslichen Umfelds können dem Entwicklungsstand des Kindes angemessene Anregungsbedingungen so gestaltet und ausgewählt werden, dass sie bei den Kindern zu entwicklungsförderlichen Effekten führen (z.B. durch die Auswahl entsprechenden Spielzeugs oder durch das Aufsuchen interessanter und anregungsreicher Orte wie entsprechend ausgestattete Spielplätze, Zoos oder Einkaufsgelegenheiten). Gleiches gilt auch für den inner- und außerfamiliären Kontakt mit anderen Personen, was von den Eltern verlangt, dass sie sich mit diesen Personen (z.B. Kindergärtnerinnen, Freunde der Kinder) vertraut machen und sich vergewissern, dass sie für die Entwicklung ihrer Kinder nicht nur unschädlich, sondern darüber hinaus entwicklungsfördernd sind.

Das Arrangement kindlicher Entwicklungsumwelten ist ein erkennbar delikates, bisweilen zwiespältiges, auf jeden Fall aber ein hohes Maß an Aufmerksamkeit, Erfahrung und pädagogischem Bewusstsein erforderndes Unterfangen. Wir wollen uns dies an zwei Beispielen verdeutlichen, die vor allem für die Entwicklung von Klein- und Vorschulkindern von hoher Aktualität und Bedeutung sind. Es ist dies zum einen die Frage eines angemessenen Umgangs mit dem Medienkonsum von Kindern und zum anderen das Thema einer klugen Einflussnahme auf die Wahl von Freunden durch die Kinder.

3.3.2.1 Medienkonsum von Kleinkindern

Was die kindliche Mediennutzung anbelangt, wird inzwischen von einer „Mediatisierung" kindlicher Lebenswelten gesprochen, die sich vor allem (a) an einer Zunahme mediengebundener Erfahrungen, (b) dem erhöhten Stellenwert elektronischer Medien für die Freizeitgestaltung von Kindern, (c) der wachsenden Verschmelzung von Medienwirklichkeit und sozialer Wirklichkeit und (d) der verstärkten Präsenz von Symbolen aus den Medien und der Werbung im Alltag äußert (vgl. Jäckel, 1997, S. 10). Die zunehmende Mediatisierung kindlicher Lebenswelten ist – was kaum verwundert – ein Reflex auf die Zunahme entsprechender Angebote der Medienwirtschaft. So zeigte sich beispielsweise in den wissenschaftlichen Begleitstudien des Dortmunder Kabelprojekts, dass der tägliche Fernsehkonsum von Kindern im Alter bis zu drei Jahren in nicht verkabelten Haushalten 17 Minuten betrug, während der entsprechende Wert für Haushalte mit Kabelanschluss mit 33 Minuten nahezu doppelt so hoch lag. Für die 4- bis 6-Jährigen ergaben sich durchschnittliche Fernsehkonsumzeiten von 52 Minuten (ohne Kabel) und 87 Minuten (mit Kabel) (vgl. MAGS, 1990, S. 53). Mit anderen Worten: Allein dadurch, dass die Eltern sich für einen Kabelanschluss entschieden hatten, stieg der Fernsehkonsum ihrer Kinder drastisch, dies übrigens vor allem zu Lasten der Nutzung von Printmedien, d.h. dem Vorlesen und Selberlesen von Büchern (vgl. Hurrelmann, 1989).

Unabhängig von der Quantität der Mediennutzung geht es jedoch in besonderem Maße um die speziellen Formen der Mediennutzung, wobei gerade bei kleinen Kindern die Eltern als Arrangeure kindlicher Entwicklungsumwelten im Sinne eines angemessenen Umgangs mit „virtuellen Ökologien" ins Spiel kommen. In Bezug auf das Fernsehen belegt eine Reihe von Studien, dass der innerfamiläre Umgang mit diesem Medium einen erheblichen Einfluss auf das kindliche Rezeptionsverhalten hat. So variierte die Dauer der Fernsehnutzung, die Auswahl von Programmen sowie die Art der Auseinandersetzung mit den Inhalten in erheblichem Maße mit der Qualität des Familienklimas und des elterlichen Erziehungsstils: Kinder, die (a) in einem emotional positiven, anregenden und alternative Betätigungen ermöglichenden Familienklima aufwachsen und deren Eltern sich (b) unterstützend, erklärend und regelkonsistent verhalten, sehen weniger fern und neigen dazu, die Bedeutung dieses Mediums und seiner Inhalte zu relativieren (vgl. Hurrelmann, Hammer & Steckberg, 1996; Schneewind, Beckmann & Engfer, 1983).

Weit davon entfernt die Medien, insbesondere auch die neuen Medien (z.B. Internet, Computerspiele) zu verteufeln, wie es z.B. Postman (1985) getan hat, bedarf es einer Aufklärung über altersangemessene Inhalte und potenzielle Wirkungen des kindlichen Medienkonsums, die es Eltern ermöglicht, ihre Entscheidungen über die Inhalte und Dauer des kindlichen Medienkonsums selbstverantwortlich treffen zu können. Freilich zeigt sich gerade in Familien, die unter einer relativen finanziellen Knappheit leiden (z.B. Ein-Eltern-Familien, kinderreiche Familien), dass häufiger, weniger bewusst reflektierend und unter Bevorzugung stark aktionsorientierter Programme (im Sinne von „Reality TV") ferngesehen wird. Dies hat wiederum insbesondere bei den jüngeren Kindern eine stärker an den Medien als an den eigenen Erfahrungen orientierte Deutung der Wirklichkeit zur Folge (vgl. Hurrelmann et al., 1996; Theunert und Schorb, 1995).

Umso mehr ist demnach eine „Medienkompetenz im Informationszeitalter" erforderlich, wie sie Baacke (1997) nicht nur für die Eltern, sondern auch für die Kinder angemahnt hat und wie sie inzwischen auch auf der familienpolitischen Ebene diskutiert wird (vgl. Bundesministerium für Familie, Senioren, Frauen und Jugend, 1998; Wissenschaftlicher Beitrat für Familienfragen, 1998). So fordert der Wissenschaftliche Beirat für Familienfragen (1998, S. 246) u.a., „die Daten über das Ausmaß der Mediennutzung, über die Struktur des allgemeinen Programmangebots, über die Rolle der Kinder in der Werbung sowie über die Gewaltprofile der über das Fernsehen, über Videos und über Internet verbreiteten Inhalte regelmäßig zu veröffentlichen und sachkundig in der Öffentlichkeit zu diskutieren." Auf diese Weise kann ein wichtiger Beitrag zur Kultivierung der Medienkompetenz und damit zur Kompetenz von Eltern als Arrangeuren eines bedeutsamen Ausschnitts kindlicher Entwicklungsumwelten geleistet werden.

3.3.2.2 Sozialbeziehungen von Kleinkindern

Ein weiterer wichtiger Bereich kindlicher Lebenswelten besteht in dem all-
mählichen Hineinwachsen in altersgleiche Sozialbeziehungen, die mit zunehmendem Lebensalter mehr und mehr an Bedeutung gewinnen. Abgesehen davon, dass Eltern durch die Geburt von Geschwisterkindern sich nicht nur als
Arrangeure, sondern auch als „Produzenten" des Personals zur Ermöglichung
innerfamiliärer Gleichaltrigenbeziehungen erweisen, was freilich in Deutschland immer seltener der Fall ist, nehmen sie auch Einfluss auf die Herstellung
außerfamiliärer Gleichaltrigenkontakte ihrer Kinder.

Auf formelle Weise geschieht dies im Falle von Klein- und Vorschulkindern dadurch, dass sie bei Tagesmüttern, Kinderkrippen und Kindergärten mit anderen Kindern in Berührung kommen, wobei die Qualität der institutionellen Betreuung erheblich variieren kann (vgl. Beller, 1995). Insbesondere hat sich gezeigt, dass große Gruppen, ein ungünstiges Verhältnis von Betreuungspersonen zu anvertrauten Kindern und eine unzureichende Schulung des Betreu-
ungspersonals zu weniger Anregung und Einfühlsamkeit sowie zu einem
höheren Maß an einschränkendem Verhalten seitens der Betreuungspersonen
führt, was wiederum – vor allem im ersten Lebensjahr – eine Beeinträchtigung der kognitiven und sozio-emotionalen Entwicklung der Kinder nach sich
zieht (vgl. Belsky, 1990; Howes, 1990; Lamb, 1997). Eltern sind daher gut beraten, auf diese Aspekte zu achten, wenn sie eine außerfamiliäre Betreuung
ihrer kleinen Kinder in Erwägung ziehen.

Neben dem Zugang zu Gleichaltrigen über formelle Betreuungsinstitutionen
regeln Eltern den Kontakt mit Gleichaltrigen aber auch auf informellem Wege. Zunächst hat dies etwas mit dem Umfang und der Kontaktpflege des eigenen sozialen Netzwerks der Eltern zu tun. So konnte Uhlendorff (1996) nachweisen, dass Kinder, deren Eltern einen ausgedehnten Freundeskreis haben,
mehr Beziehungen zu Gleichaltrigen haben und auch mehr wechselseitige
Freundschaften in institutionellen Betreuungskontexten aufweisen. Ein ähnli-
cher Befund hatte sich zuvor auch in der Studie von Schneewind et al. (1983)
gezeigt, wobei vor allem Einflüsse eines anregungsreichen und wenig restrik-
tiven Familienklimas sowie ein wertschätzender und unterstützender elterlicher Erziehungsstil für die Entwicklung außerfamiliärer Gleichaltrigenkontakte zur Geltung kommen. Mit anderen Worten: Eltern beeinflussen nicht nur
auf direktem Wege die Entwicklung sozialer Kompetenzen bei ihren Kindern,
sondern tragen auf indirektem Wege durch die Bereitstellung vielfältiger Möglichkeiten der sozialen Kontaktanbahnung zur Sozialentwicklung ihrer Kinder
bei.

Von einiger Bedeutung ist dabei nicht nur der Umstand, dass Eltern Gelegenheiten für die Entwicklung kindlicher Sozialkontakte schaffen (z.B. indem sie Spielkameraden für ihre Kinder zu sich nach Hause einladen), sondern auch die Frage, wie sie Einfluss auf diese Kontakte nehmen. Hierbei spielt vor allem das Ausmaß an Überwachung und Kontrolle eine wesentliche Rolle. Während auf der einen Seite die Überwachung kindlicher Aktivitäten (im Sinne des englischen Begriffs „monitoring", d.h. das Wissen darüber, wo das Kind sich wann mit wem aufhält und was es dabei tut) im Allgemeinen ein Ausdruck elterlicher Fürsorge ist und auf Seiten der Kinder mit positiven Entwicklungseffekten einhergeht, kann eine zu starke elterliche Überwachungstendenz ihrer Kinder, insbesondere wenn diese sich aktuell im Kontakt mit Gleichaltrigen befinden, eher abträglich für deren Sozialentwicklung sein. So konnten z.B. Ladd und Golter (1988) in einer Studie nachweisen, dass Kindergartenkinder, deren Mütter Spielaktivitäten mit anderen Kindern eng kontrollierten und sich häufig in das Spielgeschehen einmischten, von ihren Spielkameraden weniger gemocht wurden als Kinder von Müttern, die sich in den Spielsituationen eher im Hintergrund hielten und wenig intervenierten. Kinder – so scheint es – benötigen vor allem im Kontakt mit Gleichaltrigen ein wohl dosiertes Maß an elterlicher Überwachung, um sich in ihrer Gleichaltrigengruppe Akzeptanz und Status zu verschaffen, was wiederum die Entwicklung ihrer sozialen Kompetenzen fördert.

4. Was Eltern von kleinen Kindern brauchen

Nachdem wir uns etwas ausführlicher mit der Frage beschäftigt haben, was kleine Kinder brauchen – und zwar vor allem von ihren Eltern –, wollen wir nun die Frage umkehren und einige Überlegungen dazu anstellen, was Eltern von kleinen Kindern brauchen. Auf den Punkt gebracht, brauchen Eltern von kleinen – aber auch von größeren – Kindern vor allem Zeit, Kompetenz und Unterstützung, um ihre Aufgaben als Interaktionspartner, Erzieher und Arrangeure von Entwicklungsgelegenheiten ihrer Kinder angemessen erfüllen zu können.

4.1 Eltern brauchen Zeit

Die *Ressource Zeit* ist dabei eine grundlegende Voraussetzung, um Kindern die Möglichkeit zu verschaffen, ihre Eltern als „psychologisch erreichbar" zu erleben. Dies widerspricht dem Mythos von der „quality time", wonach es nicht auf die Quantität, sondern vornehmlich auf die Qualität der mit dem

Kind verlebten Zeit ankommt. In Wahrheit verlangt psychologische Erreichbarkeit beides, ein hinreichend großes Quantum an gemeinsamer Zeit mit
dem Kind *und* die Bereitschaft und Fähigkeit, sich auf das Kind einzulassen.
Dass die Ressource Zeit für Eltern ein wesentlicher Faktor – für viele auch ein
wesentlicher Belastungsfaktor – ist, zeigen die inzwischen auch in Deutschland in größerem Umfang vorliegenden Studien zum Übergang zur Elternschaft und zur Familienentwicklung in der Zeit danach (vgl. zusammenfassend Reichle & Werneck, 1999).

In den meisten Studien lässt sich eine Traditionalisierung der Geschlechterrollen feststellen, wonach die jungen Mütter das Gros der Kinderbetreuungsaufgaben übernehmen, wohingegen die Väter ihr zeitliches Engagement im
beruflichen Kontext aufrechterhalten oder gar ausdehnen, und zwar entgegen den Plänen und Abmachungen, auf die sich die werdenden Eltern vor der
Geburt des Kindes verständigt hatten (vgl. Schneewind et al., 1997). Es sind
somit vor allem die Väter, die – sei es aus ökonomischen oder persönlichen
Gründen – weniger Kontaktmöglichkeiten zu ihren Kindern haben. Auch wenn
viele junge Väter darunter leiden, sind auf der anderen Seite die meisten von
ihnen nicht bereit, selbst im Falle gut bezahlter und interessanter Teilzeitjobs,
Kinderbetreuungsaufgaben zu übernehmen, wohingegen eben diese jungen
Väter für ihre Frauen gerade solche Teilzeitberufe vehement einfordern (vgl.
Schneewind et al., 1997, S. 264). Hier wird ein offenkundig immer noch bestehender Mentalitätsunterschied zwischen Frauen und Männern erkennbar,
der sich u.a. auch daran festmachen läßt, dass gerade einmal 1,5 Prozent der
jungen Väter von der Möglichkeit des (allerdings schlecht) bezahlten Erzie-
hungsurlaubs im Rahmen des Bundeserziehungsgeldgesetzes Gebrauch machen.

Je weniger Zeit die Väter in Kinderbetreuungsaufgaben investieren, desto
mehr Zeit müssen die Mütter hierfür aufbringen oder anderweitig Betreu-
ungskapazität organisieren, was entweder im Hinblick auf ihre eigenen beruflichen Ambitionen Zeitprobleme (Stichwort „Vereinbarkeit von Familie und
Beruf") oder finanzielle Probleme aufwirft. Das Problem verschärft sich, wenn
es zwischen den jungen Eltern zu Konflikten bezüglich der Zeitaufteilung im
Hinblick auf Präsenz und Kinderbetreuungsaufgaben kommt. Dies kann sich
dann in einem massiven Ungerechtigkeitserleben des sich benachteiligt und
nicht unterstützt fühlenden Elternteils (nahezu ausschließlich sind es die jungen Mütter) niederschlagen, was wiederum die Qualität der Paarbeziehung
und der Elternallianz unterminiert (vgl. Reichle, 1994). Paar- und Elternkon-
flikte beeinträchtigen jedoch nicht nur das individuelle psychische Wohlbefinden der Eltern bis hin zur Depressivität, sondern damit auch ihre psychologi-

sche Erreichbarkeit für ihre Kinder und ihre allgemeine Erziehungskompetenz mit ihren entsprechenden Konsequenzen für die Entwicklung der Kinder
(vgl. Ambert, 1997).

4.2 Eltern brauchen Kompetenz

Elterliche Kompetenz erfordert vor allem zweierlei, nämlich Wissen (z.B. über
kindliche Entwicklungschritte und -probleme) und konkrete Fertigkeiten im
Umgang mit dem Kind (z.B. Unterstützung bei kindlichen Problemen, Gren-
zensetzen bei inakzeptablem kindlichen Verhalten) – all dies auf dem Hintergrund einer von Liebe und Respekt für das Kind getragenen Haltung. Diese
Forderung markiert eher ein Idealbild elterlicher Erziehung als die Wirklichkeit der elterlichen Erziehungspraxis.

Auch wenn viele Eltern im Sinne des „intuitiven Elternverhaltens" (vgl. Papoušek & Papoušek, 1987) über evolutionspsychologisch entwickelte Programme
für den „richtigen" Umgang mit ihren kleinen Kindern, insbesondere Säuglingen, verfügen, bedeutet dies keineswegs, dass elterliche Erziehungskompetenzen als naturwüchsige und unveränderbare Phänomene hingenommen
werden müssen. Zum einen zeigen Studien aus der bindungstheoretischen
Forschungstradition, dass Eltern mit schwierigen Beziehungserfahrungen in
ihrer eigenen Kindheit ihren Kleinstkindern häufig mit emotionaler Unsicherheit oder gar Zurückweisung begegnen (vgl. z.B. Biringen, 1990; Crowell &
Feldman, 1991). Zum anderen liefern Interventionsstudien, die mit der Absicht einer Stärkung früher elterlicher Beziehungskompetenzen durchgeführt
wurden, Belege dafür, dass nicht nur die Überzeugungen der Eltern hinsichtlich einer erhöhten Wirksamkeit im Umgang mit ihren Kindern modifizerbar
sind, sondern auch die damit verbundenen faktischen Verhaltensweisen wie
z.B. ein erhöhtes Maß an praktizierter Feinfühligkeit oder angemessener Reaktion auf kindliches Verhalten (vgl. van den Boom, 1994; Riksen-Walraven,
1978). Gleiches gilt auch für die Stärkung elterlicher Beziehungs- und Erziehungskompetenzen im Umgang mit ihren älteren Kindern und auch mit Kindern, die temperamentsmäßig als „schwierig" bzw. als verhaltensauffällig bezeichnet werden (vgl. zusammenfassend Briesmeister & Schaefer, 1998; Perrez, 1994). Mit anderen Worten: Gut evaluierte Interventionsstudien belegen,
dass es sich lohnt, elterliche Kompetenzen zu stärken und auf diese Weise
auch die Entwicklungseffekte der Kinder in einer günstigen Weise zu beeinflussen.

4.3 Eltern brauchen Unterstützung

Unterstützung brauchen Eltern insbesondere dann, wenn sie mit ihren oben genannten Aufgaben Schwierigkeiten haben, sei es aufgrund persönlicher, partnerbezogener, finanzieller oder gesellschaftlich bedingter Belastungen – letzteres z.B. aufgrund mehr oder minder subtiler „struktureller Rücksichtslosigkeiten" gegenüber Familien mit Kindern, die sich u.a. in fehlenden Krippen- bzw. Kindergartenplätzen oder mangelnder Vereinbarkeit von Familie und Beruf im Zeitraster des täglichen Lebens äußern (vgl. Kaufmann, 1995).

In vielen Fällen verfügen Eltern über Möglichkeiten, schwierige Lebenslagen selbst zu bewältigen oder sich eigenständig Hilfen und Unterstützung in solchen Situationen zu verschaffen, sei es durch ihre Partner oder durch andere Personen in ihrem sozialen Umfeld. Unabhängig davon geht es aber auch darum, Eltern Angebote zur Stärkung ihrer Beziehungs- und Erziehungskompetenzen zu machen, auf die sie zurückgreifen können, wenn schwierige Lebenslagen oder sonstige erziehungsbeeinträchtigende Voraussetzungen vorliegen. Von zentraler Bedeutung ist dabei – wie im vorangehenden Abschnitt dargelegt – zum einen die *Stärkung des Wissens,* das mit Fragen der Beziehung bzw. Erziehung von kleinen Kindern im Hinblick auf ihre spezifischen Entwicklungsphasen zu tun hat, zum anderen aber auch die *Stärkung konkreter Fertigkeiten,* die mit einem liebe- und respektvollen, zugleich aber auch nicht immer konfliktfrei ablaufenden entwicklungsförderlichen Umgang mit den Kindern in Einklang zu bringen sind.

Obwohl es neben personalen Unterstützungsangeboten (z.B. Erziehungsberatungsstellen) auch eine Fülle von nicht-personalen Hilfen (z.B. in Form von Elternbriefen oder kommerzieller Selbsthilfeliteratur) gibt, mangelt es in Deutschland an flächendeckenden Angeboten, die mit einem hohen „Infotainmentwert" und damit einer hohen Zielgruppenerreichbarkeit ein generelles Bewusstsein für die immense Bedeutung einer angemessenen Beziehungs- und Erziehungskultur schaffen.

Kreative und z.T. auch erprobte Vorschläge hierzu, die auf die Möglichkeiten audiovisueller Medien zurückgreifen – neben Fernsehen und Video sind dies insbesondere auch die sog. neuen Medien wie interaktive CD-ROMs oder das Internet –, gibt es in anderen Ländern (z.B. Australien, USA) bereits und werden erfolgreich eingesetzt. Ein Beispiel dafür ist das von Gordon und Mitarbeitern entwickelte „Parenting Wisely"-Programm, das auf der Basis interaktiver CD-ROMs charakteristische Erziehungsszenarien in Form kurzer Videoclips darstellt und dann unterschiedliche Varianten zur Lösung der dargestellten herausfordernden Erziehungsituationen präsentiert, die wiederum unterschiedliche Konsequenzen nach sich ziehen. Unter den angebotenen Lösungsvarianten befindet sich auch eine mutmaßlich optimale Vorgehensweise, deren Konsequenzen ebenfalls szenisch dargestellt und anschließend diskutiert werden. Die bisherigen Evaluationsstudien zu diesem Programm sind – auch als Adjunkt zu personalisierten Formen der Erziehungsberatung – sehr viel versprechend (vgl. Gordon, 2000).

Ein weiteres Beispiel für die Stärkung elterlicher Erziehungskompetenzen ist das Programm „Triple P", das in Australien entwickelt wurde und mit Hilfe kurzer animierender Fernsehspots, die während der Hauptsendezeit ausgestrahlt wurden, eine hohe Zuschauerzahl erreichte (vgl. Sanders, 1998). Eine Version mit schriftlichen „kleinen Helfern" für vielfältige Erziehungssituationen – auch und vor allem im Umgang mit kleinen Kindern – und einer Videokassette existiert inzwischen auch in Deutschland, ohne freilich die über das Medium Fernsehen mögliche Breitenwirkung erzielen zu können (vgl. Hahlweg et al., im Druck; PAG Institut für Psychologie, 2000, oder den Beitrag von Miller und Hahlweg in diesem Band).

5. Resümee

Dieser Beitrag hat einige Überlegungen und Belege dafür angeführt, dass es wichtig ist, sich darüber Gedanken zu machen, was kleine Kinder brauchen und was Eltern von kleinen Kindern brauchen. Dabei hat sich gezeigt, dass kleine Kinder spezifische Entwicklungsbedürfnisse haben, bei deren Erfüllung ihre Eltern ihnen in ihrer Rolle als Interaktionspartner und Erzieher und mit zunehmendem Alter mehr und mehr auch als Arrangeure von Entwicklungsgelegenheiten behilflich sein können. Vor allem in ihrer Rolle als Arrangeure kindlicher Entwicklungsgelegenheiten können Eltern wesentlich dazu beitragen, dass ihre Kinder sich angesichts der vielfältigen Gefährdungen, mit denen sie in ihrem Lebensraum konfrontiert sind, auf verantwortbare Weise mit ihrer Umwelt vertraut machen und ihre eigene Lebenswelt erschließen. Dies mit dem Ziel, die Basis für ein „bejahenswertes Leben" zu schaffen, das die Kinder letztlich ein ganzes Leben lang selbst führen und gestalten müssen. Damit Eltern diese Aufgaben angemessen erfüllen können, brauchen sie vor allem Zeit, Kompetenz und Unterstützung, insbesondere im Hinblick auf ihre elterlichen Erziehungsfertigkeiten. Die grundlagen- und anwendungsorientierte Forschung hat hierzu wesentliche und ermutigende Beiträge geleistet, die nunmehr darauf warten, in großem Stile im Sinne eines Unterstützungsangebotes für junge Eltern umgesetzt zu werden.

Gerade was die Unterstützung junger Eltern anbelangt, wäre es dringlich erforderlich, unter Nutzung der alten und neuen Medien flächendeckend, mit niedriger Zugangsschwelle und zugleich mit einem hohen Maß an Privatheit der Nutzung ein interessantes Angebot zur Stärkung elterlicher Erziehungskompetenzen zu schaffen. Dies ist eine Aufgabe, die – jenseits aller unabweisbar auch erforderlichen finanziellen Unterstützung von Eltern mit Kindern – eine herausgehobene Bedeutung für die Gesellschafts- und Familienpolitik in Deutschland haben sollte, und zwar nicht zuletzt auch im Hinblick darauf, dass eine gelingende Entwicklung der nachwachsenden Generation unsere wichtigste gesellschaftliche Ressource ist. Dabei lohnt es sich, mit diesem Unterstützungsangebot – auch wenn dies sicher nicht zum Nulltarif zu haben ist – gerade für Familien mit kleinen Kindern einen beherzten Anfang zu machen. Dies vor allem deswegen, weil damit die Entwicklung der nachfolgenden Generation möglichst früh in günstigen Bahnen erfolgen kann.

Literatur

Ambert., A.-M. (1997). Parents, children, and adolescents. New York: Haworth Press.

Baacke, D. (1999). Die 0 – 5Jährigen. Weinheim: Beltz.

Bandura, A. (1997). Self-efficacy: The exercise of control. New York: Freeman.

Barnet, A. B. & Barnet, R.J. (1998). The youngest minds. New York: Simon & Schuster.

Beller, E. K. (1995). Die Krippe. In: R. Oerter & L. Montada (Hg.). Entwicklungspsychologie (3. vollständig überarbeitete Auflage). Weinheim: Psychologie Verlags Union, pp. 915-928.

Belsky, J. (1990). Parental and non-parental child care and children's socio-emotional development: A decade review. Journal of Marriage and the Family 52, pp. 885-903.

Bertram, H. & Hennig, M. (1995). Eltern und Kinder. Zeit, Werte und Beziehungen zu Kindern. In: B. Nauck & H. Bertram (Hg.). Kinder in Deutschland. DJI: Familiensurvey 5. Opladen: Leske & Budrich, pp. 91-120.

Bien, W. (Hg.) (1996). Familie an der Schwelle zum neuen Jahrtausend. DJI: Familiensurvey 6. Opladen: Leske & Budrich.

Biringen, Z. (1990). Direct observation of maternal sensitivity and dyadic interactions in the home: Relations to maternal thinking. Developmental Psychology 26, pp. 278-284.

Bloomquist, M. L. (1996). Skills training for children with behavior disorders. New York: Guilford Press.

Borba, M. (1999). Parents do make a difference. San Francisco, CA: Jossey-Bass.

Briesmeister, J. M. & Schaefer, C. E. (Eds.) (2nd ed. 1998). Handbook of parent training. New York: Wiley.

Bronfenbrenner, U. (1979). Contexts of child rearing: Problems and prospects. American Psychologist 36, pp. 844-850.

Bronfenbrenner, U. & Ceci, S. J. (1994). Nature-nurture reconceptualized: A bioecological model. Psychological Review 101, pp. 568-586.

Bronfenbrenner, U. & Morris, P. A. (2000). Die Ökologie des Entwicklungsprozesses. In: A. Lange & W. Lauterbach (Hg). Kinder in Familie und Gesellschaft zu Beginn des 21sten Jahrhunderts. Stuttgart: Lucius & Lucius, pp. 29-58.

Bundesministerium für Familie und Senioren (Hg.). (1994). Die Familien und Familienpolitik im geeinten Deutschland – Zukunft des Humanvermögens. Fünfter Familienbericht. Bonn: Universitätsdruckerei.

Bundesministerium für Familie, Senioren, Frauen und Jugend (Hg.). (1998). Zehnter Kinder- und Jugendbericht. Bonn: Bonner Universitäts-Druckerei.

Crowell, J. A., & Feldman, S. S. (1991). Mothers' working models of attachment relationships and mother and child behavior during separation and reunion. Developmental Psychology 27, pp. 597-605.

Cummings, E. M. & Davies, P. (1993). Children and marital conflict. The impact of family dispute and resolution. New York: Guilford Press.

Deci, E. L. (1995). Why we do what we do. The dynamics of personal autonomy. New York: Putnam's Sons.

Deegener, G. (2000). Die Würde des Kindes. Plädoyer für eine Erziehung ohne Gewalt. Weinheim: Beltz.

DeWolff, M. S. & van IJzendoorn, H. M. (1997). Sensitivity and attachment: A meta-analysis on parental antecedents of infant attachment. Child Development 69, pp. 124-139.

Domke, H. (1997). Gar nicht erzogen – und doch ausgezeichnet erzogen. Überlegungen zur Gestaltung familialer Bedingungen des Aufwachsens. In: H. Macha & L. Mauermann (Hg.). Brennpunkte der Familienerziehung). Weinheim: Deutscher Studienverlag, pp. 74-97.

Egle, U. T. Hoffmann, S. O. & Joraschky, P. (Hg.). (1997). Sexueller Missbrauch, Misshandlung, Vernachlässigung. Stuttgart: Schattenauer.

Engstler, H. (1998). Die Familie im Spiegel der amtlichen Statistik. Brühl: Chudeck Druck Service.

Erel, O. & Burman, B. (1995). Interrelatedness of marital relations and parent-child-relations: A meta-analytic review. Psychological Bulletin 118, pp. 108-132.

Gloger-Tippelt, G. (2000). Familienbeziehungen und Bindungstheorie. In: K. A. Schneewind (Hg.). Familienpsychologie im Aufwind). Göttingen: Hogrefe, pp. 49-63.

Gordon, D. (2000). Parent training via CD-ROM: Using technology to disseminate effective prevention practices. Journal of Primary Prevention 21, pp. 227-251.

Greenough, W. T. & Black, J. E. (1992). Induction of brain structure by experience: Substrates for cognitive development. In: M. R. Gunnar & C. A. Nelson (Eds.). The Minnesots Symposia on child psychology 24. Hillsdale, NJ: Erlbaum, pp. 155-200.

Hahlweg, K., Kuschel, A., Miller, V., Lübcke, A., Köppe, E. & Sanders, M. R. (im Druck). Prävention kindlicher Verhaltensstörungen. Triple P – Ein mehrstufiges Programm zu positiver Erziehung. In: S. Walper & R. Pekrun (Hg.). Familie und Entwicklung: Perspektiven der Familienpsychologie. Göttingen: Hogrefe.

Harris, J. R. (2000). Ist Erziehung sinnlos? Die Ohnmacht der Eltern. Reinbek: Rowohlt.

Howes, C. (1990). Can the age of entry and the quality of infant child care predict adjustment in the kindergarten? Developmental Psychology 26, pp. 292-303.

Hurrelmann, B. (1989). Fernsehen in der Familie. Auswirkungen der Programmerweiterung auf den Mediengebrauch. Weinheim: Juventa.

Hurrelmann, B., Hammer, M. & Stelberg, K. (1996). Familienmitglied Fernsehen. Opladen: Westdeutscher Verlag.

Huttenlocher, J., Haight, W., Bruk, A., Seltzer, M. & Lyons, T. (1991). Early vocabulary growth: Relation to language input and gender. Developmental Psychology 27, pp. 236-248.

Huttenlocher, P.R. & Dabholkar, A.S. (1997). Regional differences in synoptogenesis in human cerebral context. The Journal of Comparative Neurology 387, pp. 167-178.

Jäckel, M. (1997). Wer trägt die Verantwortung? Zur Mediennutzung von Kindern und Jugendlichen. Aus Politik und Zeitgeschichte 13-19-20, pp. 3-12.

Kaufmann, F.-X. (1995). Zukunft der Familie im vereinten Deutschland. München: Beck.

Krishnakumar, A. & Buehler, C. (2000). Interparental conflict and parenting behavior: A meta-analytic review. Family Relations 49, pp. 25-44.

Ladd, G. W. & Golter, B. S. (1988). Parents' management of preschoolers' peer relations. Is it related to children's social compentence? Developmental Psychology 28, pp. 1179-1187.

Lamb, M. E. (1997). Nonparental child care: Context, quality, correlates, and consequences. In: W. Damon (Ed.). Handbook of child psychologogy. Volume 4: Child psychology in practice. New York: Wiley, pp. 73-133.

Leach, P. (1993). Die ersten Jahre deines Kindes. München: dtv.

MAGS (Ministerium für Arbeit, Gesundheit und Soziales) (1990). 3. Familienbericht der Landesregierung Nordrhein-Westfalen. Düsseldorf: o.V.

PAG Institut für Psychologie (2000). Positive Erziehung. Triple P Positives Erziehungsprogramm. Münster: Verlag für Psychotherapie.

Papoušek, H. & Papoušek, M. (1987). Intuitive parenting: A dialectical counterpart to the infant's integrative competence. In: J. D. Osofsky (Ed.). Handbook of infant development (2nd ed.). New York: Wiley, pp. 669-720.

Parke, R. D. & Buriel, R. (1997). Socialization in the family: Ethnic and ethological perspectives. In: W. Damon (Gen. Ed.)/N. Eisenberg (Vol. Ed.). Handbook of child psychology. Social, emotional, and personality development (5th ed.). New York. Wiley, pp. 463-552.

Perrez, M. (1994). Optimierung und Prävention im erzieherischen Bereich. In: K. A. Schneewind (Hg.). Psychologie der Erziehung und Sozialisation. Enzyklopädie der Psychologie. Pädagogische Psychologie 1. Göttingen: Hogref, pp. 585-617.

Postman, N. (1985). Wir amüsieren uns zu Tode. Urteilsbildung im Zeitalter der Unterhaltungsindustrie. Frankfurt a.M.: Fischer.

Ramey, C. T. & Ramey, S. L. (1999). Right from birth. Building your child's foundation for life. New York: Goddard Press.

Reichle, B. & Werneck, H. (Hg.) (1999). Übergang zur Elternschaft. Stuttgart: Enke.

Reichle, B. (1994). Die Geburt des ersten Kindes – eine Herausforderung für die Partnerschaft. Bielefeld: Kleine.

Riksen-Walraven, M. (1978). Effects of caregiver behavior on habituation rate and self-efficacy in infants. International Journal of Behavioral Development 1, pp. 105-130.

Rowe, D. C. (1997). Genetik und Sozialisation. Die Grenzen der Erziehung. Weinheim: Psychologie Verlags Union.

Sanders, M. R. (1998). Verhaltenstherapeutische Familientherapie: Eine „Public-Health" Perspektive. In: K. Hahlweg, D. H. Baucom, R. Bastine & H. J. Markman (Hg.). Prävention von Trennung und Scheidung – Internationale Ansätze zur Prädiktion und Prävention von Beziehungsstörungen. Stuttgart: Kohlhammer, pp. 273-288.

Schmid, W. (2000). Schönes Leben? Eine Einführung in die Lebenskunst. Frankfurt a.M.: Suhrkamp.

Schmidt, H.-D. (1992). Frühe Kindheit in der ehemaligen DDR im Spannungsfeld Familie/Krippe. Psychologie in Erziehung und Unterricht 39, pp. 149-155.

Schneewind, K. A. (2000). Kinder und elterliche Erziehung. In: A. Lange & W. Lauterbach (Hg.). Kinder in Familie und Gesellschaft zu Beginn des 21sten Jahrhunderts. Stuttgart: Lucius & Lucius, pp. 187-208.

Schneewind, K. A., Beckmann, M. & Engfer, A. (1983). Eltern und Kinder. Umwelteinflüsse auf das familiäre Verhalten. Stuttgart: Kohlhammer.

Schneewind, K. A., Vaskovics, L. A., Gotzler, P., Hoffmann, B., Rost, H., Schlehlein, B., Sierwald, W. & Weiß, J. (1997). Optionen der Lebensgestaltung junger Ehen und Kinderwunsch. Verbundstudie – Endbericht. Stuttgart: Kohlhammer.

Sears, W. & Sears, M. (1995). The discipline book. Boston MA: Little Brown and Company.

Theunert, H. & Schorb, B. (1995). „Mordsbilder": Kinder und Fernsehinformation. Eine Untersuchung zum Umgang von Kindern mit realen Gewaltdarstellungen in Nachrichten und Reality-TV im Auftrag der Hamburgischen Gesellschaft für neue Medien (HAM) und der Bayerischen Landeszentrale für neue Medien. Berlin.

Uhlendorff, H. (1996). Elterliche soziale Netzwerke und ihre Wirkung auf die Freundschaftsbeziehungen der Kinder. Psychologie in Erziehung und Unterrricht 43, pp. 127-140.

Van den Boom., D. C. (1994). The influence of temperament and mothering on attachment and exploration: An experimental manipulation of sensitive responsiveness among lower-class mothers with irritable infants. Child Development 65, pp. 1457-1477.

Wetzels, P. (1997). Gewalterfahrungen in der Kindheit. Baden Baden: Nomos.

Wissenschaftlicher Beirat für Familienfragen (1998). Kinder und ihre Kindheit in Deutschland. Eine Politik für Kinder im Kontext von Familienpolitik. Stuttgart: Kohlhammer.

Armut und ihre Auswirkungen auf die Entwicklung von Kindern und Jugendlichen

Sabine Walper

Vorbemerkung

Finanzielle Knappheit, Armut und Arbeitslosigkeit der Eltern gehören zu den Erfahrungen eines nicht unbeträchtlichen Anteils von Kindern und Jugendlichen in Deutschland. Das ist kein neues Problem (Hauser & Semrau, 1989); es ist aber in der jüngeren Vergangenheit vermehrt in das Blickfeld der öffentlichen Aufmerksamkeit geraten. Das gilt umso mehr, seit die Diskussion um den 10. Kinder- und Jugendbericht entbrannt ist, in dem das Problem der Armut bei Kindern und Jugendlichen eine wesentliche Rolle spielt (Bundesministerium für Familie, 1998; Walper, 1999). Hierbei hat man in den Medien verfolgen können, wie schwer es ist, bei Fragen der Armut in Deutschland – und speziell der Kinderarmut – Einigkeit darüber zu erzielen, wie die Problemlage einzuschätzen ist. Ich möchte deshalb im Folgenden zunächst kurz aktuelle Trends der internationalen Armutsforschung umreißen und darauf eingehen, welche Konzeptualisierungen von Armut derzeit in der Forschung herangezogen werden, wie häufig Kinder in Deutschland – nach den zuvor diskutierten Kriterien – von Armut betroffen sind, und für welche Risikogruppen dies besonders gilt.

Anschließend geht es vor allem um die hier zentrale Frage, was wir über die Auswirkungen von Armut auf die Entwicklung von Kindern und Jugendlichen wissen. Hierbei lege ich zur Einordnung der Befunde ein Modell aus der familienbezogenen Stressforschung zugrunde, das sich sehr bewährt hat, jedoch mehrere blinde Flecken aufweist. Diese Lücken beziehen sich vor allem darauf, was Armut für Kinder und Jugendliche belastend macht und ihre Entwicklung beeinträchtigt. Dass hierbei neben den armutsbedingten Problemen in der Familie auch das außerfamiliäre Umfeld eine wesentliche Rolle spielt, legen neuere Befunde nahe, die im Weiteren vorgestellt werden. Vor allem soll auf die – auch sozialpolitisch – wichtige Frage eingegangen werden, inwiefern die Familie den Kindern einen „Hafen in einer herzlosen Welt" bieten kann, genauer: inwiefern bei finanzieller Knappheit positive Zuwendung der Eltern als Puffer oder Schutzschild fungieren kann, um negative Konsequenzen dieser finanziellen Härten für das Wohlbefinden der Kinder abzufangen. Abschließend werden zumindest stichwortartig Möglichkeiten der Abhilfe diskutiert.

151

1. Armutsforschung bei Kindern: Trends, Fragen und Konzepte

1.1 Zum Stand der Armutsforschung bei Kindern

So aktuell das Thema auch ist: Die deutsche Armutsforschung hat sich ihm bislang nur zögerlich zugewandt. Dabei ist schon seit vielen Jahren bekannt, dass Armut in Deutschland in zunehmendem Maße ihr Gesicht gewandelt hat und deutlich jünger geworden ist. Das Schlagwort der „Infantilisierung" der Armut (Hauser & Semrau, 1989) – neuerdings ist auch von der „Familialisierung" von Armut die Rede – umreißt, dass Kinder zu einer der zentralen Risikogruppen für Armut geworden sind. Dies zeigen Zahlen sowohl aus der Sozialhilfestatistik und dem Armutsbericht des DGB und des Paritätischen Wohlfahrtverbandes (Hanesch & et al., 1994) als auch aus verschiedenen Surveys, die zur Sozialberichterstattung für Kinder herangezogen wurden (Nauck & Joos, 1996; Joos, 1997). Die Forschung zu den resultierenden Belastungen für die Entwicklung der betroffenen Kinder und Jugendlichen hat in der jüngeren Vergangenheit zwar einigen Aufschwung erlebt, steckt jedoch noch weitgehend in den Anfängen (siehe Klocke & Hurrelmann, 1998; Mansel & Neubauer, 1998; Otto, 1997).

Demgegenüber ist die Armutsforschung in den USA schon seit Jahren sehr darum bemüht, das Ausmaß sozio-ökonomischer Benachteiligung unter Kindern zu dokumentieren und die Konsequenzen für ihre psychische und physische Gesundheit, ihre Sozial- und Kompetenzentwicklung aufzuzeigen. Fünf Entwicklungen sind in diesem Forschungsfeld charakteristisch (siehe Huston, McLoyd & Coll, 1994; Walper, 1999):

(1) Die Konzeptualisierungen von Armut sind zunehmend *komplexer* geworden, wobei Armut weder als eindimensionales Phänomen behandelt wird noch mit niedrigem sozio-ökonomischem Status gleichgesetzt ist. Diese Perspektive ist vor allem für jene Ansätze charakteristisch, die dem Lebenslagen-Konzept folgen und nach der Kumulation von Unterversorgungslagen in unterschiedlichen Lebensbereichen fragen (Hock, Holz & Wüstendorfer, 2000).

(2) Der *Dynamik* von Beschäftigungsverhältnissen und Einkommenslagen wird stärker Rechnung getragen, sodass nun auch nach der zeitlichen Dimension von Armut gefragt wird. Lange wurde ökonomische Deprivation statisch betrachtet, als existiere sie nur in Form chronischer Armut (Moen, Kain & Elder, 1983; Buhr, 1995). Dies entspricht jedoch keineswegs der Realität, denn Armut stellt ein überwiegend zeitlich begrenztes Problem dar, nicht nur in Deutschland (Habich, Headey & Krause, 1991; Krause, 1994), sondern auch in den USA. (Duncan & Rodgers, 1988). Zwischen 1984 und 1992 waren nach Befunden aus dem Soziökonomischen Panel

in Westdeutschland 45% der Bevölkerung mindestens einmal von Einkommensarmut betroffen (Deutsche: 30%, Ausländer: 58%). Allerdings haben nur 7,3% der Gesamtbevölkerung dauerhaft, nämlich für acht oder neun Jahre, in relativer Einkommensarmut gelebt. Ein deutlich größerer Prozentsatz, nämlich 20%, mussten in diesem Zeitraum nur kurzfristig, nämlich ein oder zwei Jahre lang, mit weniger als der Hälfte des Durchschnittseinkommens wirtschaften (Krause, 1994).

(3) Ökologische Ansätze finden zunehmend Berücksichtigung, die den Blick über den innerfamiliären Kontext hinaus auf *kontextuelle Einflüsse* von z.B. Schulen und neuerdings vor allem Nachbarschaften lenken. Da arme Familien gehäuft auf Wohngegenden mit eher schlechter Infrastruktur verwiesen sind (Spiekermann & Schubert, 1998), gehen Familienarmut und Armut in der Nachbarschaft oft Hand in Hand. Neben solchen Kumulationen von Deprivationslagen interessiert jedoch auch nicht zuletzt, inwieweit negative Einflüsse von Armut in der Familie durch positive Erfahrungen in anderen Kontexten aufgefangen werden können.

(4) Der Bereich untersuchter *Konsequenzen* seitens der Kinder hat sich ausgeweitet, sodass neben Risiken für die kognitive und intellektuelle Entwicklung zunehmend auch Belastungen der sozio-emotionalen Entwicklung und der körperlichen wie auch seelischen Gesundheit aufgezeigt werden. Gerade in Deutschland bezieht sich ein Großteil der neueren Forschung auf die körperliche und psychische Befindlichkeit der von Armut betroffenen Kinder und Jugendlichen (vgl. Klocke & Hurrelmann, 1998; Bacher, 1998; Neubauer, 1998).

(5) Es geht nicht mehr nur primär darum, die Konsequenzen von Armut zu beschreiben, sondern die *Prozesse* zu analysieren, die hierfür ausschlaggebend sind. Dies liegt schon insofern nahe, als die Reaktionen der betroffenen Kinder und ihrer Familien keineswegs einheitlich sind, sondern der Umgang mit armutsbedingten Belastungen durchaus variiert. Darüber hinaus ist die Frage nach den vermittelnden Prozessen jedoch auch praxisrelevant, da sie Ansatzpunkte für die Prävention von Entwicklungsbelastungen bei von Armut betroffenen Kinder liefert.

1.2 Konzeptualisierungen von Armut

Wie schon angedeutet, kann Armut in unterschiedlichen „Härtegraden" und Facetten auftreten, und entsprechend differenziert sind auch die Konzeptualisierungen von Armut (siehe auch Joos, 1997). Zunächst ist festzuhalten, dass es in westlichen Industrieländern kaum um absolute Armut geht, die durch die mangelnde Sicherung lebenswichtiger Bedürfnisse definiert ist, son-

153

dern dass Armut weitgehend relativ bestimmt ist und sich an sozial definierten Grundbedürfnissen bemisst. Das Netz staatlicher Sicherungen – genauer: die Sozialhilfe – hat es sich zur Aufgabe gesetzt, im Notfall zumindest das soziokulturelle Existenzminimum zu gewährleisten. Entsprechend wird häufig die *Sozialhilfebedürftigkeit* (speziell der Bezug laufender Hilfe zum Lebensunterhalt) als Armutsindikator herangezogen. Hierbei handelt es sich per definitionem um staatlich „bekämpfte Armut". Soweit Personen oder Haushalte zum Sozialhilfebezug berechtigt wären, diesen jedoch nicht in Anspruch nehmen, spricht man von „verdeckter Armut". Schätzungen der verdeckten Armut in Deutschland gehen davon aus, dass auf zwei Sozialhilfe-Empfänger/innen eine Person kommt, die in verdeckter Armut lebt (Hauser & Hübinger, 1993).

Nun deutet schon die Bezeichnung „bekämpfte Armut" an, dass der Sozialhilfebezug als Armutskriterium durchaus kontrovers ist. Um diesem Problem wie auch der Dunkelziffer im Bereich der Armut gerecht zu werden, wird häufig auf ein international vergleichbares Kriterium *relativer Einkommensarmut* zurückgegriffen (siehe z.B. Joos, 1997; Klocke & Hurrelmann, 1998). Es kennzeichnet das Ausmaß der Teilhabe bzw. den Ausschluss vom durchschnittlichen Wohlstand in einer definierten Gemeinschaft. Als arm gilt demnach, wer über weniger als die Hälfte des Pro-Kopf-Einkommens verfügt, das den Haushalten durchschnittlich zur Verfügung steht. Mitunter wird auch ein strengeres Kriterium verwendet, wobei die Armutsgrenze erst bei 40% des durchschnittlichen Pro-Kopf-Einkommens gezogen wird. Dieses Kriterium entspricht eher der Sozialhilfebedürftigkeit (Hauser & Semrau, 1989).

Da sich Armut im allgemeinen Verständnis nicht nur auf Unterversorgung im Einkommensbereich beschränkt, sondern sozio-ökonomische Benachteiligung und Unterversorgung in einem umfassenderen Sinn anzeigen sollte, wird im Rahmen des *Lebenslagen-Ansatzes* eine mehrdimensionale Konzeptualisierung von Armut zugrunde gelegt, die neben dem Einkommen vor allem auch die Bereiche Bildung, Berufstätigkeit und Wohnen berücksichtigt. In Tabelle 1 ist ersichtlich, welche Indikatoren im Armutsbericht des DGB und des Paritätischen Wohlfahrtverbandes von Hanesch et al. (1994) verwendet worden sind.

Dieser letztgenannte Ansatz wird allerdings in der auf Kinder bezogenen Armutsforschung noch kaum verwendet. Ansätze hierzu finden sich in Deutschland im Bielefelder Gesundheitssurvey bei Klocke (1998) und im Österreichischen Kindersurvey bei Bacher (1994, 1997). Auch die Arbeiten von Conger und Elder (1994) zur gegenwärtigen Farmkrise in den USA lassen sich im Prinzip hier einordnen. Gängiger ist allerdings der Rückgriff auf den Sozialhilfebezug, auf relative Einkommensarmut oder auf Arbeitslosigkeit des Vaters (seltener der Mutter). Einige Arbeiten, allen voran die klassischen Analysen über die „Children of the Great Depression" von Glen Elder (1974), fokussieren auf *Verluste* im Familieneinkommen, um Anpassungsleistungen der Familie und die damit einhergehenden Erfahrungen für mit betroffene Kinder und Jugendliche in den Blick zu nehmen (siehe auch Walper, 1988). Wenngleich es hierbei nicht um Armut im engeren Sinne geht, informieren solche Studien doch über ökonomisch bedingten Stress in der Familie.

Tabelle 1: Übersicht zu Dimensionen, Indikatoren und Schwellenwerten für Unterversorgungslagen im Armutsbericht des DGB und DPWV:

Dimension	Indikatoren	Unterversorgungsschwellen
Einkommen	bedarfsgewichtetes Haushaltsnettoeinkommen	50% des durchschnittlichen gewichteten Haushaltsnettoeinkommens
Arbeit	Art und Umfang der Beschäftigung	1) registrierte Arbeitslosigkeit 2) stille Reserve 3) geringfügige Beschäftigung
Bildung	schulische Bildung	kein Bildungsabschluss
	berufliche Bildung	kein Bildungsabschluss
Wohnen	Wohnungsgröße und -belegung	weniger als ein Wohnraum pro Person
	Wohnungsausstattung	kein Bad und/oder WC in der Wohnung
Gesundheit	subjektive gesundheitliche Zufriedenheit	Skala von 0 bis 10

Quelle: Hanesch et al. (1994), S. 128

2. Wie häufig sind (welche?) Kinder in Deutschland von Armut betroffen?

Wie ist es nun um das Armutsrisiko für Kinder bestellt? Betrachtet man zunächst die *Sozialhilfestatistik,* die für unterschiedliche Altersgruppen den jeweiligen Anteil von Sozialhilfebeziehern ausweist, so wird deutlich, dass Kinder im Verlauf der letzten 30 Jahre in zunehmendem Maße zur zentralen Risikogruppe für den Bezug von Sozialhilfe (genauer: laufender Hilfe zum Lebensunterhalt) geworden sind. Waren es in Westdeutschland 1970 nur etwa 1,3%

der unter 7-Jährigen, die von Sozialhilfe abhängig waren, so haben 1990 schon über 9% von Sozialhilfe gelebt. Demgegenüber ist das Risiko der Sozialhilfe-abhängigkeit unter Senioren relativ konstant geblieben und beträgt nur ein Drittel des Armutsrisikos für Kinder. Vergleichsdaten für Ostdeutschland zeigen seit der Vereinigung auch dort einen ähnlichen Trend (Nauck & Joos, 1996). Insgesamt waren Ende 1997 über ein Drittel der Sozialhilfebezieher/innen Kinder und Jugendliche unter 18 Jahren, davon rund 222.000 Kleinkinder unter 3 Jahren, 259.000 Kinder im Kindergartenalter (3-6 Jahre), 248.000 jüngere schulpflichtige Kinder (bis 11 Jahre), 210.000 ältere schulpflichtige Kinder (12-14 Jahre) und 138.000 Jugendliche (15-17 Jahre) (Statistisches Bundesamt, 1999). Betrachtet man die jeweiligen Sozialhilfequoten in den einzelnen Altersgruppen, so wird deutlich, dass der Anteil der Sozialhilfeempfänger/innen umso höher ausfällt, je jünger die Kinder sind. Unter den Kleinkindern beziehen 9,5% Sozialhilfe, im Vorschulalter 7,5%, bei Schulkindern sind es 6,2% und unter den Jugendlichen 5%, die auf Sozialhilfe angewiesen sind. Dem steht die deutlich geringere Sozialhilfe-Quote von 3,5% in der Gesamtbevölkerung gegenüber.

Von den steigenden Sozialhilfequoten Minderjähriger sind Kinder allein Erziehender und Kinder mit mehreren Geschwistern besonders stark betroffen. Diese Entwicklung zeichnete sich schon seit Anfang der 70er-Jahre ab. So stieg die Sozialhilfequote für allein Erziehende mit einem Kind in Westdeutschland zwischen 1971 und 1988 von 4,4% auf 20%, diejenige für vergleichbare Zwei-Eltern-Familien mit einem Kind nur von 0,2% auf 1,9%. Bei Familien mit drei und mehr Kindern war die Steigerung allerdings jeweils mehr als doppelt so groß (Voges, 1994). Nach Daten aus dem Familiensurvey des Deutschen Jugendinstituts (Joos, 1997) stieg nach der Vereinigung auch in Ostdeutschland vor allem die Sozialhilfequote unter Kindern allein Erziehender. Bezogen 1990 nur knapp 1% aller Kinder, die mit nur einem Elternteil zusammenlebten, Sozialhilfe, so waren es 1994 schon 12,8%. Demgegenüber stieg die Sozialhilfequote unter Kindern mit verheiratet zusammenlebenden Eltern im gleichen Zeitraum nur von 1% auf 2%. Ende 1997 lebte in Deutschland etwa die Hälfte der von Sozialhilfe abhängigen Kinder und Jugendlichen mit nur einem Elternteil, in der Regel der Mutter, zusammen. Damit ist die Sozialhilfebedürftigkeit von Kindern aus Ein-Eltern-Haushalten etwa viermal so hoch wie die von Kindern aus vollständigen Familien (Statistisches Bundesamt, 1999; siehe auch Hock et al., 2000).

Ähnliche Trends finden sich, wenn man die *relative Einkommensarmut* bei Kindern und Jugendlichen betrachtet. Abbildung 1 illustriert Daten des Sozioökonomischen Panels, nach denen die relative Einkommensarmut zwischen 1990 und 1995 vor allem bei Kindern gestiegen ist, wobei sich die Verhältnisse in Ostdeutschland weitgehend denjenigen in Westdeutschland angeglichen haben (siehe Klocke & Hurrelmann, 1998). Als Armutskriterium wurden unterschiedliche Schwellen für Ost- und Westdeutschland angelegt, um den Unterschieden in der Einkommens- und Preisstruktur gerecht zu werden. Da 1990 in Ostdeutschland nur eine geringe Differenzierung im Einkommen bestand, war dort die Einkommensarmut anfangs noch gering, lag aber auch damals schon bei Kindern höher als in der Gesamtbevölkerung (5,1% versus 3,4%). Fünf Jahre später war die Schere noch weiter auseinander gegangen, sodass fast jedes 5. ostdeutsche Kind in Armut lebte (19,7%), verglichen mit nur jedem 9. ostdeutschen Einwohner insgesamt (11,5% Einkommensarmut in Ostdeutschland 1995). Im Westen war die Armutsquote schon 1990 deutlich höher, steigerte sich aber im fraglichen Zeitraum für Kinder ebenfalls mehr (nämlich um 5,1% von 16,7% auf 21,8% im Jahr 1995) als für die Gesamtbevölkerung Westdeutschlands (um 2,5% von 10,5% auf 13,0%). Besonders stark von relativer Einkommensarmut betroffen waren 1995 sowohl Ein-Eltern-Haushalte (Westdeutschland: 42,4%, Ostdeutschland: 35,5%) als auch Familien mit drei und mehr Kindern (West: 31,4%; Ost: 46,2%). Auch Migrantenfamilien hatten ein deutlich höheres Armutsrisiko als Familien mit deutschem Haushaltsvorstand (Zahlen nur für Westdeutschland: 26,1% vs. 10,0%).

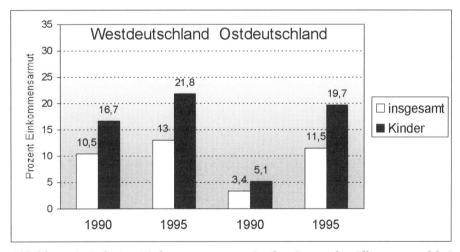

Abbildung 1: Relative Einkommensarmut in der Gesamtbevölkerung und bei Kindern in West- und Ostdeutschland 1990 und 1995 (nach Klocke & Hurrelmann, 1998, S. 12)

Im Bereich der *Wohnraumversorgung* sind Kinder bzw. Haushalte mit Kindern ebenfalls deutlich benachteiligt. Vergleicht man Kinder mit allen Personen, die durch das Sozioökonomische Panel erfasst werden, so ist die Wohnraumunterversorgung bei Kindern doppelt so verbreitet wie unter der Gesamtbevölkerung (Ost- und Westdeutschland gesamt 1992: Unterversorgungsquote für Kinder: 34,2%, insgesamt: 14,7%; Hanesch et al., 1994).

Schließlich bleibt zu vermerken, dass Kinder bzw. Familien mit Kindern auch häufiger von *länger andauernder Armut* betroffen sind als Erwachsene bzw. Haushalte ohne Kinder. Dies lässt sich sowohl an der Dauer relativer Einkommensarmut (Weick, 1999) als auch am Sozialhilfebezug festmachen. So zeigt eine Bremer Untersuchung zur Dauer des Sozialhilfebezugs, dass ein Jahr nach Beginn des Bezugs von Sozialhilfe nur 29,2% der Sozialhilfeempfänger-Haushalte ohne Kinder noch zu den Beziehern gehören, während dieser Anteil bei den Zwei-Eltern-Familien 41,7% und bei allein Erziehenden 47,4% beträgt (Voges, 1994). Damit ist Armut zwar auch im Leben von Kindern eine überwiegend vorübergehende Erfahrung, doch das Risiko, dauerhaft in Armutsverhältnissen zu leben, ist für Kinder größer als für Erwachsene. Dass hierbei wiederum die Kinder allein Erziehender noch stärker im Nachteil sind, zeigt sich ebenfalls in der Bremer Langzeitstudie (Buhr, 1998). Für die 605 Kinder und Jugendlichen, deren Familie 1989 erstmals Hilfe zum Lebensunterhalt bezogen hatte, dauerte der Bezug von Sozialhilfe im Verlauf von 5 1/2 Jahren im Durchschnitt knapp 2 1/2 Jahre (29 Monate). Kinder allein Erziehender lebten allerdings durchschnittlich 10 Monate länger von der Sozialhilfe als Kinder von Paaren (36 vs. 26 Monate).

Damit sind einige Eckdaten zur Verbreitung von Kinderarmut in Deutschland umrissen. Was heißt das nun für die Entwicklung der Kinder? Macht Armut unglücklich, oder ist es – zumindest für jüngere Kinder – eher unbedeutend, wie ihre Familie finanziell gestellt ist? Macht Armut vielleicht sogar krank? Behindert sie die schulischen Leistungen? Steht sie möglichen Freundschaften im Wege? Solche möglichen Konsequenzen von Armut und ökonomischer Deprivation für die Entwicklung der betroffenen Kinder sollen im Folgenden anhand exemplarischer Befunde aufgezeigt werden.

3. Auswirkungen von Armut auf die Entwicklung von Kindern und Jugendlichen: exemplarische Befunde

Greift man sowohl auf deutsche Befunde als auch auf die umfangreiche Armutsforschung in den USA zurück, so finden sich zahlreiche Hinweise darauf, dass finanzielle Knappheit für Kinder und Jugendliche unterschiedlicher Altersgruppen eher mit Belastungen ihrer Entwicklung verbunden ist. Dies betrifft sowohl die Kompetenzentwicklung und den Schulerfolg als auch die körperliche Gesundheit, die emotionale Befindlichkeit und nicht zuletzt die sozialen Beziehungen und Interaktionen (ausführlicher s. Walper, 1999). Die Frage nach den schulischen Leistungen ökonomisch deprivierter Kinder ist ein klassischer Gegenstand der schichtenspezifischen Sozialisationsforschung, die sich in der Vergangenheit intensiv mit der sozialen Ungleichheit von Bildungschancen beschäftigt hat (vgl. Lauterbach & Lange, 1998). Neuerdings wird diese Frage, bei der zuvor primär auf die Rolle elterlicher Bildungsressourcen und des beruflichen Status fokussiert wurde, stärker auf den Einfluss ökonomischer Faktoren zugespitzt. So zeigen Lauterbach und Lange (1998), dass der Übertritt von Grundschulkindern in weiterführende Schulen deutlich von der finanziellen Situation der Familie abhängig ist: Während zwischen 1985 und 1995 insgesamt 40,5% der 10- bis 12-jährigen Kinder die Hauptschule besuchten, galt dies für mehr als die Hälfte aller Kinder aus armen Familien (54,9%) und Familien in „prekärem Wohlstand" (52,9%). Umgekehrt waren Kinder aus deprivierten Familien an Gymnasien deutlich unterrepräsentiert: Nur 16,1% der Kinder, die in Armut lebten, und 14,3% jener, deren Familieneinkommen knapp oberhalb der Armutsschwelle lag, besuchten das Gymnasium, verglichen mit 28,8% aller Kinder. Interessanterweise blieben diese Unterschiede prinzipiell bestehen, wenn der (stärkere) Einfluss der elterlichen Bildungsressourcen in Rechnung gestellt wurde.

Besondere Beachtung haben in jüngerer Vergangenheit Gesundheitsbelastungen von Kindern in Armut gefunden. Mielck (1998) hat ältere und neuere Befunde hierzu zusammengestellt, die eine erhöhte Säuglingssterblichkeit und vermehrte Gesundheitsbelastungen wie Kopf- und Rückenschmerzen, Schlafbeschwerden, eine schlechtere Zahngesundheit und eine höhere Prävalenz von schwerem Asthma bei Schülerinnen und Schülern der Unterschicht dokumentieren. Abbildung 2 illustriert exemplarische Befunde des Bielefelder Gesundheitssurveys, in dem auch Beeinträchtigungen des Wohlbefindens und der Sozialbeziehungen bei deprivierten und nicht deprivierten Kindern und Jugendlichen der 5., 7. und 9. Klassenstufe untersucht wurden (Klocke, 1996). Armut wird hier indiziert durch einen komplexen Indikator, der die subjektive Einkommenssituation, Besitz und Wohnen einschließt. Wie man sieht, ist die Armutsgruppe jeweils im Nachteil, sowohl hinsichtlich der Lebenszufriedenheit und des Selbstvertrauens als auch im sozialen Bereich, z.B. bei der Einbindung in die Gruppe der Gleichaltrigen.

So wichtig derartige Informationen auch sind: Sie werfen typischerweise weitere Fragen auf. Vor allem muss in solchen Analysen bedacht werden, dass Armut selektiv bestimmte Bevölkerungsgruppen trifft, die entsprechend auch aus anderen Gründen Beeinträchtigungen der Befindlichkeit zeigen könnten. Beispielhaft ist hier an die besonderen Problemlagen von Ein-Eltern-Familien zu denken, die ein erhöhtes Risiko für Einkommensarmut haben, deren Belastungen jedoch auch aus Trennungserfahrungen der Kinder und den oft noch länger andauernden Spannungen zwischen den Eltern resultieren können (siehe Schmidt-Denter, 2000; Walper & Gerhard, in Druck). Ähnliches gilt für

Migrantenfamilien oder in den USA für Angehörige der schwarzen Bevölkerung. Diesem Problem der Konfundierung relevanter Einflussfaktoren muss Rechnung getragen werden, indem etwa Effekte der Haushaltszusammensetzung und der ethnischen Zugehörigkeit statistisch kontrolliert werden.

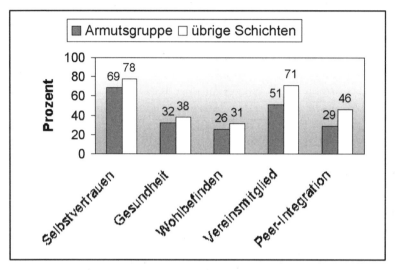

Anmerkung: nach Klocke (1996); Daten des HBSC-Surveys in Nordrhein-Westfalen. Dargestellte Antwortkategorien: Selbstvertrauen: „immer/sehr oft"; subjektive Gesundheit: „sehr gut"; Wohlbefinden: „sehr glücklich"; Vereinsmitglied: „ja"; Peer-Integration: „hoch"

Abbildung 2: Beeinträchtigungen der Befindlichkeit und Sozialbeziehungen von Kindern und Jugendlichen aus deprivierten und nicht deprivierten Familien

Entsprechend sorgfältige Untersuchungen legen nun nahe, dass Armut nicht nur eine Begleiterscheinung anderer Belastungssituationen ist, die für sich genommen eher irrelevant ist. So zeigen etwa die Daten einer umfangreichen amerikanischen Studie (Duncan, Brooks-Gunn & Klebanov, 1994), dass die Einkommenssituation der Familie einen signifikanten Einfluss auf die Intelligenzentwicklung und unterschiedlichen Formen von Problemverhalten 5-jähriger Kinder hat, auch wenn die ethnische Zugehörigkeit der Mutter, ihre Bildung und ihr Familienstand im Entwicklungsverlauf der Kinder kontrolliert werden.

Die Analysen von Duncan et al. (1994) sind auch aus einem weiteren Grund bemerkenswert: Sie berücksichtigen die zeitliche Dynamik der familialen Einkommenssituation und unterscheiden nicht nur zwischen Kindern, die in ihren ersten fünf Lebensjahren Armutserfahrungen gemacht haben, und je-

160

nen, für die das nicht gilt, sondern auch zwischen Kindern, die nur vorübergehend (maximal 4 Jahre) versus dauerhaft in Armut lebten. Die folgende Tabelle zeigt die jeweiligen Effekte von zeitweiser und dauerhafter Armut auf die Intelligenzentwicklung, internalisierendes Problemverhalten (Depressivität, Ängste, Zurückgezogenheit) und externalisierendes Problemverhalten (Aggressivität, Hyperaktivität) und macht deutlich, dass die Entwicklungsnachteile für jene Kinder stärker sind, die dauerhaft in Armut aufgewachsen sind. Allerdings finden sich auch bei zeitweiser Armut überzufällige Belastungen der Intelligenzentwicklung und vermehrt internalisierendes Problemverhalten. So liegt – wie Tabelle 2 ausweist – die Intelligenzentwicklung von Kindern mit zeitlich begrenzter Armutserfahrung um durchschnittlich 4 IQ-Punkte hinter der Vergleichsgruppe nicht deprivierter Kinder zurück, diejenige der Kinder aus dauerhaft armen Familien sogar um 9 Punkte.

Tabelle 2: Effekte von Armut in den ersten Lebensjahren auf die Intelligenzentwicklung und das Problemverhalten von Kindern im Alter von 5 Jahren: unstandardisierte Regressionskoeffizienten

	Intelligenz-entwicklung	Internalisierendes Problemverhalten	Externalisierendes Problemverhalten
Mittwelwert alle	90.74	14.16	13.23
(Standardabweichg.)	(17.55)	(9.82)	(9.40)
zeitweise Armut	-4.02*	2.44*	1.77
dauerhafte Armut	-9.06*	4.02*	3.26*

*Anmerkung: nach Daten von Duncan, Brooks-Gunn und Klebanov (1994): n = 895; kontrolliert wurden: Geschlecht, ethnische Zugehörigkeit und Geburtsgewicht der Kinder, Bildung der Mutter und Vaterabwesenheit; Signifikanzangaben: *p < .05*

Soweit Studien zu den Auswirkungen von Armut auf die Entwicklung von Kindern auch solche zeitlichen Aspekte einbezogen haben, findet man stärkere Nachteile bei Kindern, die längerfristig in Armut gelebt haben. Besonders aussagekräftig ist diesbezüglich die Untersuchung von Kerry Bolger et al. (Bolger, Patterson, Thompson & Kupersmidt, 1995), in der nicht nur einmal der momentane Entwicklungsstand der Kinder betrachtet wurde, sondern die Entwicklungs*veränderungen* von Kindern der Charlottesville Longitudinal Study in Abhängigkeit von der finanziellen Situation der Familie verglichen wurden. Auch hier zeigen die Kinder aus langfristig deprivierten Familien (mehr als 3 Jahre in Armut) im Verlauf der 2. bis 6. Klassenstufe mehr internalisierendes und externalisierendes Problemverhalten als die kurzfristig Deprivierten (1 Jahr) und vor allem eine geringere Popularität unter Gleichaltrigen. Interessanterweise nehmen diese Unterschiede im Verlauf der Zeit jedoch eher ab, jedenfalls unter den Weißen. Lediglich im Selbstwertgefühl war keine Annäherung der Gruppen zu beobachten, sondern die langfristig Deprivierten waren und blieben deutlich im Nachteil. Dass in den anderen Entwicklungsbereichen die Nachteile eher rückläufig sind, mag ein Hinweis darauf sein, dass mit zunehmendem Alter auch die Bewältigungsmöglichkeiten der Kinder im Umgang mit armutsbedingten Belastungen zunehmen. Vielleicht deutet dies auch auf entlastende Effekte der Schule als alternatives Setting zum belasteten häuslichen Milieu hin.

Damit kommen wir zum nächsten Punkt, nämlich zu der Frage, welche Einflussfaktoren für die Reaktionen von Kindern und Jugendlichen auf Armut relevant sind und sie mit bestimmen. Selbst wenn die verfügbaren Befunde dafür sprechen, dass Armut Risiken für die Entwicklung von Kindern und Jugendlichen bergen, so machen sie doch gleichzeitig deutlich, dass die Reaktionen nicht einheitlich sind. Mitunter finden sich auch keine bzw. vernachlässigbar schwache Effekte von Einkommensarmut auf die Befindlichkeit der betroffenen Kinder (z.B. Bacher, 1998). Derartige Variationen in den Befunden und Reaktionen legen nahe, dass es weniger die ökonomischen Verhältnisse per se sind, die einen direkten Einfluss auf die Entwicklung der Kinder ausüben, als vielmehr hieraus resultierende Restriktionen und Belastungen, die im Schweregrad variieren können und mit denen die betroffenen Kinder und ihre Familien auf unterschiedliche Art umgehen können.

4. Erklärungsmodelle für armutsbedingte Belastungen von Kindern und Jugendlichen: Inner- und außerfamiliale „Transmissionsriemen" und „Puffer"

Schon Beobachtungen in den 30er-Jahren hatten nahe gelegt, dass es starke Parallelen zwischen den Reaktionen der Kinder auf die überaus angespannte wirtschaftliche Lage ihrer Familien und den Reaktionen ihrer Eltern gibt (Sternheim, 1933). Vor allem die Reanalysen von Daten aus dieser Zeit, die Glen Elder (Elder, 1974; Elder & Caspi, 1988; Elder, Liker & Cross, 1984) vorgenommen hat, haben dies empirisch untermauert und aufgezeigt, dass Veränderungen in der Familiendynamik hierbei eine entscheidende Rolle als „Transmissionsriemen" bzw. Mediatoren spielen. Als besonders hilfreich für die Suche nach relevanten Einflussfaktoren haben sich Modelle der Entstehung und Bewältigung von Stress im Familien erwiesen (z.B. Burr, 1973), die auf die Bedeutung der jeweils verfügbaren Ressourcen im Umgang mit armutsbedingten Stressoren verweisen und den Einfluss subjektiver Faktoren, vor allem der Einschätzung der Situation seitens der Familienmitglieder hervorheben. Die folgende Abbildung gibt einen schematischen Überblick über die relevanten Vermittlungsprozesse, die sich vor dem Hintergrund eines solchen Stressmodells und auf der Basis empirischer Befunde als relevant erwiesen haben (vgl. Walper, 1999).

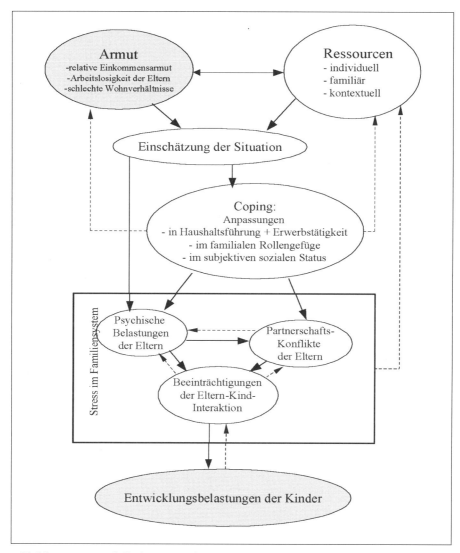

Abbildung 3: Modell der innerfamiliären Vermittlung armutsbedingter Entwicklungsbelastungen der Kinder

163

Demnach tragen Armut und finanzielle Knappheit primär über den hierdurch bedingten Stress im Familiensystem zu Entwicklungsbelastungen der mit betroffenen Kinder bei. Entscheidend ist zunächst, wie die Situation – angesichts der verfügbaren Ressourcen – von den Betroffenen eingeschätzt wird, denn dies bestimmt sowohl die Maßnahmen, die zur Bewältigung der Problemlage ergriffen werden, als auch die psychische Verfassung der Eltern. Den Reaktionen der Eltern kommt hierbei eine Schlüsselstellung zu, da Informationen über die finanziellen Ressourcen der Familie zunächst primär den Eltern zugänglich sind und das elterliche Verhalten dafür ausschlaggebend ist, inwieweit auch die Kinder über die familiäre Lage informiert werden und von den erforderlichen Einschränkungen betroffen sind. Oftmals scheinen sich die Eltern zu bemühen, ihre Kinder möglichst wenig von dem notwendigen Konsumverzicht spüren zu lassen (z.B. Baarda, de Goede, Frowijn & Postma, 1990). In solchen Fällen, in denen die Eltern vor allem ihre eigenen Bedürfnisse zurückstellen, mag den Kindern kaum bewusst sein, wie prekär die familiäre Lage ist.

Auch wenn Verknappungen in der Haushaltsführung die Kinder zunächst nur partiell tangieren mögen, sind sie doch oft mit Sorgen, Zukunftsängsten, Niedergeschlagenheit und einer erhöhten Reizbarkeit der Eltern konfrontiert, die sich sowohl in der Interaktion zwischen den Eltern (soweit es sich um Zwei-Eltern-Familien handelt) als auch in deren Umgang mit den Kindern niederschlagen können (z.B. Elder, Liker & Cross, 1984; Conger, Ge, Elder, Lorenz & Simons, 1994; Flanagan, 1990). Einige Befunde sprechen dafür, dass zunächst vor allem die Väter als „verantwortliche Hauptverdiener" leichter reizbar und explosiv oder auch depressiv werden (vgl. McLoyd, 1989). Zunehmende Streitigkeiten zwischen den Eheleuten lassen jedoch in der Regel auch die Mütter nicht unberührt, sodass ihre Kompetenzen in der Erziehung der Kinder ebenfalls leiden. Solche Beeinträchtigungen im Erziehungsverhalten der Mütter und Väter können sich in unterschiedlicher Form manifestieren (siehe z.B. Bank, Forgatch, Patterson & Fetrow, 1993; Conger, McCarthy, Yang, Lahey & Kropp, 1984; Conger et al., 1994; Sampson & Laub, 1994; zum Überblick siehe Walper, 1999):

(1) Erstens leidet die Zuwendung der Eltern gegenüber ihren Kindern, sodass die Kinder weniger Aufmerksamkeit für ihre Belange und Bedürfnisse, eine geringere Anteilnahme und weniger liebevolle Fürsorge erfahren.

(2) Zweitens leidet die Überwachung der Kinder durch ihre Eltern, sodass unerwünschtes Verhalten mit größerer Wahrscheinlichkeit unentdeckt bleibt.

(3) Drittens steigt mit der emotionalen Belastung der Eltern auch die Wahrscheinlichkeit, dass es zu harten Strafen und willkürlicher Disziplinierung bis hin zu massiver Gewaltanwendung gegenüber den Kindern kommen kann.

Diese Veränderungen im elterlichen Erziehungsverhalten sind es, die nach einer Reihe von Befunden den entscheidenden Mediator für negative Effekte ökonomischer Deprivation auf die emotionale Befindlichkeit und das Problemverhalten der betroffenen Kinder und Jugendlichen darstellen. Vor allem die neueren Arbeiten von Conger und Elder (1994; Conger et al., 1994) unterstreichen diesen Punkt, aber auch die schon genannte Studie von Bolger et al. (1995) zeigt auf, dass die Effekte finanzieller Knappheit auf externalisierendes Problemverhalten und vor allem das Selbstwertgefühl der Kinder geringer werden, wenn Beeinträchtigungen des mütterlichen Engagements in der Erziehung der Kinder als vermittelnder Erklärungsfaktor berücksichtigt werden. Auch Befunde aus dem Berliner Jugendlängsschnitt (Walper, 1988) sind im Einklang mit dieser Mediator-Hypothese.

Hierbei sind vermutlich nicht alle Aspekte elterlichen Erziehungsverhaltens gleichermaßen für unterschiedliche Formen kindlicher Entwicklungsbelastungen ausschlaggebend. So finden Duncan et al. (1994), dass für die Nachteile in der Intelligenzentwicklung armer Kinder weder die Wärme in den familiären Interaktionen noch die mütterliche Depressivität ausschlaggebend ist, sondern vor allem der Anregungsgehalt der häuslichen Ausstattung. Für internalisierendes Problemverhalten erweisen sich jedoch sowohl die elterliche Depressivität als auch deren Copingverhalten als relevant und erklären das erhöhte Problemverhalten der Fünfjährigen aus Familien mit inadäquat geringem Einkommen. Für ihr externalisierendes Problemverhalten sind alle genannten Familienmerkmale, d.h. sowohl die häusliche Lernumgebung als auch die elterliche Depressivität und das Copingverhalten entscheidend.

Damit ist schon angedeutet, dass sich häufig nicht der gesamte Effekt ökonomischer Deprivation auf Belastungen des elterlichen Erziehungsverhaltens zurückführen lässt. Wie erwähnt, scheint gerade bei kleineren Kindern auch die materielle Ausstattung der Wohnung für deren Kompetenzentwicklung eine bedeutende Rolle zu spielen, da sie über die Aktivitäten und Lernmöglichkeiten der Kinder bestimmt. Vermutlich nimmt die Bedeutung dieser Faktoren ab, sobald die Kinder auch vermehrt in andere Kontexte wie Kindergarten und Schule eingebunden sind, die alternative Anregungen bieten. Im Gegenzug dürften jedoch diese Kontexte an Bedeutung gewinnen. Wie schon erwähnt, finden Bolger et al. (1995), dass die Nachteile von Schulkindern aus ökonomisch deprivierten Familien im Vergleich zu Gleichaltrigen aus finanziell besser gestellten Familien im Verlauf der Grundschulzeit abnehmen. In einer anderen Studie bei Schulkindern zeigte sich sogar, dass armutsbelastete Kinder nur zu Beginn des Schuljahrs, also nach den langen Sommerferien, schlechtere Schulleistungen erbrachten als Kinder aus nicht deprivierten Familien (Entwisle & Alexander, 1996). Die Autoren führen dies vor allem auf die deutlichen Unterschiede im Anregungsgehalt der familiären Unternehmungen während der Ferienzeit zurück, die die Kinder berichten. Bedenkt man, dass nicht nur Ferienreisen per se, sondern auch Zoo-, Schwimmbad- und Kinobesuche mit finanziellen Aufwendungen verbunden sind, so verwundert nicht, dass Kinder aus armen Familien weitaus weniger unterhaltsame und interessante Aktivitäten berichten konnten als ihre Klassenkamerad/innen aus nicht deprivierten Familien. Interessanterweise scheinen diese Unterschiede jedoch im Verlauf des Schuljahrs, wenn die Kinder wieder primär in schulische Aktivitäten eingebunden sind, weniger zum Tragen zu kommen.

Dass es nicht nur die Familie ist, die für die Entwicklungsmöglichkeiten von Kindern in Armut ausschlaggebend ist, zeigt sich beispielsweise, wenn man die ökonomische Ausstattung der *Nachbarschaft* mit einbezieht. So finden Duncan et al. (1994) in ihrer Untersuchung hinsichtlich der Intelligenzentwicklung zwar keine Nachteile von Kindern aus armen Nachbarschaften, wohl aber Vorteile jener, die in Nachbarschaften mit überdurchschnittlichem Einkommen aufwachsen. Dies gilt unabhängig von der finanziellen Situation der Familie, in der die Kinder leben. Damit deutet sich schon an, dass auch die außerfamiliären Ressourcen, die sich vermutlich nicht zuletzt an der Ausstattung von Kindergärten und Spielplätzen festmachen lassen, einen wesentlichen Einfluss auf die Entwicklungsmöglichkeiten der Kinder haben. Doch auch andere Einflüsse der Nachbarschaft sind zu bedenken. So berichten Duncan et al. von vermehrtem externalisierenden Problemverhalten derjenigen Kinder, die in armen Nachbarschaften leben, und zwar wiederum unabhängig von der finanziellen Situation der Familie. Hier dürfte der Mangel an außerhäuslichen Anregungen und die schlechtere Infrastruktur mit unerwünschten Vorbildern seitens der ähnlich belasteten Gleichaltrigen zusammentreffen.

Damit stellt sich die Frage nach weiteren Mediatoren auch im außerfamiliären Kontext, die armutsbedingte Entwicklungsbelastungen der betroffenen Kinder erklären. Wie schon anhand der eingangs berichteten Befunde deutlich wurde, finden sich bei Kindern in Armut nicht nur Belastungen ihrer Gesundheit, Befindlichkeit und Verhaltensentwicklung, sondern auch Beeinträchtigungen ihrer Sozialbeziehungen zu Gleichaltrigen (Bolger et al., 1995; Klocke, 1996). Dies legt nahe, dass auch die Reaktionen Gleichaltriger berücksichtigt werden müssen, wenn man die erfahrenen Belastungen von Kindern in Armut angemessen verstehen will. So berichtet Klocke (1996), dass sich nur 69% der Kinder und Jugendlichen in Armut, verglichen mit 77% der restlichen Befragten, von ihren Mitschülern akzeptiert fühlen. Hierbei scheint es sich nicht nur um eine allgemein pessimistische Einschätzung seitens der deprivierten Kinder zu handeln, sondern um Stigmatisierungsprozesse, die sich auch an den Auskünften von Mitschüler/innen festmachen lassen. Entspre-

166

chende Studien, in denen soziometrische Daten herangezogen wurden, um die Popularität der untersuchten Kinder zu bestimmen, bestätigen, dass Kinder in Armut eher von Gleichaltrigen abgelehnt werden (z.B. Bolger et al., 1995; Kupersmidt, Griesler, DeRosier, Patterson & Davis, 1995). Wenngleich sich im Österreichischen Kindersurvey relative Einkommensarmut nicht als ausschlaggebend für das Wohlbefinden der befragten Zehnjährigen im Zusammensein mit ihren Freunden erwies, waren doch häufige Geldsorgen unbelasteten Peerbeziehungen eher abträglich, ebenso wie ein geringer Handlungsspielraum in der Wohnung, der sich sogar als etwas bedeutender herausstellte (Bacher, 1994, 1997).

Die Sozialentwicklung von Kindern in Armut wurde bislang hauptsächlich an Schulkindern und Jugendlichen untersucht, obwohl doch zu vermuten ist, dass auch jüngere Kinder aus armutsbelasteten Familien ähnliche Beeinträchtigungen im Umgang mit Gleichaltrigen erleben. Tatsächlich zeigt eine Studie zu Armut im Vorschulalter, dass doppelt so viele Kinder in Armut Auffälligkeiten im sozialen Bereich aufweisen wie nicht-arme Kinder (36% versus 18%; Hock, Holz & Wüstendörfer, 2000). Hier lässt sich nur spekulieren, dass unter jüngeren Kindern vielleicht die vermehrten Verhaltensprobleme armutsbelasteter Kinder einen größeren Einfluss auf die Reaktionen Gleichaltriger haben als unter älteren Kindern und Jugendlichen, bei denen die Peers stärker auf die typischen Statussymbole wie Kleidung und Besitz prestigehaltiger Objekte reagieren dürften, die direkter auf die finanziellen Ressourcen der Familie verweisen. Zudem dürfte unter jüngeren Kindern auch die Vermittlung sozialer Kompetenzen in der Familie noch bedeutsamer sein als unter Jugendlichen. So finden Hock et al. (2000) keine vermehrten sozialen Auffälligkeiten unter jenen armen Kindern, die gemeinsame familiäre Aktivitäten am Wochenende berichten (17%), während etwa jedes zweite Kind der Armutsgruppe ohne gemeinsame Aktivitäten der Familie von sozialen Auffälligkeiten betroffen ist (49%). Auch häusliche Streitigkeiten sind den Sozialbeziehungen von Vorschulkindern nach Befunden dieser Studie abträglich. Damit lässt sich ein erweitertes Modell skizzieren, das auch die Vernetzung von inner- und außerfamilialen Erfahrungen armutsbelasteter Kinder mit berücksichtigt (siehe Abbildung 4). Es soll auf einige zentrale Einflussfaktoren aufmerksam machen, die für die Befindlichkeit sowie Kompetenz- und Verhaltensentwicklung deprivierter Kinder ausschlaggebend sind. Zudem deutet es (wie auch Abbildung 3) an, dass Einflüsse zwischen z.B. den Familienbeziehungen und Entwicklungsbelastungen der Kinder nicht nur unidirektional zu sehen sind, sondern dass auch Problemverhalten der Kinder seinerseits zu Belastungen der familiären Beziehungen und Interaktionen beitragen kann. Gleiches gilt für Zusammenhänge zwischen der Akzeptanz durch Gleichaltrige und kindlicher Entwicklung, da mangelnde soziale Kompetenzen problembelasteter Kinder zu Schwierigkeiten im Umgang mit Peers führen können, die der Popularität der Kinder abträglich sind.

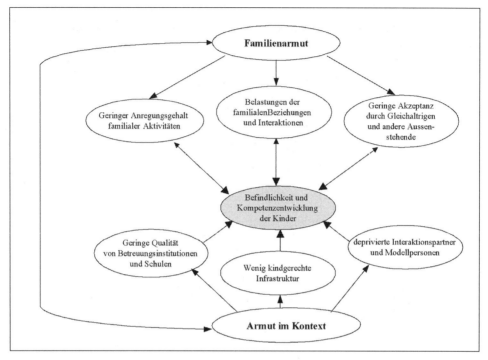

Abbildung 4: Inner- und ausserfamiliale Belastungen als Mediator zwischen Armut und kindlicher Entwicklung

Im Folgenden sollen nun die Befunde einer eigenen Untersuchung berichtet werden, die illustrieren, welche Rolle neben Beeinträchtigungen des elterlichen Erziehungsverhaltens auch Belastungen der Beziehung zu Gleichaltrigen für die Befindlichkeit von ökonomisch deprivierten Kindern und Jugendlichen spielen, genauer: inwieweit finanzielle Knappheit zu negativen Erfahrungen in den Sozialbeziehungen von Kindern und Jugendlichen beitragen und so die nachteiligen Einflüsse ökonomischer Knappheit auf ihre Befindlichkeit erklären. Zudem fokussiert diese Studie auf einen anderen Aspekt, der bislang weitgehend vernachlässigt wurde, nämlich die Wahrnehmung ökonomischer Belastungen seitens der betroffenen Kinder und Jugendlichen.

5. Eine Studie zum relativen Einfluss familialer und außerfamilialer Belastungen bei Kindern und Jugendlichen in Armut

Ähnlich wie die Mehrzahl der verfügbaren Untersuchungen, bezieht sich auch die folgende Studie auf ältere Schulkinder und Jugendliche. Allgemeines Ziel der durch die DFG geförderten Längsschnittuntersuchung „Familienentwicklung nach Trennung der Eltern" (Leitung: Sabine Walper, Klaus A. Schneewind und Peter Noack) ist es, jene Faktoren näher zu beleuchten, die Unterschiede in der Entwicklung von Kindern und Jugendlichen aus Trennungsfamilien im Vergleich zu ihren Altersgenoss/innen aus Kernfamilien (mit beiden leiblichen Eltern) erklären können. Da ökonomische Nachteile von Trennungsfamilien einen wesentlichen Faktor darstellen können, der für Entwicklungsbelastungen von Trennungs- und Scheidungskindern verantwortlich ist (siehe z.B. Amato, 1993), wurden die ökonomischen Verhältnisse der Familie ausführlich erfasst, wobei nicht nur das Einkommen, sondern auch Angaben der Mütter zu Engpässen in der Haushaltsführung erfragt wurden. Der so erlebte „ökonomische Druck" hat in der Konzeptualisierung von Conger et al. (1994) eine entscheidende Mittlerfunktion zwischen „objektiver" Einkommenssituation und subjektiven Belastungen, denn Probleme beim Begleichen von Rechnungen und der erzwungene Verzicht auf Kleidung, Anschaffungen, Lebensmittel erklären, was Armut für die Eltern bzw. die Familien belastend macht. Darüber hinaus legen andere Analysen unserer Daten nahe, dass der von den Müttern erlebte ökonomische Druck in der Haushaltsführung sogar ein validerer Indikator der finanziellen Verhältnisse ist, da die Einkommensangaben beider Eltern oft divergieren (vgl. Walper, in Druck). Zusätzlich wurde auch das Erleben finanzieller Knappheit aus Sicht der Kinder berücksichtigt, wobei die hier berichteten Analysen darauf fokussieren, ob sich die Kinder und Jugendlichen im Vergleich zu ihren Peers finanziell benachteiligt fühlen (Beispiel-Item: „Andere in meinem Alter haben meist mehr Geld für Unternehmungen als ich"). Die Vermutung, die geprüft werden sollte, ging dahin, dass weniger die objektiven Einkommensverhältnisse als vielmehr vorrangig die Situationseinschätzung der Kinder ausschlaggebend dafür ist, wie belastend die finanzielle Lage der Familie für sie ist. Zudem mag die Wahrnehmung finanzieller Nachteile durch die Kinder ein Gradmesser dafür sein, wie viel finanziellen Spielraum die Eltern haben, um die notwendigen Einschränkungen auf jene Bereiche zu beschränken, die die Kinder nicht tangieren.

Im Mittelpunkt dieser Analysen stehen folgende Fragen: (1) Stellt finanzielle Knappheit das entscheidende Bindeglied zwischen Familienstruktur und Befindlichkeit der Kinder und Jugendlichen dar? (2) Ist der Einfluss finanzieller Knappheit auf die Befindlichkeit von Kindern und Jugendlichen nur indirekt,

169

nämlich sowohl auf Beeinträchtigungen des elterlichen Erziehungsverhaltens als auch auf eine vermehrte Ablehnung der Kinder durch Gleichaltrige zurückzuführen, die ihrerseits aus der finanziellen Problemlage resultieren? Da nicht alle Kinder in der hier untersuchten Stichprobe mit ihrem Vater zusammenleben, beziehen sich die Auswertungen nur auf das Erziehungsverhalten der Mütter, nämlich das Ausmaß der Zuwendung und Unterstützung, das die Kinder und Jugendlichen seitens der Mutter erleben. Indikatoren für Belastungen der Befindlichkeit der Kinder und Jugendlichen sind Depressivität und geringes Selbstwertgefühl. Genauere Angaben zu den Indikatoren finden sich in einer ausführlicheren Darstellung dieser Analysen, von denen hier nur Auszüge vorgestellt werden können (siehe Walper, Gerhard, Schwarz & Gödde, in Druck).

Die Stichprobe, auf die ich mich im Folgenden beziehe, umfasst 510 Kinder und Jugendliche im Alter zwischen 9 und 18 Jahren aus West- und Ostdeutschland, die mit ihren Müttern an der ersten Befragung im Jahr 1996 teilnahmen. Entsprechend der generellen Zielstellung des Projekts sind Trennungs- und Scheidungsfamilien überrepräsentiert, wobei neben Familien mit allein erziehender Mutter auch jene Familien mit einbezogen wurden, in denen die Mutter mit einem neuen Partner im gleichen Haushalt zusammenlebt (Stiefvater-Familien). In der hier betrachteten Untersuchungsgruppe stammen 35% der Kinder aus Kernfamilien, 36% leben mit der allein erziehenden Mutter zusammen, und 29% leben mit einem neuen Partner der Mutter bzw. ihrem Stiefvater zusammen. Das durchschnittliche Alter beträgt 14,1 Jahre (SD = 1,73), und Jungen und Mädchen sind gleichermaßen vertreten.

Zur Hypothesenprüfung wurden Pfadanalysen durchgeführt, die es ermöglichen, die Annahmen zu Zusammenhängen zwischen unterschiedlichen Einflussfaktoren zu testen. Hierbei wurden zum Vergleich der drei Familientypen zwei Dummy-Variablen gebildet, von denen die erste Unterschiede zwischen Kern- und Trennungsfamilien prüft und die zweite nochmals Familien mit alleinerziehender Mutter beiden Arten von Zwei-Eltern-Familien gegenüberstellt. Erwartet wurde zunächst ein Effekt der Familienstruktur, wobei Trennungsfamilien und vor allem allein erziehende Mütter einen erhöhten ökonomischen Druck in der Haushaltsführung erleben dürften, der wiederum zu einer stärkeren finanziellen Benachteiligung aus Sicht der Kinder beitragen sollte. Diese erlebte Benachteiligung sollte nachteilige Effekte des ökonomischen Drucks auf das Erziehungsverhalten der Mütter und die Akzeptanz der Kinder durch Gleichaltrige vermitteln. Für die Befindlichkeit der Kinder und Jugendlichen sollten letztlich jedoch nur das mütterliche Erziehungsverhalten und die Akzeptanz durch Gleichaltrige relevant sein, während die anderen Faktoren nur indirekten Einfluss nehmen.

Abbildung 5 verdeutlicht das so zugrunde gelegte Modell und informiert auch gleichzeitig über die Befunde. Tatsächlich werden die Erwartungen in hohem Maße durch die Daten bestätigt. Sowohl Einflüsse der Familienstruktur als auch jene des ökonomischen Drucks auf die Befindlichkeit der Jugendlichen sind nur indirekt und werden über die geringere Unterstützung durch die Mutter und die vermehrte Ablehnung durch Gleichaltrige vermittelt, die vor allem diejenigen Kinder und Jugendlichen berichten, die ökonomische Benachteiligungen erleben. Im Hinblick auf die Familienstruktur sind die Zusammenhänge so indirekt, dass sich letztlich keine Unterschiede in der Befindlichkeit von Kindern aus Kern- und Trennungsfamilien finden lassen, wenn man die vermittelnden Bindeglieder dieser Kette nicht einbezieht, sondern nur die einfachen Zusammenhänge zwischen Familienstruktur und Befindlichkeit der Kinder und Jugendlichen betrachtet.

Vergleicht man genauer den vermittelnden Einfluss, den die Unterstützung durch die Mutter und die Ablehnung durch Gleichaltrige haben, so erweisen sich beide als annähernd gleich relevant. Zwar scheint das Erziehungsverhalten der Mütter etwas mehr unter den ökonomischen Problemen zu leiden als die Akzeptanz der Kinder unter Gleichaltrigen, aber dafür erweist sich im Gegenzug die wahrgenommene Ablehnung durch Peers als geringfügig bedeutsamer für die Befindlichkeit der Kinder und Jugendlichen.

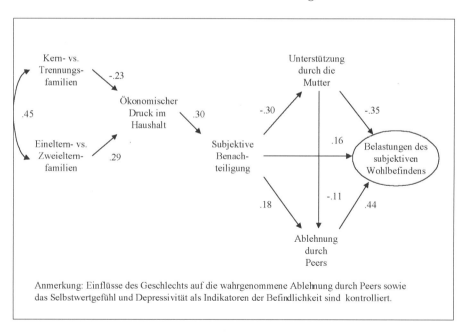

Abbildung 5: Unterstützendes Erziehungsverhalten der Mutter und Ablehnung durch Peers als Mediatoren zwischen Familienstruktur sowie ökonomischer Knappheit und der Befindlichkeit von Kindern und Jugendlichen

171

Obwohl man vermuten könnte, dass der Einfluss der Peers im Verlauf der hier betrachteten Altersspanne noch an Bedeutung gewinnt und im Gegenzug die Unterstützung durch die Mutter weniger wichtig wird, zeigen weitere Analysen, dass die Effekte relativ altersunabhängig sind. Hierzu wurde die Stichprobe nach dem Alter in drei Gruppen aufgeteilt und für jede dieser Gruppen separat ermittelt, welchen relativen Einfluss die wahrgenommene ökonomische Benachteiligung, Unterstützung durch die Mutter und wahrgenommene Ablehnung durch Gleichaltrige auf das Selbstwertgefühl haben. Wie Tabelle 3 zeigt, unterscheiden sich die Effekte in den drei Gruppen kaum. Allerdings ergeben sich in diesen Analysen Hinweise darauf, dass beide Mediatoren nicht den gesamten Einfluss der wahrgenommenen ökonomischen Benachteiligung auf das Selbstwertgefühl erklären, jedenfalls nicht in der jüngsten und ältesten Gruppe. Auch in diesen Gruppen wird zwar offensichtlich ein substanzieller Teil des Zusammenhangs zwischen ökonomischer Benachteiligung und Selbstwertgefühl über die geringere Unterstützung der Mütter und die wahrgenommene Ablehnung „transportiert", denn die einfachen Korrelationen zwischen ökonomischer Benachteiligung und Selbstwertgefühl liegen zwischen $r = -.27$ und $-.32$ (jeweils $p < .001$) und sind damit deutlich höher als die „Resteffekte", die bestehen bleiben, wenn man den Einfluss der Mediatoren in Rechnung stellt.

Tabelle 3: Der relative Einfluss von ökonomischer Benachteiligung, unterstützendem Erziehungsverhalten der Mutter und Ablehnung durch Gleichaltrige auf das Selbstwertgefühl in drei Altersgruppen: standardisierte Regressionskoeffizienten

	Altersgruppen		
	10 – 12 Jahre	13 – 14 Jahre	15 – 19 Jahre
Ökonomische Benachteiligung	-.16*	-.09	-.18*
Unterstützung durch Mutter	.27***	.35***	.23**
Ablehnung durch Peers	-.27***	-.40***	-.31***

Anmerkung: Geschlechtsunterschiede im Selbstwertgefühl sind kontrolliert

6. Die Familie als „Hafen in einer herzlosen Welt"?

Abschließend möchte ich noch darauf eingehen, inwieweit die Familie als „Puffer" für armutsbedingte Belastungen der betroffenen Kinder fungiert. Seitens der Sozial- und vor allem der Finanzpolitik wird den Eltern häufig die Aufgabe zugeschrieben, finanziell bedingte Beeinträchtigungen im Befinden und der Kompetenzentwicklung der Kinder durch Zuwendung und Liebe abzufan-

gen oder anders formuliert: finanzielles Kapitel mit sozialem Kapital aufzu-
wiegen. Nun zeigen ja schon die zuvor erwähnten Befunde zur Mediator-Funk-
tion belasteter Familienbeziehungen, dass die Eltern den Kindern oft keinen
guten Schutzschild, keinen „Hafen in einer herzlosen Welt" bieten können, sondern dass ihr Umgang mit den Kindern unter der Sorge um den Familienun-
terhalt leidet. Was aber passiert, wenn es den Eltern gelingt, eine einfühlsam
unterstützende Haltung in der Erziehung aufrecht zu erhalten? Sind dann die
Effekte finanzieller Knappheit weniger stark? Diese Frage betrifft die sozialen
Ressourcen zur Bewältigung finanzieller Stressoren und würde vermutlich aus
dem Blickwinkel der Forschung zur sozialen Unterstützung mit „ja" beantwortet: Bei hoher Unterstützung durch die Eltern sollten die negativen Effekte finanzieller Knappheit geringer sein, da der Rückhalt in der Familie eine wichtige Ressourcen zur Bewältigung von Belastungssituationen darstellt.

Um dem auch anhand unserer Daten nachzugehen, wurde die Gesamtstich-
probe nach Angaben der Kinder zur einfühlsamen Unterstützung durch die
Mutter (Median-)halbiert, und für jede der beiden Gruppen wurden die Effekte wahrgenommener subjektiver Benachteiligung geprüft. Auch diesmal geht
es um das Selbstwertgefühl der Jugendlichen, das mit r = .36 einen deutlichen
Zusammenhang zur wahrgenommenen Unterstützung durch die Mutter aufweist. Effekte des Alters und Geschlechts sowie der Familienkonstellation
wurden hierbei kontrolliert. In der folgenden Tabelle sind die Regressionskoeffizienten für Effekte ökonomischer Benachteiligung auf das Selbstwertgefühl wiedergegeben, zunächst für die Gesamtgruppe und danach für die drei
Altersgruppen. In der linken Spalte finden sich jeweils die Effekte für diejenigen, die eine geringe Zuwendung der Mutter berichten, rechts für diejenigen,
die sich in hohem Maße von der Mutter unterstützt fühlen.

Tabelle 4: Effekte ökonomischer Benachteiligung auf das
Selbstwertgefühl bei niedriger und hoher Unterstützung
durch die Mutter: standardisierte Regressionskoeffizienten

| | Unterstützung durch Mutter | |
	Niedrig	Hoch
Gesamtgruppe	-.21***	-.32***
10- bis 12-Jährige	-.24*	-.26*
13- bis 14-Jährige	-.17+	-.34**
15- bis 18-Jährige	-.25*	-.38**

*Signifikanzangaben: + p < .10, * p < .05, ** p < .01*

173

Vergleicht man die beiden Spalten, so zeigt sich, dass die Daten nicht den Erwartungen entsprechen. Bei Kindern und Jugendlichen mit geringem Rückhalt seitens der Mutter findet sich kein stärkerer negativer Effekt ökonomischer Deprivation auf ihr Selbstwertgefühl. Im Gegenteil ist der nachteilige Einfluss ökonomischer Benachteiligung bei hoher Unterstützung der Mutter sogar etwas stärker, vor allem in der mittleren Altersgruppe. Obwohl es entwicklungspsychologisch durchaus plausibel wäre, wenn Kinder stärker vom Rückhalt in der Familie profitieren würden als Jugendliche, findet sich also kein solcher Unterschied in unseren Daten.

Wie lässt sich diese erhöhte Vulnerabilität erklären? Wieso immunisieren die zuwendungsvollen Mütter ihre Kinder nicht erfolgreich vor ökonomisch bedingten Belastungen ihres Selbstwertgefühls? Zunächst mag man entgegenhalten, dass vielleicht die wichtigere Immunisierung schon vorher ansetzen sollte, nämlich dort, wo Kinder für nachteilige soziale Vergleiche mit besser gestellten Gleichaltrigen sensibilisiert werden. Allerdings ergibt sich kein anderes Bild, wenn man prüft, ob negative Einflüsse des ökonomischen Drucks in der Haushaltsführung, den die Mütter berichten, besser durch die mütterliche Unterstützung abgefangen werden. Auch hier gleichen sich die Effekte bei niedriger und hoher Unterstützung durch die Mutter weitgehend. Es scheint also, als würde die Zuwendung der Mütter nicht als Puffer wirken, der vor ökonomischen Belastungen schützt. Einen ähnlichen Befund berichtet auch Flanagan (1990), die untersuchte, ob negative Einflüsse von Arbeitslosigkeit der Eltern auf die Kinder durch ein positives Familienklima abgefangen werden können. Sie argumentiert, dass diejenigen Kinder vermutlich am meisten zu verlieren haben, die einen hohen Rückhalt in der Familie erleben. So mag in gewisser Weise eine hohe Verbundenheit mit der Familie auch verletzlich machen, während bei geringer Unterstützung durch die Eltern das Selbstwertgefühl der Kinder und Jugendlichen ohnehin schon stark leidet. Jedenfalls stimmen unsere Befunde eher skeptisch, wenn erwartet wird, dass ökonomische Belastungen durch elterliche Zuwendung gänzlich von den Kindern abgehalten werden können.

Damit sollte sich der Blick stärker auf andere Kontexte richten, die diese Aufgabe übernehmen können und geeignet sind, deprivierten Kindern positive Erfahrungen zu vermitteln, die ihnen zu Hause möglicherweise verwehrt bleiben. Außerfamiliäre Betreuungsangebote wie familienergänzende Tagesbetreuung im Kleinkindalter, formelle Betreuungsangebote für Schulkinder und ein positives Schulklima haben sich hierbei gerade für deprivierte Gruppen als besonders förderlich erwiesen (z.B. Caughy, DiPietro & Strobino, 1994; Klocke, 1996; Posner & Vandell, 1994; vgl. Walper, 1999)

Sicher werfen manche der berichteten Befunde eine Reihe weiterer Fragen auf. Wenn es gelungen ist, deutlich zu machen, dass Armutsforschung bei Kindern ein Bereich ist, der große Aufmerksamkeit verdient und in dem noch viele Aufgaben zu bewältigen sind, ist schon viel erreicht. Es gibt eine Fülle offener Fragen, die eine differenzierte Antwort verdienen, vor allem, wenn es darum geht, nach Möglichkeiten zu suchen, wie problembelastete Familien erreicht und unterstützt werden können, wie die Kompetenzen deprivierter Kinder gestärkt und wie ihrer Diskriminierung vorgebeugt werden kann. Nicht zuletzt muss es jedoch darum gehen, der erhöhten Familienarmut durch einen faireren finanziellen Ausgleich zu begegnen.

Literatur

Amato, P. R. (1993). Children's adjustment to divorce: Theories, hypotheses, and empirical support. *Journal of Marriage and the Family* 55, pp. 23-38.

Baarda, D. B., de Goede, M. P. M., Frowijn, A. P. M. & Postma, M. E. (1990). Der Einfluss von Arbeitslosigkeit auf Kinder. In: H. Schindler, A. Wacker & P. Wetzels (Hg.). *Familienleben in der Arbeitslosigkeit*. Heidelberg: Asanger, pp. 154-170.

Bacher, J. (1994). Sozialstrukturell benachteiligte Kinder. In: L. Wilk & J. Bacher (Hg.). *Kindliche Lebenswelten*. Opladen: Leske + Budrich, pp. 55-87.

Bacher, J. (1997). Einkommensarmutsgefährdung von Kindern in Österreich und deren Auswirkungen auf die Schullaufbahn und das subjektive Wohlbefinden – Eine Sekundäranalyse des Sozialen Surveys. *Sozialwissenschaftliche Rundschau* 1, pp. 39-62.

Bacher, J. (1998). Einkommensarmut von Kindern und subjektives Wohlbefinden. Bestandsaufnahme und weiterführende Analysen. In: J. Mansel & G. Neubauer (Hg.). *Armut und soziale Ungleichheit bei Kindern* (Reihe Kindheitsforschung 9). Opladen: Leske + Budrich.

Bank, L. B., Forgatch, M. S., Patterson, G. R. & Fetrow, R. A. (1993). Parenting practices of single mothers: Mediators of negative contextual demands. *Journal of Marriage and the Family* 55, pp. 371-384.

Bolger, K. E., Patterson, C. J., Thompson, W. W. & Kupersmidt, J. B. (1995). Psychosocial adjustment among children experiencing persistent and intermittend family economic hardship. *Child Development* 66, pp. 1107-1129.

Buhr, P. (1995). *Dynamik von Armut. Dauer und biographische Bedeutung von Sozialhilfebezug*. Opladen: Westdeutscher Verlag.

Buhr, P. (1998). Übergangsphase oder Teufelskreis? Dauer und Folgen von Armut bei Kindern. In: A. Klocke & K. Hurrelmann (Hg.). *Kinder und Jugendliche in Armut*. Opladen: Westdeutscher Verlag, pp. 72-86.

Statistisches Bundesamt (1999). *Kinder in der Sozialhilfe-Statistik*. Wiesbaden.

Bundesministerium für Familie, Senioren, Frauen und Jugend (1998). 10. *Kinder- und Jugendbericht*. Bonn.

Burr, W. R. (1973). *Theory construction and the sociology of the family*. New York: Wiley.

Caughy, M. O., DiPietro, J. A. & Strobino, D. M. (1994). Day-care participation as a protective factor in the cognitive development of low-income children. *Child Development* 65, pp. 457-471.

Conger, R. D. & Elder, G. H., Jr. (1994). *Families in troubled times*. New York: Aldine de-Gruyter.

Conger, R. D., Ge, X., Elder, G. H., Jr., Lorenz, F. O. & Simons, R. L. (1994). Economic stress, coercive family process, and developmental problems of adolescents. *Child Development* 65, pp. 541-561.

Conger, R. D., McCarthy, J. A., Yang, R. K., Lahey, B. B. & Kropp, J. P. (1984). Perception of child, child-rearing values, and emotional distress as mediating links between environmental stressors and observed maternal behavior. *Child Development* 55, pp. 2234-2247.

Duncan, G. J., Brooks-Gunn, J. & Klebanov, P. K. (1994). Economic deprivation and early childhood development. *Child Development* 65, pp. 296-318.

Duncan, G. J. & Rodgers, W. L. (1988). Longitudinal aspects of childhood poverty. *Journal of Marriage and the Family* 50, pp. 1007-1021.

Elder, G. H., Jr. (1974). *Children of the Great Depression. Chicago:* The University of Chicago Press.

Elder, G. H., Jr. & Caspi, A. (1988). Economic stress in lives: Developmental perspectives. *Journal of Social Issues* 44, pp. 25-45.

Elder, G. H., Jr., Liker, J. K. & Cross, C. E. (1984). Parent-child behaviour in the Great Depression: Life course and intergenerational influences. In: P B Baltes, O G Brim & Jr (Eds.). *Life span development and behaviour.* New York: Academic Press, pp. 109-158.

Entwisle, D. R. & Alexander, K. L. (1996). Family type and children's growth in reading and math over the primary grades. *Journal of Marriage and the Family* 58, pp. 341-355.

Flanagan, C. A. (1990). Families and schools in hard times. In: V. C. McLoyd & C. A. Flanagan (Eds.). Economic stress: *Effects on family life and child development. New Directions for Child Development*, pp. 7-26.

Habich, R., Headey, B. & Krause, P. (1991). Armut im Reichtum. Ist die Bundesrepublik Deutschland eine Zwei-Drittel-Gesellschaft? In: U. Rendtel & G. Wagner (Hg.). Zur *Einkommensdynamik in Deutschland seit 1984.* Frankfurt/M.: Campus.

Hanesch, W. & et al. (1994). Armut in Deutschland. Der Armutsbericht des DGB und des *Paritätischen Wohlfahrtsverbands.* Reinbek/Hamburg: Rowohlt.

Hauser, R. & Hübinger, W. (1993). Arme unter uns. Teil I: Ergebnisse und Konsequenzen der *Caritas-Armutsuntersuchung.* Freiburg: Lambertus.

Hauser, R. & Semrau, P. (1989). *Trends in Poverty and Low Income in the Federal Republic of Germany.* Sonderforschungsbereich 3. Arbeitspapier Nr. 306. Frankfurt am Main/ Mannheim: Sfb 3.

Hock, B., Holz, G. & Wüstendorfer, W. (2000). *Frühe Folgen – langfristige Konsequenzen? Armut und Benachteiligung im Vorschulalter.* Frankfurt am Main: ISS-Eigenverlag.

Huston, A. C., McLoyd, V. C. & Coll, C. G. (1994). Children and poverty: Issues in contemporary research. *Child Development* 65, pp. 275-282.

Joos, M. (1997). Armutsentwicklung und familiale Armutsrisiken von Kindern in den neuen und alten Bundesländern. In U. Otto (Hg.). *Aufwachsen in Armut. Erfahrungswelten und soziale Lage von Kindern armer Familien.* Opladen: Leske + Budrich, pp. 47-78.

Klocke, A. (1996). Aufwachsen in Armut. *Zeitschrift für Sozialisationsforschung und Erziehungssoziologie* 16 (4), pp. 390-409.

Klocke, A. & Hurrelmann, K. (Hg.). (1998). *Kinder und Jugendliche in Armut. Umfang, Auswirkungen und Konsequenzen.* Opladen: Westdeutscher Verlag.

Krause, P. (1994). Zur zeitlichen Dimension von Einkommensarmut. In: W. Hanesch & et al. (Hg.). Armut in Deutschland. *Der Armutsbericht des DFG und des Paritätischen Wohlfahrtsverbands.* Reinbek bei Hamburg: Rowohlt, pp. 189-206.

Kupersmidt, J. B., Griesler, P. C., DeRosier, M. E., Patterson, C. J. & Davis, P. W. (1995). Childhood aggression and peer relations in the context of family and neighborhood factors. *Child Developmen,* 66, pp. 360-375.

Lauterbach, W. & Lange, A. (1998). Aufwachsen in materieller Armut und sorgenbelastetem Familienklima. Konsequenzen für den Schulerfolg von Kindern am Beispiel des Übergangs in die Sekundarstufe I. In: J. Mansel & G. Neubauer (Hg.). *Armut und so-*

ziale Ungleichheit bei Kindern. Opladen: Leske + Budrich, pp. 106-128.

Mansel, J. & Neubauer, G. (Hg.). (1998). *Armut und soziale Ungleichheit bei Kindern* (Reihe Kindheitsforschung 9). Opladen: Leske + Budrich.

McLoyd, V. C. (1989). Socialization and development in a changing economy. *American Psychologist* 44, pp. 293-302.

Mielck, A. (1998). Armut und Gesundheit bei Kindern und Jugendlichen: Ergebnisse der sozial-epidemiologischen Forschung in Deutschland. In: A. Klocke & K. Hurrelmann (Eds.). *Kinder und Jugendliche in Armut.* Opladen: Westdeutscher Verlag, pp. 225-265.

Moen, P., Kain, E. L. & Elder, G. H., Jr. (1983). Economic conditions and familiy life: contemporary and historical perspectives. In: R. Nelson & F. Skidmore (Eds.). *American families and the economy:* The high costs of living. Washington, DC: National Academy Press, pp. 213-259.

Nauck, B. & Joos, M. (1996). Wandel der familiären Lebensverhältnisse von Kindern in Ostdeutschland. In: G. Trommsdorff (Hg.). *Sozialisation und Entwicklung von Kindern vor und nach der Vereinigung* (Beiträge zu den Berichten zum sozialen und politischen Wandel in Ostdeutschland 4.1). Opladen: Leske + Budrich, pp. 243-298.

Neubauer, G. (1998). Armut macht krank – Reichtum macht gesund? In: J. Mansel & G. Neubauer (Hg.). *Armut und soziale Ungleichheit bei Kindern* (Reihe Kindheitsforschung 9,). Opladen: Leske + Budrich.

Otto, U. (Hg.). (1997). *Aufwachsen in Armut. Erfahrungswelten und soziale Lage von Kindern armer Familien.* Opladen: Leske + Budrich.

Posner, J. K. & Vandell, D. L. (1994). Low-income children's after-school care: Are there beneficial effects of after-school programs? *Child Development* 65, pp. 440-456.

Sampson, R. J. & Laub, J. H. (1994). Urban poverty and the family context of delinquency: A new lool at structure and process in a classic study. *Child Development* 65, pp. 523-540.

Schmidt-Denter, U. (2000). Entwicklung von Trennungs- und Scheidungsfamilien: Die Kölner Längsschnittstudie. In: K. A. Schneewind (Hg.). Familienpsychologie im Auswind. Göttingen: Hogrefe, pp. 203-221.

Spiekermann, H. & Schubert, H. (1998). Verkehrsicherheit von Kindern in Abhängigkeit vom sozialen Umfeld. In: J. Mansel & G. Neubauer (Hg.). *Armut und soziale Ungleichheit bei Kindern* (Reihe Kindheitsforschung 9). Opladen: Leske + Budrich.

Walper, S. (1988). Familiäre *Konsequenzen ökonomischer Deprivation* (Fortschritte der psychologischen Forschung 2). München: Psychologie Verlags Union.

Walper, S. (1999). Auswirkungen von Armut auf die Entwicklung von Kindern. In: A. Lepenies et al. (Eds.). *Kindliche Entwicklungspotentiale. Normalität, Abweichung und ihre Ursachen (Materialien zum 10. Kinder und Jugendbericht 1).* München: DJI-Verlag.

Walper, S. (2001). Ökonomische Knappheit im Erleben ost- und westdeutscher Kinder und Jugendlicher: Einflüsse der Familienstruktur und Auswirkungen auf die Befindlichkeit. In: A. Klocke & K. Hurrelmann (Hg.). *Armut bei Kindern und Jugendlichen* (2. erweiterte und korrigierte Aufl.). Weinheim: Juventa, pp. 169-187.

Walper, S. & Gerhard, A. K. (in Druck). Scheidung der Eltern – ein Marker in der Biographie der Kinder? In: I. Behnken & J. Zinnecker (Hg.). *Kindheit und Biographie.*

Walper, S., Gerhard, A. K., Schwarz, B. & Gödde, M. (in Druck). Wenn an den Kindern gespart werden muß: Einflüsse der Familienstruktur und finanzieller Knappheit auf die Befindlichkeit von Kindern und Jugendlichen. In: S. Walper & R. Pekrun (Hg.). *Familie und Entwicklung. Perspektiven der Familienpsychologie.* Göttingen: Hogrefe.

Weick, S. (1999). Relative *Einkommensarmut bei Kindern in Deutschland. Untersuchung zu Lebensbedingungen und Lebensqualität in Deutschland von 1984 bis 1996.* Gießen: Justus-Liebig-Universität.

177

Entwicklungsfördernde Bedingungen in Familie und Kindergarten

Wolfgang Tietze

1. Einleitung

Kindheitsforscher gehen davon aus, dass sich auch die Kindheit im vorschulischen Alter in den zurückliegenden Jahrzehnten in vielfältiger Hinsicht verändert hat (Baacke, 1999; Bundesministerium für Familie, Senioren, Frauen und Jugend, 1998; Fölling-Albers & Hopf, 1995). Zu den unübersehbaren Veränderungen gehört zweifellos die ausgeprägte Verinstitutionalisierung von vorschulischer Kindheit. Während in beiden Teilen Deutschlands 1950 weniger als 30% der 3- bis 6-jährigen Kinder neben der Familie eine Kindergartenerziehung erfuhren (BRD: 29%, DDR: 21%), lag die Kindergartenbeteiligungsquote nur 25 Jahre später in der Bundesrepublik rund doppelt so hoch (56%) und in der DDR sogar rund viermal so hoch (85%) (Tietze, 1993, S. 109).

In Westdeutschland dauerte der Ausbau des Kindergartensystems länger und erhielt einen nachhaltigen Schub erst durch den Rechtsanspruch auf einen Kindergartenplatz, der im Zuge der Novellierung des Abtreibungsparagraphen 218 im Jahr 1992 (mit mehrjährigen Übergangsfristen) eingeführt wurde. Im Jahr 1994 stand bei den Kindern im Alter von drei Jahren bis zum Schuleintritt für 73% in den alten und 100% in den neuen Bundesländern ein Kindergartenplatz zur Verfügung. Von gewissen regionalen Schwankungen abgesehen, kann heute von einer Vollversorgung mit Kindergartenplätzen ausgegangen werden.

Neben der quantitativen Expansion des Kindergartenwesens, das damit praktisch alle Kinder einbezieht, ist zudem von einer Erweiterung der täglichen Dauer der Erziehung und Betreuung in Kindergärten auszugehen. In der DDR war der Kindergarten von Anfang an als Ganztagseinrichtung ausgelegt, da er nicht zuletzt die ökonomische Funktion hatte, den Müttern eine Vollerwerbstätigkeit zu ermöglichen (Boeckmann, 1993). In den alten Bundesländern waren noch Ende der 80er-Jahre lediglich 14% der Plätze Ganztagsplätze (Tietze, Roßbach und Roitsch, 1993). Der Anteil von Plätzen mit erweiterten Betreuungszeiten ist seitdem jedoch beträchtlich gestiegen.

Für die Mehrheit der Kinder im Kindergartenalter dürfte heute gelten, dass sie wenigstens die Hälfte ihrer täglichen Wachzeit (an Werktagen) im institutionellen Setting des Kindergartens verbringen; für eine erhebliche Zahl der Kinder ist dieser Anteil zweifellos höher.

Vor diesem Hintergrund stellen sich verschiedene Fragen nach der pädagogischen Qualität dieser institutionellen Erziehung und Betreuung der Kinder:
Wie ist die Qualität pädagogischer Prozesse in den Einrichtungen beschaffen, von welchem Niveau können wir ausgehen?
Von welchen Rahmenbedingungen wird die Qualität pädagogischer Prozesse in den Einrichtungen bestimmt?
Und nicht zuletzt: Wie wirkt sich das Gesamt der pädagogischen Rahmenbedingungen und der pädagogischen Prozessqualität auf die Entwicklung der Kinder aus?

Solche Fragen können freilich nicht sinnvoll isoliert nur für den Kindergarten gestellt werden. Vielmehr sind sie sinngemäß und vergleichend genauso für das Familiensetting zu stellen, als das für das Kind von Anfang an gegebene und auch die institutionelle Betreuung begleitende Sozialisationssetting. Die im Folgenden berichteten Ergebnisse und der ihnen zugrunde liegende Untersuchungsansatz sind an anderer Stelle ausführlich dargestellt (vgl. Tietze et al., 1998).

2. Konzeptueller Rahmen

Pädagogische Qualität in Tageseinrichtungen für Kinder, aber ebenso in Familien, ist ein vielschichtiges Gebilde. Besonders deutlich wird dies, wenn man die vielfältigen Erwartungen betrachtet, die unter dem Etikett „pädagogische Qualität" an die Tageseinrichtungen herangetragen werden. In Abhängigkeit davon, welche Bezugsgruppe die Frage nach der Qualität stellt, fallen die Antworten unterschiedlich aus. Für *Eltern,* die z.B. an langen und flexiblen Öffnungszeiten interessiert sein mögen, stellt sich Qualität anders dar als für *Erzieherinnen,* die an eigenen familienfreundlichen Öffnungszeiten interessiert sein mögen und denen es (auch) um die Qualität ihres Arbeitsplatzes geht. Wiederum andere Qualitätsgesichtspunkte gelten für *Träger,* die an der Umsetzung ihrer weltanschaulichen Auffassungen interessiert sind, oder für die *Wirtschaft,* der eine für sie kostenfreie/kostengünstige gute Betreuungsinfrastruktur speziell bei einem hohen Anteil an weiblichen Arbeitskräften wichtig ist. Solche Perspektiven auf „Qualität" sind legitim, haben aber, wenn überhaupt, nur einen indirekten Bezug zu dem, was als *pädagogische Qualität* bezeichnet werden kann.

Pädagogische Qualität rückt die Sichtweise und das Interesse des Kindes in den Mittelpunkt und macht diese zum Maßstab für die Qualität einer Kinder-tageseinrichtung. Die Sichtweisen anderer Bezugsgruppen haben ihre Be-rechtigung, sind aber dem Bezugspunkt „pädagogische Qualität" nachgeord-net. Für pädagogische Qualität steht das stellvertretend wahrgenommene In-teresse des Kindes im Mittelpunkt: Pädagogische Qualität ist in einer pädago-gischen Umwelt dann gegeben, wenn diese dem Wohlbefinden sowie der ge-genwärtigen und zukünftigen Entwicklungsförderung des Kindes dient und –im Falle einer familienexternen pädagogischen Umwelt – damit auch die El-tern in ihrer Erziehungsarbeit unterstützt. Für diese auf das Wohlbefinden und die Entwicklungsförderung des Kindes gerichtete pädagogische Qualität lassen sich drei Teilbereiche unterscheiden:

- *Pädagogische Orientierungsqualität.* Sie bezieht sich auf das Bild vom Kind, das die Erzieherinnen haben, ihre Auffassung über die Entwicklung von Kindern, über Erziehungsziele und Erziehungsmaßnahmen, über die Aufgabe von Familie und Einrichtung sowie andere mentale Rahmenbe-dingungen.
- *Pädagogische Strukturqualität.* Sie bezeichnet hauptsächlich materielle Rahmenbedingungen, die der Praxis vorgegeben sind und die vorwiegend politisch geregelt werden bzw. politisch regulierbar sind. Sie schließt per-sonale Merkmale wie das Ausbildungsniveau von Erzieherinnen oder auch die ihnen zugestandene Vorbereitungszeit ein, soziale Merkmale wie Grup-pengröße, Altersmischung der Gruppe, Erzieher-Kind-Schlüssel und räum-lich-materiale Merkmale wie Raumgröße (m^2 pro Kind).
- *Pädagogische Prozessqualität.* Sie bezieht sich auf die Dynamik des pädagogischen Geschehens, den Umgang mit dem Kind, auf entwicklungs-angemessene und auf die Bedürfnisse der Kinder abgestellte Interaktionen. Es geht dabei um das Interaktionsgeschehen zwischen allen Beteiligten, so-wohl zwischen Erzieherinnen und Kindern als auch zwischen den Kindern untereinander.

In vergleichbarer Weise können pädagogische Prozess-, Struktur- und Orientie-rungsqualität im Familiensetting der Kinder unterschieden werden. Auch in der Familie ist das Kind in ein bestimmtes pädagogisches Prozessgeschehen mit ei-nem gegebenen Anregungscharakter und spezifischen Interaktionen einbezo-gen. Ebenso ist im Familiensetting eine bestimmte Form der Strukturqualität gegeben mit räumlich-materialen Bedingungen, der (erwerbsbedingten) Ver-fügbarkeit von Erwachsenen und personalen Bedingungen wie dem Bildungs-niveau der Eltern. Schließlich verfügen die im Familiensetting handelnden Er-wachsenen über bestimmte pädagogische Überzeugungen und Einstellungen, die zusammengenommen die pädagogische Orientierungsqualität ausmachen.

Die drei Qualitätsbereiche Orientierungs-, Struktur- und Prozessqualität für das institutionelle und das familiale Setting sowie der Zusammenhang mit der Entwicklung des Kindes sind in der Abbildung 1 graphisch dargestellt. Zusätzlich sind in die Abbildung zwei Kontextebenen aufgenommen, von denen Einflüsse auf die Qualität der Settings bzw. die Entwicklung von Kindern angenommen werden können: ein unmittelbarer räumlicher und sozialer Kontext, in den das Familien- und das institutionelle Setting eingebunden sind, sowie ein makrosystemischer Kontext, verstanden als übergreifende gesellschaftlich-kulturelle Gegebenheiten, in die alle Systemebenen niederer Ordnung eingebettet sind (vgl. Bronfenbrenner, 1989).

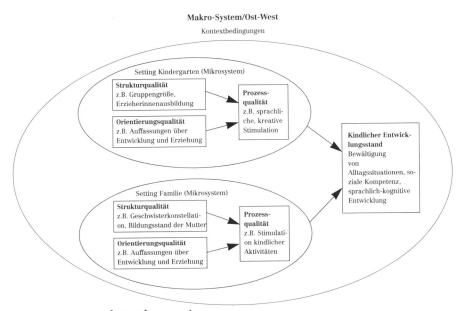

Abb. 1: Untersuchungskonzeption

3. Erhebungsinstrumente und Stichprobe

Die Auswahl der Erhebungsinstrumente zur Erfassung der drei pädagogischen Qualitätsbereiche im Kindergarten- und Familiensetting erfolgte unter dem Leitgesichtspunkt, beide Settings in gleicher bzw. vergleichbarer Weise zu operationalisieren. *Die pädagogische Orientierungsqualität* von den Erzieherinnen in den Kindergärten und den Müttern in den Familien wurde im Rahmen eines Interviews erhoben und beinhaltet die Erfassung pädagogischer Ziele, Einstellungen und Überzeugungen (z.B. über die Entwicklung von Kindern). Ebenfalls wurden die verschiedenen Einzelaspekte der *Struktur-*

181

qualität in Familien und Kindergärten über Interviews mit den Müttern bzw. den Gruppenleiterinnen (und auch Einrichtungsleiterinnen) in den Kindergärten erhoben. Die *pädagogische Prozessqualität* in den Kindergartengruppen wurde mit Hilfe der Kindergarten-Einschätzskala (KES) (Tietze, Schuster & Roßbach, 1997) und der Caregiver-Interaction-Scale (CIS) (Arnett, 1989) auf der Grundlage einer ca. dreistündigen Beobachtung in den Kindergartengruppen mit ergänzenden Interviews der Gruppenleiterin eingeschätzt. Für die Erfassung der pädagogischen Prozessqualität in den Familien wurde die HOME (Home Observation for Measurement of the Environment) von Caldwell & Bradley (1984) sowie ein selbst entwickelter Fragebogen zu kindlichen Aktivitäten im Familiensetting herangezogen. Beide Instrumente wurden im Rahmen eines Hausbesuchs durchgeführt. Die Kontextmerkmale des familialen und des institutionellen Settings wurden ebenfalls über Interviews erfasst; die makrosystemischen Bedingungen im Sinne unterschiedlicher gesellschaftlicher Rahmenbedingungen, hier verstanden als Ost-West-Unterschiede, wurden über die Stichprobenrekrutierung bestimmt (siehe unten).

Zur Erfassung des kindlichen Entwicklungsstandes galt es unterschiedliche Maße, besonders auch alltagsnahe Maße, zu berücksichtigen. Mit Bezug auf die für Kinder dieser Altersstufe als Förderungsziel immer wieder betonte Kompetenz der „Bewältigung von Lebenssituationen" wurde zum einen die Vineland Adaptive Behavior Scale (Sparrow et al., 1984) herangezogen, zum anderen eine deutsche Kurzform (Tietze et al., 1981), der Social Competence Scale von Kohn & Rosman (1972) sowie schließlich der Peabody Picture Vocabulary Test (PPVT) von Dunn & Dunn (1981), ein international vielfach benutzter Sprachtest. In diesen Verfahren wurden gute Indikatoren zur Erfassung der für Kinder in vorschulischem Alter wichtigen Entwicklungsbereiche gesehen: der Entwicklung im sprachlich-kognitiven Bereich, der Entwicklung im sozialen Bereich und der Entwicklung im Bereich der Bewältigung von alterstypischen Lebenssituationen.

Die Stichprobe von Kindergartengruppen und jeweils 4 Zielkindern in jeder Gruppe wurde über ein mehrstufiges Auswahlverfahren gezogen. Auf der ersten Stufe wurden in vorab definierten Regionen aus fünf Bundesländern (Baden-Württemberg, Berlin, Brandenburg, Rheinland-Pfalz, Nordrhein-Westfalen), die auf der Grundlage statistischer Daten bestimmt worden waren, 103 Kindertageseinrichtungen nach Zufall ausgewählt; dem schloss sich als zweite Stufe die Zufallsauswahl einer Kindergartengruppe pro Einrichtung an. Als dritte Stufe wurden innerhalb einer jeden Kindergartengruppe vier vierjährige Kinder, zwei Jungen und zwei Mädchen, nach Zufall ausgewählt. Mit dieser Kinderstichprobe war zugleich die Familienstichprobe gegeben. Insgesamt konnten damit 103 Kindergartengruppen (aus 103 Kindergärten) und 422 Kindergartenkinder mit ihren Familien in die Untersuchung einbezogen werden.

4. Ergebnisse

4.1 Grundkonsens in der Orientierungsqualität bei Müttern und Erzieherinnen

Mütter und Erzieherinnen wurden mit demselben Instrumentarium hinsichtlich ihrer pädagogischen Orientierungen befragt. Zum einen wurde von beiden erfragt, welche Entwicklungserwartungen sie haben, d.h. in welchem Alter des Kindes sie bestimmte Verhaltensweisen und Fähigkeiten erwarten, ob sie Entwicklungsunterschiede zwischen den Kindern eher der Vererbung oder der Erziehung bzw. einer Interaktion von beidem zuschreiben, und wem von beiden, Eltern oder Erzieherinnen, sie am ehesten Beeinflussungsmöglichkeiten kindlicher Verhaltensweisen und Fähigkeiten zuschreiben. Zum anderen wurden die Mütter und Erzieherinnen um Angaben darüber gebeten, welche Bedeutung sie bestimmten Erziehungszielen bei vierjährigen Kindern und bei Kindern am Ende der Vorschulzeit (Schuleintritt) zuschreiben und was sie für geeignete Erziehungsmaßnahmen halten. In einem dritten Subbereich der Orientierungsqualität wurden Einstellungen zum Kindergarten thematisiert, u.a. zur Zusammenarbeit zwischen Kindergarten und Eltern, zu den Aufgaben des Kindergartens und zu Qualitätsaspekten des Kindergartens.

Die zahlreichen Einzelbefunde können an dieser Stelle nicht berichtet werden (vgl. Tietze et al., 1998, S. 67-119). Auf der Grundlage von Datenverdichtungen, die vorwiegend über Faktorenanalysen vorgenommen wurden, kann an übergreifenden Befunden festgehalten werden: Mütter und Erzieherinnen vertreten vorrangig eine „subjektorientierte" Erziehungseinstellung, bei der die Eigenständigkeit des Kindes als Person und seine Kreativität betont werden. Erziehung wird als Unterstützung der Eigeninitiative und Erfahrungserweiterung in einem vom Kind weitgehend selbst gesteuerten Prozess betrachtet. Mütter und Erzieherinnen sehen es gemeinsam als vorrangige Aufgabe des Kindergartens an, Kreativität, Phantasie und Selbstwertgefühl der Kinder zu fördern. Die reine Betreuung und eine eng verstandene Schulvorbereitung sind für beide nachrangig. Differenzierungen unter dem gemeinsamen Dach von grundsätzlichen Übereinstimmungen ergeben sich allerdings dahingehend, dass Mütter kontrollierenden Erziehungsmaßnahmen stärker zustimmen als Erzieherinnen, bei den Erziehungszielen kognitive und schulbezogene Fähigkeiten mehr befürworten und den Stellenwert einer intrinsischen Arbeitsmotivation des Kindes weniger betonen. Auch hegen die Mütter Erwartungen, die auf ein früheres Auftreten von Fähigkeiten und Fertigkeiten bei den Kindern gerichtet sind (frühere Entwicklungserwartungen). Ost-West-Unterschiede wurden dahingehend gefunden, dass sowohl die Mütter als auch die Erzieherinnen aus den neuen Bundesländern Erziehungsmaßnahmen, die die Selbststeuerung des Kindes fördern („eigene Entscheidungen treffen lassen"), weniger zustimmen als ihr Gegenpart im Westen.

4.2 Pädagogische Prozessqualität in Kindergärten

Das Hauptinstrument, mit dem die pädagogische Prozessqualität in den Kindergärten untersucht wurde, bildete die Kindergarten-Einschätz-Skala (KES). Die einzelnen Qualitätsaspekte (Items) werden hierbei auf einer 7-stufigen Skala eingeschätzt. Ebenfalls wird der KES-Gesamtwert als Durchschnittswert aller Einzelaspekte auf der 7-stufigen Skala abgebildet. Nach international akzeptierter Übereinkunft zeigen Werte unter 3 eine *unzureichende* Qualität an. Eine mittlere Qualität ist bei Punktwerten zwischen 3 und unter 5 gegeben, die Zone guter bis ausgezeichneter Qualität setzt Punktwerte zwischen 5 und 7 voraus.

Tabelle 1: Kindergartengruppen nach Qualitätsstufen (Angaben in %)

	Insgesamt (gew.)	Ganztags-Ost	Ganztags-West	Halbtags-West
Unzureichende Qualität (< 3)	2	0	14	0
Mittelmäßige Qualität (3 bis < 5)	69	98	45	61
Gute bis sehr gute Qualität (> 5)	29	2	41	39

Die Verteilung der KES-Gesamtwerte in den 103 untersuchten Kindergartengruppen ist der Tabelle 1 zu entnehmen, wobei die in der Untersuchung berücksichtigten Typen von Kindergartengruppen (Ganztagsgruppen-Ost; Ganztagsgruppen-West; Halbtagsgruppen-West) entsprechend ihrer Repräsentanz in der Grundgesamtheit gewichtet wurden. Die Ergebnisse zeigen, dass bei 2% der Kindergartengruppen eine Prozessqualität gegeben ist, die minimale Standards unterschreitet und unter fachlichen Gesichtspunkten nicht vertretbar ist. Gut zwei Drittel der Kindergartengruppen (69%) weisen KES-Werte im Bereich mittlerer Qualität auf, bei einem knappen Drittel (29%) kann von einer guten, entwicklungsangemessenen pädagogischen Prozessqualität ausgegangen werden, wo Kinder ermutigt werden, die für ihren weiteren Weg wichtigen sozialen und intellektuellen Fähigkeiten zu entwickeln, wo es bedeutungsvolle Gespräche mit der Erzieherin gibt, wo Kinder zum Sprechen angeregt werden, wo eine gute Ausstattung mit Spiel- und Lernmaterial gegeben ist und dieses in entwicklungsfördernder Weise genutzt wird. Insgesamt gesehen folgt die Verteilung der KES-Werte dem Muster einer Normalverteilung, der Mittelwert beträgt $\bar{x} = 4{,}51$, die Standardabweichung $s = 0{,}71$.

Das globale Bild differenziert sich, wenn man die einzelnen Typen von Kindergartengruppen betrachtet. Nahezu alle Kindergartengruppen-Ost (98 %) liegen im Bereich mittlerer Qualität, es gibt keine Gruppen in der Stichprobe mit unzureichender Qualität und so gut wie keine mit guter Qualität (2 %). Man wird in dieser großen Homogenität die Nachwirkungen einer ehemals zentralen Steuerung erkennen können. Ebenfalls keine Gruppen mit unzureichender Qualität finden sich bei dem im alten Bundesgebiet vorherrschenden Typus Halbtags-West; 61% weisen hier eine mittlere Qualität, 39 % eine gute Qualität auf. Den Typus mit der größten Heterogenität in der pädagogischen Prozessqualität bilden die Ganztagsgruppen-West.
14% dieser Gruppen (d.h. jede siebente) weisen eine unzureichende, 45 % eine mittlere und 41% eine gute Prozessqualität auf. Entwicklungsfördernde Prozessqualität ist offensichtlich unter Ganztagsbedingungen schwieriger zu realisieren; andererseits ist der Anteil von Ganztagsgruppen-West mit guter Qualität (41%) nicht geringer als bei den Halbtagsgruppen-West mit 39%.

4.3 Abhängigkeit pädagogischer Prozessqualität in Kindergärten von Rahmenbedingungen

In diesem Abschnitt soll der Frage nachgegangen werden, ob und inwieweit die in den Kindergartengruppen beobachtbare Prozessqualität durch Bedingungen pädagogischer Strukturqualität und der Qualität pädagogischer Orientierungen wie auch durch nähere und weitere Kontextfaktoren, in deren Rahmen die Einrichtungen arbeiten, bestimmt wird. Antworten auf diese Frage sind sowohl in theoretischer als auch in praktischer Hinsicht von Bedeutung. Zur Beantwortung der Frage wurde eine blockweise multiple hierarchische Regressionsanalyse gerechnet mit den KES-Werten (pädagogische Prozessqualität) als Kriteriumsvariable und verschiedenen Variablen der Struktur- und Orientierungsqualität auf der Ebene der Kindergartengruppe, auf der Einrichtungsebene, auf der Ebene des Einrichtungskontexts und der Ebene des Makrosystems als Prädiktorvariablen. Die Ergebnisse sind in Tabelle 2 dargestellt.

Die Tabelle zeigt, dass die pädagogische Prozessqualität (KES) in den Kinder-

185

Tabelle 2: Abhängigkeit pädagogischer Prozessqualität im Kindergartensetting (KES)
von Variablen verschiedener Bedingungsebenen

1. Block Gruppenebene	KES
1.1 Strukturqualität	
Allgemeine Schulbildung der Erzieherin	+[1]
Berufserfahrung als Erzieherin	-
Berufszufriedenheit	0
Vorbereitungszeit (Std./Woche)	+
Erzieher-Kind-Schlüssel	+
Altersmischung in der Gruppe	0
Raum (m²/Kind)	+
1.2 Pädagogische Orientierung	
Subjektorientierte Erziehungseinstellung	0
Entwicklungserwartung	0
Erklärte Varianz (R^2)	**34%**
2. Block Einrichtungsebene	
Allgemeine Schulbildung (Leiterin)	0
Berufserfahrung als Leiterin	0
Berufszufriedenheit (Leiterin)	0
Größe der Einrichtung (Anz. Kinder)	0
Tägliche Öffnungszeit	-
Zusätzlich erklärte Varianz (R^2)	**6%**
3. Block Einrichtungskontext	
Sozialer Einzugsbereich	0
Trägerschaft (öffentlich/privat)	0
Zusätzlich erklärte Varianz (R^2)	**1%**
4. Block Makrokontext	
Bundeslandzugehörigkeit	+
Zusätzlich erklärte Varianz (R^2)	**7%**
Insgesamt erklärte Varianz (R^2)	**48%**

[1] Statistisch signifikante Regressionskoeffizienten sind – abhängig von der Richtung des Zusamenhangs – durch ein + oder – gekennzeichnet

gartengruppen zu einem erheblichen Anteil durch von außen gegebene Rahmenbedingungen bestimmt wird (48% erklärte Varianz). Der überwiegende Anteil erklärter Varianz geht dabei auf Variablen der Gruppenebene zurück (34%), zusätzlich werden 6% durch die Einrichtungsebene, 1% durch den Einrichtungskontext und 7% durch die Makrosystembedingungen erklärt.[1] Auf der Gruppenebene sind dabei bedeutsame Merkmale des pädagogischen Personals (Allgemeinbildung, Berufserfahrung), Merkmale der Kindergartengruppe (Erzieher-Kind-Schlüssel, Raumangebot pro Kind) und Merkmale der Arbeitsorganisation (Vorbereitungszeit der Erzieherinnen). Auf der Einrichtungsebene zeigt die Variable „Öffnungszeit" einen signifikanten Effekt. Insgesamt gesehen zeigt die Analyse, dass die Bedingungen, die unmittelbar auf der Gruppenebene angesiedelt sind, also dem Prozessgeschehen gleichermaßen am nächsten stehen, den größten Einfluss auf die pädagogische Prozessqualität aufweisen. Kontextbedingungen der Einrichtungen, wie Trägerschaft oder sozialer Einzugsbereich, haben nach den vorliegenden Ergebnissen keinen Einfluss auf die Prozessqualität, jedoch zeigen sich gewisse makrosystemische Einflüsse (Bundeslandzugehörigkeit, Ost-West).

Die Ergebnisse zeigen, dass es keine alles dominierende Schlüsselvariable bei den pädagogischen Strukturen oder Orientierungen gibt, die die Prozessqualität (KES) allein bestimmt. Es ist vielmehr ein Spektrum verschiedener Bedingungen, das sich in seinem Zusammenspiel positiv auf die pädagogische Prozessqualität auswirkt. Für die Gruppenebene ist speziell hervorzuheben, dass die pädagogische Prozessqualität günstiger ausfällt, wenn Erzieherinnen mehr Vorbereitungszeit für ihre Arbeit haben (und nicht ihre gesamte Arbeitszeit nur mit den Kindern verbringen), wenn der tatsächliche Erzieher-Kind-Schlüssel günstiger ausfällt, und (tendenziell) wenn den Kindern mehr Raum zur Verfügung steht. Auf der Einrichtungsebene zeigt sich, dass längere Öffnungszeiten mit ungünstigerer Prozessqualität verbunden sind. Neben solchen von außen vorgegebenen Strukturbedingungen haben aber auch Bedingungen bei den Erzieherinnen einen Einfluss auf die Prozessqualität. Besonders ist hier zu erwähnen, dass bei sehr langer Verweildauer im Beruf die pädagogische Prozessqualität abnimmt. Man wird hier an das bekannte Burn-Out-Syndrom in sozialen Berufen denken müssen. Auffällig an den Befunden ist die Tatsache, dass die hier erfasste Orientierungsqualität (subjektorientierte Erziehungseinstellung und die Entwicklungserwartungen) keinen statistisch bedeutsamen Einfluss auf die konkret beobachtbare Prozessqualität, wie sie mit der KES erfasst wird, hat.

4.4 Abhängigkeit pädagogischer Prozessqualität in der Familie von Rahmenbedingungen

Wie im Kindergartensetting kann auch im Familiensetting die dort beobachtbare pädagogische Prozessqualität als von verschiedenen Rahmenbedingungen abhängig gedacht werden. Die Prozessqualität in den Familien wurde mit einer deutschen Adaption der HOME (Home Observation for Measurement of the Environment) von Caldwell & Bradley, 1984, in der Version für 3- bis 6-jährige Kinder erfasst. Die 55 Items der Beobachtungs- und Einschätzskala beziehen sich auf acht Teilbereiche: Stimulation durch Spielzeug, Spiele und Lesematerialien (11 Items); sprachliche Anregung (7 Items); Anregungsgehalt der physischen Umwelt (7 Items); Ausdruck von Stolz, Zuneigung und Wärme in der elterlichen Interaktion (7 Items); Stimulation von Bildungsorientierung beim Kind (5 Items); Förderung der sozialen Reife (5 Items); Vielfalt der Anregungen für das Kind (9 Items) und körperliche Bestrafung (4 Items).

Für die Gesamtskala wurde in der Familienstichprobe ein Mittelwert von $\bar{x} =$ 41,0 und eine Standardabweichung von s = 4,96 gefunden. In diesem relativ hohen Mittelwert (Maximalwert = 55) spiegelt sich die Tatsache, dass der hier berichteten Untersuchung eine unausgelesene Stichprobe von Familien zugrunde liegt, während die HOME mit dem Ziel entwickelt wurde, primär bei Familien mit geringem pädagogischem Anregungsgehalt zu differenzieren. Für den HOME-Gesamtwert ergaben sich keine statistisch gesicherten Unterschiede zwischen den ostdeutschen und den westdeutschen Familien. Solche zeigten sich jedoch in zwei von den drei faktoriell bestimmten Subskalen. Danach machten die westdeutschen Familien ein statistisch signifikant höheres Maß an „Ressourcen für Lern- und Erfahrungsanregungen" für ihre Kinder verfügbar und zeigten ein höheres Maß an „kognitiv-sprachlicher Anregung". Allerdings sind die Effektgrößen gering.

Um die Abhängigkeit der pädagogischen Prozessqualität (HOME) von Merkmalen der Struktur- und Orientierungsqualität zu untersuchen, wurde – der Analyse für das Kindergartensetting entsprechend – eine blockweise hierarchische multiple Regression gerechnet mit Variablen auf den Ebenen Familie, Kontext und Makrosystem als Prädiktoren und der HOME als Kriterium. Die Ergebnisse sind in der Tabelle 3 dargestellt.

Wie ersichtlich, werden insgesamt 32% der Kriteriumsvarianz durch das Modell erklärt. Die modellerklärte Varianz geht dabei praktisch ausschließlich auf den Familienblock zurück (31%). Die erfassten Bedingungen der Kontext- und Makrosystemebene haben keinen eigenständigen Einfluss auf die päda-

Tabelle 3: Abhängigkeit pädagogischer Prozessqualität im Familiensetting (HOME) von Variablen verschiedener Bedingungsebenen

1. Block Familienebene	HOME
1.1 Strukturqualität	
– Personelle Dimension	
Alter Mutter	0
Alter Vater	0
Bildungsstatus Mutter	+[1]
Bildungsstatus Vater	+
Berufsbedingte Abwesenheit Mutter	0
Familienstand Mutter (verheiratet vs. nicht verheiratet)	-
– Soziale Dimension	
Anzahl Geschwister im Haushalt	-
Anzahl Erwachsener im Haushalt	0
Großeltern im Haushalt	0
– Räumlich-materiale Dimension	
Räume pro Person	+
Eigenes Kinderzimmer	0
Haushaltsnettoeinkommen	0
1.2 Pädagogische Orientierung	
Objektorientierte pädagogische Einstellungen	-
Subjektorientierte pädagogische Einstellungen	+
Entwicklungserwartungen	-
Erklärte Varianz (R^2)	**31%**
2. Block Kontextebene	
Anzahl verfügbarer Orte zum Spielen	
Nutzungsgrad verschiedener Spielorte	
Soziale Kontakte des Kindes	
Insgesamt erklärte Varianz (R^2)	**2%**
3. Block Makrosystemebene	
Ost-West	0
Zusätzlich erklärte Varianz (R^2)	**0%**
Insgesamt erklärte Varianz (R^2)	**33%**

[1] Statistisch signifikante Regressionskoeffizienten sind – abhängig von der Richtung des Zusamenhangs – durch ein + oder – gekennzeichnet

gogische Prozessqualität in den Familien. Zur Erklärung der pädagogischen Prozessqualität in den Familien tragen sowohl Merkmale ihrer Struktur- als auch ihrer Orientierungsqualität bei. Die Prozessqualität fällt günstiger aus, wenn die Eltern einen höheren Bildungsstatus haben, die Mütter in geringerem zeitlichem Umfang berufsbedingt von zu Hause abwesend sind, wenige (oder keine) Geschwisterkinder vorhanden sind und mehr Raum in der Wohnung gegeben ist. Eine subjektorientierte, auf die Eigenständigkeit des Kindes orientierte Erziehungseinstellung und früher angesetzte Entwicklungserwartungen vervollständigen das Spektrum von Faktoren, die sich auf die Prozessqualität günstig auswirken. Ähnlich wie im Kindergartensetting zeigt sich auch für die pädagogische Prozessqualität in den Familien, dass diese nicht von einem einzigen Faktor abhängt, sondern multifaktoriell bestimmt ist.

Die verschiedenen Einflussfaktoren lassen sich rückbeziehen auf ein *soziales Ressourcenmodell* und dessen *kindbezogene Nutzung*. Hohe pädagogische Prozessqualität in den Familien – verstanden als eine direkte Interaktion der Erwachsenen mit dem Kind, die durch Entwicklungs- und Lernanregungen sowie Vorbildverhalten und Wärme gekennzeichnet ist – hängt danach zunächst von den in der Familie tatsächlich vorhandenen sozialen Ressourcen ab. Dieses Potential ist reduziert bei allein erziehenden Müttern und wird auch bei erwerbsbedingter Abwesenheit der Mutter eingeschränkt. Das auf das einzelne Kind entfallende Ausmaß solcher sozialer Ressourcen bestimmt sich indessen nicht nur durch das im Familiensetting insgesamt aufgebrachte Potenzial, sondern auch durch seine konkurrierende Inanspruchnahme. Beim Vorhandensein von Geschwisterkindern vergrößert sich die Ressourcenkonkurrenz, sodass die pädagogische Prozessqualität für das einzelne Kind in diesem Fall sinkt. In gleicher Weise sind die räumlichen Ressourcen zu sehen. Das *Vorhandensein* entsprechender Ressourcen ist indessen nur eine Bedingung für eine gute Prozessqualität. Die auf das Kind, seine Bedürfnisse und seine Förderung bezogene *Art der Nutzung* bildet eine zweite. Diese ist am ehesten bei einer eigenen Bildungsorientierung der Eltern gegeben (Bildungsstatus), bei einem entsprechenden Sozialisationswissen und bei für die Entwicklung des Kindes förderlichen Einstellungen und Orientierungen.

4.5 Zusammenhang pädagogischer Qualität in Familie und Kindergarten mit kindlicher Entwicklung

Abschließend soll der Frage nachgegangen werden, ob und welche Zusammenhänge sich zwischen der pädagogischen Qualität des Familiensettings und des Kindergartensettings einerseits und dem kindlichen Entwicklungsstand andererseits ergeben. Dabei sollten andere potenzielle Einflussgrößen mit berücksichtigt werden: Kindmerkmale, Kontextmerkmale des familialen und institutionellen Settings sowie die Makrosystembedingung Ost/West.

Mit Bezug auf die in der vorschulischen Erziehung immer wieder betonten Erziehungsziele wurden drei breit gefächerte Entwicklungsbereiche als Kriterien ausgewählt:

- Selbstständigkeit des Kindes und seine Fähigkeit zur Bewältigung von alltäglichen Lebenssituationen, erfasst mit der Vineland Adaptive Behavior Scale von Sparrow et al. (1984). Es handelt sich hierbei um ein so genanntes Reportverfahren, bei dem eine dem Kind nahe stehende Person (hier die Erzieherin) berichtet, ob das Kind bestimmte Fähigkeiten und Fertigkeiten ganz, teilweise oder nicht zeigt.
- Soziale Kompetenz im Umgang mit anderen Kindern und Erwachsenen, gemessen mit der Skala zur Erfassung des Sozialverhaltens von Vorschulkindern von Tietze et al. (1981), einer von der Erzieherin zu bearbeitenden Ratingskala.
- Sprachliche Entwicklung des Kindes, erfasst mit dem Peabody Picture Vocabulary Test von Dunn & Dunn (1981), einem auf rezeptive Sprachfähigkeiten des Kindes gerichteten Test.

Zur Erklärung des kindlichen Entwicklungsstandes im Rahmen einer blockweisen hierarchischen Regression wurden insgesamt fünf Variablenblöcke herangezogen: Zum einen ein Block mit acht Einzelvariablen zur Indizierung der pädagogischen Qualität des Familiensettings, zum anderen ein Block mit acht Einzelvariablen zur Indizierung der pädagogischen Qualität des Kindergartensettings. Für beide Settings sind dabei jeweils drei Variablen der Orientierungs-, drei Variablen der Struktur- und zwei Variablen der Prozessqualität gegeben. Zusätzlich zu den beiden Settingblöcken wurden ein Block „Kindmerkmale" (Alter und Geschlecht), ein Block „Kontextmerkmale" (mit jeweils zwei Variablen zum familialen und zum institutionellen Kontext) sowie ein fünfter Block mit den Makrosystembedingungen Ost/West einbezogen. Die fünf Variablenblöcke wurden entsprechend ihrer „Nähe zum Kind" angeordnet und sequenziell in die Regressionsgleichung aufgenommen, mit dem Block Kindmerkmale als erstem, den Settingblöcken Familie und Kindergarten als zweitem und drittem, dem Block Kontextmerkmale als viertem und der Makrobedingung Ost/West als fünftem Block. Diese Hierarchie orientiert sich an der von Bronfenbrenner (1989) beschriebenen Schalenstruktur, wobei die Bewegungsrichtung vom Kind als „Zentrum des Geschehens" über sein primäres Mikrosystem Familie zu dem später dazukommenden Mikrosystem Kindergarten, dann zu den die jeweiligen Settings umgebenden Kontextbedingungen und schließlich zum Makrosystem führt.

191

Die Ergebnisse der drei Regressionsanalysen sind in der Tabelle 4 dargestellt. Die Tabelle enthält die durch die jeweiligen Blöcke erklärten bzw. zusätzlich erklärten Varianzanteile in den Kriteriumsvariablen.

Tabelle 4: Hierarchische Regressionen von drei Entwicklungsmaßen auf fünf Prädiktorenblöcke. Anteile bzw. Zuwächse erklärter Varianz in %.

Prädiktoren	Bewältigung der alltäglichen Lebenssituationen (VSBL)	Soziale Kompetenz (SESV-E)	Sprachentwicklung (PPVT-R)
1. Block: Kindmerkmale	9.7*	1.1	5.2*
2. Block: Pädagogische Qualität im Setting Familie	10.8*	10.5*	18.1*
3. Block: Pädagogische Qualität im Setting Kindergartengruppe	7.1*	7.7*	5.7*
4. Block: Kontextbedingungen der Settings Familie und Kindergarten	1.9*	0.8	2.3*
5. Block: Makrosystembedingungen Ost-West	0.1	0.1	0.6
Insgesamt erklärte Varianz	29.5*	20.2*	31.9*

*$p < .05$

Wie ersichtlich, erklärt das Gesamtmodell, je nachdem welcher Aspekt des kindlichen Entwicklungsstandes betrachtet wird, zwischen einem Fünftel (20,2%) und einem Drittel (31,9%) der Kriteriumsvarianz. Betrachtet man den Beitrag der einzelnen Blöcke, so ergibt sich:

1. Der Block „Kindmerkmale" mit den Variablen Alter und Geschlecht liefert bei zwei der Kriteriumsvariablen einen Erklärungsbeitrag von 5,2 bzw. 9,7% der Kriteriumsvarianz. Eine genauere Betrachtung (ohne Tabelle) zeigt, dass der Effekt praktisch ausschließlich auf die Variable „Alter der Kinder" zurückgeht, geschlechtsspezifische Unterschiede also so gut wie

nicht gegeben sind. Die durch das Alter erklärten Varianzanteile erscheinen insgesamt gesehen vergleichsweise gering. Dies geht auf die relativ geringe Altersstreuung in der Stichprobe zurück. Die Altersdifferenz zwischen dem ältesten und dem jüngsten Kind beträgt nur gut ein Jahr. Zwei Drittel der Stichprobenkinder weisen eine Altersdifferenz von (höchstens) einem guten halben Jahr auf (s = 101 Tage).

In der Tatsache, dass sich bei den Variablen „Soziale Kompetenz" kein Alterseffekt zeigt, dürfte sich eine Eigenschaft des Instruments als einer Ratingskala spiegeln. Offensichtlich „adjustieren" die Erzieherinnen ihre Einschätzungen der sozialen Kompetenz (bei Zugrundelegung allgemeiner Dimensionen ohne genau spezifizierte Einzelaufgaben) an das Alter der Kinder, d.h. ein jüngeres Kind wird milder beurteilt als ein älteres.

2. Zusätzlich zum Block „Kindmerkmale" erklärt der Block „Pädagogische Qualität des Familiensettings" zwischen 10,8% und 18,1% der Kriteriumsvarianz. Die pädagogische Qualität des Familiensettings erweist sich damit als der vergleichsweise stärkste Prädiktor in allen drei hier erfassten Entwicklungsbereichen.

3. Statistisch signifikante Effekte auf alle drei Entwicklungsbereiche ergeben sich auch für die pädagogische Qualität des Kindergartensettings. Zusätzlich zu den Blöcken „Kindmerkmale" und „Qualität des Familiensettings" erklärt die pädagogische Qualität des Kindergartensettings zwischen 5,7% und 7,7% der Kriteriumsvarianz. Die erklärten Varianzanteile sind deutlich geringer als die für das Familiensetting, gleichwohl aber substanziell, denn sie liegen in derselben Größenordnung wie der Alterseffekt. Der Effekt, der von einer Veränderung der pädagogischen Qualität im Kindergartensetting um eine Standardabweichung auf den kindlichen Entwicklungsstand ausgeht, ist damit praktisch identisch mit dem Effekt auf den kindlichen Entwicklungsstand, der bei der Veränderung um eine Standardabweichung beim Alter zu erwarten ist. Die Standardabweichung der Variablen Alter ist bekannt und beträgt gut drei Monate (101 Tage, siehe oben). Eine Verbesserung der pädagogischen Qualität im Kindergartensetting um eine Standardabweichung entspricht damit einem „Entwicklungsgewinn" von gut drei Monaten. Unter Berücksichtigung der Normalverteilung (Mittelwert +/- zwei Standardabweichungen) entsprechen damit im Extremfall die Unterschiede im Entwicklungsstand, die auf die pädagogische Qualität des Kindergartensettings zurückgehen, einem Unterschied, wie er bei einem Jahr Altersdifferenz der Kinder zu erwarten ist. Anders formuliert: Unter Kontrolle der Kindmerkmale und der pädagogischen Qualität des Familiensettings ist bei den Kindern aus den Kindergartensettings mit der schwächsten pädagogischen Qualität ein um ein Jahr niedrigerer Entwicklungsstand als bei den Kindern aus den Kindergartensettings mit der höchsten pädagogi-

193

schen Qualität zu erwarten. Diese Aussage ist auf den Extremfall bezogen. Immerhin ist für ein Drittel der Kinder, die in Kindergartengruppen außerhalb des Verteilungssegments Mittelwert +/- einer Standardabweichung liegen, mit einer kindergartenqualitätsbedingten Entwicklungsdifferenz von wenigstens einem halben Jahr zu rechnen.

4. Der Block der Kontextbedingungen der Settings Familie und Kindergarten hat bei zwei der drei Kriteriumsvariablen einen signifikanten Effekt, der allerdings vom Betrag her sehr gering ausfällt.

5. Nach Kontrolle der vorausgehenden vier Erklärungsblöcke kommt dem fünften Block der Makrosystembedingungen Ost/West kein eigenständiger Erklärungswert zu; d.h., es gibt keine Unterschiede im Entwicklungsstand der Kinder in unserer Stichprobe aus den alten und den neuen Bundesländern, wenn die Effekte pädagogischer Qualität des Familien- und des Kindergartensettings wie auch die Kontextbedingungen von Wohn- und Einzugsbereich kontrolliert werden.

5. Diskussion und Schlussfolgerungen

Der empirisch geschulte Leser mag an dieser Stelle eine methodenkritische Diskussion der Befunde, ihre Einordnung in und ihren Vergleich mit Forschungsergebnissen aus anderen Untersuchungen erwarten. Der interessierte Leser muss hierzu auf die Gesamtdarstellung der Untersuchung verwiesen werden (vgl. Tietze et al., 1998). Im folgenden sollen die wichtigsten Ergebnisse einschränkend unter fachpolitischen und praxisbezogenen Gesichtspunkten diskutiert werden.

5.1 Das Niveau der pädagogischen Prozessqualität in den Kindergartengruppen erscheint unbefriedigend und sollte angehoben werden

Nach drei Jahrzehnten Kindergartenreform in den alten Bundesländern ist das durchschnittliche Niveau der pädagogischen Prozessqualität in den Kindergartengruppen unbefriedigend und bedarf der nachhaltigen Verbesserung. Daran ändert auch die Tatsache nichts, dass das Niveau der pädagogischen Prozessqualität in den deutschen Kindergartengruppen den Vergleich mit entsprechenden Befunden aus anderen Ländern gut aushält (Tietze et al., 1996). Besonders benötigen zahlreiche Ganztagsgruppen in Westdeutschland fachliche Anleitung und Unterstützung. Pädagogische Prozessqualität, die auch minimalen Standards nicht genügt oder sich nur um dieses Niveau bewegt, erscheint nicht hinnehmbar. Auch unter Ganztagsbedingungen kann und muss gute pädagogische Prozessqualität realisiert werden, zumal diese Form der Kindergartenbetreuung zunehmen wird.

5.2 Die Verantwortung für bessere Qualität in Kindergärten liegt bei Fachpolitik *und* Praxis

Bei der Fachpolitik für Kindertagesstätten, bei Kommunen und freien Trägern liegt eine hohe Verantwortung, hinreichende und günstige Bedingungen pädagogischer Strukturqualität zu sichern; denn Merkmale der Strukturqualität bestimmen in einem erheblichen Umfang die Qualität pädagogischer Prozesse (48% erklärte Varianz), also das, was Kindern an Erfahrungsmöglichkeiten und Entwicklungsanregungen in den Gruppen bereitgestellt wird. Die Absenkung von Standards in der Strukturqualität, wie wir sie seit Einführung des Rechtsanspruchs auf einen Kindergartenplatz erlebt haben (Reidenbach, 1996), führt zu einer Verminderung der Prozessqualität für Kinder. Sie sollte korrigiert und im Trend umgekehrt werden.

Allerdings kann auch die Praxis aus ihrer Verantwortung für gute Prozessqualität nicht entlassen werden; denn annähernd die Hälfte der Varianz in der Prozessqualität wird *nicht* durch Strukturbedingungen festgelegt, sondern offensichtlich weitgehend durch das pädagogische Engagement und Können der Erzieherinnen. Dies verweist auf erhebliche Verbesserungsmöglichkeiten vor Ort. In diesem Zusammenhang dürfte einer direkten Fortbildung der Erzieherinnen, einem „Training im Haus" zur Verbesserung der pädagogischen Prozessqualität eine große Bedeutung zukommen.

Die Verantwortung für gute pädagogische Prozessqualität kann damit nicht einseitig der Fachpolitik bzw. den Trägern *oder* den pädagogisch Handelnden vor Ort zugeschrieben werden. Vielmehr müssen *beide* ihren Anteil beitragen.

5.3 Verantwortlichkeiten für gute Prozessqualität im Familiensetting

Ähnlich wie im Kindergartensetting erweist sich auch die Prozessqualität im Familiensetting in erheblichem Maße als durch Faktoren der Struktur- und Orientierungsqualität bestimmt. Den materiellen und sozialen Ressourcen in den Familien kommt dabei ein hoher Stellenwert für gute Prozessqualität zu. Die Befunde unterstützen die gesellschaftlichen Warnungen, die im Zuge der Diskussion um die Armut bei Kindern in den letzten Jahren vielfältig erhoben worden sind (vgl. z.B. Bundesministerium für Familie, Senioren, Frauen und Jugend, 1998) und verweisen zugleich auf die hohe Bedeutung der Verfügbarkeit sozialer Ressourcen in den Familien für einen pädagogisch anregenden, entwicklungsfördernden Umgang mit den Kindern. Entsprechende soziale Ressourcen bereitzustellen, ist offenbar unter den Bedingungen des allein Erziehens und ausgedehnter beruflicher Abwesenheit beider Eltern von zu Hause schwierig. Die Analyseergebnisse verweisen einmal mehr auf das in unserer Gesellschaft ungelöste Problem der Kompatibilität zwischen modernen Lebensformen und Erfordernissen einer anregenden familialen Umwelt für Kinder. Allerdings darf auch hier nicht von einem Determinationsverhältnis der Prozessqualität durch Strukturbedingungen ausgegangen werden. Auch unter gleichen Strukturbedingungen finden wir eine erhebliche Variationsbreite in der Prozessqualität – ein Aspekt, der Raum geben dürfte für Verbesserungen der familialen Prozessqualität durch die verschiedenen Formen der Elternaufklärung und Elternbildung.

5.4 Qualität pädagogischer Umwelten in Kindergärten und in Familien stützen und entwickeln

Die Ergebnisse zeigten einen signifikanten und in der Größenordnung substanziellen Effekt der Qualität des Familiensettings und des Kindergartensettings auf die verschiedenen Bereiche des kindlichen Entwicklungsstandes, wobei sich der Effekt des Familiensettings als deutlich größer erwies als der des Kindergartensettings. Dieses Ergebnis steht im Einklang mit zahlreichen Befunden aus der Schuleffektivitätsforschung, bei denen ebenfalls ein stärkerer familialer als institutioneller (schulischer) Einfluss auf die – in diesem Fall – Schulleistungsentwicklung von Kindern berichtet wird (vgl. z.B. Roßbach & Tietze, 1996; Scheerens & Bosker, 1997). Diese Relation gilt es, bei allen Bemühungen um ein hohes Ausmaß pädagogischer Qualität in den Einrichtungen, im Auge zu behalten, wenn unrealistische Erwartungen bezüglich der Entwicklungsförderung durch Qualitätsverbesserungen in den Einrichtungen vermieden werden sollen. In jedem Fall sollte nicht jener Fehler der Bewegung *kompensatorischer Vorschulerziehung* der 60er-Jahre wiederholt werden, in der völlig unrealistische Erwartungen an die Möglichkeit des Ausgleichs familial bedingter Entwicklungsdefizite der Kinder durch institutionelle Programme geknüpft wurden. Die Gefahr, dass aufgrund der Enttäuschung bei unrealistischen Versprechungen auch das Notwendige und Mögliche nicht mehr getan wird, wäre dann allzu groß.

Diese Situation ruft nach einer Kinder- und Familienpolitik, die Familien bei ihrer Aufgabe, Kinder großzuziehen, wirksam unterstützt (Wingen, 1997). Zu dieser Unterstützung von Eltern gehört nicht nur, dass Eltern eine auf das Wohl des Kindes gerichtete und seiner Entwicklungsförderung dienliche Fa-

196

miliensituation schaffen können, sondern auch, dass sie in Form von Eltern- und Familienbildung fachlich begründete Unterstützung für ihre Erziehungs- aufgabe erhalten. Allerdings wird hierbei die grundgesetzlich geschützte Au- tonomie des Elternsystems möglichen Unterstützungs- und Steuerungsversu- chen von außen relativ enge Grenzen setzen.

Solche sind sehr viel weiter gefasst, wenn es um die pädagogische Qualität der unter öffentlicher Verantwortung operierenden Kindergärten geht. Die bishe- rige Steuerung der pädagogischen Qualität in Kindergärten erfolgt praktisch ausschließlich als *Inputsteuerung*: Über die Bereitstellung bestimmter Res- sourcen hauptsächlich für *strukturelle* Rahmenbedingungen wird erwartet, dass damit auch ein guter Output, d.h. gute Prozessqualität bewirkt wird und beides mit erwünschten *Outcomes*, d.h. einer entsprechenden Entwicklungs- förderung der Kinder verbunden ist (Tietze, 1999). Die Ergebnisse zeigen, dass – abgesehen von der angesprochenen Absenkung von Inputstandards – die ausschließliche Inputsteuerung zu sehr heterogenen Ergebnissen bei der pädagogischen Prozessqualität als Output führt, verbunden mit sehr unter- schiedlichen Entwicklungschancen bei den Kindern. Es liegt daher nahe, die bisherige Inputsteuerung durch eine Outputsteuerung zu ergänzen in dem Sinne, dass die pädagogische Prozessqualität in den Einrichtungen einem re- gelhaften Monitoring unterzogen wird. Die Ergebnisse des Monitorings könn- ten (und sollten) in eine Zertifizierung oder die Vergabe eines Gütesiegels (Tietze, 1999) einmünden, das nicht nur den Einrichtungen selbst, ihren Trä- gern und der Öffentlichkeit eine wichtige Informationsquelle über das er- reichte Niveau pädagogischer Qualität geben würde, sondern auch eine infor- mierte Wahl der Eltern ermöglichen könnte, einen dem Wohlbefinden und der Entwicklungsförderung ihres Kindes dienenden Kindergarten auszuwählen. Die Erwartung scheint nicht unbegründet, dass über qualitätsorientierte Wahlmöglichkeiten von Eltern auch eine weitere Qualitätsentwicklung in den Kindergärten stimuliert werden kann.

Anmerkung

1 Bei der Interpretation der Ergebnisse der hierarchischen blockweisen Regression ist zu berücksichtigen, dass die erklärte Varianz, die zwei Prädiktorenblöcken gemeinsam ist, ausschließlich dem Block zugerechnet wird, der als erster in die Regressionsgleichung eingeht.

Literatur

Arnett, J. (1989) Caregivers in day-care centers: Does training matter? *Journal of Applied Developmental Psychology* 10, pp. 541-552.

Baacke, D. (1999) Die 0–5jährigen. Einführung in die Probleme der frühen Kindheit. Weinheim: Juventa.

Boeckmann, B. (1993). Das Früherziehungssystem der ehemaligen DDR. In: W. Tietze & H.-G. Roßbach (Hg.). *Erfahrungsfelder in der frühen Kindheit. Bestandsaufnahme, Perspektiven.* Freiburg: Lambertus, pp. 168-212.

Bundesministerium für Familie, Senioren, Frauen und Jugend (Hg.). (1998). Kinder und ihre Kindheit in Deutschland. Stuttgart: Kohlhammer.

Bundesministerium für Familie, Senioren, Frauen und Jugend (Hg.). (1998). *Zehnter Kinder- und Jugendbericht. Bericht über die Lebenssituation von Kindern und die Leistungen der Kinderhilfen in Deutschland.* Bonn.

Caldwell, B. M. & Bradley, R. M. (1984). *Home Observation for Measurement of the Environment.* Little Rock, AK: University of Arkansas at Little Rock. College of Education. Center for Child Development and Education.

Dunn, L. M. & Dunn, L. M. (1981). *Peabody Picture Vocabulary Test – Revised. Manual for forms L and M.* Circle Pines, MN: American Guidance Service.

Fölling-Albers, H. & Hopf, A. (1995). Auf dem Weg vom Kleinkind zum Schulkind. Eine Langzeitstudie zum Aufwachsen in verschiedenen Lebensräumen. Opladen: Leske und Budrich.

Reidenbach, M. (1996). *Kommunale Standards in der Diskussion. Setzung und Abbau von Standards am Beispiel der Kindergärten.* Berlin: Deutsches Institut für Urbanistik.

Roßbach, H.-G. & Tietze, W. (1996). *Schullaufbahnen in der Primarstufe.* Münster: Waxmann.

Scheerens, J. & Bosker, R. (1997). *The foundations of eductional effectiveness.* Oxford: Elsevier.

Sparrow, S. S., Balla, D. A. & Cicchetti, D. V. (1984). *Vineland Adaptive Behavior Scales. Survey Form Manual.* Circle Pines, MN: American Guidance Service.

Tietze, W. (1993). Institutionelle Erfahrungsfelder für Kinder im Vorschulalter. Zur Entwicklung vorschulischer Erziehung in Deutschland. In: W. Tietze & H.-G. Roßbach (Hg.). *Erfahrungsfelder in der frühen Kindheit. Bestandsaufnahme, Perspektiven.* Freiburg: Lambertus, pp. 98-125.

Tietze, W., Roßbach, H.-G. & Roitsch, K. (1993). *Betreuungsangebote für Kinder im vorschulischen Alter. Ergebnisse einer Befragung von Jugendämtern in den alten Bundesländern* (Schriftenreihe des Bundesministeriums für Frauen und Jugend 14). Stuttgart: Kohlhammer.

Tietze, W. (Hg.), Meischner, T., Gänsfuß, R., Grenner, K., Schuster, K.-M., Völkel, P. & Roßbach, H.-G. (1998) *Wie gut sind unsere Kindergärten? Eine Untersuchung zur pädagogischen Qualität in deutschen Kindergärten.* Neuwied, Kriftel, Berlin: Luchterhand.

Tietze, W., Feldkamp, J., Gratz, D., Roßbach, H.-G. & Schmied, D. (1981). Eine Skala zur Erfassung des Sozialverhaltens von Vorschulkindern. *Zeitschrift für Empirische Pädagogik* 5, pp. 37-48.

Tietze, W., Cryer, D., Bairrao, J., Palacios, J. & Wetzel, G. (1996). Comparisons of observed process quality in early child care and education programs in five countries. *Early Childhood Research Quarterly* 11, pp. 447-475.

Tietze, W., Schuster, K.-M & Roßbach, H.-G. (1997). *Kindergarteneinschätzskala* (KES) (Deutsche Fassung der Early Childhood Environment Rating Scale von Th. Harms und R.-M. Clifford). Neuwied, Kriftel, Berlin: Luchterhand.

Tietze, W. (1999). Wie kann pädagogische Qualität in Kindertagesstätten gesichert und entwickelt werden? In: Bremische Evangelische Kirche (Hg.). *Qualität für Kinder – Zwischen Markt und Menschlichkeit.* Seelze-Velber: Kallmeyer, pp. 153-167.

Wilk, L. Backen, J. (Hg.). (1994) *Kindliche Lebenswelten. Eine sozialwissenschaftliche Annäherung.* Opladen: Leske und Budrich.

Wingen, M. (1997). *Familienpolitik. Grundlagen und aktuelle Probleme.* (Schriftenreihe der Bundeszentrale für politische Bildung 339). Bonn: Bundeszentrale für politische Bildung.

„Wo soll das noch hinführen?"
Kontraktorientiertes Arbeiten in Familien mit kleinen Kindern

Wolfgang Loth

„2800 g verändern die Welt"
Anzeige eines Versicherungskonzerns

„Wenn ich das gewusst hätte" – junge Familien zwischen Anspruch und Wirklichkeit

Das ist schon eine Herausforderung: Neuere Forschungsergebnisse zur Beziehungsentwicklung von Paaren, die zu Eltern wurden, könnten fast dazu herhalten, den Seufzer zu bestätigen, das Leben sei ungerecht. Dass sich die Qualität einer Partnerschaft nach der Geburt eines Kindes in der Regel bedeutsam verändert, wurde auch bislang schon ausführlich diskutiert (Bullinger, 1986; Gloger-Tippelt, 1988; Gauda, 1990; Marsiglio & Menaghan, 1990; M. Petzold, 1990, 1991a+b; Fthenakis & Engfer, 1997). Der Alltag in Familien mit kleinen Kindern stellt besondere Anforderungen an Leistungsfähigkeit und Organisationsgeschick der Eltern (Kentges-Kirschbaum & Petzold, 1995). Neuere Ergebnisse aber zeigen geradezu ein Dilemma auf. Wie soll man es schließlich bewerten, wenn offensichtlich gerade diejenigen Paare am ehesten vom Ernstfall in die Knie gezwungen werden, die sich um ein partnerschaftliches Selbstverständnis bemühten und die sich nicht in die Ungerechtigkeiten traditioneller Geschlechterrollen hineinzwängen lassen wollten? Das Kind ist da und die bestvorbereiteten Eltern stehen vor einem Blackout. Vielleicht ist es nicht ganz so schlimm, aber aufhorchen lässt es schon, wenn etwa Reichle (1999) nach mehr als einem Jahrzehnt Forschung zu dem Ergebnis kommt, dass die Paare, die traditionelle Klischees ablehnten, sich mit dem Herstellen eines harmonischen Familienklimas am schwersten tun. Andersherum: Wer sich von Anfang an zu den alten Geschlechter- und Elternrollen bekannte, scheint die wenigsten Probleme mit der neuen Familiensituation zu haben. Nicht nur das: Auch die Zufriedenheit als Paar lag dann höher.
Und noch dazu: Im internationalen Vergleich sind es offensichtlich die deutschen „modernen" Elternpaare, die sich am schwersten tun (Quaiser-Pohl, 1998). Es sieht so aus, als ob die deutschen „modernen" Männer sich mehr als

die aus anderen Ländern bemühen, „alles richtig zu machen". Sie sind die treu sorgenden Begleiter beim Geburtsvorbereitungskurs, atmen und pressen beim Gebären mit und haben vor der Entbindung kein Problem mit der Vorstellung, selbst das Kind großzuziehen und die Frau mache Karriere. Beim Fall vom hohen Ross dieser Selbsttäuschung ist ihre Landung auf dem Boden der Tatsachen offensichtlich härter und enttäuschender als bei den anderen, die es vielleicht „nicht so genau" nahmen.

Die „Lösung" sieht dann oft aus wie gar keine: das alte Lied vom enttäuschten Liebhaber (hehrer Ideen), der sich mehr denn je „nach außen" orientiert. Was vorher eine gewählte Perspektive war, wird nun zum Klotz am Bein. Und so wird es vermutlich auch weiterhin eher Forschungsergebnisse geben, die *mütterliche* Depression oder Depressionsneigung in bedeutsamer Korrelation mit kindlichen Entwicklungsschwierigkeiten beleuchten. Oder als Pendant: Forschungsergebnisse, die mütterliche Kompetenz als Schutzfaktor für Risikokinder nachweisen (Laucht et al., 1998). Auch im Bereich der Bindungsforschung sind es in erster Linie Variablen *mütterlichen* Verhaltens und mütterlicher Einstellungen, die in den Vordergrund rücken (neuere Übersichten: Schleiffer, 1998; Brisch, 1999; Buchheim et al., 1999; Gloger-Tippelt, 1999; neuere Forschung: Ziegenhain, 1999; Gomille & Gloger-Tippelt, 1999). Sterns Arbeiten zum Konzept der „Mutterschaftskonstellation" (1997, 1998) werden zunehmend rezipiert. Stern geht dabei soweit zu sagen: „Selbst wenn jedoch der Ehemann seiner Frau fünfzig Prozent der Sorge um das Kind abnimmt, hat er doch nicht fünfzig Prozent der Verantwortung für die Erziehungs- und Betreuungsaufgaben wie die Mutter. Die Mutter kann die Aufgaben so verteilen, dass sie tatsächlich nur noch vierzig oder zehn Prozent der Arbeit leistet, aber sie hat immer noch hundert Prozent der endgültigen Verantwortung" (1997, S. 80). Die Aufgabe des Vaters sei es, „eine Umgebung für Mutter und Kind zu gestalten, in der er ihnen körperlichen und psychischen Schutz bietet" (S. 80). Ob das Bemühen um „emanzipierte" Beziehungen nicht doch eine Quadratur des Kreises darstellt?

Es irritiert beim Studium der einschlägigen Untersuchungen schon, dass zwar oft von „elterlichen" Verhaltensweisen und Einstellungen die Rede ist (in Überschriften), im Detail dann aber häufig auf „mütterliche" Variablen Bezug genommen wird (wie z.B. bei Pauli-Pott et al., 1999). Was denn nun? Gloger-Tippelt (1999) greift diesen Punkt am Rande auf: In einer Fussnote verweist sie darauf, dass die Mutter in der Regel die erste Bezugsperson ist. „Daher wird im folgenden oft von Mutter gesprochen" (S. 75).[1] Klar wird allerdings auch: „Nicht nur zwischen Mutter und Kleinkind, sondern auch zwischen Vater und Kind konnte eine signifikante, aber etwas schwächere Korrespondenz der Bindungstypen festgestellt werden. [...] Der Vorsprung der Mutter-Kind-Übereinstimmungen vor den Vater-Kind-Übereinstimmungen fiel neuerdings nur noch gering aus" (S. 80f.). Es wird dabei vermutet, „dass die Beziehung zur Mutter – als in der Regel primärer Bezugsperson – die Bindungsbeziehung zum Vater mitbeeinflusst" (S. 80).

In der LBS-Familien-Studie „Übergang zur Elternschaft (Fthenakis & Engfer, 1997) wurden zwar explizit auch die Sorgen und Ängste von werdenden Vätern erfasst. Aber auch hier zeigte sich der alte Unterschied: der Depressivitätswert der Mütter nahm bis vier Monate nach der Geburt zwar ab, lag aber immer noch deutlich höher als bei den Vätern. Es handelte sich dabei in aller Regel jedoch nicht um klinisch relevante Ausprägungen. Die Nöte der Väter wurden dabei in Beziehung zur partnerschaftlichen Qualität gesehen: Je besser die Beziehung, desto grösser die Sorgen, die sich – und hier schließt sich wieder der Kreis – am Grad der Sorgen und des Unwohlbefindens der werdenden Mütter orientierten. Aber immerhin: Die Väter sind einbezogen, und die „Bedeutung der Väter für die frühe Entwicklung" erhält gezielte Aufmerksamkeit (v. Klitzing, 1998b; Papoušek, 1998a; Barrows, 2000).

„Schwer was los" – Anlässe für das Suchen nach Hilfe

Die bisherige kurze Skizze mag verdeutlichen, dass junge Familien „eine Menge zu tun" haben. Der vorliegende Beitrag ist nun nicht der Ort, ihre Probleme ausführlicher zu diskutieren. Zur Illustration mögen die tabellarisch zusammengefassten „Risikofaktoren für eine Dekompensation des familiären Gleichgewichts" (Tabelle 1) dienen sowie eine ebenfalls tabellarische Übersicht häufiger Probleme (Tabelle 2). Auf Weiteres verweist eine umfangreiche Literatur (z.B. Laucht et al., 1992, 1996; Touris et al., 1995; GAIMH, 1996 ff.; Barth, 1997, 1998, 1999; Klitzing, 1998; Nippe, 1998; Papoušek, 1998 a, b; Fries, 1998, 2000; Süss-Burghart, 2000). All dies lässt sich für die Zwecke des vorliegenden Beitrags als „Anlässe" zusammenfassen, Anlässe sich Sorgen zu machen, Anlässe zu verzweifeln, Anlässe zum Aufsuchen professioneller Hilfen. Womit ich zu meinem eigentlichen Thema komme: kontraktorientiertes Arbeiten mit Hilfe Suchenden (Loth, 1996, 1998, 1999).

Tabelle 1
Risikofaktoren für eine Dekompensation des familiären Gleichgewichts
(nach Papoušek)

Kumulation psychosozialer Belastungsfaktoren	• Unerwünschte Schwangerschaft • Finanznot • etc.
Partnerkonflikte	• Widerstreitende Rollenverständnisse • Unterschiedliche Erziehungsvorstellungen • Unzufrieden mit dem sexuellen Leben • etc.
Mangelnde Unterstützung durch das soziale Umfeld, Isolation	
Stress und Ängste in der Schwangerschaft	
Belastungen in den Herkunftsfamilien	• Krankheiten • Loyalitätskonflikte • Delegationen
Schwieriges Temperament des Säuglings	Nicht als Persönlichkeitseigenschaft gedacht, sondern als Ergebnis eines komplexen Wechselspiels
Mangelnde Tröstbarkeit des Babys	Eltern erleben sich als hilflos und die Situation als unüberschaubar (ohne Licht am Ende des Tunnels)
Erhöhte Irritierbarkeit des Säuglings	
Das psychische Befinden der Mutter	Eventuell postnatale Depression
Ungünstige Kommunikationsmuster	• Überstimulierend (mehrere Sinneskanäle des Kindes gleichzeitig beanspruchen; dem Kind keine Zeit lassen zu antworten) • Unterstimulierend (kein Blickkontakt, „mit den Gedanken woanders"; stereotype Anregungen ohne dialogartiges Abwechseln) • inadäquat

Tabelle 2
Häufige Probleme in Familien mit Säuglingen
(nach Barth 1999)

Probleme	Häufigkeit
Belastung durch vermehrtes Schreien der Babys	10-20%
Kind schläft nachts nicht durch (in den ersten 2 bis 3 Lebensjahren)	15-35 %
Fütterstörungen	6-35%
Gedeihstörungen	3,5-14%
Übermäßige Wutanfälle (ab dem 2. Lj.)	26 % (Mannheimer Studie)
Postnatale Depression der Mutter	8-15%

Weitere Probleme:
- Kind unerwünscht
- Belastung durch Fehl- oder Totgeburten
- Plötzlicher Kindstod

„Einen Moment, bitte" – Was hat das mit den Kontrakten auf sich?

Was heißt „kontraktorientiert"? Wenn ich davon spreche, Klinische Kontrakte zu entwickeln, meine ich damit: gemeinsam einen Rahmen für die Arbeit zu verfassen. Dieser Rahmen präzisiert Aufträge. Die Ziele, Kompetenzen und Ressourcen der KlientInnen stehen dabei im Zentrum der Aufmerksamkeit. Respektieren und Kooperieren bilden die Überschrift zu den dazu nötigen Umgangsformen.

Dieser Ansatz wurzelt in der klinischen Theorie Systemischer Therapie (Ludewig, 1992; von Schlippe & Schweitzer, 1996; Schiepek, 1999). Ich werde das im Folgenden etwas einfacher verständlich beschreiben, möchte Ihnen aber zunächst zwei anspruchsvollere Kernsätze zumuten. Zunächst eine Zusammenfassung von Schiepek, der Systemische Therapie unter dem Blickwinkel von Selbstorganisation untersucht und vorschlägt, „Systemische Therapie als Schaffen von Bedingungen für die Möglichkeit selbstorganisierter Ordnungsübergänge in komplexen bio-psycho-sozialen Systemen unter professionellen Bedingungen" zu definieren (1999, S. 30). Das klingt noch recht abstrakt und „Bedingungen für die Möglichkeit von..." mag für PraktikerInnen zunächst enttäuschend wenig versprechend klingen. Die Richtung ist allerdings schon angegeben. Im nächsten Schritt, einer Ortsbestimmung von Ludewig (1999), kommt schon die Praxis zur Sprache: „Im Unterschied aber zu anderen Ansätzen setzt die systemische Therapeutin die Problembeschreibung des Klienten nicht in ihr modellhaftes Verständnis psychischer Störungen oder Krankheiten um, sondern sie macht es vielmehr zu ihrer Aufgabe, sich in die Denkmodelle und Empfindungen ihrer Klienten zu versetzen, um von dort aus Einfluss im vereinbarten Umfang zu nehmen. Hierfür benötigt die systemische Therapeutin keinen ausgefeilten und verdinglichten Krankheitsbegriff, sondern vielmehr eine klare und flexible Vorstellung darüber, dass sie es mit Kognitionen und Kommunikationen und nicht mit 'Dingen' zu tun hat" (S. 268). Was heißt das? Das heißt zuallererst: Systemische TherapeutInnen sind darauf angewiesen, gut zuzuhören. Sie erfahren die wesentlichen Dinge von den Hilfe Suchenden selbst. Und die wesentlichen Dinge sind keine „Dinge", sondern Vorstellungen, Einschätzungen, Empfindungen, die – und das ist wichtig – mitgeteilt wurden bzw. deren Mitteilen angeregt wird. Wesentlich ist weiter, dass diese „Dinge" Beziehungen gestalten und repräsentieren. Die Beziehung zwischen Hilfe Suchenden und HilfeanbieterIn ist davon nicht nur nicht ausgenommen, sondern das entscheidende Medium für das, was letztlich eine „Hilfe zur Selbsthilfe" ist (Ludewig, 1999; vgl. Bachelor & Horvath, 1999; Tallman & Bohart, 1999).

Es geht daher zunächst (und immer wieder) darum, miteinander darüber zu sprechen, was der Sinn des gemeinsamen Unternehmens sein soll, worauf es hinauslaufen soll, wie das überprüft werden soll. Anders als traditionelle Vorstellungen über Kontrakte es nahe legen, ist hier ein kontinuierliches Dranbleiben gemeint, ein kontraktierendes Geschehen. Kontrakte werden aus dieser Sicht nicht abgearbeitet, sondern bis zum Schluss miteinander gestaltet.

Aus den Grundhaltungen ergeben sich für mich drei Fragen an die Qualität Systemischer Praxis:
1. Orientiert sich die gemeinsame Arbeit an *Anliegen und Aufträgen der Hilfe Suchenden?*
2. Bauen Ziele und Veränderungsperspektiven darauf auf, von *der Kundigkeit*[2] *der Hilfe Suchenden* auszugehen?
3. Orientiert sich die gemeinsame Arbeit konsequent an den *Ressourcen der Hilfe Suchenden* und macht sie nachhaltig mit *Möglichkeiten der Lösung* vertraut?

Aus den Arbeiten von Antonovsky (1997) über die Bedingungen, die es Menschen möglich machen, trotz belastender Lebensbedingungen gesund zu bleiben (oder wieder zu werden), können wir schließen, dass drei Bereiche besonders wichtig sind:

- der Eindruck, die Ereignisse des eigenen Lebens ausreichend gut über-
  schauen und einschätzen zu können,
- das Vertrauen, die anstehenden Aufgaben meistern zu können, und
- die stabile Empfindung, dass die Anstrengungen, die man zur Gestaltung
  und Bewältigung der Lebensaufgaben unternimmt, sich lohnen und das eigene Leben Sinn macht.

Daraus ergibt sich die Richtung des Hilfeangebotes:
- Ereignisse nachvollziehbarer und irgendwie in sich verständlicher wahrnehmen zu lernen,
- eine ausreichende Sicherheit im Umgang damit zu ermöglichen,
- Hilfe Suchende dabei unterstützen, darin einen tragfähigen Sinn zu erkennen und dies als Unterstützung anzunehmen.

Dies „im Sinn", möchte ich nun die Bestandteile des Entwickelns Klinischer
Kontrakte vorstellen. Diese Bestandteile sind hier aus der Perspektive der Hilfe*anbieter* beschrieben, das heißt, sie beschreiben Möglichkeiten des professionellen „Beisteuerns" zu hilfreichen Veränderungen (Loth, 1998). Es handelt
sich um ein Navigationsinstrument, mit dem HilfeanbieterInnen ihre Beiträge
zum Geschehen reflektieren und einsetzen können. Ich möchte darauf hinweisen, dass dieses Modell nicht als ein spezifisches Angebot für Familien mit
kleinen Kindern entwickelt wurde (hierzu verweise ich auf die Angebote von
Fivaz et al., 1989, 2001; Papoušek, 1998a+b, 2000 und Barth, 1998, 1999,
2000; Cierpka & Cierpka, 2000). Es kann allerdings auch in der Arbeit mit solchen Familien und Eltern(teilen) eingesetzt werden, und wurde es auch. Es
war kein *thematischer* Schwerpunkt, der dabei mein Interesse leitete, sondern der Wunsch, ein allgemeines Reflexionsinstrument zur Verfügung zu haben. Dieses Instrument kann sowohl dabei helfen, sich im laufenden Prozess
zu orientieren und nächste Schritte zu sortieren, wie auch eine „Kontraktorientierte Leistungsbeschreibung" zu verfassen (Loth, 1999). Eine zusammenfassende Übersicht vermittelt Tabelle 3.

Tabelle 3: Übersicht: Kontraktorientierte Leistungsbeschreibung (Kolb)

Kategorie	Tätigkeit
Basisarbeit	• Anlässe ermitteln • Anliegen ermitteln • Koordinieren unterschiedlicher Anliegen • Überweisungskontexte klären • Informieren über eigene Möglichkeiten und Angebote sowie ggf.: Vermitteln von geeigneteren Hilfeangeboten
Entwickeln von Aufträgen	• Setting klären • Beziehungsform der Hilfeanfragen ermitteln • Erarbeiten von handhabbaren Aufträgen auf der Grundlage von Zielvorstellungen der Hilfe Suchenden
Auftragsorientiertes Arbeiten	• Spezifisches Helfen … • … in verschiedenen Personen-Settings • Reflektieren des Verlaufs im Hinblick auf Kriterien für das Erreichen von Zielen • Überprüfen des Auftrags und ggf.: Neuformulieren • Überprüfen des Kontrakt-Status/Ergebnis reflektieren und kontextualisieren/Beenden
Evaluation-im-Kontext/ Dokumentieren	• Qualitative Auswertung • Quantitative Auswertung

„Was soll daraus werden?" – Von Anlässen zu Anliegen und so weiter

Basisarbeit

Anlässe können eine geradezu hypnotisierende Wirkung haben. Daher ist es wichtig, jede Bewegung, die eine Ausnahme von dieser hypnotischen Fixierung andeutet, ohne Umschweife aufzugreifen. Selvini Palazzoli et al. (1977) machen klar, es könne „nicht genügend betont werden", dass die Therapie mit dem ersten Telefonat beginne. Ich möchte etwas anders akzentuieren: Mit der ersten Kontaktaufnahme ist ein Kontext für hilfreiche Veränderungen eröffnet. Eine Ausnahme von der bisherigen Regel also. Daher erfolgen an unserer

207

Arbeitsstelle alle Anmeldekontakte durch FachmitarbeiterInnen. In diesem Kontakt werden nicht nur demographische Daten erhoben, Informationen über die Arbeitsweise der Beratungsstelle vermittelt und das Problem skizziert, sondern es werden sofort Anknüpfungspunkte für mögliche Veränderungen geschaffen, indem zwischen Anlässen und Anliegen unterschieden wird.

Es scheint – beispielsweise – auf den ersten Blick müßig zu sein, extra danach zu fragen, was sich eine über ihr einnässendes Kind klagende Mutter an Veränderung wünscht. „Na, trocken werden", dürften die meisten denken. Unabhängig davon, dass eine Reihe von anderen Anliegen auch zur Sprache kommen können (dass man dem Kind leichteren Herzens noch eine Zeit lang Windeln anlegt, oder nicht anlegt, aber die Mehrarbeit nicht so ernst nimmt, oder dass die Mutter sich Unterstützung gegenüber der Erzieherin im Kindergarten wünscht, oder dass die Mutter Unterstützung dabei sucht, mit dem Vater eine übereinstimmende Position zu dieser Frage zu erreichen), unabhängig davon dürfte das übliche Anliegen „trocken werden" relativ unpraktisch sein (lebensbedrohlich genau genommen). Daher bietet sich gleich hier ein erster Anknüpfungspunkt an, in Richtung eines leichter handhabbaren Zieles voranzukommen. „Könnte es sein, dass Sie mit ‘Trockenwerden’ meinen: Ihr Kind sollte rechtzeitig die Toilette aufsuchen, oder rechtzeitig sagen, dass es auf die Toilette möchte?", o.ä., und auf diese Weise bereits ins Spiel bringen, dass es oft hilfreicher ist, etwas aufzubauen, als auf das Beenden von etwas zu setzen.

Wichtig erscheint mir, dass hier eine Haltung zum Ausdruck kommt und nicht einfach ein technisches Abfragen von Unterschieden. Wichtig erscheint mir ebenfalls, „Problem" und „Lösung" nicht als sich ausschließende Größen zu betrachten, sondern sie durch ein verbindendes Drittes in Beziehung zueinander zu setzen. Dieses Dritte sind in meiner Sicht „Ressourcen". Praktisch bedeutet dies, dass die besondere Aufmerksamkeit für Anliegen nicht dazu führt, Anlässen aus dem Weg zu gehen. Gerade Eltern mit kleinen Kindern und großen Sorgen dürften sonst nur schwer erreichbar sein. Besonders wenn es um das erste Kind geht, schlagen die entsprechenden Sorgen fast ohne Knautschzone zu.[3] Praktisch heißt das auch: sich um ein „störungsspezifisches Ressourcenwissen" zu kümmern. Ein m.E. sehr schönes Beispiel hierzu findet man zum Thema „Schreikinder" bei Fries (2000). Weitere Beispiele liefert die neuere Säuglingsforschung (kompakte Übersicht: v. Klitzing, 1999), besonders eine salutogenetische Perspektive auf die Bedeutung früher Interaktion (Petzold, 1995) sowie neuere Arbeiten zum Thema Resilienz (Opp, et al. 1999).

Das Klären von Überweisungskontexten gehört ebenfalls zur Basisarbeit. Spätestens mit der Kindergartenzeit erhält das Verhalten des Kindes nicht nur zu Hause seine Bedeutung, sondern wird Thema (und wenn's nicht so gut läuft: Spielball) in weitergehenden Interaktionen der Erwachsenen. Das gemeinsame Reflektieren von Überweisungskontexten eröffnet damit sowohl unter Problembeschreibungs- als auch unter Lösungsperspektiven manchen Spielraum (vgl. Lindner, 1993, S. 58f.).

Bereits im Erstkontakt erhalten Hilfe Suchende eine Anregung für die Zeit bis zum nächsten Gespräch. Sie können wählen zwischen einer Ziel-Anregung und einer Ausnahmen-Anregung. Bei der Ziel-Anregung nehmen sie sich vor, bis zum nächsten ausführlichen Gespräch Zeit und Aufmerksamkeit darauf zu verwenden, sich genau vorzustellen, was sie erreichen möchten, woran sie erkennen werden, dass ihre Ziele erreicht sind, und was sie vielleicht brauchen, um in Richtung dieser Ziele voranzukommen. Die Ausnahmen-Anregung zielt darauf, die Aufmerksamkeit auf Unterschiede zu lenken. Rat Suchende können so z.B. erfahren: „Was wir brauchen, sind Informationen darüber, wann [das Beklagte] nicht so deutlich auftritt, wenn es etwas weniger ist als sonst. Es ist völlig in Ordnung, wenn das manchmal nur etwas weniger ist, wenn es nur ganz selten auftritt und man sich anstrengen muss, das überhaupt zu bemerken. Üblicherweise kann man solche Ausnahmen (Abweichungen, Auszeiten, Unterschiede) wenigstens gelegentlich beobachten. Man muss allerdings wissen, dass man danach suchen soll (usw.)". Oft kommt es vor, dass Hilfe Suchende die Beziehung zwischen beiden Anregungen selber erkennen und beide Anregungen aufgreifen.

In den folgenden Kontakten kann auf diesen ersten Anregungen aufgebaut werden und die Erfahrungen in der Zwischenzeit können einfließen in das gemeinsame Klären, ob Anliegen und Angebot kompatibel sind. Es nützt nichts, sich als grenzenlose HelferInnen darzustellen. Eine ausführliche (und vor allem aktuelle) Liste von anderen, eventuell besonders ausgerichteten und spezialisierten Hilfeangeboten ist ein sehr hilfreicher Mitarbeiter (bis hin zur Verwendung von Möglichkeiten, die das Internet bietet: etwa eine komplette Liste der Anlaufstellen und spezieller Beratungs- und Behandlungsangebote für den Bereich „Seelische Gesundheit in der frühen Kindheit" unter: http://www.gaimh.de/anlauf d.htm. Die Deutsche Liga für das Kind bietet auf ihrer Homepage Informationen, u.a. Texte aus ihrer Zeitschrift „frühe Kindheit": http://www.liga-kind.de/pages/einf zeit.htm, sowie eine differenzierte Link-Liste unter http://www.liga-kind.de/pages/links.htm").

209

Entwickeln von Aufträgen

Beziehungsstatus

Beim Entwickeln von Aufträgen spielt es eine wichtige Rolle, in welcher Beziehung sich die Hilfe Suchenden zum Hilfeanbieter beschreiben (Berg, 1992; De Shazer, 1992). Sehen sich die Hilfe Suchenden selbst als Teil möglicher Lösungen und erklären sich bereit, zur Lösung des Problems selbst beizutragen, begründet dies eine Art *Kundschafts-Beziehung*. Sehen sie jedoch die möglichen Lösungen ausschließlich darin, dass jemand anderes sich verändert (z.B. ihr Kind), begründet dies eine *Klage-Beziehung*. Der wichtigste Unterschied für die Praxis besteht darin, in Kundschafts-Beziehungen auch auf Anregungen zu setzen, die aktives Tun beinhalten, während in Klage-Beziehungen eher Beobachtungs- und Vorbereitungsaufgaben sinnvoll erscheinen.

Die dritte Variante wäre dann wahrscheinlich schon beim bisherigen Abklären zu ihrem vorläufigen Ende gekommen, die *Besuchs-Beziehung*. Hierbei können weder Hilfeanbieter noch KlientIn eine Beschwerde oder ein Ziel feststellen, an dem gearbeitet werden soll. Und auch kein bedeutsamer Dritter kann ausfindig gemacht werden, dessen dann erwünschteres anderes Verhalten damit befördert werden könnte. In diesem Fall kann der Besuch als ein „Besuch" gewürdigt werden, bei dem allgemeine Informationen über das eigene Angebot mitgeteilt werden und somit für eventuelle spätere Anliegen eine leichtere Anknüpfung ermöglicht wird.

Aus der Berücksichtigung des Beziehungsstatus ergeben sich auch Hinweise für die Setting-Gestaltung. Die Weiterentwicklung Systemischer Therapie führte zu der Erkenntnis, dass nicht alle, die am Entstehen eines Problem-Kontextes beteiligt sind, zwangsläufig zusammenkommen müssen, um an einem Lösungskontext zu arbeiten. Ich benutze seit einigen Jahren die Formulierung: „Es sind alle eingeladen, die an einer Lösung mitarbeiten wollen" (oder „... ein Interesse daran haben, dass sich etwas verändert"). Im Fall von Familien mit kleinen Kindern überlasse ich es den Eltern zu entscheiden, ob sie glauben, ihr Kind habe ein Interesse daran, dass sich etwas verändert. Wenn jüngere Kinder teilnehmen, ist mir wichtig, sie von vornherein von der Verantwortung zu entlasten, sie seien es „schuld", dass die Eltern die Beratungsstelle aufsuchen. Wenn es gelingt, ein Klima respektvoller Neugier dafür zu schaffen, wie es in dieser Familie etwas leichter sein könnte, mit dem in Frage stehenden Thema umzugehen, arbeiten Kinder in der Regel sehr hilfreich mit (vgl. Loschky, 1999; Scott, 1999; Vogt-Hillman et al., 1999).[4] Ihre Grenzen sollten jedoch zuverlässig geschützt werden, auch vor Überforderung, die sich etwa aus zu komplizierten Fragen ergibt (Lindner, 1993). Noch Grundschulkinder tun sich relativ schwer mit Aufgaben, die beinhalten, die Perspektive eines Dritten einzunehmen (vgl. Charlton, 1999; nach Selman, 1980).

Ziele

Ziele helfen dabei, sich auf den Weg zu machen und – noch mehr – auf dem Weg zu bleiben. Natürlich, das geht nicht von selbst und außerdem steckt der Teufel im Detail. „Video-Beschreibungen" sind oft hilfreich: „Wenn Sie einen Videofilm drehen würden mit dem Titel 'Die Eltern X haben gelernt, Grenzen liebevoll zu ziehen', was genau würde ich auf diesem Film sehen und hören, sodass ich sagen könnte: Das haben sie damit gemeint?" Es geht darum, Beschreibungen zu finden, die eine Richtung auf etwas hin anzeigen, die das Tun (das Bewegen hin zu) erfassen, die spezifisch sind, mit dem Verhalten der Personen verknüpft und in deren eigener Sprache vertraut.

So weit, so gut. Und das Leben lässt sich nicht digitalisieren. Es kommt also vor, dass Ziele nicht weit genug tragen, dass sie doch Unschärfen enthielten, dass sie anderen in die Quere kommen, dass sich erst im Nachhinein herausstellt, dass sie im Alltag doch nicht so recht passen, dass gerade dann, wenn dieses Ziel eine Rolle spielt, der Kleine überhaupt nicht mehr aufhört zu schreien, und überhaupt, das ist ja alles viel zu kompliziert, das Kind quengelt, die Zeit drängt, immer noch nicht weiter … Und? „Vielen Dank ans Leben. Wir sollten es ernst nehmen. Besser jetzt der Stress als später. Was könnten Sie jetzt in diesem Augenblick brauchen, um wieder etwas Luft zu bekommen?" (Parallele Frage des Beraters an sich selbst, wahrscheinlich im Stillen). Und es kann sein, dass das, was dann kommt, erst einmal den Rahmen sprengt.

Ich erinnere mich an eine Stunde mit einer Mutter und ihrem Kleinkind. Die Mutter am Ende mit ihren Nerven, das Kind schreiend und mit vielen Anzeichen selbstverletzenden Verhaltens. Das Ziel bleibt unter diesen Umständen eher amorph, allerdings deutlich in Richtung: Das Kind soll damit aufhören, und noch während die Mutter zu sprechen begann, hatte sich das Kind wieder auf den Boden gewunden und begann mit der Kopfstoßerei. Da hilft kein Reden allein, da ist Tun angesagt, und die KollegInnen hinter den zu dünnen Wänden müssen in Kauf nehmen, dass es eine Zeit lang laut ist. In dieser Situation (ohne sie hier in ihrer Vorgeschichte und kontextuellen Rahmung allzusehr zu vertiefen) war das einzige, was ich ganz genau wusste: Ich biete dieser Mutter heute so lange meine Hilfe an, bis sie aus diesem Zimmer mit einer Erfahrung herausgeht, Teil einer Lösung sein zu können. Das weitere Gespräch fand also auf dem Boden statt, dauerte etwa zwei Stunden, davon etwa 70 Minuten lautstark, bis die Mutter eine ausreichend lange Zeit sowohl aufmerksam sein konnte für ihr Kind (rechtzeitig die Hand unter den Kopf, wenn es Anzeichen machte, den Kopf auf den Boden zu schlagen), ansonsten Zuwendung besonders in den kurzen Momenten, die etwas ruhiger waren, atmen nicht vergessen, Stimme senken, atmen nicht vergessen, darauf achten, was funktioniert. Während die Mutter vorher entweder klagte (und dabei vergaß, auf das Kind aufzupassen) oder aufpasste (und dann zu nichts anderem mehr kam), erfuhr sie in dieser Stunde zweierlei: Sie konnte etwas tun, das funktionierte. Und sie konnte dabei auch noch mit einem anderen darüber sprechen. Das Kind schlief schließlich ruhig in ihrem Arm. Ein Ziel war erreicht, eine vorher katastrophale Situation ruhig zu einem Ende gebracht. Dass dies nicht das einzige Ziel war und dass das Verhalten des Kindes im Kontext einer weitergehenden persönlichen Geschichte traumatischer Erfahrungen und einer irritierten Paarbeziehung eine Rolle spielte, dürfte nicht überraschen. Aber das kam danach zur Sprache. Weitergehend allerdings nicht in der Beratungsstelle, sondern in einer hochfrequenten Einzelpsychotherapie, die die Mutter für sich wünschte, und bei der die Beratungsstelle Wegweisungsdienste leistete.

Ziele können auch irritieren, insbesondere dann, wenn sie im Rahmen einer hochgekochten Qualitätsdiskussion dazu herangezogen werden, den Erfolg der Arbeit mit dem Erreichen von Zielen zu verknüpfen. Das führt jedoch leicht dazu, dass HelferInnen, anstelle aufmerksam zu sein für die Ressourcen der Hilfe Suchenden, sich auf das Verfolgen von Zielen konzentrieren. Und dann kann passieren, dass das passiert, was beim Verfolgen eben leicht passiert: Man läuft hinterher (und verliert das Verfolgte möglicherweise auch noch aus dem Auge). Was ich daher vorschlage: Ziele nicht zu verfolgen, sondern sie zu nutzen. Sich ihnen anzuschließen, solange sie dem Vorankommen dienen (und ihnen dabei zu helfen, dem Vorankommen zu dienen, dazu gleich) und sich nicht davor zu fürchten, dass es möglich ist, auch woanders anzukommen: Es sind die Hilfe Suchenden, die darüber entscheiden, wann sie „hilfreich angekommen" sind. Mittlerweile gibt es eine Fülle von Hinweisen, die anzeigen, dass die Wahrnehmung und die Bewertung des Beratungs- und Therapiegeschehens durch die KlientInnen ein entscheidendes Kriterium darstellt. Hubble et al. fassen die Ergebnisse ihrer umfangreichen Arbeit so zusammen: „Worauf es, wie uns die Daten zeigen, ankommt, sind die KlientInnen: die Ressourcen der KlientInnen, ihre Teilnahme, ihre Einschätzung der Allianz, ihre Wahrnehmung des Problems und seiner Lösung. Unsere Techniken, so stellt sich heraus, sind nur dann hilfreich, wenn die KlientInnen sie als bedeutsam und glaubwürdig ansehen. Therapiemodelle sind ausschließlich potentiell hilfreiche 'Linsen', die dann miteinander geteilt werden, wenn sie zu dem 'Bedeutungsrahmen' der KlientInnen passen und zu ihrer eigenen 'Verordnung'" (1999b, S. 433, Übers. W.L.).

Handhabbare Aufträge

Wann ist ein Auftrag handhabbar? Ein erstes Signal dafür ist, dass beide Seiten darin übereinstimmen, verhaltensorientierte Ziele miteinander entwickelt zu haben, deren Erfüllen ohne großen Aufwand überprüft werden kann. Anstelle: „Ich möchte, dass unser Kind eine glückliche Kindheit hat", etwa: „Ich möchte mich ausreichend sicher fühlen, wenn es schreit, sodass ich mich dann an das erinnern kann, was ich tun kann, um selber ruhig zu bleiben und dem Kind die notwendige Unterstützung liebevoll zu geben."

Eine wichtige Voraussetzung ist des Weiteren, auf „Ausnahmen" zurückzugreifen. Ausnahmen deuten an – und Rat Suchende reagieren in der Regel erleichtert, wenn sie das so hören –, „dass es nicht notwendig ist, eine völlig neue Sprache zu lernen. Es ist nur nötig, etwas, was offensichtlich schon vorhanden ist, weiter auszubauen. Und diese (beschriebene) Ausnahme (vom beklagten Problemstandard) weist ganz deutlich darauf hin, dass da schon etwas vorhanden ist." Es fördert die Handhabbarkeit enorm, zumindest gefühlsmäßig, sich die Momente zu vergegenwärtigen, die das Gewünschte ganz offensichtlich schon enthielten.

Der dritte wichtige Bestandteil handhabbarer Aufträge besteht darin, dass beide Seiten ihm zustimmen. Auf Seiten der HilfeanbieterIn beinhaltet das auch, sich selbst geprüft zu haben, ob sie/er sich in der Lage sieht, diesen Auftrag anzunehmen.

Auftragsorientiertes Arbeiten

Es reicht nicht aus, das Vokabular und die Grammatik zu kennen. Es geht nicht um das reibungsfreie Herleiten von Interventionen. Jede Therapie, jede Beratung ist ein Unikat, selbst wenn es um vergleichbare Anlässe geht. „Da Therapie ein Prozess der Eigenbeteiligung ist, kann eine TherapeutIn eine Sitzung oder eine Intervention nicht wiederholen", schreiben Efran et al. (1992, S. 249), „Ähnlichkeiten zwischen Sitzungen, Abläufen oder KlientInnen sind Sprachvereinfachungen." Das heißt natürlich nicht, in jeder Therapie- oder Beratungsstunde das Rad neu erfinden zu müssen, jedesmal von vorne zu beginnen. Es heißt allerdings, sich darauf einzustellen, dass nicht nur Erwartetes geschieht. Oft genug reichen zwar so genannte Standardhilfen (Informationen zur Entwicklungspsychologie, kleine Anregungen zur Veränderung der Beziehungsgestaltung, kleine Anleitungen zum Betrachten aus einer anderen Perspektive usw.). Wenn Ergebnisse der Psychotherapieforschung jedoch nachhaltig nahe legen, davon auszugehen, dass 40% der Varianz der Ergebnisse auf KlientInnen-Variablen zurückzuführen seien (Hubble et al., 1999), dann grenzte es schon an Borniertheit, so zu tun, als wüsste man als Berater von vornehrein Bescheid. Es sind oft die „normalerweise" übersehenen kleinen Abweichungen vom Gewohnten, die auf Veränderungspotentiale hinweisen, die kleinen Abweichungen, die nur dann zu sehen sind, wenn man nicht die Leitlinien eines „bereits vorher Gewussten" abarbeitet [Die Mutter lächelte das Kind tatsächlich an, automatisch, beiläufig, als es krähte, obwohl sie die ganze Zeit von ihrer Überforderung sprach. Wie kann sie lächeln, wenn... Offensichtlich gibt es da noch etwas anderes als... Vielleicht könnte es möglich werden, diese Ressource mit der Situation zu verbinden...? usw.]. „Professionalität wird", so Kurz-Adam (1997, S. 8), „heute weniger durch die Frage der Ansammlung von Wissen und der Verfügbarkeit der Methoden bestimmt, sondern erweist sich erst in der Orientierung am Zufälligen und Unkalkulierbaren des Alltags der Klienten als wichtiges Moment der Hilfe."

Es kommt also einiges zusammen beim auftragsorientierten Arbeiten: das zuverlässige Orientieren an den miteinander erarbeiteten Zielvorstellungen und Zielkriterien, das Zurückgreifen auf ein „ressourcenorientiertes Störungswissen" und die Zustimmung dazu, den Alltag der Rat Suchenden als Überprüfungsmedium zu akzeptieren. Ein eher typisches Beispiel. Eine Mutter hatte um Rat gefragt, weil ihr zweieinhalbjähriger Sohn sich „unmöglich verhalte", „so aggressiv sei", das wirke sich schon ungünstig aus in der privat organisierten Kindergruppe. Auch sie selber sei ganz enttäuscht, dass ihr Kind sie offensichtlich so ablehne. Sie wünscht sich, Anregungen zu bekommen, was sie in solchen Situationen tun könne, wie sie ihr Kind davon abhalten könne, sich so aggressiv zu verhalten. Das ist natürlich ein recht unhandliches Anliegen. Ab dem zweiten Lebensjahr zeigen Kinder zunehmend Verhaltensweisen, die von Erwachsenen als „aggressiv" aufgefasst werden können. Wie gesagt: können, nicht müssen. Als klagenspezifisches Ressourcenwissen könnte hier z.B. Schleiffers Beitrag zur „Selbstsozialisation erziehungsschwieriger Kinder" (1994) dienen. Schleiffer diskutiert, wie das Kind ab dem zweiten Lebensjahr allmählich lernt, „Handlungen auch gegen die Erwartungen der Eltern zu planen. Die Wahrnehmung der Erwartungsenttäuschung auf Seiten der Eltern ist dann selbstbestätigend, da sich das Kind als Ursache einer Wirkung erleben kann" (1994, S. 473). Das beklagte Verhalten kann zum einen also als entwicklungspsychologisch „normal" betrachtet werden, zum anderen als ein guter Aufhänger dafür, einen handhabbaren Auftrag zu ermitteln. Der Mutter leuchtet es ein (wie später dem Vater), es sei wohl hilfreicher, mit dem bisher als „aggressiv" bezeichneten Verhalten anders umzugehen als es „abzustellen". Der Auftrag lautet (kurzgefasst): „Bitte helfen Sie uns, mit dem 'aggressiven' Verhalten unseres Sohnes anders umzugehen, sodass wir ihn dabei unterstützen können, eine vernünftige Grenze seines aggressiven Verhaltens zu lernen. Und zu lernen, dass wir ihn zuverlässig sehen und auf ihn eingehen, auch wenn er 'nichts anstellt'." Auf der Grundlage dieses Auftrags liegt es nahe, miteinander zu ermitteln, wie wer in dieser Familie sorgt, „sich als Ursache von Wirkung zu erfahren". Anregungen können hier entwickelt werden, etwa die, vermehrt auf Ausnahmen zu achten (beispielsweise zirkulär gefragt: Woran könnte das Kind wohl erkennen, es sei die Ursache einer Wirkung bei der Mutter, wenn es sich „ruhig und liebevoll" verhält? Und was müsste wohl geschehen, damit es diesem Eindruck auf die Dauer auch dann traut, wenn die Mutter einmal nicht reagiert? Oder darauf zu verzichten, obwohl es lernen könnte, dass es ökonomischer und sicherer ist, die Eltern mit aggressivem Verhalten auf sich aufmerksam zu machen? usw.)

Überprüfen des Kontraktstatus

Zum Konzept des Entwickelns Klinischer Kontrakte gehört es, den „Kontraktstatus" kontinuierlich zu überprüfen. Es geht nicht um umfassende und übergreifende Persönlichkeitsveränderungen. Es geht um überschaubare Hilfen, oft in der Art von „Anschubfinanzierungen", und die Hilfe Suchenden entscheiden selbst, wann sie genug davon haben. Ich beende daher in der Regel jede Therapie- oder Beratungstunde mit zwei Fragen:

- „Was nehmen Sie heute mit? Von welchen Ideen aus dem heutigen Gespräch erwarten Sie sich Anregungen für Ihren Alltag in den nächsten Tagen?"
- Wie sollen wir verbleiben?

Die zweite Frage beinhaltet sowohl das Angebot, das Gespräch bei einem weiteren Termin fortzusetzen, um etwa die Entwicklung in der Zwischenzeit gemeinsam zu reflektieren und eventuell notwendige weitere Überlegungen anzustellen, als auch die Bereitschaft, dieses aktuelle Gespräch als Abschluss zu akzeptieren, wenn dies gewünscht wird. Dies ganz im Sinne von Kurz-Adam, wenn sie schreibt: „Psychotherapie in der Beratungsarbeit hat sich von einem längerfristigen Unternehmen, das die gesamte Arbeit der Beratungsstelle zeitlich blockiert, zu einer krisenorientierten, methodisch vielfältigen Vorgehensweise gewandelt, die an einer auch kurzfristigen und am Situativen angesiedelten Hilfe zur Selbsthilfe interessiert ist" (1997, S. 139).

Anmerkungen

1 Als üblicher Nutznießer der üblichen männlichen Schreibweise hätte ich da nun wenig Grund zum Meckern.
2 Zum Begriff der „Kundigkeit": vgl. Hargens (1995).
3 Es braucht dann schon etwas an Rapportvorleistung, bis es möglich wird, gemeinsam den Tröstungen der gern erzählten Geschichte zu vertrauen, in der es um ein Elternpaar mit drei Kindern geht. Alle drei Kinder verschlucken – jedes zu seiner Zeit – ein Fünfzigpfennigstück. Beim ersten Kind rufen die Eltern den Notarzt. Beim zweiten Kind raten sie ihm, nach der nächsten Verdauung genauer hinzusehen. Beim dritten Kind schließlich heißt es: „Das ziehen wir dir vom Taschengeld ab!". Wie gesagt...
4 Die Diskussion um den Status von Kindern und ihre Teilnahme in Familien- und Systemischer Therapie gestaltet sich allerdings durchaus kontrovers: vgl. Reiter-Theil et al., 1993; Reiter et al., 1994; Cederborg, 1997; Vossler, 2000.

Literatur

Antonovsky, A. (1997). Salutogenese. Zur Entmystifizierung der Gesundheit. Tübingen: dgvt-Verlag.
Bachelor, A. & Horvath, A. (1999). The Therapeutic Relationship. In: M. A. Hubble, B. L. Duncan & S. D. Miller (Hg.), pp. 133-178.
Barth, R. (1997): Familien mit Säuglingen und Kleinkindern als vernachlässigte Gruppe? In: Informationen für Erziehungsberatungsstellen 2/1997, pp. 12-16.
Barth. R. (1998). Psychotherapie und Beratung im Säuglings- und Kleinkindalter. In: K. v. Klitzing (Hg.), pp. 72-87.
Barth, R. (1999). Ein Beratungsangebot für Eltern mit Säuglingen und Kleinkindern – Konzeption und erste Erfahrungen der Beratungsstelle „Menschenskind". In: Praxis d. Kinderpsychologie u. Kinderpsychiatrie 48, pp. 178-191.
Barth, R. (2000). „Baby-Lese-Stunden" für Eltern mit exzessiv schreienden Säuglingen. In: Praxis d. Kinderpsychologie u. Kinderpsychiatrie 49 (8), pp .537-549.
Barrows, P. (2000). Der Vater in der Eltern-Kind-Psychotherapie. In: Praxis d. Kinderpsychologie u. Kinderpsychiatrie 49 (8), pp. 596-610.
Berg, I.K. (1992). Familien-Zusammenhalt(en). Ein kurztherapeutisches und lösungsorientiertes Arbeitsbuch. Dortmund: verlag modernes lernen.
Brisch, K.H. (1999). Bindungsstörungen. Von der Bindungstheorie zur Therapie. Stuttgart: Klett-Cotta.
Buchheim, A., K. H. Brisch & H. Kächele (1999). Die klinische Bedeutung der Bindungsforschung für die Risikogruppe der Frühgeborenen: ein Überblick zum neuesten Forschungsstand. In: Z.f. Kinder- u. Jugendpsychiatrie u. Psychotherapie 27 (2), pp. 125-138.
Bullinger, H. 1986. Wenn Paare Eltern werden. Die Beziehung zwischen Mann und Frau nach der Geburt ihres Kindes. Reinbek: rororo.
Cederborg, A.-C. (1997). Young Children's Participation in Family Therapy Talk. In: American J. of Family Therapy 25 (1), pp. 28-38.
Charlton, M. (1999). Aufwachsen mit dem Fernsehen. Zum Gegen- und Miteinander von Fernsehen und sozialem Lernen in der Familie. In: TelevIZIon 12 (1), pp. 16-19.
Cierpka, M. & A. Cierpka (2000). Beratung von Familien mit zwei- bis dreijährigen Kindern. In: Praxis d. Kinderpsychologie u. Kinderpsychiatrie 49 (8), pp. 563-579.
De Shazer, S. (1992). Das Spiel mit Unterschieden. Wie therapeutische Lösungen lösen. Heidelberg: Carl Auer Systeme.
Efran, J. S., M. D. Lukens & R. J. Lukens (1992). Sprache, Struktur und Wandel. Bedeutungsrahmen der Psychotherapie. Dortmund: verlag modernes lernen.

Fivaz, E., A. Corboz & W. Favre (1989). Ein Beratungssetting für Familien mit Säuglingen: Auf dem Weg zu einer Allianz zwischen Forschung und Therapie. In: System Familie 2 (1), pp. 1-11.

Fivaz-Depeursinge, E. & A. Corboz-Warney (2001). Das primäre Dreieck. Vater, Mutter und Kind aus entwicklungstheoretisch-systemischer Sicht. Heidelberg: Carl Auer.

Fries, M. (1998). Schreikinder. Ursachen und Hilfen. Im Internet: http://stillen.de/vor 25..html

Fries, M. (2000). Vom „Schreibaby" zum „Baby mit besonderen Bedürfnissen und Fähigkeiten". In: Hargens, J. & Eberling, W. (Hg.), pp. 147-158.

Fthenakis, W. & Engfer, A. (1997). LBS-Familien-Studie „Übergang zur Elternschaft", Report 3/1997. Mütter und Väter kurz nach der Geburt des Kindes. Münster: LBS-Initiative Junge Familie (Himmelreichallee 40 48130 MS).

Gauda, G. (1990). Der Übergang zur Elternschaft. Eine qualitative Analyse der Entwicklung der Mutter- und Vateridentität. Frankfurt/M.: Peter Lang.

Gesellschaft für seelische Gesundheit in der frühen Kindheit (GAIMH) 1996ff. Chancen und Notwenigkeit früher Prävention. Im Internet: http://www.gaimh.de/armut.htm

Gloger-Tippelt, G. (1988). Schwangerschaft und erste Geburt. Psychologische Veränderungen der Eltern. Stuttgart: Kohlhammer.

Gloger-Tippelt, G. (1999). Transmission von Bindung über die Generationen – Der Beitrag des Adult Attachement Interview. In: Praxis d. Kinderpsychologie u. Kinderpsychiatrie 48 (2), pp. 73-85.

Gomille, B. & Gloger-Tippelt, G. (1999). Transgenerationale Vermittlung von Bindung: Zusammenhänge zwischen den mentalen Bindungsmodellen von Müttern, den Bindungsmustern ihrer Kleinkinder sowie Erlebens- und Verhaltensweisen der Mütter beim Übergang zur Elternschaft. In: Praxis d. Kinderpsychologie u. Kinderpsychiatrie 48 (2), pp. 101-112.

Hargens, J. (1995). Kurztherapie und Lösungen – Kundigkeit und respektieren. In: Familiendynamik 20 (1), pp. 32-43.

Hargens, J. & Eberling, W. (Hg.). (2000). Einfach, kurz und gut. Teil 2. Ressourcen erkennen und nutzen. Dortmund: Borgmann.

Hubble, M.A., B. L. Duncan & S. D. Miller (Hg.). (1999). The Heart & Soul of Change. What Works in Therapy. Washington, DC: American Psychological Association. (dtsch. 2001. So wirkt Psychtherapie. Empirische Ergebnisse und praktische Folgerungen. Dortmund: verlag modernes lernen)

Hubble, M. A., Duncan B. L. & Miller, S. D. (1999b). Directing Attention to What Works. In: M. A. Hubble, B. L. Duncan & S. D. Miller (Hg.), pp. 407-447.

Kentges-Kirschbaum, C. & Petzold, M. (1995). Organisation des Alltags in Familien mit kleinen Kindern. In: System Familie 8 (3), pp. 130-145.

Klitzing, K. von (Hg.). (1998). Psychotherapie in der frühen Kindheit. Göttingen: Vandenhoeck & Ruprecht.

Klitzing, K. v. (1998b). Die Bedeutung des Vaters für die frühe Entwicklung. Entwicklungspsychologische Argumente für die Einbeziehung des „Dritten" in den therapeutischen Prozess. In: K. v. Klitzing (Hg.), pp. 119-131.

Klitzing, K. v. (1999). Die Bedeutung der Säuglingsforschung für die Operationalisierte Psychodynamische Diagnostik während der ersten Lebensjahre. In: Praxis d. Kinderpsychologie u. Kinderpsychiatrie 48, pp. 564-570.

Kurz-Adam, M. (1997). Professionalität und Alltag in der Erziehungsberatung. Entwicklungslinien und empirische Befunde. Opladen: Leske+Budrich.

Laucht, M., G. Esser, M.H. Schmidt, W. Ihle, W. Löffler, Stöhr, R.-M. & Weindrich, D. & Weinel, H. (1992). „Risikokinder". Zur Bedeutung biologischer und psychosozialer Risiken für die Entwicklung in den ersten beiden Lebensjahren. Praxis d. Kinderpsychologie u. Kinderpsychiatrie 41, pp. 274-285.

Laucht, M.; Esser, G., Schmidt, M. H., Ihle, W., Marcus, A., Stöhr, R.-M. & Weindrich, D., (1996). Viereinhalb Jahre danach: Mannheimer Risikokinder im Vorschulalter. In: Z. f. Kinder- und Jugendpsychiatrie und Psychotherapie 24 (2), pp. 67-81.

Laucht, M.; Esser, G., Schmidt, M. H., (1998). Risiko- und Schutzfaktoren der frühkindlichen Entwicklung: Empirische Befunde. In: Z. f. Kinder- und Jugendpsychiatrie und Psychotherapie 26 (1), pp. 6-20.

Lindner, T. (1993). Systemische Erziehungsberatung in Familien mit kleinen Kindern. In: K. Hahn, & F.-W. Müller (Hg.). Systemische Erziehungs- und Familienberatung. Wege zur Förderung autonomer Lebensgestaltung. Mainz: Mathias-Grünewald-Verlag, pp. 57-67.

Loth, W. (1996). Klinische Kontrakte entwickeln: ein Weg zum Abstimmen von Angebot und Nachfrage in der Praxis professioneller psychosozialer Hilfe. In: Z.f. Systemische Therapie 14 (2), pp. 137-147.

Loth, W. (1998). Auf den Spuren hilfreicher Veränderungen. Das Entwickeln Klinischer Kontrakte. Dortmund: verlag modernes lernen

Loth, W. (1999). Systemische Hilfen als Kooperation nachweisen – „Kontraktorientierte Leistungsbeschreibung". In: Familiendynamik 24 (3), pp. 298-319.

Loschky, A. (1999). Vom Stein zur Wolke. Erfahrungen aus der systemisch-lösungsorientierten Beratung/Therapie von Kindern und Jugendlichen. In: A. Hundsalz, K. Menne & H. Cremer, (Hg.). Jahrbuch für Erziehungsberatung 3. Weinheim: Juventa, pp. 39-51.

Ludewig, K. (1992). Systemische Therapie. Grundlagen klinischer Theorie und Praxis. Stuttgart: Klett-Cotta.

Ludewig, K. (1999). Therapieziele in der Systemischen Therapie. In: H. Ambühl, & B. Strauß (Hg.). Therapieziele. Göttingen: Hogrefe, pp. 251-275.

Marsaglio, W. & Menaghan, E. (1990). Pregnancy Resolution and Family Formation. Understanding Gender Differences in Adolescents' Preferences and Beliefs. In: J. of Family Issues 11 (3), pp. 313-333.

Nippe, A. (1998). Möglichkeiten der Diagnostik von Kommunikationsstörungen im Säuglingsalter. Im Internet: http://www.stillen.de/vor 26.html.

Opp, G.; M. Fingerle & A. Freytag (Hg.). (1999). Was Kinder stärkt. Erziehung zwischen Risiko und Resilienz. München: Ernst Reinhardt Verlag.

Papoušek, M. (1998a). Das Münchner Modell einer interaktionszentrierten Säuglings-Eltern-Beratung und –Psychotherapie. In: K. v. Klitzing (Hg.), pp. 88-118.

Papoušek, M. 1998b. Frühe Hilfen wirken viel. Im Internet: http://www.liga-kind.de/pages/pap198.html

Papoušek, M. (2000). Einsatz von Video in der Eltern-Säuglings-Beratung und –Psychotherapie. In: Praxis d. Kinderpsychologie u. Kinderpsychiatrie 49 (8), pp. 611-627.

Pauli-Pott, U., Ries-Hahn, A., Kupfer, J. & Beckmann, D. (1999). Zur Kovariation elterlicher Beurteilungen kindlicher Verhaltensmerkmale mit Entwicklungstest und Verhaltensbeobachtung. In: Praxis d. Kinderpsychologie u. Kinderpsychiatrie 48, pp. 311-325.

Petzold, H. (Hg.). (1995). Die Kraft liebevoller Blicke. Psychotherapie & Babyforschung – Bd. 2. Säuglingsbeobachtungen revolutionieren die Psychotherapie. Paderborn: Junfermann.

Petzold, M. (1990). Eheliche Zufriedenheit fünf Jahre nach der Geburt des ersten Kindes. In: Psychologie in Erziehung und Unterricht 37, pp. 101-110.

Petzold, M. (1991a). Paare werden Eltern. Eine familienpsychologische Längsschnittstudie. München: Quintessenz.

Petzold, M. (1991b). Übergang zur Elternschaft und eheliche Zufriedenheit. In: Systhema 5 (3), pp. 16-24.

Quaiser-Pohl, C. (1998). Ein Baby überfordert besonders deutsche Eltern. PresseInfo vom 41. Kongreß der Deutschen Gesellschaft für Psychologie vom 27.9.-1.10.1998 in Dresden.

Reichle, B. (1999). Wir werden Familie. Ein Kurs zur Vorbereitung auf die erste Elternschaft. Weinheim: Juventa

Reiter, L., Reiter-Theil, S. & Eich, H. (1994). Der ethische Status des Kindes in der Familientherapie und systemischen Therapie – Antwort auf Kritik. In: Praxis d. Kinderpsychologie u. Kinderpsychiatrie 43, pp. 379-382.

Reiter-Theil, S., Eich, H. & Reiter, L. (1993). Der ethische Status des Kindes in der Familien- und Kinderpsychotherapie. In: Praxis d. Kinderpsychologie u. Kinderpsychiatrie 42, pp. 14-20.

Schiepek, G. (1999). Die Grundlagen der Systemischen Therapie. Theorie – Praxis – Forschung. Göttingen: Vandenhoeck & Ruprecht.

Schleiffer, R. (1994). Zur Selbstsozialisation erziehungsschwieriger Kinder. In: Vierteljahresschrift f. Heilpädagogik u. ihre Nachbargebiete 63 (3), pp. 467-479.

Schleiffer, R (1998). Bindungstheorie und Psychotherapie. In: S. Trautmann-Voigt & B. Voigt (Hg.). Bewegung ins Unbewusste. Beiträge zur Säuglingsforschung und analytischen Körper Psychotherapie. Frankfurt: Brandes & Apsel, pp. 143-158.

Schlippe, A. von & Schweitzer, J. (1996). Lehrbuch der Systemischen Therapie und Beratung. Göttingen: Vandenhoeck & Ruprecht.

Scott, E. (1999). Are the Children Playing Quietly? Integrating Child Psychotherapy and Family Therapy. In: Australian and New Zealand J. of Family Therapy 20 (2), pp. 88-93.

Selman, R. (1980). The Growth of Interpersonal Understanding. New York: Academic Press.

Selvini Palazzoli, M., Boscolo, L., Cecchin, G. & Prata, G. (1977). Die erste Sitzung einer systemischen Familientherapie. In: Familiendynamik 2, pp. 197-207.

Stern, D. (1997). Aspekte der Mutterschaftskonstellation. In: S. Trautmann-Voigt & B. Voigt (Hg.). Freud lernt laufen. Herausforderungen analytischer Tanz- und Bewegungstherapie für Psychoanalyse und Psychotherapie. Frankfurt/M.: Brandes & Apsel, pp. 73-86.

Stern, D. (1998). Die Mutterschaftskonstellation. Eine vergleichende Darstellung verschiedener Formen der Mutter-Kind-Psychotherapie. Stuttgart: Klett-Cotta.

Süss-Burghart, H. (2000). Fütter- und Gedeihstörungen bei kleinen und/oder behinderten Kindern. In: Z. f. Kinder- und Jugendpsychiatrie und Psychotherapie 28 (4), pp. 285-296.

Tallman, K. & Bohart, A. C. (1999). The Client as a Common Factor: Clients as Self-Healers. In: M. A. Hubble, B. L. Duncan & S. D. Miller (Hg.), pp. 91-131.

Touris, M., Kromelow, S. & Harding, C. (1995). Mother-Firstborn Attachment and the Birth of a Sibling. In: American J. of Orthopsychiatry 65 (2), pp. 293-297.

Vogt-Hillmann, M. & Burr, W. (Hg.). (1999). Kinderleichte Lösungen. Lösungsorientierte Kreative Kindertherapie. Dortmund: borgmann.

Vossler, A. (2000). Als Indexpatient ins therapeutische Abseits? In: Praxis d. Kinderpsychologie u. Kinderpsychiatrie, 49 (6), pp. 435-449.

Ziegenhain, U. (1999). Die Stellung von mütterlicher Sensitivität bei der transgenerationalen Übermittlung von Bindungsqualität. In: Praxis d. Kinderpsychologie u. Kinderpsychiatrie 48 (2), pp. 86-100.

Kooperation mit Kindern in Therapie und Beratung

Michael Grabbe

Vorbemerkung

Es ist eine besondere Herausforderung, mit kleinen Kindern Beratungsgespräche und therapeutische Sitzungen zu gestalten. Dabei ist es unerheblich, ob die Kinder selbst der Anmeldegrund sind oder bei familientherapeutisch orientierten Gesprächen einbezogen werden. Ihre Beiträge werden oft als Störung der Erwachsenengespräche erlebt. Erleichternd scheint es für alle Beteiligten, wenn die Sitzungen ohne sie weitergeführt werden (Lenz, 2000). In der Einzeltherapie mit Kindern können Therapeutinnen, Therapeuten, Beraterinnen und Berater – im weiteren Text „Therapeuten" genannt – an die Grenzen der Zugangsmöglichkeiten kommen. Auf Videomitschnitten von Familientherapien sind oft gelangweilte Gesichter der Kinder zu sehen – „Mama, wie lange noch?".

Wie kann es uns gelingen, ihre Ausdrucksform so einzubeziehen, dass es für die Gespräche hilfreich ist? Was kann helfen, „Widerstand" als Kooperationsangebot (vgl. de Shazer, 1982) nicht nur zu verstehen, sondern auch zu nutzen? Wie können wir v.a. kleineren Kindern erleichtern, Zugang zu uns zu finden? Was kann den Kindern helfen, die Sitzungen nicht als repressive Erwachsenenmaßnahme zu verstehen, die sie günstigstenfalls ertragen und über sich ergehen lassen? Wie können sie stattdessen die professionellen Erwachsenen für sich nutzen? Wie können wir mit schwierigen Themen, Geheimnissen und Tabus in Gegenwart von Kindern therapeutisch und beraterisch arbeiten, wenn die Kinder einerseits geschützt, andererseits aber auch einbezogen und aufgeklärt werden sollen?

Dabei ist es sicherlich nicht möglich und meines Erachtens unter systemischem Aspekt auch nicht besonders hilfreich, die therapeutische und beraterische Umgebung ausschließlich oder überwiegend *kindlich* zu gestalten (entsprechende Einrichtung, Bilder, Materialien etc). Kinder würde das wohl auch verwirren, wenn sie in eine Umwelt kommen, in der sie professionelle Erwachsene erwarten. Auch könnte die „kindliche" Ausrichtung einer Etikettierung und Identifizierung des Kindes als Patient und damit einer Zuschreibung Vorschub leisten, sie seien schuld an dem Problem (oder gar: „Mein Kind ist das Problem!") und man ihnen dieses freundlich beibringen möchte – so wie bunte Pflaster oder Tigerenten beim Zahnarzt klarmachen, wer da Patient ist. Betrachten wir Störungen, Symptome als Bestandteil eines Geflechts von Kommunikationen und Interaktionen in einem System, kann das nicht unser Anliegen sein.

Würde man versuchen, die beraterische oder therapeutische Umwelt gar *kindisch* zu gestalten (entsprechende Sprache, Haltung), fühlen sich Kinder meiner Erfahrung nach nicht ernst genommen und nehmen entsprechend Berater und Therapeuten auch nicht ernst.

1. Die kindgerechte Gestaltung der Beratungssituation

Es muss also darum gehen, Beratungs- und Therapiesituationen *kindgerecht* zu gestalten. Was kann helfen? Dazu folgen Ideen und Erfahrungen aus der Praxis:

Platz

Jedes Familienmitglied wird unter Beachtung einer guten Nähe und Distanz begrüßt – einschließlich der schon mitgebrachten Helfer und Begleiter (z.B. Kuscheltiere, Hund, der ggf. im Auto warten muss). Wir Menschen haben ein Gefühl dafür, wann uns jemand zu nahe kommt oder zu weit entfernt steht. Virginia Satir achtete in ihrer praktischen Arbeit immer wieder sehr darauf, dass sich beim Händegeben die Hände auf der Grenze der Areale treffen, die den Menschen umgeben, um die 'presence boundary', die 'second skin' zu wahren. Sie wollte eine Aura zwar spüren, jedoch nicht verletzen (z.B. Satir, 1990).

Allen – auch oder gerade den Kleinkindern – stelle ich explizit eine Sitzgelegenheit zur Verfügung. Kann das Kind noch nicht sitzen, gibt es eine Decke, ein Kissen. Ob die Sitzgelegenheit, der Platz angenehm, angemessen ist, verhandele ich mit dem Kind und/oder den Eltern und dem ggf. mitgebrachten „Helfer". Auch wenn das Kind auf dem Schoß eines Elternteils landet (vielleicht entsprechend eigener Sicherheitsgefühle oder denen von Vater oder Mutter, die dadurch möglicherweise Schutz erhalten), signalisiert diese Prozedur ebenso die Bedeutung des eigenen Platzes und Raumes im System (der Familie) wie auch das Recht, wahrgenommen zu werden und gleichermaßen Aufmerksamkeit zu erhalten. Wird dabei die Wichtigkeit des Mitkommens und der aktiven Teilnahme, auch oder gerade der Kinder, hervorgehoben, hilft das meist, die Kooperationsbereitschaft zu erhöhen (vgl. Vossler, 2000). Gleichzeitig sind so erste Beobachtungen zur Systemerkennung, der Systemdynamik möglich, auf die dann therapeutische Interventionen aufbauen können.

Kooperative Begleiter

Bevor Fragen nach dem Anmeldegrund, den unterschiedlichen Problemsichten, bisherigen Lösungsbemühungen und Erwartungen an die Sitzung ihre *Zeit* finden und somit Sinn und Verlauf des Treffens transparent werden können (was für Kinder ausgesprochen wichtig ist), fordere ich nach oder während der ausgiebigen Kontaktaufnahme gern jedes Familienmitglied auf (auch oder gerade die Väter, die damit für ihre Kinder Modellaufgaben übernehmen), sich einen 'Begleiter' auszusuchen. Hierbei handelt es sich um ein Symbol, eine Figur, ein kleines Kuscheltier, eine Handpuppe o.ä., die in einem Koffer oder an einem anderen Ort im Gesprächsraum zu finden sind. Dieser Begleiter soll helfen, dass Anliegen und Wünsche genügend Gehör finden, und soll mit aufpassen, dass genügend Schutz gewährleistet ist. Der Begleiter kann sich zu Wort melden, um Einwände, Kommentare usw. zu machen, er kann sich auch sonst irgendwie bemerkbar machen, wenn es dem Begleiteten wichtig ist. Ebenso wird der Begleiter von mir regelmäßig angesprochen oder *zirkulär* einbezogen:

„Meinst du, Pingo, der Matthias glaubt, dass sein Vater mitbekommt, wie sehr er (Matthias) sich anstrengt?" Oder: „Sag mal, Pingo, hast du eine Ahnung, wie es Matthias jetzt geht und was er braucht, damit es ihm vielleicht besser geht?", „Denkst du, dass Matthias alles gesagt hat, was er sagen möchte?"

Wer dem Begleiter die Stimme verleiht, ist offen. Die Möglichkeiten, die sich über die Erweiterung des Systems durch die Begleiter ergeben, sind in der Literatur beschrieben (z.B. Johannesen et al., 2000) – auf jeden Fall fühlen sich Kinder nicht mehr so allein. Bei Phasen starker Aufmerksamkeitsfokussierung auf das Kind kann ein derartiger Begleiter zur Entlastung beitragen. Geht das Gespräch phasenweise am Kind vorbei, hat es einen Partner zur Gesellschaft. 'Beiläufige' Interaktionen können dabei oft wichtige Hinweise und Botschaften anbieten.

Beispiel:
Während die Eltern elaboriert über die unterschiedlichen Erziehungsideale argumentierten, dabei bemüht, die Stimme temperiert zu halten, würgte der zweieinhalbjährige Sohn den mitgebrachten Stofflöwen und prügelte ihn so, dass der Löwe einige Male quer durch den

Gesprächsraum flog. Dadurch 'abgelenkt' und 'nebenbei' nachgefragt, kam das Gespräch schnell auf Emotionen, Aggressionen und erlebte Enttäuschungen des Paares.

Angst vor Veränderung – auch wenn es so nicht weitergeht

Es mag deutlich geworden sein, wie wichtig es ist, Raum und Zeit für Kontaktaufnahme, Ankommen und Einrichten zu geben, bevor es 'losgeht' und man sich dem Anliegen widmet. Dieses erscheint mir gerade in der Arbeit mit Kindern nicht nur hilfreich, sondern oft unumgänglich. Arbeitet man mit kleinen Kindern, ist *flexibler Kontakt* besonders wichtig, d.h. die Gesprächssequenzen sollten möglichst kurz gehalten werden und mit kurzen *'links'*, d.h. direkten Fragen oder Äußerungen (vgl. Vossler, 2000), immer wieder alle Familienmitglieder vernetzen („Hast du das gewusst, was dein Vater da gerade erzählt?"). Geht ein Kind 'aus dem Felde', hat es sich bewährt, darauf zu reagieren. Oft ergeben sich spannende Hinweise, wenn man der Aufmerksamkeit und den aktuellen Interessen der Kinder folgt und sie beschreibt. Gelegentlich wird dabei gleich getestet, wer Chef im Therapieraum ist (Kind, Eltern, Therapeut) – dann sollte die Gelegenheit gleich genutzt werden, um Regeln zu klären und ggf. zu installieren. Dabei mag ein Sheriffstern, der zu meiner Praxisausstattung gehört, symbolisch deutlich machen, wessen Aufgabe es ist, auf die Einhaltung der vereinbarten Regeln zu achten. Muss dann bei Regelüberschreitung Verhalten korrigiert werden und kann dabei dem Kind neben einem ggf. nötigen Verbot zugleich ein Angebot gemacht werden („Der Schreibtisch muss zu bleiben, aber in der Kiste kannst du nachsehen, ob was Interessantes für dich dabei ist"), kann dies zugleich eine Vorbildfunktion für die Eltern bekommen: Kein Verbot ohne Angebot (vgl. Aarts, 2000).

Die Beziehungsgestaltung zum kleinen Kind

Kontakt ist wichtig für eine *Beziehungsaufnahme*. Wird (oder fühlt sich) dabei jemand übersehen, ist eine tragfähige Beziehung erschwert und oft nur schwer nachträglich herzustellen. Deutlich werden soll, dass jede Beziehung, jedes Familienmitglied als gleich wichtig angesehen und als beteiligt an den problembezogenen Interaktionen wie auch an den Lösungsmöglichkeiten betrachtet wird. Wenn die *Beziehungsgestaltung* des Therapeuten zu den Familienmitgliedern und umgekehrt von den Familienmitgliedern zum Therapeuten von Beginn an gebührende Beachtung finden, mag eine tragfähige Basis entstehen, die *Vertrauen* fördert. Klienten lassen sich nur (oder eher) auf *Veränderungen* ein, wenn sie dazu bewusst oder unbewusst bereit sind. Jede Veränderung bringt Unsicherheiten und Risiken mit sich. Wie oft werden Symptome oder problematische Verhaltensweisen beibehalten, auch wenn der Preis hoch und das Leiden groß ist. Wie oft wird dazu beigetragen, dass das alte Unglück bestehen bleibt, weil die *Angst* vor dem Neuen zu groß ist, größer als die Angst vor dem Bekannten. Kinder spüren diese Angst (ihre und die der Eltern) oft unmittelbarer und drücken dies in ihrem Verhalten aus. Vertrauen hilft Angst zu reduzieren.

Therapie- und Beratungsgespräche sind für Klienten, bei aller Hoffnung und Aussicht auf Hilfe, auch Stresssituationen, die stark verunsichern. Das *Selbstwertgefühl* ist oft bedroht: Man fühlt sich schuldig an der problematischen Situation, hilflos, inkompetent und verzweifelt (ein Gefühl, welches ja auch Therapeuten kennen). Man muss sich offenbaren, die Probleme öffentlich mitteilen. Im Verlauf der jeweiligen Leidensgeschichte ist es bereits oft zu Schuldzuschreibungen gekommen (sei es durch Lehrer, Ärzte, Verwandte oder Nachbarn). Das ist oft peinlich und mit Schamgefühlen verbunden. Die therapeutische Gesprächssituation und ihr Verlauf sind Eltern und Kindern zumeist unbekannt. Um sich auf das Risiko von Veränderungen einlassen zu können, ist das Gefühl eines *guten Selbstwerts* erleichternd. Dem Therapeuten kommt die Aufgabe zu, über ein entsprechendes Kontaktangebot, eine sorgfältige Beziehungsbahnung und Ressourcenorientierung den Selbstwert und das Selbstvertrauen von Beginn an zu erhöhen, um Angst abzubauen und Risikobereitschaft zu ermöglichen.

Satir hat eindrucksvoll beschrieben, zu welchen Kommunikationsformen Menschen neigen, um eine Bedrohung des Selbstwertes abzuwehren (Satir, 1990). Schnell kann dabei der Therapeut bei anklagendem Verhalten (*'blaming'*) in Machtkämpfe verwickelt werden. Bei vermittelndem, beschwichtigendem (*'placating'*) Verhalten mag er ärgerlich werden oder kompensatorisch versuchen, Belastungen und zu viel Verantwortung zu übernehmen. Wer kennt nicht auch Gesprächssequenzen, wo übermäßig rationalisiert wurde (*'computing'*) und man sich in Argumentationsketten verstrickte – die Eltern in der Hoffnung, einen guten, beherrschten Eindruck zu machen und so einer vermeintlichen ‚sozialen Erwünschtheit' zu entsprechen. Hier zeigt sich einmal mehr, wie hilfreich es sein kann, Kinder mit einzubeziehen. Sie zeigen sich oft direkter, authentischer und vergessen Höflichkeiten, wodurch man schneller zur Sache kommen kann.

Oder man wurde von Eltern oder ihren Kindern irritiert, weil ständig die Themen und Aufmerksamkeiten gewechselt wurden und man versuchte, hinterher zu springen (*'irrelevantes Verhalten'*). Als hilfreich erweist es sich, hinter diesen für alle anstrengenden Verhaltensformen den bedrohten Selbstwert, vielleicht auch eine Angst vor aufkommenden Gefühlen zu vermuten. Dann geht es zunächst darum, für Stabilität, Würdigung des Erreichten und eine respektvolle Trennung zwischen dem problematischen Verhalten und der jeweiligen Person herzustellen. Die Klienten/Patienten könnten sich angenommen und damit sicherer fühlen. Kinder brauchen die Sicherheit der Eltern – auch in der Therapiesituation –, sonst übernehmen sie oft die Rolle, die Eltern (oder die kritischen Themen) zu schützen und ein Gespräch darüber oder gar die Therapie und Beratung überhaupt zu verunmöglichen.

Atmosphäre

Die Schaffung einer *'guten Atmosphäre'* mit einer entsprechenden Struktur, wo den Beteiligten, v.a. den Kindern, Zeit gegeben wird, das Gehörte und Gesagte aufzunehmen, vermittelt nicht nur Sicherheit und Orientierung, sondern ist m.E. eine wichtige implizite therapeutische Botschaft. Bei aller Bedeutung, die der Sprache im therapeutischen Prozess zukommt, werden wesentliche Botschaften zwischen den Zeilen vermittelt. Die Arbeit eines Schauspielers wird sehr davon bestimmt, inwieweit es ihm gelingt, den 'Untertext' zum Publikum zu bringen. Worte und Sätze können als Transportmittel angesehen werden. In der Schulpädagogik ist der Begriff des 'heimlichen Lehrplans' geläufig, der beschreibt, dass nicht nur Wissen (Lesen, Schreiben) vermittelt wird, sondern eben auch Stillsitzen, Zuhören, Tagesstruktur, Konkurrenz, Fehlerorientierung, Beurteilung, Macht, Auslese etc. Ähnlich wie in der Literatur Stimmungen, Gefühle oder herzöffnende Zugänge zwischen den Zeilen geschehen und an den einzelnen Worten zumeist nicht festzumachen sind, vermitteln sich in einer guten therapeutischen Atmosphäre Gefühle von Angenommensein, Wertschätzung, Würdigung und Liebe eher *mit* oder *zwischen* den Worten als *durch* die Worte und können so neuen Mut, neue Kraft und Risikobereitschaft geben. Klienten berichten immer wieder, wie wichtig es ihnen war, dass sie in der Therapie alles sagen durften, dass alle Gefühle erlaubt waren, sie sich akzeptiert fühlten und sich dadurch selbst akzeptieren konnten. Akzeptanz heißt dabei nicht, dass alles gut geheißen wird. Hilfreich ist, wenn diese Atmosphäre getragen wird von einer Haltung, dass das Rat suchende System und seine Mitglieder im Grunde guten Willens sind und selbst äußerst schwierige Verhaltensweisen Ausdruck von Not sind und ein Optimum dessen, was in einer oft unbewussten unglücklichen Geschichte gelernt oder genommen wurde. Probleme werden in diesem Sinne nicht (nur) als Probleme gesehen, sondern als Lösungsbemühungen eines Systems, verbunden mit einem Preis (z.B. eines Symptoms, vgl. Grabbe, 1995). Es ist schwierig zu definieren, was eine 'gute Atmosphäre' ausmacht, dagegen leicht zu spüren, wenn sie schlecht, vergiftet, entwertend oder beängstigend ist.

2. Gestaltung des Zugangs zu Familiensystemen mit kleinen Kindern

Kantor und Lehr (1977) entwickelten ein Modell, in dem sie zwischen so genannten *'Zieldimensionen'* und *'Eingangsdimensionen'* unterscheiden. Familien kommen mit Anliegen, die sich demnach den folgenden Bereichen zuordnen lassen:

Zieldimensionen:

- *Affekt:* Anliegen, die Bindungen und das emotionale Klima innerhalb der Familie betreffen („Mein Mann liebt seinen Beruf mehr als seine Familie", „Bei uns ist ständig dicke Luft", „Wenn ich tot bin, kräht kein Hahn danach".)
- *Power:* Probleme, die Entscheidungsbefugnisse, Macht- und Hierarchieverteilung betreffen („Frag deine Mutter, die entscheidet doch hier", „Wenn ich mal ein Wochenende vorhabe und wegfahren will, wird dein Kind krank", „Wie soll ich mit dem wenigen Haushaltsgeld, was du mir gibst, wohl auskommen?")
- *Meaning:* Anliegen, bei denen es um Weltanschauungen, Ideologien, Sinnfragen und spirituellen Hintergrund geht („Mit 17 hat man nach Mitternacht nichts auf der Straße verloren", „Wir hatten auch kein eigenes Zimmer", „Was heißt hier Midlife-Krise – Deine 'Selbstmitleidskrise' meinst du wohl".)

Diese Themen sind oft bedrohlich und angstbesetzt und schrecken die Kinder, die derartige Szenen vielleicht bislang nicht miterlebt haben, wenngleich sie die Atmosphäre längst aufgenommen haben dürften. Kantor und Lehr schlagen vor, zunächst auf der Ebene der 'Eingangsdimensionen' zu arbeiten, da diese mit weniger Emotionen verbunden sind. Die Annahme dabei ist, dass eine Veränderung auf dieser Ebene auch Veränderungen bei den Themen der Zieldimensionen nach sich ziehen kann.

Eingangsdimensionen:

- *Raum:* Folgende Fragen könnten aufgeworfen werden: Wie viel Raum nimmt jemand ein? Wer gestaltet die Räume? Wo sind die Räume? Wie viel Platz gibt die Familie den 'inneren' Räumen? Wie werden Räume bewertet (Flucht, Rückzug, Selbstverwirklichung etc.)? Werden räumliche Grenzen überschritten und mit welcher Konsequenz?

Als Möglichkeiten, die Dimension 'Raum' zu verdeutlichen, bietet sich die Familienskulptur an (wer steht wo, wer sieht von wo aus wen?). Diese muss nicht mit den Familienmitgliedern gestellt werden – Bauklötze, freie Symbole, Stühle etc. sind geeignet. Auch geben gewählte Sitzordnungen schon Aufschluss („Wenn Ihr Ex-Mann, der Vater der Kinder, mitgekommen wäre, wo würde er sitzen?"). Man kann auch die eigenen Räume zeichnen oder symbolisch gestalten lassen (für weitere Anregungen vgl. Weiss, 1988).

- *Zeit*: Welche Zeit nimmt sich die Familie für was, wie viel jeder Einzelne? Wer teilt die Zeit ein? Wer braucht am meisten und wofür? Welche Zeit gilt als problematisch, welche nicht? Gibt es Ausnahmen? Wann war eine gute Zeit? Wie ist das mit dem Tempo?

Zeitleisten (Was geschah wann? Lebenslinien, Genogramme), Zeitkuchen, Zeitpläne, Verabredungen etc. mögen Anregungen sein, um den Umgang und die Bedeutung von Zeit zu erfassen („Wo haben Sie Zeit für sich?"; „Wenn Ihnen ein 8. Tag in der Woche geschenkt würde, was würden Sie tun wollen?")

- *Energie:* Folgende Fragen mögen hilfreich sein: Wer bringt für was Energie auf? Wer erhält wohl am meisten? Was zieht Energie ab, wo sind die ‚Tankstellen'? Wie werden Energie und die damit verbundenen Aktivitäten bewertet? Welche ist erlaubt, welche findet heimlich statt?

Wie fühlt sich Energie an? Wo werden Blockaden gespürt? Energiekuchen malen (Einzeichnen verschiedener Aktivitäts- oder Funktionsanteile, zusammen mit einer Einschätzung, ob sie eher Energie spenden oder abziehen). Was macht Spaß? Könnten 'Krafttier' oder andere Ressourcensymbole helfen und wobei? Fantasiereisen, Hobbies – was gibt Kraft?

Bei dieser Aufzählung handelt es sich nur um Beispiele. Es lohnt sich, sich für eigene kreative Zugänge Zeit und Raum zu nehmen. Vor allem Kinder sind leichter zu gewinnen, wenn es um konkrete, anschauliche Aufgaben und Fragen geht, bei denen man auch nicht immer sitzen und reden muss, sondern wo es auch praktische Gestaltungsmöglichkeiten gibt – da kann man eher was dazu sagen, da können sie mitmachen. Scheinbar 'harmlose' Aufgaben wie: „Stellen Sie doch bitte einmal auf, wie im Augenblick Ihr Bild ist, wie die Familie zueinander steht", beziehen sich auf räumliche Anordnungen von Nähe und Distanz, geben aber auch Hinweise auf ein emotionales Zueinander. Wird eine Person dabei auf einen Stuhl gestellt, gibt das Hinweise auf erlebte Dominanzen, auch wenn sich die Person auf dem Stuhl vielleicht eher einsam und ausgeschlossen fühlt als mächtig. Wird ein derartiges Bild genommen, um über vielleicht divergierende Familienideale ins Gespräch zu kommen, gelingt dieses oft leichter, weniger brisant und für Kinder zuträglicher, als wenn es in „Verbalschlachten" geschieht.

Ein Beispiel:

Die Ehepartner stellen auf, wie sie sich als Paar zueinander sehen und gerne sehen würden. Die beiden Kinder hängen gespannt auf ihren Stühlen. Der Mann wünscht sich, dass beide Schulter an Schulter in die Zukunft blicken und sie zusammen angehen. Die Frau wünscht sich, von ihrem Mann gesehen zu werden und will mehr Kontakt, den sie im Gegenüber am ehesten findet. Dementsprechend möchte sie vor ihn treten, doch dann hat er das Gefühl, dass sie ihm im Wege steht. Sie fühlt sich entsprechend nicht wahrgenommen, wenn er an ihre Seite rückt. Die Kinder finden das Auf- und Umstellen lustig. Das Paar entdeckt das Missverständnis und statt bisheriger Entwertungen und Kränkungen gibt es mehr Verständnis füreinander.

Über eine entsprechende Zuordnung der Themen und eine Analyse der Worte und der Sprache kann herausgefunden werden, welche Eingangsdimensionen in einem Kontrakt als besonders zugänglich angeboten werden (z.B. Wie können wir in unserer Familie mit dem eigenen und dem gemeinschaftlichen Raum umgehen?).

3. Bezugnahme auf parallele Aktivitäten

Oft bieten Bilder, die von Kindern während der Sitzung gemalt werden, oder die Art, wie sie den Therapieraum neugierig auskundschaften, Hinweise auf Deutungsmöglichkeiten. So können Kinder auf die Themen, die Atmosphäre reagieren, diese dann aufnehmen und auf einer anderen Ausdrucksebene ver- oder bearbeiten, wodurch wichtige Rückmeldungen über den Gesprächsverlauf gewonnen werden können. Kinder können auch mehr oder weniger dezente Hinweise auf Problemsichten, Schwierigkeiten, aber auch Lösungswege geben, die symbolisch verschlüsselt sind. Wichtig erscheint mir dabei, mit

Phantasie und Kreativität für diese Analogien, Parallelen, Hinweise offen zu sein und dezent zu reagieren, dabei aber auch den nötigen Respekt aufzubringen und die Kinder nicht mit Zuschreibungen und Festlegungen zu entblößen. Hypothetische Kommentare oder Fragen scheinen bei diesen meist nicht bewussten Kooperationsbemühungen hilfreicher und angemessener zu sein als Statements und vorgefertigte Interpretationen, die oft zum Versiegen dieser Quelle führen.

Beispiel:

Während einer Gesprächsphase, in der es um das Verhalten und die unterschiedlichen Reaktionen der Eltern geht, spielt der jüngere, 4-jährige Sohn mit Bauklötzen. Die Turmkonstruktion fällt mehrfach laut krachend wieder zusammen und lenkt die Aufmerksamkeit auf das Kind. Der Vater sagt: „So kann das auch nichts werden, der Unterbau ist viel zu schwach für das, was du da aufbauen willst. Das ist doch alles viel zu schwer!" Therapeut: „Vielleicht so, wie bei Ihnen auch?!" Im weiteren Verlauf wird über die Basis, das Fundament der Beziehung, das Kennenlernen des Paares, die unterschiedlichen Erwartungen und Bilder voneinander gesprochen. Vereinfacht: Der Mann hatte sich vorgenommen, der Familie ein angenehmes Heim und viele Annehmlichkeiten zu ermöglichen, wobei ihm die Frau in traditioneller Weise den Rücken frei halten sollte. Die Frau wollte partnerschaftlich Kinder, Haus und berufliche Verwirklichung gestalten. Dies war nie von den Partnern ausgesprochen worden. Beim ersten Kind war die Spannung noch auszuhalten gewesen, beim zweiten und einer anstehenden Prüfung wurde alles zu viel. Die Verhaltensweisen wurden wechselseitig als kränkend und missachtend gewertet. Die Kinder finden v.a. die Frage nach dem Kennenlernen sehr spannend, setzen sich auf ihre Plätze, hören zu und fragen nach. Im weiteren Verlauf wird über Absprachen gesprochen und Möglichkeiten werden vereinbart, wo Vater und älterer Sohn etwas allein unternehmen werden. Die Atmosphäre ist entspannter. Zum Schluss, beim Aufräumen der Bauklötze, sagt der Vater: „Eigentlich sind wir ja über deinen Turm darauf gekommen!"

4. Zum Umgang mit Geheimnissen und Tabus

Beispiel:

Die Tochter Sabine war eigentlich nur mitgekommen, weil die Babysitterin ausgefallen war. Anmeldegrund waren die Verhaltensschwierigkeiten von Markus in der Schule. Bei Fragen nach den Verhaltensweisen der Eltern darauf und der Beziehung des Paares überhaupt musste Sabine aufs Klo und dabei von der Mutter begleitet werden. Zu einem späteren Zeitpunkt kam das Gespräch darauf, dass das Paar kaum Zeit füreinander hat. Vater: „Vielleicht ist das auch gut so, sonst würden wir uns entweder streiten oder gar nichts würde laufen." Sabine musste wieder aufs Klo. Mutter: „Sabine hat sich erkältet und muss im Augenblick ständig." Bei der Frage, wer die Begleitung dabei übernehme und ob das immer so aufgeteilt sei, wurde die Beziehungsproblematik deutlicher. Der Ton verschärfte sich. Auf die Frage, ob die Beziehung des Paares ein wichtiges Thema für die Gespräche sein könnte und ob das Paar sich vorstellen könnte, dass eine Klärung auch für die Kinder wichtig sei, vielleicht sogar die Verhaltensweisen von Markus davon berührt würden, stimmten beide Elternteile zu. Die Mutter meinte, sie sei deswegen den Kindern gegenüber sicherlich oft ungerecht und auch genervt. Sie habe aber Angst davor, dass ihr Mann weggehen könne, wenn sie darüber sprechen würden. Dieses verneinte der Vater. Als der Begleiter von Markus (ein Stoffhase) gefragt wurde, was er denke, was Markus anders machen würde, wenn die Eltern miteinander über alles reden würden, antwortete Markus: „Er würde nicht mehr soviel kaputt machen müssen." Sabine musste dann gar nicht mehr auf Klo: „Is weg."

Fragen und Themen, die nicht direkt im Anmeldeanliegen genannt wurden, führten hier zu einem neuen Kontrakt. Indem situativ das zunächst „störende" und „unterbrechende" Verhalten des Kindes genutzt wurde, konnten Probleme auf der Paarebene angesprochen werden, die Kinder waren weiterhin dabei. Ohne ins Detail zu gehen, wurden Symbole verwendet (z.B.: „Wie sähe ein Gegenstand aus, der Ihre augenblickliche Situation am ehesten wiedergeben könnte, und wie einer, der einer Situation entspräche, wenn Sie eine gute Lösung für sich gefunden haben?", „Wo wären diese Gegenstände im Augenblick?", „Was könnte der nächste Schritt in beide (!) jeweiligen Richtungen sein?" usw.).

Wird es wichtig, z.B. über intime Details des Ehelebens zu sprechen, können die Kinder entlassen und entlastet werden, denn diese Themen gehen sie nichts an. Sie wissen aber, dass die Eltern über das reden, was sie schon lange gespürt haben. Über den Umgang mit Tabus und Geheimnissen in der systemischen Therapie ist schon an anderer Stelle geschrieben worden (Grabbe, 1998). Hier sei hervorgehoben, dass m.E. nicht alle Geheimnisse gelüftet werden müssen. Nicht alles muss konkret ausgesprochen werden, um einen 'magischen Bann' zu entzaubern und Energien frei werden zu lassen, die bislang gebunden waren. Oft ist eine symbolische Behandlung, ein metaphorischer Umgang ausreichend, um die Themen nicht zu umgehen, sondern angemessen zu würdigen. Geheimnisse auf ihre (noch) nötige Schutzfunktion bzw. Schützenswürdigkeit oder aber ihre destruktive Kraft 'durchzulüften' und entsprechende Entscheidungen zu fällen, scheint mir allemal angezeigt. Kinder beruhigen sich, wenn sie bestätigt bekommen, dass sie Recht hatten mit ihrer Wahrnehmung, dass da „irgend etwas war". Auch, wenn sie immer noch nichts konkret wissen, können sie mitbekommen, dass ihre Eltern (mit Unterstützung) etwas dagegen tun und es in ihre Verantwortung nehmen.

5. Arbeit mit Bildern, Symbolen und Objekten

Objektskulpturen ermöglichen besonders eindrucksvoll therapeutische Zugänge zum „vorsprachlichen Raum". Peter Heinl etwa arrangiert Symbole, wie Kerzen, Bänder, Figuren, Spielzeug etc., zu Skulpturen, die unaussprechliche Ebenen zum Schwingen bringen können (Heinl, 1988, 1991). Verbindungen können hergestellt werden, die heilend Erlebnisse integrieren helfen und in Ordnung bringen können. Unter 'vorsprachlichem Raum' ist dabei nicht nur die Kleinkindzeit vor dem Erlernen der Sprache und des Sprechens zu verstehen. Auch Erwachsene können in Situationen geraten, wo ihnen die Sprache zur Bewältigung ihrer Erfahrungen nicht mehr oder noch nicht zur Verfügung steht – wo sie sprachlos sind.

Arbeiten mit traumatisierten Menschen, v.a. Kindern, zeigten, dass Erinnerungen und Erlebnisse tief ins Gedächtnis eingebrannt, der Sprache nicht zugänglich sind. Um ein Überleben zu ermöglichen, kapselten die Kinder offenbar ihre schrecklichen Erfahrungen derart ab, dass sie sie nicht mehr äußern konnten, obwohl sie lebhaft realistisch davon träumten. Das *Unerhörte* war nicht zu *fassen*. Für das, was sie erlebten, gibt es keine Worte. Reizüberflutungen können offenbar so extrem qualvoll sein, dass Selbstschutzreaktionen auch auf biochemischer Ebene erfolgen und Worte nicht zugänglich sind, somit eine semantische Be- oder Verarbeitung erschwert ist. Die Sprache fehlt, um möglicherweise als Fragmente und Einzeleindrücke gespeicherte Erlebnisse zu verknüpfen. Bildhafte Darstellungen, Zeichnungen, Modellieren mit Ton und andere Möglichkeiten des Ausdrucks können helfen, diese Blockaden zu überwinden und Artikulationen erleichtern (vgl. Bittenbinder, 1992, 2000). Erfahrungen dieser Art sind bekannt aus den therapeutischen Bemühungen mit Weltkriegsgeschädigten und Opfern von sexuellem Missbrauch.

Objekte, Symbole und Metaphern sind besonders Kindern – nicht nur traumatisierten – leicht verständlich und ermöglichen ihnen einen guten Zugang. Unter Metaphern verstehen wir bildhaft-symbolische Ausdrucksformen des Denkens, Fühlens und Verhaltens. Dem Einsatz und der Verwendung von Metaphern im beraterischen/therapeutischen Gespräch aufmerksame Beachtung zu schenken, kann sehr hilfreich sein. Nicht nur als eingesetztes therapeutisches Instrument lohnt es sich, sondern ebenso können auch die verwendeten Metaphern der Klienten gut genutzt werden. Metaphern lassen sich aufgreifen, mit Metaphern lässt sich spielen: „Diesen Berg müssen wir bewältigen", „Alles dreht sich um Markus" (Wem da wohl alles schwindelig wird?), „Es erdrückt mich" usw. Kinder nehmen diese Metaphern oft wörtlich: „Mit meinem Mann konnte man früher Pferde stehlen." „Hat Papi geklaut?"

6. Lebensflusslinie

Kinder kindgerecht mit in die Beratung bzw. Therapie einzubeziehen, mag mit folgendem Modell erleichtert werden, das ich je nach Kontext unterschiedlich nenne: 'Lebensflusslinie', 'life line' oder auch 'ressourcenorientiertes, zukunftfokussierendes Krisenflussmodell' (bei Unternehmensberatungen) oder auch A-Z+ – Modell. Die aufgeführten strukturellen Elemente orientieren sich dabei an denen, die Insa Sparrer und Matthias Varga v. Kibéd bei ihren Problemaufstellungen verwenden (Sparrer & Varga v. Kibéd, 2000).

A = *Ausgangssituation* mit geschildertem Problem (sonst würde man nicht in die Beratung/Therapie kommen)

Z = *Ziel* (wenn identisch mit der Ausgangssituation, hätte man kein Problem)

+ = die *nächste Aufgabe* nach Erreichung des Ziels (gäbe es die nicht, wäre es gut, das Ziel nicht zu erreichen, weil es ja sonst das letzte Ziel wäre)

Dazu gehören:

H = *Hindernisse* (gäbe es die nicht, hätte man das Ziel bereits erreicht)

R = *Ressourcen* (würde man nicht irgendwie daran glauben, ginge man nicht in die Beratung). Diese können in Ausnahmen der ansonsten als schwierig erlebten Situation oder aber in Erfahrungen aus bereits überwundenen Krisen zu finden sein. Auch allein die Aufmerksamkeit auf die Tatsache zu richten, dass man überhaupt *Kompetenzen* im Laufe des Lebens erworben hat, kann hier nützlich sein (das vergisst man schnell, wenn man in einer Krise steckt).

Mit Hilfe von Symbolen entlang einer vorgezeigten Verlaufslinie im Raum (etwa dargestellt mit Seilen für jedes Mitglied) wird beispielsweise der Prozess der Familienfindung, des Wachsens und der Entwicklungen dargestellt. Die relevanten Kompetenzen (auch sonstige in exemplarischem Umfang) und Ressourcen werden ebenso markiert bzw. durch farbige Kärtchen oder für Kinder anschaulicher mit Symbolen dargestellt wie die aktuell erlebten Hindernisse. Zusammen kann dann der bisherige Weg abgeschritten werden. Dann können hypothetische Plätze eingenommen werden: Wie ist es beim Ziel, woran ist zu merken, dass es erreicht wurde? Wenn von dort rückgeblickt wird auf die Zeit direkt nach einer hypothetischen Überwindung der Krise, welche der Ressourcen und Kompetenzen mögen dabei besonders hilfreich gewesen sein? Was wird man wohl noch entwickelt haben? Für was könnten die Hindernisse auch gut gewesen sein, die geholfen haben, das Ziel nicht zu schnell erreicht zu haben?

Die Fragen entsprechen denen, die aus der lösungsorientierten Therapie bekannt sind (vgl. de Shazer, 1982, 1988). Auch wenn ich oft die Erfahrung mache, dass zirkuläre, hypothetische Fragen für Kinder völlig geläufig und gut verstehbar sind, kommt durch dieses Verfahren der Vorteil hinzu, dass sie von praktischem Handeln und von Bewegungen im Raum begleitet werden, was v.a. für die Kinder attraktiv ist.

7. Elterliche Präsenz

Leser, die ungeduldig auf Indikationen warten, wann denn Kinder in eine Beratung bzw. Therapie oder bei welchen Themen sie einbezogen werden sollen, mögen bislang enttäuscht sein. Diese Frage lässt sich m.E. pauschal nicht beantworten und hängt sehr vom Einzelfall ab. Ich möchte ermuntern, mit Kindern so *,lange wie möglich'* und *,so kurz wie nötig'* zu kooperieren.

Wenn eine Umdeutung von störenden Symptomen der Kinder als Beitrag zum Familiensystem erfolgte und ein neuer Kontrakt geschlossen wurde, der paartherapeutische Sitzungen zur Folge haben soll, kann die Anwesenheit der Kinder für einige Sitzungen zu Beginn und zum Schluss hilfreich sein, das Ergebnis zu festigen. Dabei ist wichtig, dass Grenzen beachtet werden. Details der ehelichen Dynamik, z.B. sexuelle Wünsche aneinander, mögen die Kinder möglicherweise interessieren, der Schutz der Intimsphäre sollte aber Vorrang haben. Kinder aber im Vorfeld vermuten zu lassen, was sich wohl zu Hause verändern wird, wenn das Ehepaar (nicht die 'Eltern') sich in den Sitzungen miteinander beschäftigt, und entsprechend, was sich nach einer Sitzungssequenz verändert hat, wie sich die Beziehung für die Kinder erlebbar verändert hat, sind für mich wichtige Informationen.

Noch wichtiger erscheint mir, die Kinder dann einzubeziehen, wenn Erziehungsfragen verhandelt werden. Auch hier gibt es selbstverständlich Grenzen. Aber allein die Erfahrung, dass Eltern ihre Kinder so wichtig nehmen, sich Zeit nehmen, obwohl sie ja ansonsten vielleicht so beschäftigt sind, lässt das Kind erkennen, dass die Eltern für sie da sind. Mitzubekommen, welchen vielleicht auch ungemütlichen Fragen sie sich aussetzen, wie sie sich engagieren, kann für die Kinder (unabhängig vom Inhalt der Gespräche) eine bedeutsame Erfahrung sein.

Beispiel:

Ein Paar kommt zum Beratungsgespräch. Die junge Frau hat ihre Tochter dabei. Bei der Kontaktaufnahme schildert sie, sie sei gekommen, weil sie als Kind mit ihren Eltern auch schon mal in einer Beratung gewesen sei. Sie wisse gar nicht mehr, um was es gegangen sei, auch nicht, ob sie der Anlass gewesen sei, aber dass man dort zusammen hingefahren sei, dass die Eltern dort vieles besprochen hätten, auch manchmal im Auto hinterher geweint und sich getröstet hätten – das wisse sie noch. Das sei einfach gut und erleichternd gewesen. Die Erinnerung an das Gemeinsame sei so einprägend, dass sie das ihrem Kind auch nicht vorenthalten möchte – sie hätte das Kind sonst auch zur Oma geben können.

Der israelische Psychologe Haim Omer (2000) prägte den Begriff der *'elterlichen Präsenz'* neu. Dabei geht es ihm ursprünglich darum, mit entsprechenden Interventionen und Aufgaben die Eltern in die Lage zu versetzen, verlorenes Terrain zurückzugewinnen. Wenn Kinder bzw. Jugendliche in der Familie die Macht übernommen haben und die Eltern hilflos sind, können die Kinder orientierungslos werden, sich einsam fühlen und gefährdet sein. Symptome und störendes auffälliges Verhalten können als Signal gedeutet werden und als Botschaft an die Eltern, wieder energisch eine führende Leitung in der Familie zu übernehmen. Mit beraterischer Hilfe können Eltern lernen, dabei zwischen elterlicher „Führung" und bloßer Machtausübung (oder gar Gewalt) zu unterscheiden. Kinder beruhigen sich oft erstaunlich, wenn Eltern sich klar und eindeutig verhalten, auch wenn ihre Maßnahmen unangenehm zu sein scheinen. Bei Gewaltanwendung dagegen fühlen Kinder sich allein und unverstanden.

Mir erscheint der Begriff der 'elterlichen Präsenz' auch im obigen Zusammenhang bedeutsam. Wenn die Kinder miterleben, wie die Eltern sich engagieren – für die Familie, für ihre Paarbeziehung, für sich als Mann oder Frau und für das Kind –, dann bekommt diese Präsenz eine besondere Gewichtung und unterscheidet sich deutlich von bloßer *Anwesenheit*. Führt man alle Gespräche durch, wenn die Kinder im Kindergarten oder in der Schule sind, vertut man diese Chance. Hierbei sind selbstverständlich flexible Settings vorstellbar. Wichtig erscheint mir, dass die Kinder sich einbezogen fühlen und Modelle der Konfliktbewältigung erfahren.

8. Märchen und metaphorische Geschichten als Abschlussverschreibung

In einer familientherapeutischen Sitzung, in der es um das Thema 'Gleichheit und Verschiedenheit' ging, las ich folgende Geschichte vor:

Die Geschichte von den vier Punkten
Übrigens waren das erst nur zwei Punkte, später kamen dann noch zwei Pünktchen dazu, aber das nur am Rande. Die Punkte waren alle richtig rund, einige waren groß, andere klein. Deshalb nannte man die letzteren auch Pünktchen. Eigentlich waren sie nur kleiner als die anderen, denn niemand ist für sich klein, erst im Vergleich zu den anderen ist man unterschiedlich, aber auch das nur am Rande. Den Punkten ging es jedenfalls gut. Sie beschlossen, gemeinsam durchs Leben zu gehen. Und das konnten sie auch, denn jeder Punkt hatte laufen gelernt und auch erleben, denn er hatte geübt, seine Sinne zu gebrauchen, und konnte auch eine Menge fühlen, was man ja zum Erleben braucht. Und gemeinsam ging es ja wohl noch besser.

Das taten sie dann auch. Sie gingen gemeinsam durch das Leben, manchmal schlichen sie auch oder hüpften, die Pünktchen vorweg oder hinterher, dann mussten die Punkte warten. Auf jeden Fall erlebten sie das Leben. Dabei begegneten sie auch anderen Punkten, manchmal auch Strichen, einzelnen und auch Gruppen. Einige davon sagten: „Ihr seid aber ein schönes Viereck!", da freuten sich die Punkte und rückten enger zusammen. Es gab auch welche, die sagten: „Ihr seid aber ein kleines Viereck – und auch so eckig!" Da rückten sie erschrocken auseinander. Dann kamen andere und sagten: „Ihr seid aber groß und ziemlich schräg!", und da wussten sie nicht, ob das böse oder gut gemeint war. Schwierig war es manchmal auch, wenn sie durch eine Tür wollten, das ging als Viereck schlecht, vor allem, wenn die Tür klein war. Dann gab es regelmäßig ein Geschubse und ein Rufen: „Lass mich", „Geh du", „Nein, ich will erst", „Wieso denn?" und so weiter. Das tat dann auch oft weh. Sie stritten auch, wenn sie in einen Bus einsteigen wollten – und dann war der manchmal plötzlich weg, ganz ohne sie.

Eines Tages, als sie wieder gerade durch die Küchentür wollten, der Tisch war schon gedeckt, und es wieder mit der Streiterei losging, sahen die vier Punkte am Himmel in der Ferne einen Vogelzug vorbeifliegen, auf dem Weg nach Süden. Es waren, glaube ich, Kraniche oder Störche, aber das nur am Rande. Jedenfalls war es ein schönes Bild, und man hörte leise die Flügel schlagen und spürte fast den Luftzug. Die vier Punkte standen dicht nebeneinander, niemand versperrte die Sicht des anderen. Sie blickten alle in die Richtung zu den Vögeln und waren ganz angetan. Noch in dieses Bild versunken gingen sie durch die Tür. Erst in der Küche merkten sie, wie leicht das gegangen waren, und sie wunderten sich. Sie waren alle nacheinander gegangen, in einer guten Reihe – und das Viereck war verschwunden. „Wir sind ja gar kein Viereck mehr", platzte es aus dem jüngsten Pünktchen hervor. „Stimmt", sagte der dicke Punkt, „aber wir könnten schon noch!" Alle waren sehr froh und sie feierten gleich ein kleines Fest – mit Konfetti und Luftschlangen.

Geschichten sollen Identifikationsmöglichkeiten eröffnen können. Es wird eine *empathische Triade* angeboten mit dem Therapeuten, der Familie und der Geschichte. Sie wirkt somit wie ein drittes Element, ähnlich vielleicht wie ein 'Reflektierendes Team'. Wenn man über sich erzählen hört, statt direkt angesprochen zu werden, kommt man nicht so schnell in eine Abwehr- oder Rechtfertigungsposition. Ähnliches gilt, wenn eine Geschichte Lösungsangebote oder auch Konfrontationen enthält. Man muss nicht gleich Stellung beziehen, kann das Gesagte erst wirken lassen. Es bleibt ja der Familie überlassen, inwieweit sie sich angesprochen fühlt. Das Gesagte bleibt hypothetisch und ist keine diagnostische Etikettierung, denn es geht ja um eine Geschichte mit anderen Hauptpersonen – Analogien sind beabsichtigt, aber dem Verständnis, der Wahl und der Entscheidung der Familienmitglieder überlassen. Bei der Konstruktion der Geschichten wird folgende *elementare Grundstruktur* befolgt (ausführlich beschrieben bei: Mills & Crowley, 1996):

Metaphorischer Konflikt

Kommt ein System (eine Familie) in die Beratung oder Therapie, befindet es sich in einer Stresssituation. Es geht so offenbar nicht weiter. In der Literatur wird unterschieden zwischen 'normativen' und 'nicht-normativen' Lebensereignissen (Filipp, 1981). 'Nicht-normative Krisen' sind nicht zu erwartende, mehr oder weniger als Katastrophe erlebte Herausforderungen wie Unglücke, Schicksalsschläge, Scheidungen (noch nicht als normativer Regelfall erlebt, obwohl laut aktueller Statistik jede dritte Ehe geschieden wird), auch Arbeitslosigkeit (noch) u.ä.m. Unter 'normativen Krisen' werden Veränderungen verstanden, die vom Lebenszyklus bedingt zu erwarten sind. Dieses bedeutet nicht, dass sie dadurch leichter zu bewältigen sind: Geburt von Kindern, d.h. Erweiterung des Familiensystems, Kindergarten-, Schuleintritt, Ablösung der Jugendlichen, Heirat der „Kinder", Tod der Eltern, um nur einige Beispiele zu nennen. D.h. dass etliche Stress-, Konflikt- oder Krisensituationen, die zur Anmeldung für eine Beratung oder Therapie führen, im Grunde dadurch angelegt sind, dass man geboren wird und mit anderen zusammen seinen Lebenslauf teilt. So in der obigen Geschichte. Der erste Teil einer Geschichte besteht also daraus, in Form einer Metapher einen Grundkonflikt zu beschreiben, sozusagen als allgemeine Ausgangssituation.

Unbewusste Prozesse und Fähigkeiten
Während des Lebens wird vieles gelernt: aufrecht stehen, laufen, der Gebrauch von Werkzeugen i.w.S., fremde Sprachen sprechen, Probleme lösen, Ängste überstehen, das Gute auch im Schlechten entdecken, Wichtiges von

Unwichtigem zu unterscheiden und vieles andere mehr. Es handelt sich um Fähigkeiten und Ressourcen, die in einem Märchen oder einer metaphorischen Geschichte nicht im konkreten Zusammenhang mit den aktuellen Erfordernissen stehen müssen. Schon die Erinnerung an diese Prozesse und Erfahrungen kann das Selbstwertgefühl stärken. Zusätzlich kann Identifizierung mit den 'Helden' der Geschichte Mut auch für die jetzt anstehenden Aufgaben machen. Der nächste Teil der Geschichte beschreibt demnach allgemeine Grundfertigkeiten der beteiligten Personen sowie spezielle Ressourcen.

Parallele Lernsituation
Die Protagonisten der Geschichte sind erfolgreich. Sie zeigen, was sie gelernt haben oder durch 'Zufall' zu entdecken bereit waren, was für die Konfliktbewältigung eine gute Voraussetzung ist. Wie dicht die Geschichte an der Familie 'dran' ist, bleibt der Kreativität und dem Verständnis des Erzählers überlassen. In diesem Teil der Geschichte geht es also darum, die Beteiligten der Geschichte in Lernsituationen zu beschreiben.

Metaphorische Krise
Die Situation spitzt sich zu. Eine Lösung ist unvermeidbar. Die Protagonisten überwinden die Krise.

Der Prozess der Bedeutung, die der Metapher zugeschrieben wird (zu Theorien über Metaphern sei auf die Literatur verwiesen, z.B. Haverkamp, 1983; Buchholz, 1993), kann im Modell in vier Phasen beschrieben werden (vgl. Mills & Crowley, 1996): Beim Kind und auch beim Erwachsenen, d.h. dem gesamten System, liegt auf einer (noch) *nicht zugänglichen Tiefenstruktur* (1) eine Not, ein Bedürfnis, eine Lösungserfordernis vor. Wäre diese zugänglich, hätte das Kind bzw. die Familie selbst eine Lösung gefunden, z.B. Zugang zu einem Gefühl (z.B. Trauer) bekommen, sich von Phasen, Bildern, Erwartungen o.ä. verabschiedet, Kommunikation, Werte oder Regeln den veränderten Bedingungen angepasst usw. Stattdessen gibt es auf einer *Oberflächenstruktur* (2) Transaktionen und Interaktionen, die eher zur Problemfestigung beitragen. Auf der Verhaltensebene spitzt sich die Situation zu. Verhaltensmöglichkeiten werden eher eingeschränkt, es wird oft mehr desselben gemacht – mit dem Ergebnis der Ausweglosigkeit und der Hilflosigkeit. Über die angebotene Geschichte und die darin verborgene Analogie kann eine *assoziierte Tiefenstruktur* (3) angeboten werden – man wird erreicht und berührt. Dabei kann es dann eine allgemeine Erlaubnis gegeben, die zunächst nur indirekt bedeutsam ist. Beispielsweise mag das Finden einer zufälligen Ordnung und einer Struktur in der obigen Geschichte Verhaltensoptionen anbieten. Hierüber mag wieder ein Zugang zur *Tiefenstruktur* (4) geschaffen werden, die bewusst zugänglich und damit wiedergewonnen wird. Ein Zusammenhang zur eigenen Geschichte, zu tief liegenden Wertvorstellungen, zu Gefühlen und Sehnsüchten kann erfolgen. Veränderungsbereitschaften, Umdeutungen und Besinnen auf Ressourcen mag möglich werden, 'alternative stories' (White & Epston, 1992) könnten ihren Platz und ihre Bedeutung finden.

In diesem wichtigen Teil der Geschichte wird also versucht zu beschreiben, welche Lösungen die Beteiligten finden, um die schwierige Situation zu meistern. Hierbei kann es sich um die Einsicht in höhere Gesetzlichkeiten des Lebens handeln, die zu akzeptieren sind, oder es mag den Beteiligten gelingen, über eine Umdeutung der Situation und des Kontextes (Reframing) neue Bedeutungen und neue Wertigkeiten, verbunden mit neuen Gefühlen, zu entdecken.

Die Helden der Geschichte unternehmen eine Reise mit gutem Ausgang. Die mag man als Zuhörer mit(er)leben, um vielleicht neue Möglichkeiten Wirklichkeit werden zu lassen oder gar Transformationen zu erleben und sich „wie neu geboren" zu fühlen. Dieser Teil der Geschichte beschreibt, was aus den Protagonisten der Geschichte nach Bewältigung der Krise geworden ist, welche neue Reife sie erlangt und welche Verwandlung sie erlebt haben.

Feier
Dass dieser Verlauf gefeiert werden muss, ist zumindest den Asterix und Obelix-Lesern ein vertrautes Abschlussbild. So kann das Erreichte gewürdigt werden und ein Ausgleich für die überwundenen Ängste und Anstrengungen gefunden werden. Da bei Feiern oft sinnlich mit Speise, Trank und Tanz (Beweglichkeit) den Voraussetzungen für ein Weiterleben symbolisch entsprochen wird, soll es dafür auch einen festlichen Rahmen geben. Aber das ist eine andere Geschichte.

Die obigen theoretischen Ausführungen können, bei aller versuchten Kürze, auch als Beispiel dafür gelten, dass es wirksamer und berührender ist, Geschichten zu erzählen, statt sie zu erklären und zu analysieren. Für ausführlichere Ideen zur Konstruktion von metaphorischen Geschichten sei auf das Buch von Mills und Crowley (1996) verwiesen. Nun mag man denken, dass Geschichtenerzählen nicht jedermanns (oder jederfrau) Sache ist – das stimmt sicherlich, aber so schwierig ist es auch nicht.

Zur Anregung daher noch abschließend ein Beispiel: Ein Ehepaar stellt sich in einer Beratungsstelle vor. Sie hatten ihr Kind – ein ersehntes Wunschkind – im 3. Lebensjahr gegen Keuchhusten impfen lassen. Das Kind erlitt daraufhin einen Schaden des Zentralnervensys-

238

tems. Es war fortan geistig und körperlich schwerstbehindert. Die Eltern führten Klagen gegen die Pharmafirma, scheiterten dabei. Die Prozesse verschlangen viel Geld. Der Vater kämpfte wütend gegen die Abweisungen, trauerte aber nicht. Er konnte kein Vertrauen mehr in die Medizin und die Fachleute haben. Die Mutter, eine Sozialpädagogin, war durch die Betreuungsaufgaben sehr beansprucht und erschöpft. Eine 'Somatherapeutin' arbeitete therapeutisch mit dem Kind und hatte den Eltern die Beratung empfohlen, um selbst Unterstützung zu bekommen und diese den überforderten Eltern zu ermöglichen. Die Prognose für das Kind: Die Erkrankung sei nicht lebensbedrohlich, aber eine nicht reversible, schwerwiegende Behinderung.

In einer Supervisionssitzung entstanden nach der Falldarstellung in Kleingruppenarbeit in kurzer Zeit mehrere Geschichten, die dem Therapeuten, der den Fall vorgestellt hatte, mitgegeben wurden. *Die erste Geschichte* lautete folgendermaßen:

Eltern, wohl in Südamerika, bekamen ein Kind – wie es auch dort üblich ist. Als das Kind etwas größer geworden war, schickten sie es zu einem Zauberer, der das Kind in die Welt einführen sollte – so, wie es dort auch üblich ist. Als das Kind wieder nach Hause kam, war es zum Entsetzen der Eltern ganz grün geworden. Sofort fing die Mutter an, das Kind zu waschen. Sie versuchte es liebevoll und auch mit heftigem Rubbeln. Davon wurde das Kind eher rot – zeitweise, und dann doch wieder grün. Der Vater machte sich, selbst vor Wut fast grün, auf, den Zauberer zu suchen, ihn zu stellen und zu vernichten. Er erwischte ihn jedoch nicht. Die Mutter war mit dem Kind sehr beschäftigt. Sie fragte Freunde und Bekannte und auch andere, ob so etwas schon passiert sei und was man machen könne. Das hat sie sehr beschäftigt. Eines Tages stellte sie plötzlich fest, dass das Kind verschwunden war. Einfach weg. So sehr sie es auch suchte, sie fand es nicht mehr. Sie reiste verzweifelt ihrem Mann hinterher. Sie holte ihn zu sich und er unterstützte sie bei der Suche, obwohl er lieber weiter auf der Jagd nach dem Zauberer geblieben wäre. Als sie nach Hause kamen, waren wilde Tiere in das sonst geschützte Haus eingedrungen und hatten den Garten verwildert und vieles zerstört. Da wurden die Eltern sehr traurig und auch der Vater musste herzerschütternd weinen. Und mit tränenvollen Augen sahen sie plötzlich ihr Kind im grünen Gras liegen, verborgen unter grünen Blättern. Das Kind schlief, war etwas verkühlt, aber sonst wohlauf. Die Eltern nahmen es beide ans Herz und wärmten es. Sie waren so froh und freuten sich, dass die grüne Farbe ihr Kind vor diesen Tieren offenbar geschützt hatte. Sie feierten ein Fest, bei dem seit langem auch wieder gelacht wurde. Von dem Zauberer hat man nie wieder etwas gehört. Es kann sein, dass weiterhin Kinder zu ihm an einen anderen Ort geschickt werden. Es kann aber auch sein, dass er arbeitslos wurde.

Eine andere Geschichte:

In einem Königshaus wurden stets viele Feste gefeiert. Man feierte das Leben, das man schon geführt hatte, und das, welches noch vor einem lag. Eine schöne Sitte. Eine Sitte war dabei auch zu spinnen. Es war lustig, wenn sich die Spinnräder drehten und man die Sonne dadurch blinken sah. Und nützlich war es auch, weil dabei ja Wolle entstand, die in kalten, vielleicht bedrohlichen Zeiten schön wärmen konnte. Das Königspaar hatte eine Tochter mit langem, schönem Haar und anmutig von Gestalt. Sie hatte schon gut Spinnen gelernt und alle freuten sich über ihre Fertigkeiten. Bei einem solchen Fest geschah es nun, dass die Königstochter sich beim Spindeln in den Finger stach und plötzlich in einen tiefen Schlaf fiel, zwölf oder hundert Jahre lang. Die Eltern versuchten alles Mögliche, um sie wieder aufzuwecken. Die Mutter weinte, man küsste und schüttelte sie, man schrie und stampfte – doch es half nichts. Der Vater versuchte, des Spindelherstellers habhaft zu werden. Doch dieser wusste kein Gegengift und verschwand außer Landes. Die Eltern blieben verzweifelt.

Eines Tags kam eine alte Frau, die nach dem Grund des Kummers fragte. Die Eltern berichteten, dass ihr Kind schliefe und das schon lange – wohl zwölf oder hundert Jahre lang. Ob es tot sei oder schliefe, fragte die Frau. Es schläft, sagten die Eltern. Na, dann wird es doch wieder aufwachen, sonst wäre es ja tot, stellte die Frau fest. Und so traurig alles war, über diese Logik mussten die Eltern doch plötzlich lächeln. Sie erinnerten sich auch daran, dass sie früher ja viel gelacht hatten. Sie wollten darüber schon wieder traurig werden, sahen dabei aber die alte Frau an, die so komisch aus den Augen blickte, dass die Eltern doch herzhaft lachen mussten. Diese Erschütterung war wohl gerade genug, dass die Prinzessin ihre Augen aufschlug. Sie hatte alles im Schlaf gehört und das Lachen hatte den Bann gebrochen. Merkwürdig war, dass die Prinzessin ihre Frisur, ihre langen wunderschönen Haare, verloren hatte, also jetzt eine ganz andere Frisur hatte und auch sonst sehr anders war. Irgendwie jünger oder doch älter? Völlig anders, als sie sie in Erinnerung hatten – aber ihren Liebreiz hatte sie nicht verloren. Sie lebten noch viele Jahre und feierten reichlich Feste, nicht mehr so ausgelassen, eher besonnen, aber dennoch lebendig.

Es gibt nicht 'die' richtige Geschichte. Viele Geschichten können passend sein, so wie eine Geschichte für viele passend sein kann (darum soll an dieser Stelle auch nicht berichtet werden, welche der Geschichten der Therapeut dann für die weitere Arbeit auswählte). Aller guten Dinge sind (mindestens) drei. Zumindest bei Märchen:

Da gab es einen König und eine Königin. Sie waren ein schönes Paar. Sie hatten um ihr Schloss (nicht besonders groß, aber fein) einen schönen Garten. Im Garten und v.a. auch im Schloss wurde viel gefeiert. Bei allen Alltagsanlässen wurden fröhliche Feste veranstaltet. Der König war auch viel auf Reisen, das gehörte zu seinen Geschäften und war wichtig für das ganze Königreich. Von einer solchen Reise brachte er seiner Frau, der Königin, eines Tages ein Zitronenbäumchen mit, welches sie zusammen an einem besonders schönen Platz im Garten anpflanzten. Das Bäumchen wurde gehegt und gepflegt. Später, wenn sie alt sein würden, wollten sie eine Bank darunter stellen und sich in seinem Schatten ausruhen. Eines Tages fielen nun Räuber über das Schloss her. Sie plünderten und zerstörten den Garten und knickten das Zitronenbäumchen um. Der König war wütend, zog los, um die Räuber zu verfolgen. Er erwischte sie auch, konnte sie aber nicht töten – das schaffte er nicht. Zu Hause bemühten sich die Gärtner aus dem ganzen Reich um das Zitronenbäumchen – sie wollten es wiederherstellen. Doch das gelang ihnen nicht. Da waren Königin und König sehr verzweifelt und weinten viel. Ob es nun an den Tränen lag oder am wütenden Aufstampfen des Königs – auf jeden Fall wuchsen aus der Erde, aus dem Baumstumpf heraus, viele bunte Blätter: rote, gelbe, sogar blaue – völlig ungewöhnliche Farben, und alles wuchs zu einem Busch. Die Gärtner und interessierte Besucher kamen von nah und fern, um den bunten Busch zu bewundern – obwohl einige nicht lassen konnten zu sagen, dass mit dem Baum oder Busch doch einiges nicht stimme. Jedenfalls wuchs der Busch heran. Viele bunte Vögel fanden Schutz und Freude. Es kamen auch Vögel, die man sonst in dieser Gegend eher selten antrifft. Als der Busch groß war, beschlossen Königin und König eine Bank in der Nähe des Busches aufzustellen. Sie fanden zwar keine Ruhe und keinen Schatten, hatten aber viel gemeinsame Freude an den bunten Farben und dem fröhlichen Gezwitscher der Vögel – auch wenn sie die Sprache nicht direkt verstanden. Bekannt ist nicht, ob das Königspaar sich entschlossen hatte, ein weiteres Bäumchen zu pflanzen.

Literatur

Aarts, M. (2000). Marte Meo. Basic Manual. Harderwijk (NL): Marte Meo Productions.

Bittenbinder, E. (1992). Krieg, Verfolgung und Folter überleben. Systhema 6 (2), pp. 3-17.

Bittenbinder, E. (2000). Trauma und extreme Gewalt – systemische Psychotherapie mit Überlebenden von Folter und die Bedeutung „innerer Bilder". Psychotherapie im Dialog 1 (1), pp. 38-44.

Buchholz, M. (Hg.). (1993). Metaphernanalyse. Göttingen: Vandenhoeck & Ruprecht.

Filipp, S.-H. (Hg.). (1981). Kritische Lebensereignisse. München: Urban & Schwarzenberg

Grabbe, M. (1995). Therapieziele aus systemischer Sicht. In: A. Heigl-Evers, I. Helas., H. C. Vollmer (Hg). Suchtkranke in ihrer inneren und äußeren Realität. Göttingen: Vandenhoeck & Ruprecht, pp. 142-159.

Grabbe, M. (1998). Zum Umgang mit Tabus und Geheimnissen in systemischen Therapie und Familienrekonstruktion. Systhema 12 (1), pp. 35-43.

Hawerkamp, A. (Hg.). (1983). Theorie der Metapher. Darmstadt.

Heinl, P. (1988). Object Sculpting, Symbolic Communication and Early Experience: A Single Case Study. Journal of Family Therapy 10, pp. 167-178.

Heinl, P. (1991). Therapie im sprachlosen Raum. In: Praxis der Psychotherapie und Psychosomatik 36, pp. 324–330.

Johannesen, T.L., Rieber, H., Trana, H. (2000). Die reflektierenden Handpuppen. In: Zeitschrift für Systemische Therapie 18 (2).

Kantor, D. Lehr, W. (1977). Inside the Family. San Francisco: Jossey Bass.

Keyserlink, L. v. (1995). Geschichten für die Kinderseele. Freiburg: Herder.

Lenz, A. (2000). Wo bleiben die Kinder in der Familienberatung? Ergebnisse einer explorativen Studie. Praxis der Kinderpsychologie und –psychiatrie 49 (1), pp. 765-774.

Mills, J., Crowley, J. R. (1996). Therapeutische Metaphern für Kinder und das Kind in uns. Heidelberg: Auer-Systeme.

Omer, H. (2000). Parental Presence. Phoenix: Zeig & Tucker.

Satir, V. (1990). Kommunikation, Selbstwert, Kongruenz. Paderborn.

Schachtner, Ch. (1999). In: Ärztliche Praxis. Die gestaltende Kraft der Metapher. Frankfurt: Suhrkamp.

Shazer de, S. (1982). Wege der erfolgreichen Kurzzeittherapie. Stuttgart: Klett.

Shazer de, S. (1988). Der Dreh. Überraschende Wendungen und Lösungen in der Kurzzeittherapie. Heidelberg: Auer.

Sparrer, I., Varga v. Kibèd, M. (2000). Ganz im Gegenteil. Grundformen systemischer
Strukturaufstellungen. Heidelberg: Auer.

Van der Kolk, B. (1998). Zur Psychologie und Psychobiologie von Kindheitstraumata. Praxis der Kinderpsychologie und Kinderpsychiatrie, 47 (1), pp. 19-35.

Weiss, Th. (1988): Familientherapie ohne Familie. Kurztherapie mit Einzelpatienten. München: Kösel.

White, M., Epston, D. (1992). Die Zähmung der Monster. Heidelberg: Auer.

Vossler, A. (2000). Als Indexpatient ins therapeutische Abseits? Kinder in der systemischen
Familientherapie. Unveröff. Abschlussarbeit am Institut für Familientherapie Weinheim.

Prävention von emotionalen Störungen und Verhaltensauffälligkeiten bei Kindern

Yvonne Miller und Kurt Hahlweg

1. Problemlage

Das Thema Prävention von *kindlichen Verhaltensstörungen* hat in den letzten Jahren nicht nur in der klinisch-psychologischen und pädagogischen Forschung an Bedeutung gewonnen, sondern im Zusammenhang mit dem vermuteten Anstieg von Gewalt in Kindergärten und Schulen und den zunehmenden Delinquenzraten bei Jugendlichen auch in der Öffentlichkeit. Epidemiologische Studien zeigen, dass circa 20% aller Kinder und Jugendlichen klinisch bedeutsame Verhaltensauffälligkeiten wie Ängste, Depressionen und vor allem aggressives Verhalten, oppositionelles Trotzverhalten und hyperkinetische Auffälligkeiten aufweisen. Dabei handelt es sich oft um schwierige, chronische und bezüglich ihrer Behandlung kostenintensive Verhaltens- und emotionale Störungen, die auch mit deutlichen gesundheitlichen Beeinträchtigungen einhergehen. Diese Kinder sind stärker als andere gefährdet, Misshandlung und Missbrauch durch Eltern und Geschwister oder Lernschwierigkeiten in der Schule zu erleben. Als Jugendliche oder junge Erwachsene ist das Risiko von Arbeitslosigkeit, erhöhtem Alkoholkonsum, Verkehrsunfällen (Trunkenheit am Steuer), Selbstmord oder Tod durch äußere Gewalteinwirkung deutlich erhöht.

Trotz der hohen Rate von kindlichen Verhaltensstörungen suchen nur circa 10% der betroffenen Eltern professionelle Hilfe in Erziehungsberatungsstellen oder bei Kinder- und Jugendlichenpsychotherapeuten, sodass eine Reduktion der Prävalenzrate durch therapeutische Interventionen kaum möglich erscheint.

Eine Alternative zur Senkung der Auftretenshäufigkeit psychischer Störungen könnte in der breitflächigen Einführung universeller präventiver Maßnahmen liegen, insbesondere von Trainings zur Unterstützung positiven elterlichen Erziehungsverhaltens sowie in der gezielten Anwendung indizierter präventiver Interventionen bei Kindern, die bereits Auffälligkeiten zeigen. Wenn Eltern in ihren erzieherischen und familiären Aufgaben Unterstützung erfahren, könnten die Chancen auf ein besseres und gesünderes Leben für die Kinder steigen. Präventive, elternzentrierte Maßnahmen sollten dabei so früh wie möglich im Kleinkind- oder Vorschulalter zum Einsatz kommen.

In Australien wurde von der Arbeitsgruppe um Sanders (1998) ein mehrstufiges präventives Programm zu positiver Erziehung entwickelt. Triple P (Positive Parenting Program) bietet Eltern praktische Hilfen und Unterstützung bei der Kindererziehung. Ziel ist es, den häufig entstehenden Teufelskreis von Verhaltensproblemen der Kinder, Erziehungsinkompetenz, Hilflosigkeit und weiteren Familienproblemen vorzubeugen bzw. ihn zu durchbrechen. Hierzu liegen auch im deutschen Sprachraum erste praktische Erfahrungen vor.

2. Epidemiologie psychischer Störungen im Kindes- und Jugendalter

Die Prävalenzraten für psychische Störungen bei Kindern und Jugendlichen liegen in der Bevölkerung nach verschiedenen Literaturübersichten zwischen 17% und 27% (Anderson & Werry, 1994; Petermann, Döpfner, Lehmkuhl & Scheithauer, 2000; Verhulst, 1995). In Studien, die nach 1985 publiziert wurden, variieren die Prävalenzraten von Störungen des Sozialverhaltens (u.a. oppositionelles Verhalten, aggressives Verhalten) zwischen 6% und 12%; ähnlich häufig sind Angststörungen (Trennungsängste, Phobien und soziale Ängste). Die Raten für hyperkinetische Störungen liegen zwischen 2% und 10% (Anderson & Werry, 1994). Nach einer repräsentativen deutschen Studie (Döpfner et al., 1998; Lehmkuhl et al., 1998) treten ausgeprägte Formen aggressiven Verhaltens nach Einschätzung der Eltern bei rund 6% aller Jungen und bei etwa 3% aller Mädchen auf.

Es gibt vergleichsweise wenige epidemiologische Studien an Kindern im Vorschulalter, obwohl die Periode von zwei bis sechs Jahren aus entwicklungspsychologischer und klinisch-psychologischer Sicht sehr bedeutsam ist. In dieser Zeit machen Kinder erhebliche Veränderungen durch. Es erfolgt ein Übergang von großer Abhängigkeit von den Eltern hin zu erhöhter Autonomie und eine rasche kognitive, sprachliche und soziale Entwicklung bis zum Schuleintritt. Damit verbunden ist auch das Risiko der Entwicklung von psychischen Störungen; die Prävalenzrate liegt bei circa 15% (Campbell, 1991).

In der Braunschweiger Kindergartenstudie wurden Einschätzungen von 852 Eltern und 821 Erzieherinnen über Kinder im Vorschulalter erhoben. Ziel der Studie war die Bestimmung der Prävalenz kindlicher Verhaltensprobleme bei Kindergartenkindern. Es wurde erstmals in einer gesamten Region die Rate emotionaler Störungen und Verhaltensauffälligkeiten bei Kindern von drei bis sechs Jahren sowohl durch die Einschätzung der Eltern (Child Behavior Checklist, CBCL) als auch durch die Beurteilungen der Erzieherinnen (Teacher Report Form, TRF) ermittelt.

Fast die Hälfte der von den Eltern berichteten Verhaltensprobleme beschreiben oppositionelles und aufmerksamkeitssuchendes Verhalten. Weitere häufige und typische Verhaltensmuster zeigen sich in hyperaktivem Verhalten mit motorischer Unruhe, Impulsivität und Konzentrationsproblemen sowie Unsicherheiten in der sozialen Interaktion. Ca. 5% der Jungen weisen *Aggressives Verhalten* und *Aufmerksamkeitsprobleme* in behandlungsbedürftiger Ausprägung auf. Auch bei Mädchen gehört *aggressives Verhalten* zu den häufigsten psychischen Störungen (3,4%), gefolgt von *ängstlich/depressivem Verhalten* in klinisch bedeutsamer Ausprägung (3,1%). Die Auftretenshäufigkeiten klinisch bedeutsamer Auffälligkeiten in den übergeordneten Skalen der CBCL liegen insgesamt zwischen 13 und 21%. *Internalisierende Auffälligkeiten* weisen mit 13 bzw. 14% die geringsten Raten auf. Bei den Jungen erreichen *externalisierende Auffälligkeiten* und der *CBCL-Gesamtwert* mit 18% die höchste Rate, bei den Mädchen sind mit 21% die *externalisierenden Auffälligkeiten* am stärksten ausgeprägt. Insgesamt kann festgehalten werden, dass ca. 18% aller Kindergartenkinder unter behandlungsbedürftigen emotionalen und Verhaltensstörungen leiden.

3. Prävention psychischer Störungen im Kindesalter

Nach einem Vorschlag des „Commitée on Prevention of Mental Disorders" des Nationalen Instituts für Medizin der USA können präventive Interventionen in drei Kategorien eingeteilt werden (Munoz, Mrazek & Haggerty, 1996). *Universelle präventive Intervention* wird auf eine gesamte Bevölkerungsgruppe angewendet, unabhängig von eventuell vorhandenen Risikofaktoren. Dagegen wird *selektive präventive Intervention* gezielt auf Individuen oder Bevölkerungsgruppen angewendet, die aufgrund verschiedener Faktoren im Vergleich zum Durchschnitt der Bevölkerung ein erhöhtes Risiko für die Entwicklung von Störungen haben oder schon erste Symptome aufweisen. *Indizierte präventive Interventionen* zielen auf Personen, die Symptome einer Störung haben, aber noch nicht die Kriterien für eine Diagnose erfüllen. Diese Personengruppe hat das höchste Risiko, das Vollbild der Störung zu entwickeln. Ziel all dieser Interventionen ist es, die Anzahl neuer Fälle mit voll ausgeprägtem Störungsbild zu vermindern.

Im Kinder- und Jugendbereich wurden verschiedene universelle Präventionsprogramme entwickelt und evaluiert, die entweder unspezifische (Verbesserung der seelischen Gesundheit) oder spezifische Ziele hatten (Prävention von externalen Störungen; Depression; Alkohol- und Drogenabhängigkeit; Rauchen). Programme zur selektiven Prävention gibt es z.B. für sozial und ökonomisch benachteiligte, traumatisierte oder von Scheidung betroffene Kinder. Zur Beurteilung der Effektivität liegen wenige kontrollierte Studien vor. Je nach Zielgruppe sind die Ergebnisse unterschiedlich; insgesamt ist die Datenbasis sehr schmal (Spence, 1998). Auch für bereits auffällig gewordene aggressive Kinder wurden im Sinne von indizierter Prävention Programme entwickelt, um deren Risiko zu reduzieren, deliquentes Verhalten zu entwickeln (z.B. Tremblay et al., 1995). Die Befunde waren enttäuschend, da sich bei den Jugendlichen im Alter von 15 Jahren keine Unterschiede zu der Kontrollgruppe zeigten. Insgesamt jedoch liegen im Bereich selektiver und indizierter Prävention mehrere Programme vor, die sich als wirkungsvoll erwiesen haben.

In Anbetracht der bestehenden Problemlage, des Wissens um Entwicklung und Verlauf psychischer Probleme in Familien und der geringen Bereitschaft der Betroffenen, die bestehenden Beratungs- und Behandlungsmöglichkeiten wahrzunehmen, scheint die Entwicklung und Verbreitung von präventiven Ansätzen ein viel versprechender Weg. Universelle Präventionsprogramme für Kinder im Vorschulalter wurden bisher nur sporadisch untersucht, dabei zeigten sich Elterntrainings als effektiv.

4. Anforderung an universelle Präventionsprogramme

Ein präventiv wirkendes, *universell* einsetzbares Erziehungskonzept, das Eltern leicht zugängliche, qualitativ gute Informationen und Ratgeber anbietet, sollte folgenden Kriterien (Sanders, 1998) genügen:

1. Wirksamkeit: Eine effektive, präventive Strategie sollte die Auftretenshäufigkeit von kindlichen Verhaltensstörungen auf ein normales Maß reduzieren, die elterlichen Erziehungspraktiken verbessern und familiäre Risikofaktoren wie Depression, Ehekonflikte oder Alkoholmissbrauch verringern. Dabei sollte sie von Eltern eine hohe Akzeptanz und Zufriedenheit erfahren und eine Aufrechterhaltung der Behandlungserfolge gewährleisten. Bezüglich einer universellen Einsetzbarkeit ist der Kostenfaktor bedeutsam: Um möglichst viele Eltern zu erreichen, muss ein Präventionsprogramm kostengünstig und kosteneffektiv sein.

2. Wissenschaftliche Validität: Ein Erziehungskonzept sollte Eltern neueste wissenschaftlich belegte Informationen vermitteln und außerdem einer systematischen Evaluation unterzogen werden. Die Vorgehensweise sollte klar operationalisiert und das Ergebnis replizierbar sein.

3. Theoretische Einordnung: Ein effektives Erziehungskonzept muss die ihm zugrunde liegenden Theorien deutlich machen, die darüber hinaus kohärent und empirisch valide sein sollten. Diese Theorien sollten die bekannten familiären Risikofaktoren einbeziehen und darauf abzielen, die elterliche Erziehungskompetenz und Unabhängigkeit zu fördern, also Hilfe zur Selbsthilfe geben.

4. Erreichbarkeit: Elternprogramme sollten leicht zugänglich sein. Wenig flexible Öffnungszeiten in Beratungszentren können berufstätige Eltern davon abhalten, an Elterntrainings teilzunehmen. Familien, die besonders dringend Hilfe benötigen, haben häufig keinen Zugang zu den entsprechenden Stellen im Gesundheitswesen. Sozial und ökonomisch schlechter gestellte Familien suchen weniger häufig um Hilfe nach, da sie die Gefahr sehen, nach dem Besuch einer Beratungseinrichtung von der Umgebung stigmatisiert zu werden. Es muss daher versucht werden, sozioökonomisch schwach gestellte Familien über andere Wege zu erreichen. Anbieten würden sich dafür Einrichtungen, mit denen die Betroffenen aus anderen Gründen in Kontakt kommen, wie zum Beispiel Praxen von Allgemeinmedizinern, Vorschul- und schulische Einrichtungen, Horte, kommunale Gesundheitsämter, Nachbarschaftszentren oder Massenmedien wie Fernsehen und Rundfunk.

Die Anzahl an Elternratgebern und gemeindeorientierten Erziehungskursen (z.B. Volkshochschule, Haus der Familie) ist sehr groß, aber nur relativ wenige wurden jemals empirisch überprüft, und keines genügt den oben beschriebenen Effektivitätskriterien.

5. Triple P – ein präventiver Mehrebenenansatz zur Unterstützung von Familie und Elternschaft

5.1 Überblick und theoretische Grundlagen

Triple P (Positive Parenting Program) wurde in Brisbane, Australien, durch Sanders und Mitarbeiter an der Universität von Queensland am dortigen Parenting and Family Support Center entwickelt. Ziel ist es, Eltern günstiges Erziehungsverhalten zu vermitteln, dadurch kindliche Verhaltensprobleme zu reduzieren bzw. zu verhindern und eine positive Eltern-Kind-Beziehung aufzubauen.

Triple P ist ein Programm zur Unterstützung von Eltern, das die Möglichkeit bietet, auf alle Bedürfnisse individuell abgestuft einzugehen, da fünf Interventionsebenen jeweils eine steigende Intensität an Unterstützung beinhalten. Zudem basiert Triple P auf dem aktuellen klinisch-psychologischen Forschungsstand und nimmt Bezug auf verschiedene theoretische Grundlagen, wie u.a. Modelle sozialer Lerntheorie zur Eltern-Kind-Interaktion, z.B. coercive Interaktionsprozesse (Patterson, 1982), verhaltensanalytische Modelle, z.B. Art und Einsatz von Anweisungen, Schaffen einer positiven, sicheren Lernumgebung (Risley, Clarke & Cataldo, 1976), operante Lernprinzipien und Modelle zum Erwerb von sozialen Kompetenzen, Problemlöse- und verbalen Fähigkeiten. Die sozial-kognitive Lerntheorie von Bandura (1977) bildet die Grundlage für Interventionen, die Attributionen, Erwartungen und andere Kognitionen von

Eltern beeinflussen. Zudem finden entwicklungspsychopathologische Forschungsergebnisse zu Risiko- und Schutzfaktoren für Verhaltensprobleme Beachtung, z.B. dysfunktionales Erziehungsverhalten, Stress, Ehekonflikte und
Unterschiede in der Kindererziehung (Rutter, 1989).

5.2 Die fünf Interventionsebenen – Inhalte und Materialien

Triple P umfasst fünf Interventionsebenen mit steigendem Intensitätsgrad, da
Eltern häufig nicht in allen Bereichen Defizite aufweisen und deshalb spezifische, auf die jeweiligen Bedürfnisse zugeschnittene Interventionen nötig sind.

Ebene 1: Universelle Information über Erziehung

Ziele der Interventionen auf Ebene 1 sind unter anderem, über die Inhalte positiver Erziehung zu informieren und den Prozess der Unterstützung von Familien und Eltern bei der Kindererziehung zu normalisieren. Daher sollen
möglichst vielen Personen, die mit der Erziehung von Kindern zu tun haben,
über verschiedene Medien Informationen über positive Erziehung vermittelt
werden. Zu diesem Zweck liegen vielfältige Materialien[1] vor, u.a. die Broschüre „Positive Erziehung", das Video „Überlebenshilfe für Eltern" und „Kleine
Helfer", 40 zwei- bis dreiseitige DIN-A4-Informationsblätter für vier Altersstufen (Säuglinge, Kleinkinder, Kindergartenkinder, Schulkinder), in denen Eltern praktische, verhaltensnahe Tipps zum Umgang mit schwierigen Situationen und Problemen der jeweiligen Altersstufe erhalten.
Da für erfolgreiche universelle Prävention gute und sorgfältig geplante Me-
dienkampagnen notwendig sind, wurden in Australien unter anderem 40 ein-
minütige Radiospots zu positiver Erziehung, 52 Zeitungskolumnen und ein
TV-Werbespot entwickelt. Zudem wurden 14 Folgen einer 30-minütigen Fern-
sehserie im Infotainmentstil mit dem Titel „Families" für das Abendprogramm
produziert und ausgestrahlt.

Ebene 2: Kurzberatung für spezifische Erziehungsprobleme

Dies umfasst ein bis vier kurze Einzelinterventionen (jeweils 15 bis 20 Minuten) durch verschiedene Professionelle. Besonders Kinderärzte, Erzieherinnen
und Lehrer/innen, die bei Problemen oft erste Ansprechpartner für Eltern sind,
bindet eine Triple P-Ausbildung auf diese Weise in die Prävention von Verhaltensstörungen ein und befähigt sie, Eltern bei umgrenzten Schwierigkeiten mit
Hilfe der genannten Materialien (Broschüre, Informationsblätter „Kleine Helfer") gezielt zu unterstützen. Durch eine Einbindung der bestehenden Struktu-

ren wie Kindergärten, Schulen, medizinische Einrichtungen etc. in das Konzept wird eine frühe, wenig aufwändige und effektive Intervention möglich.

Ebene 3: Kurzberatung und aktives Training

Beratung und Tipps auf dieser Ebene bilden eine etwas intensivere, selektive Präventionsstrategie. Im Unterschied zu Ebene 2 erhalten Eltern hier zusätzlich zur Information ein aktives Training. Im Verlauf der Beratung werden mit Eltern Ziele und entsprechende Erziehungsstrategien erarbeitet und in Rollenspielen eingeübt. Außerdem werden Fortschritte der Familie und mögliche Schwierigkeiten mit den Strategien diskutiert.

Wie Ebene 2 ist auch Ebene 3 dafür geeignet, Eltern bei umgrenzten Erziehungsschwierigkeiten zu unterstützen, bei schwereren Verhaltensproblemen und problematischen familiären Strukturen ist meist intensivere Hilfe notwendig.

Ebene 4: Intensives Elterntraining

Auf dieser Ebene sind verschiedene Formen des Elterntrainings als universelle und indizierte Prävention vor allem für solche Eltern konzipiert, die erkennbare Schwierigkeiten in der Erziehung und deren Kinder verschiedene auch schwerer ausgeprägte Verhaltensprobleme haben. Das Elterntraining existiert zum einen in Form eines Gruppentrainings, zum anderen als Einzeltraining sowie als telefonisch unterstütztes Selbsthilfeprogramm. Den Eltern wird in vier je zweistündigen Sitzungen mit Hilfe des Videos *„Überlebenshilfe für Eltern"* und eines Arbeitsbuches eine umfassende Palette verschiedener Erziehungsstrategien vermittelt.

Inhalte von **Sitzung 1** sind Grundlagen positiver Erziehung, eine genaue Problem- und Zielbeschreibung, Methoden der Verhaltensbeobachtung und mögliche Ursachen von kindlichem Problemverhalten, die im Erziehungsverhalten liegen (z.B. zufällige Belohnung, ungünstiger Gebrauch von Anweisungen oder Strafe oder das Nicht-Beachten von positivem Verhalten der Kinder). In **Sitzung 2** werden Erziehungsstrategien zur Förderung der kindlichen Entwicklung vorgestellt (spezifisches Loben, Punktekarten) und mit den Eltern in Rollenspielen und Übungen aktiv trainiert. In **Sitzung 3** folgen Erziehungsstrategien zum Umgang mit problematischem Verhalten von Kindern, wie z.B. das Benutzen klarer, ruhiger Anweisungen, Familienregeln, logische Konsequenzen, absichtliches Ignorieren oder Auszeit. Die vorgestellten Strategien werden in **Sitzung 4** zur Erarbeitung von Aktivitätenplänen für Risikosituationen (z.B. Einkaufen oder lange Autofahrten) genutzt. Zwischen den Sitzungen sollen die Eltern die Erziehungsstrategien zu Hause ausprobieren und üben.

Im Anschluss an die Gruppensitzungen haben die Eltern die Möglichkeit zu vier wöchentlichen, individuellen Telefonkontakten (jeweils 15-20 Minuten), in denen Fortschritte, Fragen und auftretende Schwierigkeiten mit dem Triple P-Trainer diskutiert werden können. Dies dient der Stabilisierung der implementierten Strategien und unterstützt die Generalisierung auf zukünftig auftretende Probleme.

Ebene 5: Erweiterte Interventionen auf Familienebene

Diese Ebene der Triple P-Interventionen wurde für Familien mit zusätzlichen familiären Schwierigkeiten wie massive Ehekonflikte, Substanzmissbrauch oder Depression der Mutter entwickelt sowie für Familien, deren Kinder nach der Teilnahme am intensiven Elterntraining (Ebene 4) weiterhin Auffälligkeiten zeigen. Je nach den individuellen Bedürfnissen der Familie wird das Training der Erziehungsfertigkeiten von Ebene 4 mit verschiedenen Modulen ergänzt (z.B. Partnerunterstützung, Stressbewältigung, Depression). Derzeit werden weitere Module entwickelt und erprobt, unter anderem Module zur Verbesserung der Sicherheit im Haus, für Kinder mit Behinderungen oder zur Verbesserung der Bindungsqualität. Diese Vielfalt an Modulen macht es möglich, ein individuelles Behandlungsprogramm auf die jeweiligen Bedürfnisse der Familie zuzuschneiden und dabei trotzdem auf wissenschaftlich überprüfte Methoden und Materialien zurückzugreifen.

5.3 Evaluation und Effektivität von Triple P

Erste Ergebnisse zur Effektivität der Interventionen einzelner Ebenen wurden bereits Anfang der 80er-Jahre von der Forschergruppe um Sanders veröffentlicht. Seitdem wurde eine Reihe von kontrollierten und zum Teil breit angelegten Untersuchungen durchgeführt (Sanders & Dadds, 1993). So berichteten Eltern, die z.B. die Fernsehserien verfolgten und „Kleine Helfer" zu den vorgestellten Themen erhielten, von positiven Veränderungen innerhalb der Familie: Die kindlichen Verhaltensprobleme reduzierten sich, die Eltern fühlten sich in der Kindererziehung kompetenter und es traten weniger ungünstige Erziehungspraktiken auf.

Auch Untersuchungen der Wirksamkeit der Kurzinterventionen auf den Ebenen 2 und 3 bei Kindern mit *Schlaf- oder Essproblemen, Nägelkauen* oder *Daumenlutschen* zeigten (z.B. Christensen & Sanders, 1987; Sanders, Bor & Dadds, 1984) eine signifikante Abnahme des Problemverhaltens in den Experimentalgruppen.

In einer weiteren kontrollierten Studie (Sanders, 2000) steht die Effektivität einzelner Interventionsebenen bei Vorschulkindern mit *external auffälligem Verhalten* im Vordergrund. Dazu erhielten 305 Eltern von Dreijährigen mit einem erhöhten Risiko für die Entwicklung klinisch bedeutsamer Verhaltensprobleme entweder eine individuelle Intervention auf Familienebene (Ebene 5), ein Gruppentraining (Ebene 4) oder ein telefonisch unterstütztes Selbsthilfeprogramm. Nach den Interventionen konnten bei allen Gruppen im Vergleich zu einer unbehandelten Kontrollgruppe deutliche positive Veränderungen u.a. im elterlichen Erziehungsverhalten und bei den Verhaltensproblemen der Kinder festgestellt werden, die auch nach einem Jahr stabil waren.

Insgesamt deuten die Ergebnisse zahlreicher Studien darauf hin, dass es sich bei Triple P um einen effektiven Mehrebenenansatz handelt, da die Wirksamkeit der einzelnen Interventionsebenen nachgewiesen ist und sich über verschiedene Studien und unterschiedliche Forschergruppen hinweg konsistente Ergebnisse zeigen – die bedeutende Abnahme kindlicher Verhaltensprobleme, die auch bei Nachuntersuchungen stabil blieb, sowie eine deutliche Verbesserung der elterlichen Befindlichkeit, besonders der Mütter. Die Wirksamkeit von Triple P wurde für verschiedene Familienkonstellationen nachgewiesen (z.B. zusammenlebende Paare, allein erziehende, Mütter, die an einer Depression erkrankten, Paare mit niedriger Beziehungsqualität). Eltern, die an Triple P-Interventionen teilgenommen haben, berichten eine hohe Akzeptanz und Zufriedenheit.

5.4 Einführung von Triple P in Deutschland

Zur Zeit werden an der Technischen Universität Braunschweig in Zusammenarbeit mit der Christoph-Dornier-Stiftung für Klinische Psychologie Bemühungen unternommen, um Triple P als Präventionsprogramm in Deutschland einzuführen. Viele Materialien wie die Broschüre *„Positive Erziehung"*, die *„Kleinen Helfer"* und das Gruppenarbeitsbuch für Eltern wurden bereits ins Deutsche übersetzt und das Video *„Überlebenshilfe für Eltern"* synchronisiert. Die vorhandene Palette der deutschen Materialien ist Eltern und Professionellen zugänglich und wird kontinuierlich erweitert, so ist z.B in Kürze auch ein Triple P-Selbsthilfebuch für Eltern erhältlich.

Die effektive Verbreitung empirisch gestützter Interventionen unter Professionellen ist für präventive Ansätze von großer Bedeutung. In Australien wurde mit der Ausbildung und Zertifizierung von Professionellen ein umfassendes Triple P-Netzwerk aufgebaut, zu dem unter anderem regelmäßige Supervision, die Verbreitung aktueller Forschungsergebnisse, regelmäßige Newsletter, ein ausgedehntes Datenmanagement, die Bereitstellung von Software, die Präsenz im Internet sowie die Evaluation der Ausbildung gehören. In Braunschweig werden seit Herbst 1999 u.a. Psychologen/innen, Pädagogen/innen, Lehrer/innen als Triple P-Gruppentrainer ausgebildet und in ein Lizenzsystem eingebunden, um eine fachgerechte Durchführung und damit auch die Wirksamkeit des Programms zu garantieren. Regelmäßige Supervisionen, ein Newsletter und der Aufbau eines Triple P Netzwerks sind geplant. Zudem soll im Laufe des Jahres 2002 eine Ausbildung für Erzieherinnen und Kinderärzte/innen zur Durchführung von Beratungen auf Ebene 2 und 3 angeboten werden. Die Wirksamkeit des Gruppentrainings wird derzeit in einer Studie an Familien mit Kindergartenkindern überprüft. Das Training wurde allen Eltern von Kindern der städtischen Kindertagesstätten angeboten. Die teilnehmenden Eltern schätzen die praktischen und einfachen Erziehungstipps sehr und sind mit dem Programm sehr zufrieden. Nur selten brachen Eltern die Teilnahme aus organisatorischen Gründen ab, allgemein sind die Teilnahmeraten im Vergleich zu anderen Beratungsangeboten deutlich höher. Besonders viel versprechend ist die hohe Akzeptanz des Programms durch die Eltern, die mit hoher Motivation Triple P anwenden und auch weiterempfehlen.

Insgesamt existiert mit Triple P ein wirksames Programm zur Unterstützung von Eltern bei der Kindererziehung und damit zur Prävention von aggressiven und oppositionellen Verhaltensproblemen.

Anmerkung

1 Die Materialien sind erhältlich über: Verlag für Psychotherapie, PAG Institut für Psychologie, Hoyastr. 1A, D-48147 Münster; Tel.: 0251-51 89 41; FAX: 0251-4 44 76; weitere Informationen: www.triplep.de; E-Mail: info@triplep.de

Literatur

Anderson, J. & Werry, J. S. (1994). Emotional and behavioral problems. In: I. B. Pless (Ed.). *The epidemiology of childhood disorders*. New York, Oxford: Oxford University Press, pp. 304-338.

Arbeitsgruppe Deutsche Child Behavior Checklist. (1993). *Lehrerfragebogen über das Verhalten von Kindern und Jugendlichen; deutsche Bearbeitung der Teacher's Report Form der Child Behavior Checklist (TRF). Einführung und Anleitung zur Handauswertung*, bearbeitet von M. Döpfner & P. Melchers. Köln: Arbeitsgruppe Kinder-, Jugend- und Familiendiagnostik (KJFD).

Arbeitsgruppe Deutsche Child Behavior Checklist. (2. Aufl. m. dt. Normen. 1998). *Elternfragebogen über das Verhalten von Kindern und Jugendlichen; deutsche Bearbeitung der Child Behavior Checklist (CBCL/4-18). Einführung und Anleitung zur Handauswertung*. Köln: Arbeitsgruppe Kinder-, Jugend- und Familiendiagnostik.

Bandura, A. (1977). Self-efficacy: Toward a unifying theory of behavioral change. *Psychological Review* 84, pp. 191-215.

Campbell, S. B. (1991). Longitudinal studies of active ond aggressive preschoolers: Individual differences in early behavior and outcome. D. Cicchetti & S.L. Toth (Eds.). *Rochester Symposium on Developmental Psychopathology, Vol. 2: Internalizing and externalizing expressions of dysfunction,* pp. 57- 90.

Christensen, A. P. & Sanders, M. R. (1987). Habit reversal and DRO in the treatment of thumbsucking: An analysis of generalization and side effects. *Journal of Child Psychology and Psychiatry 28,* pp. 281-295.

Döpfner, M., Plück, J., Berner, W., Englert, E., Fegert, J. M., Huss, M., Lenz, K., Schmeck, K., Lehmkuhl, G., Lehmkuhl, U. & Poustka, F. (1998). Psychische Auffälligkeiten und psychosoziale Kompetenzen von Kindern und Jugendlichen in den neuen und alten Bundesländern – Ergebnisse einer bundesweit repräsentativen Studie. *Zeitschrift für Klinische Psychologie 27,* pp. 9-19.

Hahlweg, K., Kuschel, A. Köppe, E. Lübke, A. & Miller, Y. (1999.). *Die Braunschweiger Kindergartenstudie: Prävalenz kindlicher Verhaltensprobleme* Vortrag auf dem Workshop-Kongress der Fachgruppe Klinische Psychologie und Psychotherapie der DGPs, Bad Dürkheim, Juni 1999.

Lehmkuhl, G., Döpfner, M., Plück, J., Berner, W., Fegert, J., Huss, M., Lenz, K., Schmeck, K., Lehmkuhl, U. & Poustka, F. (1998). Häufigkeit psychischer Auffälligkeiten und somatischer Beschwerden bei vier- bis zehnjährigen Kindern in Deutschland im Urteil der Eltern – ein Vergleich normorientierter und kriterienorientierter Modelle. *Zeitschrift für Kinder- und Jugendpsychiatrie und Psychotherapie 26,* pp. 83-96.

Muñoz, R. F., Mrazek, P. J. & Haggerty, R. J. (1996). Institute of Medicine report on prevention of mental disorders. *American Psychologist 51,* pp. 1116-1122.

Patterson, G. R. (1982). *Coercive family process.* Eugene, OR: Castalia.

Petermann, F., Döpfner, M., Lehmkuhl, G., & Scheithauer, H. (2000). Klassifikation und Epidemiologie psychischer Störungen. In: F. Petermann (Hg.). *Lehrbuch der klinischen Kinderpsychologie und -psychotherapie* (4. Auflage). Hogrefe, Göttingen, pp. 29-56.

Risley, T. R., Clark, H. B. & Cataldo, M. F. (1976). Behavioral technology for the normal middle class family. In: E. J. Mash, L. A. Hamerlynck & L. C. Handy (Eds.). *Behavior modification and families.* New York: Brunner/Mazel, pp. 34-60.

Rutter, M. (1989). Pathways from childhood to adult life. *Journal of Child Psychology and Psychiatry 30,* pp. 23-51.

Sanders, M. R., Markie-Dadds, C., Tully, L. A. & Bor, W. (2000). The Triple P-Positve Parenting Program: A Couiparison of Euhandced, Standard, and Self-Directed Behavioral family intervention for parents of children with early onset conduct problems. Journal of Consulting and Clinical Psychology 68 (4), pp. 624-640.

Sanders, M. (1998). Verhaltenstherapeutische Familientherapie: eine „Public-Health" Perspektive. In: K. Hahlweg, D. H. Baucom, R. Bastine & H. J. Markman (Hg.). *Prävention von Trennung und Scheidung -internationale Ansätze zur Prädiktion und Prävention von Beziehungsstörungen.* Stuttgart: Kohlhammer, pp. 273-288.

Sanders, M. R., Bor, B. & Dadds, M. R. (1984). Modifying bedtime disruptions in children using stimulus control and contingency management procedures. *Behavioural Psychotherapy 12,* pp. 130-141.

Sanders, M. R. & Dadds, M. R. (1993). *Behavioral family intervention.* Boston: Allyn and Bacon, Inc.

Spence, S. (1998). Preventive interventions. In: T. Ollendick (Ed.). *Comprehensive Clinical Psychology, Vol. 5. Children & adolescents: Clinical formulation and treatment.* Amsterdam, New York: Elsevier, Pergamon.

Tremblay, R. E., Pagani-Kurtz, L., Vitaro, F., Masse, L.C. & Pihl, R. O. (1995). A bimodal preventive intervention for disruptive kindergarten boys: Ist impact through mid-adolescents. *Journal of Consulting and Clinical Psychology 63,* pp. 560-568.

Verhulst, F. C. (1995). A review of community studies. In: F. C. Verhulst & H. M. Koot (Eds.). *The epidemiology of child and adolescent psychopathology.* Oxford: Oxford University Press, pp. 146-177.

253

Familienergänzende Kinderbetreuung: wirksame Räume des Übergangs von der Familie in die Schule

Plädoyer für eine Offensive zur Investition im Vorschulalter zur Unterstützung unterprivilegierter Familien

Andrea Lanfranchi

1. Einführung

Im alltagspsychologischen Diskurs – und je nach „Konfession" auch bei manchen Fachleuten der Beratung und Therapie – wird die Tagesbetreuung kleiner Kinder in Krippen oder Tagesfamilien oft als Notlösung betrachtet: Manchmal sei es halt nötig, dass eine öffentliche Einrichtung für die „Fremdbetreuung" der Kinder einspringt, um eine wirklich gute Lösung handle es sich jedoch nicht, weil für das Kind doch die Erziehung bei der Mutter das Beste sei.

Diese Argumentationslogik wird nach neuen entwicklungspsychologischen Untersuchungen auf den Kopf gestellt: Die Betreuung und Erziehung von Kindern gedeiht insbesondere dann gut, wenn sie von Anfang an auf mehrere Schultern verteilt wird und „außerfamiliale" Lebensräume erschlossen werden. Für so genannte Randgruppen wie Migranten, aber nicht nur für sie, gelten familien*ergänzende* Betreuungseinrichtungen guter Qualität als Quelle einer gesunden Entwicklung und Entfaltung (siehe auch den Beitrag von Schneider und Wüstenberg in diesem Band).

Die Begründung ist aus psychologischer, kulturanthropologischer und soziologischer Sicht nahe liegend: Was Kinder heute brauchen, ist vor allem der Zugang zu Umwelten, mit denen sie sich aktiv auseinander setzen können. Nötig sind also vielfältige Bewegungs-, Wahrnehmungs-, Erfahrungs- und Handlungsspielräume sowie Orte, wo sie mit anderen Kindern regelmäßig zusammenkommen. Schließlich brauchen sie auch Möglichkeiten für Beziehungen zu Erwachsenen außerhalb ihrer Familie, die sie ernst nehmen und sie in ihrer Entwicklung begleiten und unterstützen.[1]

Gestützt auf das Modell der „Entwicklungsnischen" nach Harkness & Super (1993) möchte ich die Wichtigkeit transitorischer Räume für die Gestaltung von Übergängen zwischen Familie und Gesellschaft begründen.

254

2. Ungleichgewicht der Investitionen bei Migrationskindern

Kinder aus Einwandererfamilien wachsen überdurchschnittlich oft unter besonders schlechten gesellschaftlichen Rahmenbedingungen auf. Negativ beeinflussende Faktoren wie Armut, enge Wohnverhältnisse oder eine verkehrsbelastete Wohnumgebung mit wenig Grünflächen treffen sie deutlich häufiger als Kinder aus ansässigen Familien. Ein unzureichendes Wohnumfeld führt bei vielen Kindern zu einem eingeschränkten Handlungsspielraum und eignet sich kaum, die eigenen motorischen Bedürfnisse ausleben zu können oder sich in Ruhe einer Tätigkeit zuzuwenden, die Konzentration erfordert (Falldarstellungen in Lanfranchi, 1993, 1996b, 1997, 1998). Ein Aufwachsen in solchen Verhältnissen bedeutet nicht nur eine Beschränkung der Entfaltungsmöglichkeiten, sondern enthält Risiken für die Gesundheit, die soziale Entwicklung und das Selbstbild (Boss-Nünning, 2000).

Bekanntlich ist die Zahl von Migrationskindern in deutschsprachigen Ländern in den letzten Jahren stark angestiegen. In der Schweiz sind 40% der Neugeborenen ausländischer Herkunft. Die sprachliche und kulturelle Vielfalt Heranwachsender ist im Schulbereich zum Normalfall geworden. Das heißt jedoch nicht, dass alle Probleme ausgeräumt wurden. Im Gegenteil: Migrationskinder sind in separierten, sonderpädagogisch geführten Schultypen der Grundschule sowie in den leistungsmäßig tieferen Schultypen der Sekundarstufe I massiv und zunehmend übervertreten. Sie werden im Übergang vom Kindergarten in die Primarschule überdurchschnittlich oft in Einschulungsklassen mit besonderem Lehrplan versetzt, vom regulären Schulbeginn dispensiert, in den Kindergarten zurückgestellt oder müssen die erste Primarklasse wiederholen (aktuelle Daten für die Schweiz in Kronig, Haeberlin & Eckhart, 2000; für Deutschland in Kornmann, Burgard & Eichling, 1999).

Bereits vor mehr als 10 Jahren wurden in einer Expertise für den Schweizerischen Wissenschaftsrat die thematischen Schwerpunkte zukunftsbezogener Maßnahmen im Bereich Migration und Schule skizziert (Allemann-Ghionda, 1988). Die Bedeutung vorschulischer Maßnahmen als effektive Strategie zur schulischen Integration von Migrantenkindern wurde inzwischen in einer europäischen Vergleichsstudie bestätigt (Allemann-Ghionda, 1999, S. 447). Im Vorkindergartenalter besteht in der Schweiz wie auch in Deutschland und anderen europäischen Ländern eine psychosoziale Versorgungslücke (Europäische Kommission, 1995). Nach Tietze (1998; siehe auch seinen Beitrag in diesem Buch) ist die quantitative Versorgungssituation in Westdeutschland sowohl im Kindergartenbereich als auch bei den unter Dreijährigen weit von einer Bedarfsdeckung entfernt.[2]

In Deutschland, Großbritannien und Irland erreicht die Versorgungsquote niedrige 2 bis 3%, in Frankreich und Belgien beträgt sie rund 20%, in Dänemark 48% (Oberhuemer & Ulich, 1997, S. 23). In der Schweiz ist der Versorgungsgrad nach Schätzungen der Eidgenössischen Kommission für Frauenfragen (EKF, 1992) tiefer als derjenige der EU-Länder mit den tiefsten Kinderbetreuungsangeboten für Kinder im Alter von 0 bis 3 Jahren.

3. Vorurteile und Mythen

In Anbetracht der Wichtigkeit, die den ersten Lebensjahren für die gute Entwicklung von Kindern aus neurophysiologischen, lernpsychologischen, ökosystemischen und allgemeinen entwicklungspsychologischen Gründen zugeschrieben wird, scheint folgende Frage ganz besonders erklärungsbedürftig zu sein: Warum kümmert sich die Öffentlichkeit erst dann mehr oder weniger vollumfassend um die Kinder, wenn sie in den Kindergarten eintreten? Die heutige Praxis derjenigen staatlich getragenen Einrichtungen, die sich auf Gesetzesverordnungen älteren Datums stützt, spiegelt oft noch eine subsidiäre Betrachtung familienergänzender Einrichtungen als Angebot für sozial unterprivilegierte Schichten wider.[3] Es erstaunt deshalb nicht, dass die große Mehrheit der Frauen gegenüber Krippen und Tagesfamilien negativ eingestellt ist (Schenk, 1998, S. 105). Das wird sich auch nur sehr langsam ändern, solange die Aufnahmebedingungen für staatlich getragene Einrichtungen primär nach dem Kriterium der sozialen Bedürftigkeit definiert werden, sodass die Klientel vorwiegend „negativ" selektioniert wird.

Ein weiterer Grund für das schlechte Image von familienergänzenden Institutionen liegt im Mythos des „Mutterideals" – das in breiten Bevölkerungsschichten nach wie vor stark verankert ist (vgl. Braverman, 1989). Bekanntlich existiert jedoch die „Mutterliebe" nicht seit Urzeiten, sondern ist eine relativ neue „Erfindung". Sie etablierte sich als Wirklichkeitskonstrukt erst in der zweiten Hälfte des 18. Jahrhunderts (Joris, 1994). Vorher wurde die biologisch vorgegebene Beziehung zwischen Mutter und Kind nicht als verbindliches normatives Verhaltensmuster interpretiert. Der „Muttermythos" konstituierte sich anlässlich der Trennung zwischen beruflicher und familialer Sphäre, die je einem Geschlecht zugeordnet wurden und zum Strukturwandel vom „ganzen Haus" zur bürgerlichen Familie führte. Durch die Idealisierung ihrer Rolle und die Betonung ihrer „Liebe" als angeborener Eigenschaft von Frauen[4] wurde die Mutter in der Erziehung der Kinder in eine so zentrale Stellung positioniert, dass sie heute noch in breiten Kreisen als nicht ersetzbar gilt (Nadai, 1995). Sie kann also auch nicht erwerbstätig sein, sondern muss ganz für die Kinder da sein. Dabei ist es wichtig zu betonen, dass Mütter in der ganzen Menschheitsgeschichte von jeher und bis zum Zweiten Weltkrieg mit wenigen Ausnahmen schon immer außer Haus oder im Haus im eigenen Betrieb gearbeitet haben. Neben der Hausarbeit haben die Frauen Feldarbeit geleistet, in der Uhrenindustrie Ketten oder Schalen montiert, in der Textilindustrie Kleider genäht, im Kleingewerbe die Kundschaft bedient. Oft waren die Kinder dabei – mitbetreut von der Hausgemeinschaft, die eine eigentliche „Notgemeinschaft" war. Erst in der Nachkriegszeit entstand die bürgerliche Kleinfamilie nach dem Modell der ständischen Familie des 18. Jahrhunderts: der Vater als Ernährer außer Haus, die Mutter als Erzieherin im Hause – nach dem Schweizerischen Eherecht galt dies bis 1987 (vgl. Joris, 1994).

Inzwischen hat sich einiges geändert. Der zumindest in Ansätzen stattfindende Sinneswandel für die Option familienergänzender Kinderbetreuung beruht grundsätzlich auf gesellschaftlichen Umwälzungen wie der Pluralisierung von Familienformen, der Zunahme von Trennungen und Scheidungen, der Zunahme der Erwerbsbeteiligung von Frauen sowie, im Zuge der Individualisierung, der Öffnung von Handlungsspielräumen auch für die Frauen. Nach Nadai (1995, S. 7) kann eine generalisierte positive Haltung gegenüber familienergänzenden Einrichtungen jedoch nur über eine Überwindung des „Muttermythos" und durch die Abdankung des Deutungsmusters der „Mutterliebe" und somit der Unersetzbarkeit der Mutter für die Erziehung der Kinder stattfinden.

4. Zur Wirksamkeit familienergänzender Betreuung

Seit 1991 geht das nordamerikanische *National Institut of Child Health and Human Development* in einer sehr umfassenden Langzeitstudie der Frage nach, ob und in welcher Weise sich familienergänzende Kinderbetreuung auf die soziale, kognitive und emotionale Entwicklung von Kindern auswirkt (Forschungskoordinaten in NICHD, 1994). Aus Platzgründen können hier nur einige wenige ausgewählte Resultate aufgeführt werden:[5]
Die Studie zeigt, dass familienergänzende Betreuung *per se* dem Kind nicht schadet, sondern für seine Entwicklung unter bestimmten Prämissen nützlich sein kann. Qualitativ hoch stehende Betreuung (u.a. in den Kriterien Erzieherin-Kinder-Schlüssel, Personalqualifikation, räumlich-materielle Ausstattung) hat positive Auswirkungen auf Kognition, Sprache und Verhalten der Kinder. Dabei soll vermerkt werden, dass Betreuungscharakteristika eher eine sekundäre Rolle spielen, während Familienvariablen wie Ausbildung der Eltern,

257

Erziehungseinstellungen, Sensitivität der Mutter sowie Familieneinkommen ausschlaggebend für die Entwicklung von Kindern sind. Trotzdem: „Analyses of families at risk (e.g., due to low income, maternal depression, maternal insensitivity) offered some limited evidence that, for some outcomes, high-quality child care may reduce risk to the child and low-quality child care may increase risk" (NICHD, 2001, S. 2). Sowohl für die kognitive und sprachliche als auch für die soziale Entwicklung scheinen Krippenkinder gewisse Vorteile zu haben, weil sie im Vergleich zu anderen Betreuungsformen mehr stimuliert werden und vermehrt Kontakte mit anderen Kindern haben. Generell gilt: Gute Qualität am Betreuungsplatz ist eine Chance, schlechte Qualität ein Risiko für das Kind.

5. Entwicklungsnischen von Kindern im kulturell-ökologischen Rahmen

Eine zentrale Konzeption zur kindlichen Entwicklung wird im Modell zur Bewältigung elterlicher und familialer Aufgaben von Belsky et al. (1984) präsentiert. Als zentraler Bestimmungsfaktor elterlicher Kompetenz sehen diese Autoren die Einfühlsamkeit der Eltern (*sensitivity*) in adäquater Regulation mit dem Alter des Kindes und dem jeweiligen familiären Lebenszyklus. Das elterliche einfühlsame Verhalten setzt hauptsächlich Geduld (*patience*), Ausdauer (*endurance*) und Engagement (*commitment*) voraus, welche durch die personalen Ressourcen der Eltern, die Eigenschaften des Kindes oder der Kinder sowie soziale Ressourcen beeinflusst werden. Die personalen Ressourcen der Eltern beruhen auf ihrer Lebensbiografie, Gesundheit, Empathiefähigkeit. Sie werden aber auch im Sinne zirkulärer Feedbackschleifen durch die Kinder beeinflusst. Die kindlichen Eigenschaften bestehen aus Faktoren wie Temperament, Gesundheit, Alter und Geschlecht und werden ihrerseits von den elterlichen Ressourcen beeinflusst. Die sozialen Ressourcen stammen aus informellen und formellen Netzwerken, wie Verwandtschaftssystemen sowie familienergänzenden Einrichtungen wie Krippen, Kindergarten und Schule.

Diese ökosystemische Auffassung vernachlässigt jedoch weitgehend, den Kontext soziokultureller Heterogenität hinreichend zu beleuchten. Die besonderen Lebensumstände und die „Schaltstelle" zwischen individueller Entwicklung und soziokulturellem Kontext treten erst dann in den Vordergrund, wenn Individuen, Familien und Bevölkerungsgruppen im Hinblick auf sozioökonomischen Status, ethnische Zugehörigkeit und kulturell (mit)bedingte Erziehungsmodelle kontrastiert werden. Nach Leyendecker (1997, S. 153) stellen sich dazu Fragen folgenden Typs: Wie würde ein bestimmtes Kind leben, wenn seine Eltern nur halb so viel oder etwa das Dreifache verdienen würden? Wie würde der Lebensalltag dieses Kindes aussehen, wenn die Eltern nicht emigriert wären, und wie sähe es aus, wenn sie wenige Jahre vor seiner Geburt ihr Heimatland Anatolien oder Kosova oder Sri Lanka verlassen hätten?

Gestützt auf den bekannten ökosystemischen Ansatz von Bronfenbrenner (1981) haben Harkness & Super (1993) die Bedingungen beschrieben, in denen Kinder im Spannungsfeld verschiedener Konstrukte von Wirklichkeit aufwachsen. Sie kennzeichnen die „Entwicklungsnische" von Kindern, die in unterschiedlichen soziokulturellen Kontexten heranwachsen, durch drei miteinander verknüpfte Subsysteme:

- **Die physischen und sozialen Gegebenheiten,** in denen ein Kind lebt (Größe und Zusammensetzung des Haushaltes, Aktivitäten von Kindern und Erwachsenen und sonstige äußerliche Aspekte von Haus und Umwelt).
- **Kulturell bedingte Muster der Kindererziehung** (Sitten und Gebräuche der Gesellschaft, die nicht mehr individuell hinterfragt werden, zum Beispiel: die Kinder in die Schule schicken).
- **Die Denkmodelle der Eltern** („parentale Ethnotheorien": Harkness & Super, 1996).

Nach diesem Modell beeinflussen die Rahmenbedingungen der sozialen Lebenswelt, die Gewohnheiten der Kindererziehung in einem bestimmten gesellschaftlich-kulturellen Kontext sowie die Denkmodelle der Eltern ganz entscheidend die Organisation der individuellen Entwicklung von Kindern. Diese drei Subsysteme eignen sich besonders gut, die kindliche Entwicklung in Anbetracht der spezifischen kulturellen Orientierung ihrer Eltern und der gesellschaftlichen Erziehungsmuster außerhalb der Familie zu verfolgen. Regulierende Mechanismen tendieren dazu, die drei Subsysteme in einem harmonischen Gleichgewicht zu behalten. Sind die Kontextmerkmale der Familienumgebung jedoch von großen Diskrepanzen geprägt, kann ein länger dauernder Ungleichgewichtszustand zu einer Restrukturierung der Entwicklungsnische führen. Dabei entstehen Adaptationstendenzen, die Veränderungen (Transformationen) in den einzelnen Subsystemen hervorbringen (siehe auch den Beitrag von Keller in diesem Band). Nach den Ergebnissen eigener Untersuchungen (Lanfranchi, 2001) ist in Bezug auf den Kindergartenbesuch albanischer Kinder beispielsweise eine interessante *Dichotomie* festzustellen: Einerseits gibt es viele albanische Eltern, die ihre Kinder möglichst früh in den Kindergarten schicken, damit sie unter anderem die Lokalsprache lernen und somit für die Schule gut vorbereitet sind.[6] Andererseits gibt es eine nicht zu vernachlässigende Zahl albanischer Eltern, die ihre Kinder gar nicht in den (nicht obligatorischen) Kindergarten schicken.[7] Gestützt auf die differenzierte theoretische Begründung von Harkness & Super (1993) nehmen wir an, dass sie es erst dann tun würden, wenn sie erkennen könnten, dass der Besuch des Kindergartens als de facto-Voraussetzung für eine erfolgreiche Einschulung höheren Nutzen bringt als die Gewährleistung einer größtmöglichen Familienkohäsion dadurch, dass jegliche nicht absolut notwendigen Handlungen im Sinne der Öffnung nach außen vermieden werden.

In den nächsten Abschnitten möchte ich die zentralen Denkmuster und Handlungsmodelle einiger ausgewählter Familien im Zusammenhang mit der Vorschulsituation ihrer Kinder zusammengefasst wiedergeben, basierend auf in den Jahren 1999/2000 durchgeführten Interviews. Am Schluss werden sie in Form eines Diagramms verdichtet gegenübergestellt. Die vollständigen Falldarstellungen finden sich in Lanfranchi (2001). Die Analysen sind unter Anwendung ethnobiographischer und fallrekonstruktiver Forschungsmethoden erfolgt.[8]

5.1 In der Schweiz geboren und kein Kindergartenbesuch: Elvane und Nasibe Arslani

Die Arslanis sind Albaner aus Mazedonien und haben vier Kinder: die Mädchen Elvane (6 Jahre), Nasibe (4 Jahre), Dilere (2 Jahre) und den Jungen Lulzim (3 Monate alt).[9] Der Vater emigrierte 1986 nach Locarno, seine Frau folgte ihm einige Jahre später. Er arbeitet als ungelernter Kellner und sie ist nicht erwerbstätig. Elvane ist ohne vorherigen Kindergartenbesuch in die erste Klasse eingetreten. Nasibe ist ebenfalls nicht im Kindergarten, obwohl im Tessin dessen Besuch ab dem 3. Lebensjahr möglich ist. Sie wird zusammen mit den zwei jüngeren Geschwistern zu Hause ausschließlich von der Mutter betreut.
Die Familie zeigt eine starke traditionale Orientierung, die sich unter anderem in der Kinderzahl und ihrer Namensgebung, in der Kleidung der Frau, im TV-Konsum (ausschließlich albanische Sender) und im Fehlen eines Telefons oder Handys äußert.
Während des ersten Familiengesprächs bleibt die Frau im Sinne der ethnokulturell bedingten Geschlechterrollenspezifizierung im Hintergrund. Sie äußert sich nur, wenn sie direkt angesprochen wird, dann ausschließlich über die Vermittlung der Übersetzerin. In der Eltern-Kind-Beziehung bewertet Frau Arslani die Schule als Ort der Ablösung positiv und nuanciert den damit verbundenen emotionalen Schmerz. Sie deutet die Einschulung als unvermeidbaren heteronomen Prozess, nicht jedoch als Autonomie fördernden Schritt zur möglichen Entfaltung der Fähigkeiten ihres Kindes („Ich habe ihr

erklärt, dass sie in die Schule gehen muss, weil du lernen musst und das Leben so ist").

Analyse des Interviews: Im Interview betont Herr Arslani die Unverbindlichkeit des Kindergartenangebots. Offen bleibt die Frage, ob er weiß, dass faktisch jede Erstklassenlehrerin ihren Unterricht auf kognitive, sprachliche und soziale Kompetenzen aufbaut, die gewöhnlich im Kindergarten erworben werden. Herr Arslani sagt jedenfalls nicht, weshalb er die Tochter nicht in den Kindergarten geschickt hat, sondern liefert zwei Kontextinformationen dazu: seine Frau war schwanger, und er musste viel arbeiten. Diese Antwort ist schwer nachvollziehbar: Gerade weil die Frau schwanger war und er viel arbeiten musste, hätte der Kindergarten aufgrund der im Kanton Tessin vorhandenen günstigen Tagesstruktur eine Entlastung darstellen können. Die bisherigen Ausführungen lassen uns vermuten, dass ein Kindergartenbesuch der Tochter und die damit verbundenen Außenbeziehungen für die Eltern als Belastung empfunden worden wären. Sie scheinen davon auszugehen, dass Kinder auf dem Weg zum Kindergarten immer begleitet werden müssen. Und sie erkennen bzw. aktivieren die Möglichkeit nicht, durch Abmachungen mit Nachbarn das Bringen und Abholen der Kinder zu regeln.
Wie sonst kann die Tatsache noch erklärt werden, dass Elvane den Kindergarten nicht besuchte? Im sozialen Milieu Mazedoniens gab es für Eltern keinen Anlass, ihr Kind vor oder parallel zu der Schule in eine öffentliche Betreuungseinrichtung zu schicken. War eine Mutter erwerbstätig, konnte sie ihr Kind bei Verwandten lassen oder in den betriebseigenen Hort mitnehmen. Eine anderweitige „Fremdbetreuung" wäre für eine albanische Familie undenkbar gewesen. Diese Einstellung aufgrund der Erfahrungen im Herkunftsland könnte die Haltung der Eltern Arslani in Bezug auf den verpassten Kindergartenbesuch ihrer Tochter Elvane beeinflusst haben. Ähnliche Gründe dürften auch im Falle der zweiten Tochter Nasibe zutreffen.

Ausgehend vom hier nur selektiv präsentierten und analysierten Material kann zusammengefasst folgende Fallstrukturhypothese aufgestellt werden: Familie Arslani ist *nach innen beziehungsdynamisch kompetent und nach außen hilflos*. Der Mann ist trotz beruflicher Vorwärtsorientierung *traditional rückwärts gewandt*. Er übernimmt die ganze Verantwortung für die Gestaltung der Außenbeziehungen der Familie, macht dabei jedoch nur das Nötigste. Das Wichtigste tut er nicht, nämlich die Kinder in den Kindergarten zu schicken, um damit unter anderem ihren Schulübertritt optimal vorzubereiten. Die Frau überschreitet nur selten die Schwelle der eigenen Wohnungstür und verpasst somit den Anschluss an die Aufnahmegesellschaft.
Die Kommunikation zwischen Schule und Elternhaus beschränkt sich auf spo-

radische Konversationen mit dem Vater, da die Mutter kein Italienisch spricht. Aus Gesprächen mit Elvanes Lehrerinnen ist zu entnehmen, dass sie die Kompetenz des Vaters im Austausch mit ihnen als gering ansehen: Im Gespräch werden ausschließlich alltägliche organisatorische Angelegenheiten und nicht Wesentliches wie Erziehungsinhalte, mögliche Lernanregungen oder gegenseitige Anliegen thematisiert. Sie stufen zudem Elvanes kognitive und sprachliche Leistungen als schwach ein und beschreiben sie als sozial zurückgezogen.

5.2 Kontrastierung mit einem ersten Fall praktizierter Prävention: Familie Selimi

Familie Selimi stammt wie Familie Arslani aus dem albanischen Teil Mazedoniens. Herr Selimi ist das zehnte von elf Geschwistern einer armen Tagelöhner-Familie, die aus der Bergregion des westlichen Teils Mazedoniens stammt und nach einer Binnenmigrationsperiode in Kroatien 1985 in die Nähe der Kleinstadt Gostivar gezogen ist. Er ist verheiratet mit der ältesten Tochter aus einer Handwerkerfamilie mit nur vier Kindern, statusmäßig höher als seine eigene Familie. Er ist Ende der 80er-Jahre in die italienische Schweiz gezogen, sie und die Kinder sind zu Beginn der 90er-Jahre nachgekommen. Die Selimis wohnen im gleichen Haus im Zentrum von Locarno wie Familie Arslani. Ihre zwei Kinder besuchten (die 6-jährige Saranda) bzw. besuchen (der 4-jährige Ilir) den Kindergarten. Frau Selimi erledigt morgens früh Reinigungsarbeiten in einem populären Restaurant in der Altstadt von Locarno, in dem Herr Selimi als Pizzabäcker angestellt ist. Der Kontrast zu Familie Arslani zeigt sich in der Teilzeit-Erwerbstätigkeit der Frau mit der damit verbundenen, zumindest partiellen Öffnung nach außen, in der Entscheidung für ein „westeuropäisches Reproduktionsmodell" (zwei Kinder) sowie in dem Entschluss, Saranda und Ilir im öffentlichen Kindergarten familienergänzend betreuen zu lassen.

Analyse des Interviews: Wie Frau Arslani bereitet der Kindergarten- resp. Schulweg als „unstrukturierter transitorischer Raum" Frau Selimi große Sorgen, da die Kinder ihrer Kontrolle entzogen sind. Frau Arslani bzw. ihr Mann ziehen daraus den Schluss, ihr Kind überhaupt nicht in den Kindergarten gehen zu lassen. Frau Selimi setzt hingegen alles daran, dass sie die Kinder in den Kindergarten bzw. in die Schule begleiten kann. Entscheidend im Vergleich zwischen den zwei Müttern ist, dass Frau Arslani ihre Ängste bezüglich Trennung und Kindergartenweg nicht thematisiert und sich dieser Herausforderung nicht stellt, während Frau Selimi erstens sagt, dass sie Angst hat, und zweitens, dass sie das der Kindergärtnerin bzw. der Lehrerin mitgeteilt hat. Der offen gelegte Dissens kann im Gespräch zu Auseinandersetzungen, aber auch zu Klärungen und Veränderungen im Sinne von Problemlösungen führen.

Bei Selimis können wir in Bezug auf die Gattenbeziehung von einer eher *traditional rückwärts gewandten* und in Bezug auf die Eltern-Kind-Beziehung von einer *traditional vorwärtsgewandten Orientierung* sprechen. Während die Situation bei Familie Arslani hinsichtlich der Öffnung nach außen von Hilflosigkeit und Passivität charakterisiert ist, sind die Selimis auf dem Weg einer gelungenen Eingliederung in Schule und Gesellschaft. Durch den frühzeitigen Kindergartenbesuch und die selbstbewusste Einführung in die „neue Welt" der Bildungsinstitutionen durch die Eltern verfügen die Kinder über die notwendigen Voraussetzungen, um sich dort zu behaupten. Ob das tatsächlich gelingt, lässt sich freilich nur dann voraussagen, wenn man einen weiteren entscheidenden Faktor gebührend berücksichtigt: Es handelt sich um die Kompetenz der Lehrpersonen, die Kinder im Sinne eines guten Empfangs in ihren Klassen „anzunehmen" und durch zielgerichteten Unterricht optimal auszubilden. Es geht auch um ihre kommunikative Kompetenz, förderliche Austauschbeziehungen zu den Eltern aufzubauen.

5.3 Kontrastierung mit einem zweiten Fall praktizierter Prävention: Familie Haxhiu

Als maximaler Kontrast zu den Familien Arslani und Selimi bietet sich – gestützt auf externe Kriterien der Sozialstruktur und des Ausländerstatus – Familie Haxhiu aus Winterthur an. Die Haxhius (er ehemaliger Gymnasiallehrer, sie gelernte Anästhesieschwester) stammen aus Kosova und sind als politisch Verfolgte 1989 in die deutsche Schweiz eingereist, wo sie als anerkannte Flüchtlinge die Niederlassungsbewilligung erhalten haben. Sie haben fünf Kinder: die Älteste ist 11 und der Jüngste 6 Jahre alt.

Die familienbiographischen Daten ergeben folgende Fallstrukturhypothese: Bei der Familie Haxhiu handelt es sich um eine Familie mit gelebter vorwärts orientierter Lebenspraxis und – trotz ausgesprochener traditionaler Orientierung – hohem Innovationspotenzial. Herr Haxhiu ist seit seiner Ankunft in der Schweiz erwerbslos und unterrichtet auf ehrenamtlicher Basis einige Stunden pro Woche albanischsprachige Kinder in heimatlicher Sprache und Kultur. Seine Frau sichert das Familieneinkommen als Schwesternhilfe in einem Spital.

Am Anfang des Interviews stellt sich Herr Haxhiu als Interessenvertreter der Albaner dar und berichtet unter anderem über „sein schönes Haus", das er (und nicht etwa er mit seiner Frau, oder sie als Familie) in Kosova vor der Flucht verlassen musste. In diesen Gesprächssequenzen verhält sich Frau Haxhiu – entsprechend dem Modell des „Ehre-Schande-Komplexes" (Denich, 1993) – geschlechterrollenkonform, indem sie schweigt bzw. ihre Zuständigkeit für den familialen Binnenraum mit leisen Bemerkungen auf Albanisch bekräftigt. Dort hingegen, wo sie über ihre Arbeit gefragt wird, sprudeln die Antworten ohne Übersetzung aus ihr heraus. Sekundiert vom Interviewer betont sie die Vorteile der gelebten Rollenumkehrung. Aber je mehr sie ihren Mann als „Hausmann" lobt, desto mehr besteht die Gefahr, dass sie ihn damit in seiner Identität als albanischen Mann disqualifiziert. Gemeinsam versuchen sie die brisante Situation mit Humor zu bereinigen, damit niemand sein Gesicht verliert.

Analyse des Interviews: Herr und Frau Haxhiu stammen aus modernisierungsbestrebten Elternhäusern und tragen gleichzeitig die traditionalen Bestände der jeweiligen Herkunftsfamilie in erheblichem Umfang mit. Die Frau übernimmt in binnenfamilialen Belangen die Rolle, die kulturspezifisch von einer albanischen Gattin erwartet wird. Aus diesem Grund gelingt es ihr, gleichzeitig einen Rollentausch (Mann zu Hause, Frau erwerbstätig) ohne allzu viel „Ehrverlust" für den Mann vorzunehmen und eine innovative, partnerschaftliche Orientierung mit der Garantie familialer Kontinuität voranzutreiben. Im Schutzschild des Traditionalismus hat sie somit ein neues Rollenverständnis auf der Ebene der Gattenbeziehung sowie der Eltern-Kind-Beziehung eingeführt: Sie benutzt die Ressourcen beider Herkunftsfamilien, um eine moderne Frauenkarriere zu verwirklichen und der gesamten Familie die Existenz zu sichern. Dieser Prozess verläuft zwar nicht linear und ohne Friktionen. Flexible Muster der Handhabung von Widersprüchen werden eingesetzt, um die entstehenden Konflikte zu mildern. Das führt zur besonderen Dynamik dieser Familie, die binnenräumlich Intimität durch traditionale Verankerung gewährleistet und gleichzeitig Innovationen zulässt und somit Wandel erst ermöglicht.

Das gilt erst recht in Bezug auf die Unterstützung und Begleitung der Kinder: Ein guter Beleg für die Kompetenz dieser Familie, maßgeschneiderte Brücken zur Aufnahmegesellschaft zu bauen ist darin zu sehen, dass die zwei jüngsten Kinder *vor dem Kindergarteneintritt* regelmäßig eine albanischsprachige Spielgruppe besucht haben. Dies aufgrund der elterlichen Meinung, dass es für die Entwicklung ihrer Kinder das Beste sei, sie zunächst einmal in der eigenen Erstsprache in einer Gruppe von Gleichaltrigen zu fördern.

Die drei Fallrekonstruktion in einem synoptischen Vergleich:

	Arslani	Selimi	Haxhiu
Herkunft	Beide Eltern aus Dorf bei Tetovo (Mazedonien)	Beide Eltern aus Dorf bei Gostivar (Mazedonien)	Eltern aus zwei Dörfern bei Pristina (Kosova)
Migration	Mann als Arbeitsmigrant nach Locarno 1986, Familiennachzug 1992, Niederlassungsbewilligung	Mann als Arbeitsmigrant nach Locarno 1987, Familiennachzug 1992, Niederlassungsbewilligung	Mann und Frau 1989 als Asylsuchende nach Winterthur, Flüchtlinge mit Niederlassungsbewilligung
Arbeit	Mann Kellner (100 %) Frau zu Hause	Mann Pizzabäcker (100%) Frau Putzfrau (ca. 40 %)	Mann Lehrer (10 %) und ‚Hausmann‘, Frau Schwesternhilfe (100 %)
Kinder	4 Kinder (8, 5, 3, 2)	2 Kinder (8 und 6)	5 Kinder: (12,11,10, 8 und 6)
Transitorische Räume	keine	Kindergarten ab 4	Spielgruppe 3 bis 5, Kindergarten ab 5
Beurteilung der Lehrerin betr. 8-jährigem Kind	- sozial schlecht integriert - schulsprachliche Kompetenz deutlich unterdurchschnittlich - kognitive Kompetenz unterdurchschnittlich	- sozial mittelmäßig integriert - schulsprachliche Kompetenz unterdurchschnittlich - kognitive Kompetenz durchschnittlich	- sozial gut integriert - schulsprachliche Kompetenz überdurchschnittlich - kognitive Kompetenz überdurchschnittlich
Fallstruktur	*traditional-rückwärtsgewandt*	*Traditional-rückwärts-gewandt* in der Gattenbeziehung, *-vorwärtsgewandt* in der Eltern-Kind-Beziehung	*Traditional-vorwärtsgewandt*
Orientierung Innen - Aussen	**Nach innen beziehungs-dynamisch kompetent, nach außen hilflos**	**Nach innen aufgeklärt patriarchalisch, nach außen selbstbe-wusst**	**Nach innen innova-tions-bestrebt, nach außen aufwärtsmobil**
Ausprägungsgrad sozialisatorischer Instanzen	Familienunterstützung — — Transitorischer Raum — — Einschulungssituation — —	Familienunterstützung + — Transitorischer Raum + + Einschulungssituation — +	Familienunterstützung + + Transitorischer Raum + + Einschulungssituation + +

5.4 „Eine Spielgruppe bringt die ganze Familie in Bewegung": Hava Shala-Gërguri

Frau Hava Shala-Gërguri ist kosova-albanischer Abstammung und arbeitet als Übersetzerin und interkulturelle Mediatorin. Im Auftrag der „Koordinationsstelle für Integration" der Stadt Winterthur leitet sie seit mehreren Jahren zwei albanischen Spielgruppen.[10] Als Hauptargument für die Nützlichkeit von Spielgruppen für Migrationskinder führt sie die Begegnungsmöglichkeiten der oft isoliert lebenden Mütter an:[11]

„Ich bin allein, ich bin eine verlorene Frau, sagte eine Frau. Aber die kommen dann zusammen, trinken manchmal einen Kaffee und reden so ganz offen. Ja, was ich sehr wichtig finde, bei fast allen diesen Spielgruppen, ist diese Möglichkeit. Das bedeutet, die Spielgruppe hat die Funktion, die ganze Familie in Bewegung zu bringen. Die Mütter haben Zeit in diesen zwei Stunden, sie gehen manchmal auch einkaufen oder einfach spazieren oder bleiben auch ruhig zu Hause. Aber oftmals kommen sie in eine Ecke von diesem Raum, in dem die Kinder spielen, die reden, oftmals über Tabuthemen, verschiedene Schwierigkeiten oder Sorgen über die Kinder oder auch andere Sachen. Oder sie können im oberen Stock ohne Sorgen zwei Stunden lang Deutsch lernen, sich anhand der Landkarte orientieren, den Gebrauch von Bus und Zug planen, zurecht zu kommen, die Kompliziertheit eines Billetautomaten besprechen und so die Angst verlieren, nach draußen zu gehen."

Im Laufe der Jahre hat Frau Shala-Gërguri festgestellt, dass viele Frauen, die früher mit ihren Kindern die Spielgruppe besuchten, heute offener in der Gestaltung von Kontakten außerhalb der eigenen Familie sind und mehrheitlich eine Erwerbstätigkeit aufgenommen haben.

Die Spielgruppe hat drei Funktionen: die pädagogische Arbeit mit den Kindern, die Bildung von Netzwerken zum kommunikativen Austausch zwischen den Müttern und das Angebot, sich in einem informellen Rahmen beraten zu lassen. Die teilnehmenden Kinder kommen aus einem Kontinuum von „bildungsnahen" bis „bildungsfernen" Elternhäusern. Auf die Mütter kommt es an, weil die Väter mit der Erwerbsarbeit und mit der Verpflichtung, einen Teil ihres Verdienstes ins Heimatland an die Herkunftsfamilie zu schicken, vollständig absorbiert sind.

Als Fazit kann festgehalten werden: Muttersprachliche Spielgruppen sind insbesondere für Kinder aus Familien, die sich am traditionalen „Ernährermodell" orientieren, angezeigt. Zusammen mit den Kindern können die Mütter in einem geschützten Raum Übergänge der sanften Art planen und gestalten, damit sie sukzessive sicherer im Umgang mit der für sie noch fremden Welt werden. So sind sie später besser in der Lage, ihre Kinder im Übergang zum Kindergarten und der Schule zu begleiten. Die Spielgruppe hat insofern nicht lediglich die Bedeutung der „kompensatorischen Förderung" der Kinder in Sprache, Kognition und sozialem Verhalten, sondern ebenso sehr den Zweck der Bildung von Netzwerken und der informellen Beratung der Mütter im Akkulturationsprozess.

5.5 Ein letzter (Zu-)Fall praktizierter Prävention: Bekir und Valentina Islami

Isak Islami ist 1992 zusammen mit seiner schwangeren Frau aus dem westlichen Teil Kosovas über Italien in die Schweiz geflüchtet. Im Januar 2000 waren sie immer noch „Asylbewerber mit hängigem Asylgesuch". Der Mann bezeichnet sich als Agraringenieur, arbeitete in Kosova jedoch als Steinmetz. Sein Vater, von Beruf Elektriker in einem Staatsbetrieb, wurde 1990 nach der Aufhebung des Autonomiestatuts Kosovas – angeblich wegen der antikommunistischen Einstellung seines Vaters (des Großvaters Isaks) – entlassen. Die Frau stammt aus einer Tagelöhnerfamilie mit neun Kindern, die in Armut lebte. Nach der Flucht in die Schweiz haben sie drei Kinder auf die Welt gebracht: Bekir (geb. 1992), Valentina (geb. 1995) und Arben (geb. 1997). Die Familie lebt in einem ziemlich schäbigen Wohnblock an einer stark befahrenen Straße an der Peripherie Neuchâtels. Die Familie war bis 1996 fürsorgeabhängig, da Herr und Frau Islami – trotz vorhandener Anstellungsmöglichkeiten – in jenen Jahren nie eine Arbeitsbewilligung bekommen haben. Entsprechend resigniert sind die Eltern, die in der Schweiz keine Verwandten haben, sehr wenige Kontakte zu Nachbarinnen und Nachbarn pflegen und über keine Mitgliedschaft in Organisationen irgendwelcher Art berichten. Die Alltagshandlungen mitsamt den dahinter stehenden Begründungszusammenhängen bleiben weitgehend unhinterfragt und notwendige Entscheidungen werden aufgrund der traditionalen Rolleneinstellungen kaum bewusst ausgehandelt.

Dann tritt aber eine für die Entwicklung der Kinder und auch ihrer Eltern entscheidende Wendung ein: Im Frühjahr 1996, als der Vater an einem Morgen wie gewohnt mit seinen zwei Kindern in den nahe gelegenen Park spazieren geht, teilt eine ältere Frau – die als Tagesmutter zwei Kinder betreut – die mitgebrachte Zwischenmahlzeit mit Bekir und Valentina. Daraufhin kommt sie mit Herrn Islami – der gebrochen französisch spricht – ins Gespräch. Sie fragt ihn einige Tage später, ob er möchte, dass auch seine Kinder zu ihr nach Hause zum Spielen kommen. Der Vater ist damit einverstanden: Er sieht, dass seine Kinder eine gute Beziehung zu dieser Frau und den zwei von ihr betreuten Kindern aufgebaut haben und hofft, dass sie so auch schneller Französisch lernen. Kurze Zeit später findet er selbst doch eine Arbeit. Inzwischen hat auch seine Frau die Tagesmutter kennen gelernt und ein vertrauensvolles Verhältnis zu ihr entwickelt. In Absprache mit dem lokalen Tagesmütterverein und der Fürsorgebehörde, welche die Finanzierung übernimmt, entsteht kurz darauf ein reguläres Tagespflegeverhältnis.
Bekir geht zusammen mit seiner Schwester noch ein Jahr während dreier Tage die Woche regelmäßig zu dieser Tagesmutter, tritt dann ein Jahr später problemlos in den Kindergarten ein und wird wiederum zwei Jahre danach in die erste Klasse eingeschult. Heute wird er von seiner Lehrerin als „durchschnittlich begabter, guter Schüler" beschrieben, der sowohl sprachlich als auch hinsichtlich der sozialen Integration unauffällig ist.
Wir haben es hier zusammenfassend mit einer zunächst einmal traditional-in-

nenzentrierten, von psychosozialen Stressmomenten schwer belasteten Familie zu tun, deren Kinder dank glücklicher Umstände frühzeitig familienergänzend betreut wurden. Diese von außen initiierte Öffnung hat sich für alle Familienmitglieder als wertvoll erwiesen. Insbesondere profitierten die Kinder von der Teilhabe an einer anderen Lebenswelt, sodass der Übergang in den Kindergarten und die Schule erfolgreich gelungen ist.

6. Schlussfolgerungen

Einige zentrale Konsequenzen für die Praxis der Beratung und Therapie lassen sich direkt aus den präsentierten Fällen ablesen:[12]

Eine erste Erkenntnis ist, dass die vielfältigen Anregungen für Kinder nicht in einem Vakuum, auch nicht in einem einzelnen Bereich wie zum Beispiel im Rahmen der Kleinfamilie, sondern in Wechselwirkung mit dem soziokulturellen Kontext und eingebettet in verschiedene Systeme erfolgen. Eltern sind zwar die wichtigsten Personen für die primäre Sozialisation ihrer Kinder, sie sind die „Manager des Kinderalltags" (Engelbert, 1988). Viele von ihnen sind jedoch nicht oder nur unzulänglich in der Lage, ihren Kindern die für ihre Entwicklung notwendigen frühen Erfahrungen zu ermöglichen. Dann braucht es Formen der maßgeschneiderten Unterstützung. Insbesondere Kinder aus Migrationsfamilien sind auf familienergänzende Angebote während der ganzen Vorschulperiode angewiesen.

Konkret heißt das, dass Beraterinnen und Therapeuten die im lokalspezifischen Raum vorhandenen familienergänzenden Einrichtungen der Kinderbetreuung als wichtige Ressource kennen und bedürfnisorientiert vermitteln sollen. Ebenfalls geht es darum, dass im Rahmen der Anamnese exploriert wird, wie und durch wen Kinder in ihrer frühkindlichen Entwicklung betreut und unterstützt wurden.

Dort, wo Maßnahmen familienergänzender Betreuung nicht oder in ungenügendem Ausmaß vorhanden sind, sollen Fachleute im sozialpräventiven Sinne aktiv werden, damit Netzwerke als Ort der Gestaltung von Übergängen zwischen Familie und Gesellschaft entstehen können. Professionelle müssen sich also sozialpolitisch „einmischen" mit dem Ziel, dass die ausgewiesenen Versorgungslücken mit adäquaten Angeboten gefüllt werden. Gemeint ist das Entstehen einer breiten Palette von Kinderkrippen, Tagesfamilien, Kindergärten, Spielgruppen etc. guter pädagogischer Qualität – als Option vor allem in den Fällen, in denen eine frühkindliche Förderung in einem vernetzten Kontext angebracht ist und nur dort zu erwarten ist.

Schließlich ist die konkrete Gestaltung professioneller Kooperationen gefragt, namentlich zwischen Beratungsinstitutionen, Eltern und Betreuungseinrichtungen. Kooperation mit dem Personal von Krippen, Tagesfamilien und Kindergärten geht im Rahmen psychosozialer Unterstützung von Migrationskindern Hand in Hand mit der interkulturellen Sensibilisierung – einerseits der Beraterinnen/Therapeuten, andererseits des Personals der Betreuungseinrichtungen. Das heißt in vielen Fällen, dass die eigene interkulturelle Kompetenz erhöht werden muss und dass sowohl die Beratungsdienste als auch die Einrichtungen familienergänzender Betreuung sich allen Bevölkerungsschichten öffnen müssen (Lanfranchi, 1996a).

Am Schluss möchte ich noch betonen, dass an erster Stelle dieser Postulate nicht die Illusion oder der Trugschluss einer „kompensatorischen Erziehung" als Reminiszenz der 60er-Jahre steht. Nicht „mehr Schule nach unten" soll beabsichtigt werden, damit noch strengere Kriterien an die aufgenommenen Schulanfänger gestellt werden und im Endeffekt die gleiche oder eine noch größere Quote von Schulversagern resultiert (dazu vgl. Kornmann, 1998, S. 65). Vor allen Dingen ist die ökosystemische Perspektive von Austauschbeziehungen zwischen Familienwelt und dem halböffentlichen oder öffentlichen Bereich familienergänzender Einrichtungen wichtig, sozusagen als Laboratorium zur Gestaltung förderlicher Übergänge in der kindlichen Entwicklung. Solche Austauschbeziehungen dürften – insbesondere bei eingewanderten Familien – zu Prozessen der Öffnung führen. Nach neuesten Studien zum Schulerfolg von Migrationskindern sind sie von vorrangiger und nachhaltender Bedeutung und haben deshalb bildungspolitisch erste Priorität. Sie sind aber auch familien- und ganz allgemein gesellschaftspolitisch erwünscht, etwa hinsichtlich der Integrationserfordernisse in der Aufnahmegesellschaft (EKA, 1999). Nicht zuletzt helfen Maßnahmen familienergänzender Betreuung mit, Probleme wie kindliche Deprivation oder Misshandlung zu vermindern bzw. frühzeitig zu erkennen. Damit werden soziale Folgekosten von beträchtlichem Umfang vermieden.

Anmerkungen

1 Dieser Beitrag gründet sich auf eine Untersuchung, die kürzlich im Rahmen des Nationalen Forschungsprogramms „Migration und interkulturelle Beziehungen" des Schweizerischen Nationalfonds abgeschlossen wurde. In drei Städten der deutschen, französischen und italienischen Schweiz wurde die Wirksamkeit familienergänzender Betreuungsformen im Vorschulalter überprüft – mit besonderem Augenmerk auf der Situation von Migrationsfamilien. Eine zentrale Grundannahme der Studie postulierte, dass die entscheidenden Weichen für den Schulerfolg im Vorschulalter – ja sogar im Vorkindergartenalter – gestellt werden (Lanfranchi, 2001).

2 Nach Schätzungen einer Expertenkommission beim Bundesministerium für Frauen und Jugend (vgl. Deutscher Bundestag, 1992, zit. in Tietze, 1998, S. 14), die von einer notwendigen Versorgungsquote im Krippen- und Hortbereich von 20% bzw. 30% ausgeht, müssten in Deutschland für die Altersgruppe der unter Dreijährigen 350.000 neue Plätze in Krippen und 390.000 in Horten geschaffen werden.

3 Die im Kanton Tessin noch in Kraft stehende „Legge dell'infanzia" von 1963, Art. 6 besagt z.B.: „Unter 3-jährige Kinder, die aufgrund einer Krankheit der Mutter oder infolge schwieriger familiärer Verhältnisse außerhalb ihrer Familie betreut werden müssen, werden in vom Staat gegründeten oder anerkannten Kinderkrippen oder Kinder-Tagesheimen aufgenommen, bis die Familie wieder im Stande ist, sie selber zu betreuen."

4 Die Frauen bedurften im Laufe der Geschichte dennoch immer der Anleitung durch männliche Experten, wie zum Beispiel Ärzte (Stichwort: Hygiene), später Pädagogen (Konsequenz und Ordnung) und schließlich Psychologen (die „richtigen" Gefühle aufbringen) (vgl. Nadai, 1995, S. 6).

5 Für ein detailliertes Forschungsresumée mit Ergebnisangaben zu den Themen Mutter-Kind-Beziehung, professionelle Standards der Betreuung, kognitive und sprachliche Entwicklung in Verbindung mit Familienvariablen, Betreuungsformen, Anzahl Stunden der Betreuung und sozial unterprivilegierte Familien mit Kindern in familienergänzender Betreuung siehe Lanfranchi (2001).

6 In unserer Stichprobe von Locarno zeigte es sich, dass 60% der albanischen Kinder zum frühestmöglichen Beginn mit 3 Jahren in den Kindergarten eintreten, während dies nur für 20% sowohl der Schweizer als auch der italienischen Kinder zutrifft.

7 In der Stichprobe des Jahrgangs 1993/94 betrifft dies am Beispiel von Winterthur 20% der albanischen Kinder, die mit dem Kindergarten hätten beginnen sollen und stattdessen zu Hause von ihrer Mutter betreut werden; die Anteile der Schweizer sind im Vergleich dazu viermal kleiner (5%).

8 Gestützt auf die „strukturale Hermeneutik" nach Oevermann, Allert, Konau & Krambeck (1979) und auf die „Grounded Theory" nach Glaser & Strauss (1998), sowie ihre Adaptation zur Anwendung in Familienstudien nach Hildenbrand (1999); siehe auch Lanfranchi (1994).

9 Alle Namen und weitere Hinweise, die zu einer Identifizierung der Personen führen könnten, wurden anonymisiert.

10 Die Bezeichnung besagt, dass diese Spielgruppen auf Albanisch geführt werden, zur Einübung einer soliden sprachlichen und kulturellen Basis im „vertrauten Milieu" – sozusagen als sanfter Übergang zwischen Familie und Gesellschaft (für eine wissenschaftliche Begründung „monolingualer Spielgruppen": vgl. Lanfranchi, 1996b). Nebst den albanischen werden in Winterthur auch türkische, italienische sowie gemischtsprachliche Spielgruppen für Kinder im Vorschulalter geführt.

11 Ausschnitt aus einem Interview, das mein Forschungsmitarbeiter Jann Gruber aufgezeichnet hat, vollständige Darstellung und Analyse in Lanfranchi (2001).

12 Es handelt sich hier zwar um Fallrekonstruktionen, die im Rahmen eines Forschungsprojekts und nicht der Beratungspraxis entstanden sind. In der Wahl des methodologischen Ansatzes tritt jedoch die Orientierung des Autors an der Praxis der systemischen (Familien-)Therapie zutage. Die fallrekonstruktive Forschung bedient sich prinzipiell derselben methodologischen Einstellung wie das beraterisch-therapeutische Fallverstehen (dazu Welter-Enderlin & Hildenbrand, 1996). Gewiss hat die Forschung andere Ziele als die Therapie: Ihr geht es nicht um den einzelnen Fall, sondern um Strukturgeneralisierung im Dienste der Theoriebildung. Weil sich aber fallrekonstruktive Forschung und Therapie identischer Verfahrenslogiken bedienen, ist der fallrekonstruktive Ansatz in besonderer Weise geeignet, die Kluft zwischen Theorie und Praxis in therapeutischen (wie auch pädagogischen) Handlungsfeldern zu überwinden (Hildenbrand, 1999).

Literatur

Allemann-Ghionda, C. (1988). *Ausländische Kinder, Jugendliche und Erwachsene im schweizerischen Bildungswesen.* (Forschungspolitische Früherkennung. Bericht 25). Bern: Schweizerischer Wissenschaftsrat.

Allemann-Ghionda, C. (1999). *Schule, Bildung und Pluralität.* Sechs Fallstudien im europäischen Vergleich. (Reihe Explorationen). Bern: Lang.

Belsky, J., Robins, E. & Gamble, W. (1984). *The determinants of parental competence – toward a contextual theory.* New York: Plenum Press.

Boss-Nünning, U. (2000). Kinder aus Zuwandererfamilien in einer Gesellschaft der Ungleichheit: Armut und Wohnen. In: H. Buchkremer, W.-D. Bukow & M. Emmerich (Hg.). *Die Familie im Spannungsfeld globaler Mobilität. Zur Konstruktion ethnischer Minderheiten im Kontext der Familie* (Reihe: Interkulturelle Studien. Opladen: Leske + Budrich, pp. 53-79.

Braverman, L. B. (1989). Beyond the myth of motherhood. I: M. McGoldrick, C. M. Anderson & F. Walsh (Hg.). *Women and families.* New York: Free Press, pp. 227-243.

Bronfenbrenner, U. (1981). *Die Ökologie der menschlichen Entwicklung.* Stuttgart: Klett.

Denich, B. S. (1993). Sex and Power in the Balkans. In: M. Z. Rosaldo & L. Lamphere (Hg.). *Woman, Culture and Society.* Stanford: University Press, pp. 243-262.

EKA (1999). *Die Integration der Migrantinnen und Migranten in der Schweiz. Fakten, Handlungsbereiche, Postulate.* Bern: Eidgenössische Ausländerkommission (EKA).

EKF (1992). *Familienexterne Kinderbetreuung. Teil 1: Fakten und Empfehlungen.* Bern: Eidgenössische Kommission für Frauenfragen (EDMZ).

Engelbert, A. (1988). Familienumwelt, Familienalltag und familiale Leistungen für Kinder. *System Familie* 1, pp. 33-48.

Europäische Kommission. (1995). *Die Vorschulerziehung in der Europäischen Union. Ein Problemaufriss.* Brüssel: Veröffentlichungen der Europäischen Gemeinschaft.

Glaser, B. G. & Strauss, A. L. (1998). *Grounded Theory. Strategien qualitativer Forschung.* Bern: Huber.

Harkness, S. & Super, C. M. (1993). The developmental niche: Implications for children's literacy development. In: L. Eldering & P. Lesemann (Hg.). *Early intervention and culture: Preparation for literacy. The interface between theory and practice.* Paris: UNESCO, pp. 115-132.

Harkness, S. & Super, C. M. (Hg.). (1996). *Parents' cultural belief systems: their origins, expressions, and consequences.* New York: Guilford Press.

Hildenbrand, B. (1999). *Fallrekonstruktive Familienforschung.* Opladen: Leske + Budrich.

Joris, E. (1994). Vom „Haus" zur Vielfalt der Familienformen. Familiengeschichte zwischen normativem Anspruch und Alltagsrealität. *Sozialarbeit* 11, pp. 2-8.

Kornmann, R. (1998). Wie ist das zunehmende Schulversagen bei Kindern von Migranten zu erklären und zu beheben? *Vierteljahresschrift für Heilpädagogik und ihre Nachbargebiete (VHN)* 67 (1), pp. 55-68.

Kornmann, R., Burgard, P. & Eichling, H.-M. (1999). Zur Überrepräsentation von ausländischen Kindern und Jugendlichen in Schulen für Lernbehinderte. Revision älterer und Mitteilung neuerer Ergebnisse. *Zeitschrift für Heilpädagogik* 3, pp. 106-109.

Kronig, W., Haeberlin, U. & Eckhart, M. (2000). *Immigrantenkinder und schulische Selektion.* Bern: Haupt.

Lanfranchi, A. (1993). „Wenigstens in meinem Dorf ist es Brauch…" Von der Stagnation zur Transformation familialer Wirklichkeitskonstrukte bei Immigranten. *Praxis der Kinderpsychologie und Kinderpsychiatrie* 6, pp. 188-198.

Lanfranchi, A. (1994). Die ethnobiographische Fallrekonstruktion in Diagnostik und Therapie bei „Fremden". BIOS, *Zeitschrift für Biographieforschung und Oral History* 2, pp. 206-222.

Lanfranchi, A. (1996a). Interkulturelle Kompetenz in psychosozialen Berufen: handlungsbezogene Schwerpunkte. *iza Zeitschrift für Migration und Soziale Arbeit 3+4*, pp. 30-36.

Lanfranchi, A. (1996b). Spielgruppen für Migranten- und Flüchtlingskinder im Vorkinder-gartenalter: ein präventiver Beitrag zur Vermittlung sprachlicher, kognitiver und so-zialer Lernerfahrungen. In: H. K. M. Brunstig, J. Steppacher (Hg.). *Teilleistungs-schwächen – Prävention und Therapie* (2. Aufl.). Luzern (Schweiz): Zentralstelle für Heilpädagogik, pp. 101-129.

Lanfranchi, A. (1997). Umgang mit Widerstand bei Immigranten. Ein Fall von Dissozialität bei „ seelischem Grenzgängertum". In: G. Pulverich (Hg.). *Psychologie und Therapie bei Kindern und Jugendlichen.* Bonn: Deutscher Psychologen Verlag, pp. 35-44.

Lanfranchi, A. (1998). Vom Kulturschock zum Behinderungsschock. Beratung in der Früh-förderung mit 'Fremden'. *Frühförderung interdisziplinär* 17, pp. 116-124.

Lanfranchi, A. (2001). *Schulerfolg von Migrationskindern. Bedeutung von Übergangsräu-men im Vorschulalter.* Opladen: Leske + Budrich (in Vorbereitung).

Leyendecker, B. (1997). Frühe Entwicklung im soziokulturellen Kontext. In: H. Keller (Hg.). *Handbuch der Kleinkindforschung* (2., überarb. Aufl.). Bern: Huber, pp. 149-169.

Nadai, E. (1995). Von Mutterliebe und Kinderkrippen. *pro juventute Thema* 2, pp. 5-8.

NICHD Early Child Care Research Network (1994). Childcare and child development: The NICHD study of early child care. In: S. L. Friedman & H. C. Haywood (Hg.). *Develop-mental follow-up: Concepts, domains and methods.* New York: Academic Press, pp. 378-396.

NICHD Early Child Care Research Network (2001). Summary of Results of the NICHD Stu-dy of Early Child Care. *www.nichd.nih.gov/publications/pubs/early_child_care.htm.*

Oberhuemer, P. & Ulich, M. (1997). *Kinderbetreuung in Europa. Tageseinrichtungen und pädagogisches Personal.* Weinheim: Beltz.

Oevermann, U., Allert, T., Konau, E. & Krambeck, J. (1979). Die Methodologie einer 'ob-jektiven Hermeneutik' und ihre allgemeine forschungslogische Bedeutung in den So-zialwissenschaften. In: H. G. Soeffner (Hg.). *Interpretative Verfahren in den Sozial- und Textwissenschaften.* Stuttgart: Metzler, pp. 352-434.

Schenk, S. (1998). Familienergänzende Kinderbetreuung: Notlösung oder Notwendigkeit? In: Marie Meierhofer-Institut für das Kind (Hg.). *Startbedingungen für Familien. For-schungs- und Erlebnisbericht zur Situation von Familien mit Kleinkindern in der Schweiz und sozialpolitische Forderungen.* Zürich: pro juventute, pp. 103-129.

Tietze, W. (Hg.). (1998). *Wie gut sind unsere Kindergärten? Eine Untersuchung zur pädagogischen Qualität in deutschen Kindergärten.* Berlin: Luchterhand.

Welter-Enderlin, R. & Hildenbrand, B. (1996). *Systemische Therapie als Begegnung.* Stutt-gart: Klett.

Teil 3:
Professionelle Kontexte: Praktizierte Prävention – Modelle von Kooperation und Vernetzung

Editorial der Herausgeber

„Kooperation" und „Vernetzung" sind die zentralen Begriffe, die diesen dritten Teil kennzeichnen. Ein beraterisches Vorgehen, das Aufgaben segmentiert und Problemfälle, bei denen der eine Experte nicht weiterkommt, an eine/n andere/n delegiert, wird zunehmend von dem Bewusstsein abgelöst, dass erst der *gemeinsame* Blick von Vertretern verschiedener Disziplinen zu wichtigen Synergieeffekten führt, eine Erkenntnis, der in Erziehungsberatungsstellen durch ihre multidisziplinären Teams konzeptuell schon immer Rechnung getragen wurde. Gestiegener Komplexität der Aufgaben kann mit einer verbesserten Vernetzung der Experten begegnet werden, die auf neue Weise kooperieren.

In verschiedenen Arbeitszusammenhängen machten wir Herausgeber mehrfach die lehrreiche Erfahrung, dass alle Auseinandersetzungen um metatheoretische Konzeptionen, z.B. um die „richtige" Lehre, um die angemessen(st)e Herangehensweise, immer dann in sich zusammenfielen, wenn die Kontrahenten gezwungen waren, gemeinsam konkrete praktische Fragen zu bewältigen. Im Gespräch über die Frage, welcher Interventionsschritt in einer bestimmten Konstellation – etwa in einem schwierigen Familiengespräch – „hier und jetzt" passen könnte, zeigte sich, dass die Ideen und Vorschläge von dem Vertreter der anderen Disziplin oder der anderen theoretischen Ausrichtung wichtige Impulse setzten und dass – sofern es nicht um die Frage danach ging, wer nun die „bessere" Idee hatte – sich aus den Anregungen des einen und des anderen manchmal völlig neue therapeutische Schritte ergaben. Dies zeigt die Möglichkeiten der Vernetzung innerhalb einer Institution. Unabdingbare Voraussetzungen dazu – so die eigenen Erfahrungen – sind Vertrauen und Sympathie. Strukturen, die dies ermöglichen, sind Rahmenbedingungen, in denen Kommunikation, Koordination und schließlich Kooperation möglich sind.

In diesem letzten Teil des Buches geht es auch um die Kooperation innerhalb einer Einrichtung, doch liegt der Schwerpunkt auf der Vernetzung *zwischen* den Institutionen. Synergieeffekte können dann entstehen, wenn kooperiert wird – und nicht nur delegiert. Jugendhilfe muss sich vernetzen, um ihre Kräfte entfalten zu können. Es geht darum, funktionierende Netzwerkstrukturen zu schaffen, die sozial Benachteiligten Unterstützungsmöglichkeiten bieten. Dazu bietet der Beitrag von Jochen Schweitzer von der Psychosomatischen Klinik der Universität Heidelberg von einer Meta-Ebene der Betrachtung aus höchst interessante Anregungen. Sein Schwerpunkt ist die Kooperationsforschung, auf die er als Lehrtherapeut für systemische Therapie und Praktiker mit langjähriger Erfahrung in der Durchführung von Familie-Helfer-Konferenzen blickt. Je besser man die sich ähnelnden Prozessdynamiken in psychosozialen Institutionen versteht, desto besser gelingt es, Strukturen zu schaffen, in denen Konkurrenz minimiert und gegenseitige Bereicherung maximiert wird. Stichworte wie Kontextsteuerung, Systemische Selbstreflexion und (vor allem) „Konsensentlastete Diskurse" dienen dazu, die Sprache des jeweils anderen zu lernen, anstatt beim Nicht-Verstehen stehen zu bleiben. Schweitzers zentraler Satz ist, dass Kooperation über die Grenzen der Institutionen hinweg gelingt, wenn sie für beide Seiten einen Gewinn in der jeweils „eigenen Währung" mit sich bringt.

Aus der Sicht des Leiters einer Erziehungsberatungsstelle führt Ralf Kaisen in das Konzept des „Sozialraums" ein. Damit ist das Gefüge der Rahmenbedingungen gemeint, in denen Menschen leben. Erziehungsberatung muss seines Erachtens in der Lage sein, „mit dem Weitwinkelobjektiv" auf dieses Feld zu schauen, sich darüber klar werden, wie das „Territorium" von den Betroffenen wahrgenommen wird, und sich als Koordinationsknotenpunkt für psychosoziale Fachdienste anbieten. Fall- und Feldarbeit gehen bei sozialraumbezogener Beratung Hand in Hand, Hilfsangebote sind flexibel, die Schwelle zur Einrichtung ist niedrig. Kaisens Beitrag endet mit einem Forderungskatalog sozialraumbezogener Tätigkeiten, die aufzeigen, welche Möglichkeiten von Prävention und Beratung in einer so veränderten Struktur praktischer Tätigkeit liegen. Damit kann der Beitrag helfen, sozialpolitische Ziele zu formulieren und durchzusetzen.

Bei den Werkstattberichten beschreiben die ersten drei Beiträge konkrete Projekte von Erziehungsberatung für Eltern/Familien mit kleinen Kindern, die über die gewohnten Formen der Beratung hinausgehen und präventiven Charakter im Sinne einer „Hilfe zur Selbsthilfe" haben. Allen drei Projekten ist gemeinsam, dass sie über eine fundierte wissenschaftliche Begleitung eine Qualitätssicherung vornehmen und die Wirksamkeit ihres Ansatzes nachweisen wollen. In allen Projekten wird eine interdisziplinäre Ausrichtung verwirklicht.

Der erste dieser Berichte wird von Helmut Fellner von der Abteilung Jugendwohlfahrt des Landes Oberösterreich präsentiert. Mit dem Projekt „Iglu" wurde ein Kompetenzzentrum für kleine Kinder und ihre Familien geschaffen, das auf verschiedenen Ebenen Angebote – in der Mutterberatung, der Spielstube und im Elterntreff – macht, die für Familien mit kleinen Kindern unmittelbar und niedrigschwellig zu nutzen sind. Die multidisziplinäre Orientierung dieses Projektes ist wegweisend. Interessant sind auch die Hinweise, auf welche räumlichen Aspekte neben der personellen Ausstattung eines solchen Projektes zu achten ist.

Auch wenn das Projekt, das Sabine Schaefer und Ingeborg Widmann von der Städtischen Beratungsstelle für Eltern, Kinder und Jugendliche in Stuttgart vorstellen, demgegenüber einen stärker interventionszentrierten Anspruch vertritt, steht auch hier der Gedanke der möglichst frühen positiven Beeinflussung der kindlichen Entwicklung im Vordergrund. Ausgehend von der Bindungstheorie werden Rahmenbedingungen sicherer Bindungen definiert, die mit den betroffenen Müttern und Familien im Rahmen von videogestützten Beratungen umgesetzt werden. Das Stuttgarter Beispiel verdeutlicht zugleich eine gelungene Kooperation von Erziehungsberatung und ortsansässiger Hochschule.

Der dritte Bericht stellt ein Projekt einer Erziehungsberatungsstelle aus Düsseldorf vor. Fritz Pellander und Ursula Krambrock stellen ERIK vor: „Erziehungshilfe, Rat und Information in Kindertagesstätten". Die Idee bietet Möglichkeiten fachübergreifender Kooperation mit präventiver Zielsetzung als Alternative und Ergänzung zu klassischen „Komm-Strukturen" für Eltern mit kleinen Kindern an.

Aus einem ganz anderen Arbeitsfeld stammt der letzte der hier vorgestellten Beiträge. Angela Eberding und Thomas Lob-Corzilius beschreiben ihre Tätigkeit in einer modellhaft veränderten Einrichtung: eine pädiatrische Tagesklinik, die als Modellstation aus dem herkömmlichen Betrieb einer Kinderklinik ausgegliedert wurde, um eine veränderte Angebotsstruktur zu ermöglichen – Kinder müssen nun nicht mehr zwangsläufig die Nacht außer Haus verbringen, wenn sie stationär in der Klinik aufgenommen sind, Mütter können, wenn sie es möchten, locker in den Tagesablauf der Station integriert werden. Gleichzeitig wurden in der Tagesklinik neue interdisziplinär strukturierte Kooperationsformen zwischen Pädiatrie, Familienmedizin und Beratung entwickelt. In diesem Beitrag, der das Buch beschließt, zeigt sich, dass die Idee präventiver Praxis, die interdisziplinär organisiert ist, zur Entwicklung neuer Strukturen führen kann, Strukturen, die helfen, dass diese neue Form von Praxis auch in Zukunft überdauern kann.

Die Förderung von Kooperation und die Koordination von Helfersystemen und betroffenen Familien – eine systemische Herausforderung

Jochen Schweitzer

Vorbemerkung

In allen hoch vernetzten Dienstleistungsinstitutionen sehen sich Menschen vor zunehmende Kooperationsanforderungen gestellt – vor Probleme und Lösungsversuche, die aus systemtheoretischer Sicht in den unterschiedlichsten Arbeitsfeldern teilweise sehr ähnliche Prozessdynamiken zeigen. Die folgenden Überlegungen basieren auf vorangegangenen Arbeiten über Kooperation im Gesundheitswesen (Schweitzer, 2000a) und zwischen Schule und Jugendhilfe (Schweitzer, 2000b), sind hier aber zugeschnitten auf die Kooperation zwischen zwei unterschiedlichen Institutionstypen: zwischen einerseits den „regelpädagogischen" Einrichtungen Kindergarten und Schule (also denen, die fast alle Kinder besuchen) und den „spezialisierten Förder- und Beratungseinrichtungen" (also denen, die nur von Kindern mit besonderen Problemen aufgesucht werden). Die Kooperation dieser jeweiligen Einrichtungen mit den Eltern wird mit diskutiert, steht aber nicht im Zentrum dieses Aufsatzes.

1. Das Thema Kooperation liegt verstärkt „in der Luft"

1.1 Dienstleistungsorganisationen entwickeln sich aus ihrer Differenzierungsphase zu einer Integrationsphase

Glasl und Lievegoed (1996) postulieren, dass alle Organisationen sich durch vier Phasen entwickeln. In einer *Pionierphase* wird gegründet. Eine neue Idee beseelt und beflügelt die zunächst wenigen Mitstreiter. Unbürokratisch, tatkräftig und formal schwach organisiert wird die Aufbauarbeit geleistet. Wenn im Erfolgsfalle die Organisation nun wächst, wird sie zu groß und unübersichtlich, um im alten Stile fortzufahren. Zudem hat sich der anfängliche Gründungsethos oft verbraucht. In der nun beginnenden *Differenzierungsphase* entwickelt sie interne Arbeitsteilungen, fester kodifizierte Regeln für Arbeitsabläufe, gliedert sich evtl. in Abteilungen und zieht mittlere Hierarchieebenen ein. Diese Abteilungen beginnen, ein Eigeninteresse und Eigenleben zu entwickeln, das sich von dem der Nachbarabteilungen zunehmend abgrenzt. Irgendwann kann die Organisation dann so über-differenziert werden, dass sie für ihre Nutzer/Kunden und vielleicht auch für ihre Mitarbeiter unproduktiv wird: „Die Räder greifen nicht mehr ineinander", die Tätigkeiten sind nicht mehr gut aufeinander abgestimmt, weil jede Abteilung mit der maximal guten Erfüllung ihrer Sonderaufgabe so absorbiert ist, dass das Arbeitsergebnis der Gesamtorganisation aus dem Blick gerät. Jetzt steht eine *Integrationsphase* an: Den Spezialeinheiten wird abverlangt, das Endergebnis wieder mehr als Gemeinsames zu betrachten und zu optimieren. Praktisch werden sie häufig umorganisiert, durchmischt (z.B. Mitglieder verschiedener Fachabteilungen in einer „Produktgruppe") und evtl. als Sondereinheiten ganz aufgelöst. In jüngster Zeit stehen nun viele Betriebe vor einer *Assoziationsphase*: Jeder Betrieb muss sich selektiv (das heißt: nur für bestimmte Zeitphasen und für bestimmte Leistungsaufgaben) mit anderen Betrieben zu einem Netzwerk, Verbund o.ä. zusammenschließen und diesen Zusammenschluss wieder beenden, wenn er nicht mehr benötigt wird.

Mit diesen vier Phasen lassen sich nicht nur einzelne Organisationen, sondern auch ganze Dienstleistungssysteme Gewinn bringend beschreiben – z.B. die Ausdifferenzierung der schulischen und außerschulischen Pädagogik. Beim alten „Dorfschullehrer" (und wieder in der Reformpädagogik der zwanziger Jahre als Gegenbewegung zur industriellen Arbeitsteilung) waren Schule und Sozialpädagogik weitgehend eins. Je mehr sich in je eigenen Pionierphasen neue sozialpädagogische Einrichtungen entwickelten (Kindergärten und Kindertagesstätten, Heimerziehung, Jugendämter, Erziehungsberatung, spezielle Frühförderungseinrichtungen), wurde es sinnvoll, der Schule das kognitive Unterrichten, der vor- und außerschulischen Pädagogik das emotionale Heran- und Nachreifen, die Krisenintervention, schließlich auch die Erlebnispädagogik zu überlassen.

Zwischen 1960 und 1980 dürfte diese Differenzierung einen Höhepunkt erreicht haben, zugleich wurden ihre Probleme deutlich. Amerikanische Familientherapeuten, insbesondere aus der Minuchin-Gruppe an der Philadelphia Child Guidance Clinic (Aponte, 1976) entwickelten damals „Family-School-Interviews" – eine Art runden Tisch, in denen sie Kind, Eltern, Kindergärtnerinnen und Lehrerinnen bei deren Versuchen moderierten, Lösungen etwa für Schulabsenz, aggressives/regressives Klassenzimmerverhalten oder Vandalismus und Gewalt an Schulen zu finden. Auch mir war es damals möglich, zunächst in einem amerikanischen Child Guidance Center und dann in einer deutschen Kinder- und Jugendpsychiatrie, die Familie-Helfer-Systeme dissozialer Jugendlicher, die einander zuvor wenig zur Kenntnis genommen hatten, zum Miteinander-verhandeln zusammen zu bringen (Schweitzer, 1987, 1989).

Allerdings war dies immer in die private Entscheidung der jeweiligen LehrerInnen gestellt. Die Engagierten kamen, eine strukturelle, fallübergreifende Kooperation gab es damals nicht.

Spätestens in den 90er-Jahren ist innerbetrieblich vielerorts Integration angesagt: Spezialdienste werden aufgelöst und in meist regional oder nach „Märkten" organisierte Teams integriert. Beispielsweise lösen große Jugendämter ihre Spezialdienste Erziehungsberatung, Pflegekindervermittlung, Allgemeiner Sozialer Dienst, Wirtschaftliche Jugendhilfe etc. auf und bringen diese Fachleute mit ihren sehr unterschiedlichen Traditionen, Ausbildungen und Fähigkeiten in Stadtteilteams zusammen.

Dieser Prozess endet aber nicht an den Grenzen der einzelnen Organisationen. In der Industrie schließen sich vermehrt Produktionsbetriebe zu lose gekoppelten Produktionsnetzwerken zusammen, die je nach Marktlage mit anderen Partnern andere Produkte für andere Verbraucher herstellen, und die innerhalb dieser Netzwerke (allerdings häufig hierarchisch von einem „Netzwerkführer" geleitet, manchmal auch „geknechtet") hohe gegenseitige Transparenz und präzise Absprachen über die gegenseitige „Just-in-Time"-Belieferung gewährleisten müssen. Der Zusammenschluss autonomer Einrichtungen zu virtuellen Gesamtunternehmen läßt sich auch im Gesundheitswesen beobachten. So kooperieren etwa Arztpraxen und Kliniken in gemeinsamen Qualitätszirkeln bei der Bestimmung einer optimalen Medikation für gemeinsam behandelte Patienten (Sceczesny, 1999) und psychiatrische Einrichtungen in einer Region sind derzeit herausgefordert, in einem „gemeindepsychiatrischen Verbund" einem Patienten ein „Behandlungsmenü" anzubieten, das er sich aus den Teilangeboten verschiedener Einrichtungen als Kombination gemeinsam mit einem „Fallmanager" selbst aussuchen kann (Herrmann-Woitas et al., 2000).

1.2 Familie, Schule, Jugendhilfe und Medizin stecken derzeit in unterschiedlichen produktiven Entwicklungskrisen, die sie auf das Potenzial des jeweils anderen verweisen

Kindergarten und Schule bekommen viele Schüler nicht mehr in einer Verfassung zugewiesen, in der sie ohne sozialpädagogische Zusatzarbeit mit diesen ungestört arbeiten können. Neben der strittigen Diskussion, ob die Kinder immer hyperaktiver und unkonzentrierter werden, spielt dabei eine wesentliche Rolle, dass Eltern vermehrt die erforderliche Zuarbeit zur Schule nicht mehr leisten wollen oder können. Dies wird anschaulich demonstriert in einem schon älteren Briefwechsel zwischen einer Lehrerin und einer Mutter, der ursprünglich in der Frankfurter Rundschau am 24.9.1983 abgedruckt wurde und 1998 in einem Themenheft der Zeitschrift Familiendynamik wieder auftauchte:

Gießen, den 19. September 1983

Sehr geehrte Frau Koch-Klenske,

hiermit muss ich Ihnen leider mitteilen, dass Ihr Sohn Alexander im Monat September im Mathematik-Unterricht
- häufig Heft oder Bücher vergessen hatte
- häufig zu spät in den Unterricht kam.
Da es für Ihr Kind sehr wichtig ist, den neuen Stoff im Unterricht mit zu erarbeiten und zu Hause das neu Gelernte in den Hausaufgaben selbstständig anzuwenden, bitte ich Sie, mit Alexander in diesem Monat zu sprechen, um größere Lücken und ein Absinken der Note zu vermeiden.
Falls Sie mit mir darüber sprechen wollen, bitte ich Sie, über Ihr Kind einen Termin mit mir auszumachen oder mich anzurufen. Meine Telefonnummer ist: 0641-4712.

Hochachtungsvoll
Werumeit

Gießen, den 20. September 1983

Sehr geehrte Frau Werumeit,

hiermit möchte ich Ihnen mitteilen, dass Ihr Schüler Alexander im Monat September im häuslichen Bereich
- häufig das Zimmer nicht aufgeräumt hat
- häufig die Kleider abends nicht auf den Stuhl gelegt hat
- häufig die Zähne nicht geputzt hat
- häufig den Vogel nicht gefüttert hat.
Da es für Ihren Schüler sehr wichtig ist, den neuen Stoff an Hygiene- und Sozialverhalten zu Hause zu erlernen, und dann in anderen Institutionen das neu Gelernte selbstständig anzuwenden, bitte ich Sie, mit Alexander über sein häusliches Verhalten in diesem Monat zu sprechen, um größere Probleme und allgemeinen Ärger mit mir zu vermeiden.
Falls Sie mit mir darüber sprechen wollen, bitte ich Sie, über Ihren Schüler einen Termin mit mir auszumachen oder mich anzurufen. Meine Telefonnummer ist: 0641-48979.

Hochachtungsvoll
Koch-Klenske

279

Weitere Gründe tragen zu dieser Krise der pädagogischen Regeleinrichtungen bei. Kindliche und jugendliche Devianz spielt sich vermehrt in Kindergarten und Schule statt außerhalb ab – auch weil im immer enger bebauten Lebensumfeld „draußen" (in Wald und Feld) immer weniger unbeaufsichtigter Raum ist für Bandenspiele, Rangeleien, Abenteuer und was insbesondere Jungen sonst noch gerne machen. Pädagogische Kollegien, insbesondere in der Schule, haben aufgrund der Einstellungspolitik (viele Einstellungen bis ca. 1980, danach nur extrem wenige) zuweilen einen äußerst unausgewogenen Generationsmix. Das meist hohe Durchschnittsalter erhöht den sozialen Abstand zwischen Schülern und Lehrern, was sich bei sozialpädagogischen Aktivitäten (z.B. Klassenfahrten) oft stärker zeigt als im Unterricht.

Auf der anderen Seite der pädagogischen „Demarkationslinie" entsteht von Seiten der vor- und außerschulischen Jugendarbeit ein neues Interesse an den pädagogischen Regeleinrichtungen Kindergarten und Schule. Die Jugendhilfe hat sich immer stärker von vollstationären zu teilstationären und ambulanten Arbeitsformen hin entwickelt. Sie rückt räumlich immer näher an die Familien heran, etwa in der Form der sozialpädagogischen Familienhilfe (Geske et al., 1996) und der aufsuchenden Familientherapie (Conen, 1996). Sie rückt auch näher an die Polizei heran, die inzwischen schon selbst Sozialpädagog/innen einstellt, und mit der Schulsozialarbeit geht sie auch an die Schulen. Da ist es eigentlich konsequent, teilstationäre Gruppen nachmittags gleich in die Schulen zu verlegen, Erlebnispädagogik mit Pausenaufsicht zu verbinden und für schwierige Schüler eine sozialpädagogisch qualifizierte Ganztagsschule aufzubauen.

Kindergarten und Schule haben im pädagogischen Prozess wichtige Potenziale zu bieten, die die Jugendhilfe selbst immer erst neu erzeugen muss. Kinder und Jugendliche bleiben dort über lange Jahre, die Erzieherinnen und Lehrerinnen haben über die Zeit schon viel Vertrautheit und Erfahrungen mit den Kindern erworben und viele Eltern wenden sich offen und direkt mit ihren Sorgen an sie (Drolsbach, 1999). Zudem sind Kindergarten und Schule frei vom Stigma, den der Gang zur Erziehungsberatung oder zum Jugendamt hier und dort immer noch haben. Mit dem eigenen Kind in Kindergarten und Schule aufzutauchen, ist nicht ehrenrührig und zeigt kein Versagen von Kindern oder Eltern an.

Schließlich steht Jugendhilfe auch unter heftigem Spardruck, sodass vielleicht mancher Jugendhilfeträger auch darauf spekuliert, dass Räume der Schule, die nachmittags frei sind, mitgenutzt und andere Raumkosten dadurch eingespart werden können.

2. Was erleichtert Kooperation? Kontextsteuerung, systemische Selbstreflexion, Diskurse ohne Konsenszwang

Im Anschluss an Willke (1989) stehen in dezentralen Dienstleistungssystemen besonders drei systemische Strategien zur Verfügung, die das Kooperieren leichter machen. Die erste ist nur für die Politiker, die Lobbyverbände und die Chefs, die anderen zwei für alle in Pädagogik, Beratung, Psychotherapie und Medizin Beschäftigten anwendbar.

2.1 Kontextsteuerung

Die externen Inhaber politischer Entscheidungsmacht können Rahmenbedingungen schaffen, die Kooperation für die an der Basis Tätigen lohnend machen. Krankenkassen können Ärzten eine Abrechnungsziffer für Telefonate und Besuche bei Beratungsstellen oder Kliniken zugestehen. Gemeindepsychiatrische Budgets können es für eine psychiatrische Klinik nötig machen, in gemeinsamen Case-Management-Konferenzen mit einem Wohnheimträger zusammenzuarbeiten und umgekehrt.

Abb. 1: Kontextsteuerung: Ein System definiert die Rahmenbedingungen für die Kooperation der anderen.

2.2 Systemische Selbstreflexion

Alle Informationen, die uns helfen, die Effekte unseres Tuns bei anderen wahrzunehmen, fördern unsere Systemische Selbstreflexion. Das kann eine Team- oder Fallsupervision sein; wir können unsere Teamsitzung auch allein auf Video aufnehmen und uns hinterher 10 Minuten daraus anschauen. Wir können unsere Schüler, Klienten oder Patienten befragen oder befragen lassen, wie sie die Zusammenarbeit zwischen uns und anderen Diensten erlebt haben. All dies hilft uns, eine Metaperspektive, eine Außensicht auf unsere Kooperationsstrategien und deren Ergebnisse zu gewinnen. Dann können wir bewerten: Wie zufrieden sind wir mit unserer Kooperation und, falls wir unzufrieden sind, unseren Beitrag zu dieser Kooperation verändern.

Abb. 2: Systemische Selbstreflexion: Ein System beobachtet die Interaktionen zwischen sich und seiner Umwelt.

2.3 Konsensentlastete Diskurse

Hier geht es darum, Diskurse zu führen, die die Unterschiede zwischen den Glaubens- und Wertesystemen sowie den Interessen der Beteiligten zu klären versuchen – also zu verstehen, warum man sich nicht versteht. Dabei kann es hilfreich sein, sich die gegenseitigen Existenzbedingungen zu verdeutlichen: Welche Abrechnungsziffern oder Richtlinien, welche Karrierekriterien und welcher Imagedruck sind derzeit für die Kooperationspartner am wichtigsten, und was ist nettes Beiwerk, das aber wenn es schwieriger wird, schnell wieder über Bord geworfen werden muss.

Abb. 3: Konsensentlastete Diskurse: Verstehen, wo man sich nicht versteht.

Diese drei Grundprinzipien der Steuerung von Dienstleistungssystemen können als zentrale theoriegeleitete Grundideen einer systemischen Team-, Führungskräfte- und Organisationsberatung bei Kooperationsproblemen nicht nur im Gesundheitswesen genutzt werden.

3. Wann lohnt sich Kooperation für wen?

Wann lohnt sich Kooperation für wen? Dies hängt ab von den spezifischen Währungssystemen der Beteiligten. Darunter verstehe ich die (meist nicht bewussten) Umrechnungsregeln, nach denen Menschen den Wert ihrer eigenen Handlungen für andere und den Wert der Handlungen der Anderen für sie selbst bestimmen. Anders als am Devisenmarkt gibt es im Gesundheitswesen eine babylonische Vielfalt wertbestimmender „Währungssysteme". Das macht es den Akteuren im Gesundheitswesen schwer herauszufinden, welche ihrer Kooperationsangebote für andere attraktiv und welche irrelevant sind: Warum kommen manche niedergelassene Ärzte oder Lehrer ungern zu Hilfeplangesprächen, warum schicken manche Sozialarbeiter ungern Behandlungsberichte an Ärzte, warum zeigen sich manche Erzieherinnen zögerlich in der Elternarbeit?

Diese Frage wird in der experimentellen Sozialpsychologie anhand von sozialen Dilemmasituationen untersucht, z.B. im Gefangenendilemmaspiel. Hier ist den Akteuren nicht vollständig klar, ob sich Kooperation im positiven Sinne oder Konkurrenz für sie lohnen wird. In einem berühmten Computerturnier mit dem Gefangenendilemmaspiel (Axelrod, 1987), in dem verschiedene Strategien gegeneinander antraten, siegte die „Tit-for-Tat"-Strategie, auf Deutsch: „Wie du mir, so ich dir". Diese beginnt im ersten Zug immer mit einer Kooperation und verhält sich in den folgenden Zügen immer so (nämlich kooperativ oder nicht-kooperativ) wie der Mitspieler in seinem letzten Zug. Dieses Experiment legt also eine „Wie du mir, so ich dir"-Strategie, allerdings mit freundlichem Eröffnungszug, nahe – mithin eine Strategie des „Je-nachdem".

Auch aus der praktischen Alltagserfahrung in pädagogischen und medizinischen Institutionen lassen sich einige gut begründete Hypothesen darüber formulieren, wann Kooperieren lohnt und wann nicht:
1. Für Menschen, die schon viel zu tun haben, lohnt sie nur, wenn Kooperation ihnen langfristig Arbeitszeit einspart. Ein umfangreiches Besprechungswesen als solches ist nur für sozial vereinsamte Menschen attraktiv, denen andernorts ein befriedigender zwischenmenschlicher Austausch fehlt.
2. Kooperation lohnt langfristig nur, wenn das Arbeitsleben dadurch einfacher statt komplizierter wird. Das wird vor allem da der Fall sein, wo das Zusammenbringen von Informationen und Fähigkeiten etwas ermöglicht, was dem Einzelarbeiter nicht gelingt. Fast alle Routinetätigkeiten gelingen besser alleine.
3. Wenn Mitarbeiter nicht miteinander kooperieren, obwohl sie offiziell sollten, so deutet dies nicht nur darauf hin, dass es ihnen keinen Spaß macht

miteinander, sondern auch darauf, dass es keinen Dritten, also keinen Chef oder keine Klienten oder keine Finanzierungsrichtlinien gibt, die sie dazu nötigen. Umgekehrt gesagt: Wer andere zum Kooperieren bringen will, muss ihnen effektiv Dampf machen.

4. Bedingungen gelingender Kooperation

4.1 Kooperation muss für beide Seiten einen Gewinn in deren je eigener Währung abwerfen

Wann lohnt sich Kooperation für wen? Lohnen oder nicht lohnen hängt – wie gesagt – ab von den jeweiligen Währungssystemen der Beteiligten. Hier geht es Gott sei Dank nicht nur ums Geld, sondern auch um viele nicht-monetäre Werte: Kreativität und Ästhetik der eigenen fachlichen Arbeit, Beziehungsqualität im Umgang mit den Kindern, Schulnoten, Kennziffern in Jahresberichten u.v.m. Es gibt keine Schilder, auf denen man einfach die Umtauschkurse zwischen diesen sehr verschiedenen Währungen ablesen könnte und wie viel welcher Wert wem bedeutet. Das macht es den Akteuren im Non-Profit-Bereich so schwer herauszufinden, welche ihrer Kooperationsangebote für andere attraktiv und welche irrelevant sind. Sicher richtig liegt man aber wohl mit folgenden Überlegungen:

1. Kooperation muss allen beteiligten Personen- und Berufsgruppen helfen, diejenigen Tätigkeiten zu verbessern, die im Zentrum ihres persönlichen oder beruflichen Ethos stehen. Für die LehrerInnen wird sich dies in erster Linie im Unterrichten zeigen, für Kindergärtnerinnen in der Gruppenarbeit, für Erziehungsberater im Beratungsgespräch.
2. Für alle beteiligten Gruppen muss die Arbeit dadurch leichter statt schwerer werden, der Spaß an der Arbeit größer statt kleiner, die Arbeitszeit auf lange Sicht zumindest nicht länger, die subjektive Arbeitsbelastung geringer statt größer.
3. Dritte Parteien, von Eltern und Kindern über vorgesetzte Behörden (Schulämter, SozialdezernentInnen, Landesjugendämter) bis zur Medienöffentlichkeit, werden diese Kooperation nur dann wirksam beeinflussen, wenn sie hinreichend attraktive Rahmenbedingungen für gelingende Kooperationen und überzeugende Strafandrohungen für scheiternde Kooperation anbieten können. Sonntagsreden („man sollte …") erzeugen nur Pseudo-Strategien: Kooperation in Worten begrüßen und sie in Taten vermeiden.

4.2 Eine radikale Lösungsorientierung und ein Desinteresse an der Problemanalyse erleichtern die Kooperation

Dies kennen wir aus der Elternarbeit. Solange gefahndet wird, ob die Eltern zu Hause die Kinder abends zu lange aufbleiben und zu viel Fernsehen schauen lassen oder ob die Lehrerin die anderen Kinder bevorzugt und ihre Hausaufgaben zu schwer oder zu leicht sind, werden Abwehr und Entlastungsschläge die Szene beherrschen. Kooperationsgespräche sollten nach der Leitlinie verlaufen: „Was läuft jetzt schon gut und was könnten wir tun, damit mehr davon geschieht?"

4.3 Eine systembezogene Kooperation („Liaisondienst") ist effektiver als eine fallbezogene („Konsiliardienst", „Überweisungspraxis")

Systembezogene Kooperation, wie sie etwa bei Drolsbach (1999) für die Arbeit von Sonderpädagogen in Regelschulen beschrieben wird, meint übertragen auf Jugendhilfe: Jugendhilfe ist fallübergreifend, wenngleich nicht zwangsläufig hochdosiert, im Kindergarten oder an der Schule präsent. Beispielsweise machen sich Pädagogen vom Jugendamt und Lehrerinnen oder Kindergärtnerinnen vor der ersten Fallarbeit allgemein miteinander bekannt. Wenn so eine grundlegende Vertrauensbasis bereits gelegt ist, wird im Einzelfall informelle und unbürokratische Zusammenarbeit möglich, die schneller erfolgt, sozusagen „just in time".

4.4 Den anderen gut ausschauen lassen: das eigene Verhalten verändern und auf das Missionieren verzichten

Die Autopoiese-Metapher der Systemtheorie (Maturana & Varela, 1987) besagt, dass lebende Systeme immer nur mit solchen Operationen auf fremde Anstöße und Anregungen reagieren können, die in ihrem eigenen Operationsvorrat verfügbar sind. Sie lassen sich von außen nicht genau instruieren, sondern nur zu etwas anregen, dass ihnen sowieso liegt und möglich ist. Missionierungsversuche (der Erzieherinnen gegen die Eltern, der Sozialpädagogen gegen die Lehrer, der Lehrer gegen die Eltern und die Sozialpädagogen) erzeugen symmetrische Eskalationen (Angriffs- und Gegenwehrs-Dynamiken), die Veränderung unwahrscheinlicher machen. Daher empfiehlt sich anzunehmen, der andere sei unveränderbar, so wie er/sie eben sei, und das einzige Veränderungspotenzial liege bei einem selbst. Gelingt es, den eigenen Beitrag zur Kooperation zu verändern, ohne den anderen zugleich dazu aufzufordern, hat dies oft nachhaltigere Reaktionen zur Folge.

285

5. Mögliche Formen der Kooperation aus Sicht der Schule

Ich will nun mir bekannte Kooperationspraktiken zwischen Regelpädagogischen Einrichtungen (Kindergarten und Schule) sowie spezialisierten Förder- und Beratungsdiensten einmal in Form einer Stufenleiter anordnen, die verdeutlicht, dass sehr unterschiedlich intensive Stufen der Kooperation möglich sind.

Stufen der Kooperation zwischen Regelpädagogik und spezialisierten Förder- und Beratungsdiensten aus Sicht der regelpädagogischen Einrichtungen:

Stufe 1: „Hinausschicken" – Problemschüler an spezialisierte Dienste überweisen

Stufe 2: „Hereinholen" – Externe Beratung aus den spezialisierten Diensten in Kindergarten oder Schule holen
    Stufe 2 a: fallbezogen
    Stufe 2 b: sytembezogen

Stufe 3: „Drinnen haben" – spezialisierte Dienste in Kindergarten oder Schule integrieren

---

Typ der Kooperation	Kind hinaus überweisen	Beratung hereinholen	Institutionen integrieren („Fusion")
Spezialisierte Dienste	Sonderschulüberweisung		Integrationsschule
Stationäre Jugendhilfe	Heimeinweisung		
Teilstationäre Jugendhilfe			Sozialpädagogisch orientierte volle Halbtagsschule/ Quasi-Ganztagsschule
Ambulante Jugendhilfe			Schulsozialarbeit
Erziehungsberatung	Klassische Erziehungsberatung	Fallsupervision, Schulberatung	
Jugendamt	Hilfeplangespräche	Hilfeplangespräche	

Beispielsweise kann ein sozialpädagogisches Ergänzungskonzept für die Grundschule, das den Grundschulunterricht in Richtung einer Halb- oder Ganztagesschule für diejenigen Schüler ausweitet, die das brauchen können, folgende Elemente umfassen (Bönsch, 1999):

1. Verlässliche Betreuung auch in Ausfall- und Randstunden („Kernzeitbetreuung"),
2. Mittagessen, Mittagsruhe,
3. strukturierte und freie Spiel- und Beschäftigungsangebote,
4. Hausaufgabenbetreuung,
5. Einzelfallhilfe,
6. Elternkontakte.

Je nach Intensität des Kooperationsinteresses kann dabei die Sozialpädagogik mehr ein Gast in der Grundschule bleiben, oder aber die Sozialpädagogen können (natürlich nicht im rechtlichen Sinne) in das Lehrerkollegium personell nahezu integriert werden.

Eine Fallsupervision durch eine familientherapeutisch kompetente Erziehungsberatungsstelle (ausführlich zu den Möglichkeiten: Spindler und Klarer, 1999) kann oft als erster Schritt aus einem gemeinsamen Gespräch zwischen der Familie und dem Kindergarten oder der Schule bestehen. Zunächst wird die Erziehungsberaterin mit Kind, Lehrerin und Eltern die Aufträge der Beteiligten an dieses Gespräch klären, um dann die Lösungsideen (wo sehen alle Beteiligten Veränderungsmöglichkeiten?) zu erfragen und miteinander solange zu diskutieren, bis Handlungsideen entstanden sind, die dann erprobt werden. Diese können sich in ganz verschiedenen Teilsystemen abspielen. Es kann ein weiteres Gespräch zwischen Eltern und Lehrerin zur Verbesserung von deren Kooperation geben. Die Erziehungsberaterin kann im Unterricht hospitieren und mit der Lehrerin Veränderungen im Klassenzimmer diskutieren. Bei internen Konflikten und bei Interesse wird die Familie zur Familienberatung in die Beratungsstelle gehen. Möglich sind auch Therapie oder Förderung des Kindes einzeln oder in Gruppen; möglich sind bei verhärteten Fronten auch ein Wechsel der Kindergartengruppe bzw. Schulklasse oder des Kindergartens/ der Schule insgesamt, bei schwierigen Familienlagen schließlich eine Aufnahme des Kindes in teil- oder vollstationäre Betreuungsangebote. Das Wesentliche an diesem Konzept: Verschafft man sich anfangs im Familie-Schul-/Kindergarten-Gespräch zunächst einen ganzheitlichen gemeinsamen Eindruck über die Dynamik im gesamten Problem-Lösungs-System, so werden „passendere" Lösungsstrategien möglich, die von allen Beteiligten besser mitgetragen werden.

6. Techniken systemischer Selbstreflexion zur Förderung der Kooperation in einer Region

6.1 Systemorientiertes Fallmanagement

Solange die einzelnen Anbieter im Bildungs-, Sozial- und Gesundheitswesen als isolierte Akteure auftreten, deren wirtschaftlicher Erfolg an möglichst maximierten Einzelleistungs-Abrechnungen hängt, ist Kooperation zwischen ihnen eine moralisch hoch stehende, aber wirtschaftlich unnötige Angelegenheit. Sie tun – wirtschaftlich gesehen – gut daran, die Tätigkeiten der anderen Fachleute mit demselben Kind wenig zur Kenntnis zu nehmen, sondern diese stattdessen in der eigenen Einrichtung zu wiederholen. Dies ändert sich aber, wenn sie wirtschaftlich zu einem Gesamtsystem werden (z.B. in Managed Care, in vernetzten Praxen, in gemeindepsychiatrischen Verbünden, in einem intern regionalisierten Sozial- oder Jugendamt etc.), das seine internen Schnittstellen möglichst gut abstimmen muss. Dann schlägt die Stunde des „Fallmanagements": einer der Beteiligten wird zum „Koordinator" der vielen Spezialisten, verfolgt die Wege des Klienten, Patienten oder Schülers durch das Versorgungsnetz, sammelt die Berichte aller Fachleute und behält eine übergreifende Zuständigkeit für den Klienten unabhängig von dessen aktuellem „Befinden" und unabhängig von der Institution, in der er derzeit gerade betreut wird.

Fallmanagement ist allein noch kein Wert an sich – je nach Systemkompetenz (Schiepek & Manteuffel, 1998) des Fallmanagers schützt es noch keineswegs vor unproduktiven Behandlungsverläufen und kann sehr bürokratisch gehandhabt werden. Fallmanagement lässt sich weiterqualifizieren durch beratende „Fall-Management-Teams", die z.B. in der Medizin bei chronisch unproduktiven Behandlungsverläufen mit „medically non-indicated high utilizer patients" (Kröger et al., 1998) mit dem Koordinator herausarbeiten, wie die verschiedenen Systemebenen (Psychodynamik, Familiendynamik, medizinische Befundlage, Kooperation zwischen Behandlern) neue Entwicklungen blockieren und welche Schritte zu einer besseren Lösung führen könnten.

Solche Fallmanagement-Teams für schwierige Fälle sollten nach dem „Arche-Noah-Prinzip" aus Kolleginnen und Kollegen möglichst unterschiedlicher Einrichtungen oder Abteilungen zusammengemixt sein, um heterogene Feldkompetenz zu versammeln; und ihre Mitarbeiter sollten ein Grundtraining in systemischem Denken und systemischer Beratungstechnik erhalten. Ich habe beispielsweise im Jugendamt der Stadt Ludwigshafen über drei Jahre ein solches Team beraten, in dem drei Frauen und vier Männer aus fünf Abteilungen des

288

Jugendamtes in zahlreichen Fällen Alternativlösungen zu langfristiger stationärer Jugendhilfe zu erfinden vermochten (ausführlich beschrieben in Schweitzer et al., 1999). In regelmäßigen Fallmanagement-Konferenzen mit dem fallführenden Mitarbeiter des Allgemeinen Sozialdienstes des Jugendamtes interviewte zunächst ein Teammitglied die Fallvorstellerin über die präsentierten Probleme, über deren familiären Hintergrund (mit Genogramm) sowie über die bisherigen informellen und institutionellen Lösungsversuche. Dann bot ein Reflecting Team aus zwei bis vier anderen Teammitgliedern Hypothesen zu den bisher aufgefallenen Beziehungsmustern rund um das Problem an. Fallvorstellerin und Interviewerin setzten dann ihr Gespräch fort, jetzt mehr auf künftige Handlungsmöglichkeiten zentriert. Eine daran anschließende zweite Runde des Reflecting Team, ebenfalls jetzt mehr auf Lösungsideen zentriert, aber auch mit weiteren Verständnisangeboten für die bisherigen Probleme, schloss sich an. Nach diesen beiden „Durchgängen" wurde zwischen Fallvorstellerin und Interviewerin ein gemeinsamer Vorschlag für das weitere Vorgehen formuliert. Dieser wurde schriftlich fixiert, den Fachvorgesetzten mitgeteilt, im Regelfall danach auch umgesetzt und seine Ergebnisse in einer Nachschau im Fallmanagementteam ca. drei Monate später evaluiert.

Mit diesem Vorgehen (kombiniert mit der Einführung einer Notaufnahmegruppe, mehreren Teamweiterbildungen sowie administrativen Veränderungen) gelang es, eine drastische Reduktion langfristiger stationärer Heimeinweisungen mit der Entwicklung alternativer, die Familien mehr stärkender statt abwertender fachlicher Praktiken zu verbinden. Das Fallmanagementteam wurde über seine Pilotprojektzeit hinaus nicht weitergeführt, aber seine Arbeitsweise in zahlreichen Regionalteams in der Stadt übernommen und für deren Situation adaptiert.

6.2 Klienten wandern durch das Versorgungsnetz – ein Großgruppenexperiment

An vier Orten hatte ich bislang Gelegenheit, in halb- bis ganztägigen Workshops mit Vertretern verschiedenster psychosozialer und medizinischer Dienste ein Simulationsexperiment über deren einrichtungsübergreifende Kooperation durchzuführen: in Gießen und Mainz mit den gemeindepsychiatrischen Diensten, in Siegen hauptsächlich mit der Jugendhilfe sowie in Heidelberg mit Pädiatrie und Jugendhilfe rund um das Thema Kindesmissbrauch. Dabei hat sich folgende Übung bewährt, die die Methoden der Skulptur (der räumlichen Darstellung von Beziehungen, Schweitzer & Weber, 1982) und des Sprechchors (des Sich-Vorsingen-Lassens problemverstärkender und problemlösender eigener Glaubenssätze durch einen „Chor", Schweitzer, 1997) auf die Analyse regionaler Kooperation anwendet:

Ich lade die Anwesenden zunächst ein, vor ihrem inneren Auge ihre Schüler, Patienten oder Klienten der letzten Monate vorüberziehen zu lassen. Vielleicht ist eine/r dabei, den nicht nur Sie selbst, sondern auch manche andere der anwesenden Kollegen behandeln oder betreut haben? Vielleicht möchten Sie sich einmal die Wege dieses Klienten durch das örtliche Versorgungsnetz plastisch anschauen? Meldet sich eine Fallvorstellerin, so sucht sie aus den Workshopteilnehmern einen, der stellvertretend in die Rolle dieses Patienten schlüpft. Dann sucht sie die verschiedenen Institutionsteilnehmer aus, bei denen dieser Klient gleichfalls in Betreuung ist. Diese stellen sich in einer Reihe oder einem Kreis auf, und ich gehe mit der Fallvorstellerin und dem „Klienten" bei jedem vorbei und bitte die Fallvorstellerin, jeder/jedem der Anwesenden je einen charakterischen Satz in den Mund zu legen, eine „Message", die besonders charakteristisch für das sein könnte, was dieser Behandler diesem Klienten empfiehlt. Anschließend wandere ich mit dem Klienten an allen Behandlern vorbei, während diese (nacheinander) den Klienten mit ihrem Satz „beschallen". Diese Wanderung wiederhole ich meist zwei bis dreimal, damit die Wirkung dieses „Konzertes" auf den Klienten von diesem vertieft erlebt werden kann und damit ihm, den Außenstehenden und auch den Satzformulierern das Beziehungsmuster deutlich wird, das aus diesen zu einem System verknüpften Einzelsätzen entsteht. Anschließend werten wir in der Diskussion aus, wie die einzelnen Betreuungsstrategien zusammenpassen, wo sie anregen oder lähmen, wo sie beruhigen oder beunruhigen, wo sie die Strategien der anderen Fachleute unterstützen oder konterkarieren. Oft melden sich dann aus dem Außenkreis weitere Kollegen mit Äußerungen wie „Ich bin die neue Sachbearbeiterin im Sozialamt" oder „Die Schwester der Patientin ist jetzt bei mir in der Praxis", sodass das Bild noch kompletter wird als im bisherigen Wissen der Fallvorstellerin. In dieser Diskussion entstehen bei den Beteiligten viele Ideen darüber, was sie künftig getrost unterlassen könnten, was sie fortführen oder was sie künftig vermehrt tun sollten.

7. Schluss

Ich fasse zusammen: Kooperation wird produktiver und erfreulicher, wenn man sich ihr skeptischer nähert. Verständnis zwischen Berufsgruppen wird vertieft, wenn man die Unterschiede klärt. Schräges, neurotisches oder arrogantes Verhalten anderer Fachleute wird mir verständlicher, wenn ich mir deren Honorierungspraxis, Dienstvorschriften, Karrieremuster und Wertesystem anschaue. Die spezifische Selbstorganisation des Dienstleistungssystems und der dort Arbeitenden zu verstehen und damit verträgliche Koperationsangebote zu unterbreiten, erleichtert das Entree. Eine breite Palette unterschiedlich intensiver Kooperationsmöglichkeiten erlaubt es, lokal jeweils passende Lösungen zu finden.

Literatur

Aponte, H. J. (1976): The Family-School-Interview. An Eco-Structural Approach. Family Process 15 (3), pp. 303-311.

Axelrod, R. (1987): Die Evolution der Kooperation. München: R. Oldenbourg.

Bönsch, M. (1999): Sozialpädagogische Ausrichtung der Grundschule. System Schule 3 (2), pp. 44-45.

Conen, M. L. (1996). Aufsuchende Familientherapie mit Multi-Problem-Familien. Kontext 27 (2), pp. 150-164.

Drolsbach, B. (1999). Systembezogene Erziehungshilfe und Schulentwicklung. System Schule 3 (4), pp. 122-128.

Geske, B., Herwig-Lempp, J., Hülle, U., Kühling, L., Münch, C., Müller, I., Rudnik, N., Salzer, A., Schneider, A., Stock, H. (1996). Professionelle Sozialpädagogische Familienhilfe im Landkreis Böblingen. Kontext 27 (2), pp. 123-140.

Glasl, F., Lievegoed, B. (2. Aufl. 1996). Dynamische Unternehmensentwicklung. Bern: Freies Geistesleben/Haupt.

Herrmann-Woitas, E., Speicher J., Schweitzer, J. (2000). Personenorientierung im Psychiatrischen Wohnverbund – was nutzt der IBRP? Sozialpsychiatrische Informationen 3, pp. 22-30.

Kröger, F., Hendrischke, A., Schweitzer, J., Herzog, W. (1998). Psychotherapie in der Systemischen Familienmedizin. Psychotherapeut 43, pp. 352-359.

Maturana, H., Varela, F. (1987). Der Baum der Erkenntnis. München: Scherz.

Schiepek, G., Manteuffel A. (1998). Systemkompetenz. Göttingen: Vandenhoeck und Ruprecht.

Schweitzer, J. (1987). Therapie dissozialer Jugendlicher. Juventa: Weinheim.

Schweitzer, J. (1989). Professionelle (Nicht-)Kooperation: Ihr Beitrag zur Eskalation dissozialer Karrieren Jugendlicher. Zeitschrift für Systemische Therapie.

Schweitzer, J. (1997). Wie dekonstruiere ich meinen Job? Pflegedokumentation 50 (8), pp. 7-8.

Schweitzer, J. (1998). Gelingende Kooperation. Systemische Weiterbildung in Gesundheits- und Sozialberufen. Weinheim: Juventa.

Schweitzer, J. (2000 a). Bedingungen gelingender Kooperation im Gesundheitswesen. In: F. Kröger, A. Hendrischke, S. Mc Daniel (Hg.). Familie, System und Gesundheit – Systemische Konzepte für ein soziales Gesundheitswesen. Heidelberg: Carl Auer.

Schweitzer, J. (2000 b). Ungleiche Partner – Wann lohnt sich die Kooperation von Jugendhilfe und Schule? Jahrbuch Schule-Jugendhilfe. Münster: Votum.

Schweitzer, J., Eggemann-Dann, H. W., Heise R., Schwing, R., Brech, C., Bauer, R., Klein, A., Kronmüller, J., Rohrwick, H., Seepe, S., Zimmermann, W. (1999). Jugendhilfe aus der Hubschrauber Perspektive. Systemisch reflektiertes Fallmanagement im Jugendamt. Neue Praxis – Zeitschrift für Soziale Arbeit.

Simon, F. B., Retzer, A. (1998). Editorial der Zeitschrift Familiendynamik 1/1998: Erziehung und Schule.

Spindler, M., Klarer, K. (1999). Schule, Eltern und Erziehungsberatung. Ein Werkstattbericht. System Schule 3 (1), pp. 12-17.

Sommer, P., Uch, G. (2000). Schule und Jugendhilfe – wie zwei unterschiedliche Systeme zusammenarbeiten. Unveröff. Manuskript, eingereicht für die Zeitschrift System Schule.

Sceczesny, J. (1999): Ein Praxisnetz erfolgreich gestalten. Erfahrungen und Ergebnisse aus zwei Jahren ärztliche Qualitätsgemeinschaft Ried. AQUAD-Institut Göttingen.

Willke, H. (1989): Systemtheorie entwickelter Gesellschaften. Dynamik und Riskanz moderner gesellschaftlicher Selbstorganisation. Weinheim: Juventa.

Der Sozialraum: Ein hilfreicher Fokus für Fall- und Feldarbeit in der Erziehungsberatung

Ralf Kaisen

Einleitung

Was ist neu an den in jüngerer Zeit so viel diskutierten Ansätzen zur Sozialraumorientierung, Vernetzung und Flexibilisierung der Hilfen von Erziehungsberatungsstellen? Geht es dabei um eine Veränderung der Prioritäten in den Arbeitsanteilen und Arbeitsansätzen? Woran erkennt man zum Beispiel eine „flexible" oder „integrierte" Hilfe und worin unterscheidet sich die „Sozialraumorientierung" von den auch in Erziehungsberatungsstellen schon seit langem praktizierten zugehenden Arbeitsformen?

Angesichts aktueller Umstrukturierungsprozesse auf kommunaler Ebene stehen viele Erziehungsberatungsstellen vor solchen und ähnlichen Fragen. Der Anstoß zur stärkeren Berücksichtigung sozialräumlicher Bedingungen in der Beratungsarbeit kommt dabei nicht selten vermeintlich von außerhalb der Beratungsstellen, scheint manchmal eher finanz- oder trägerpolitisch motiviert und transportiert oft nicht hinreichend die fachlichen Argumente für den angestrebten Perspektivenwandel.

Solche Argumente aufzuzeigen, die Chancen und Optionen einer stärkeren Berücksichtigung sozialräumlicher Ressourcen für die Fallarbeit herauszuarbeiten und konkrete Möglichkeiten zur Mitgestaltung positiver Entwicklungsbedingungen in einem Sozialraum zu erörtern, soll Gegenstand dieses Beitrages sein. Dabei geht es nicht um die Erschließung eines neuen Arbeitsbereiches, sondern um eine Verknüpfung und Fokuserweiterung einzelfallbezogener und übergreifender Arbeitsformen. Sozialraumbezogene EB-Arbeit soll dabei als ein ko-produktiver Prozess unterschiedlicher psychosozialer Dienste beschrieben werden, der die Individualität und Multikausalität von Lebensläufen in Rechnung stellt, die Lebenswelt von Menschen daraufhin mit präventivem Fokus in den Blick nimmt, Menschen zur Selbstgestaltung ihres Lebensraumes anregt (Feldarbeit) und die Schnittmengen von Fachdiensten zum Zwecke individuell gestalteter Hilfen vergrößert (Fallarbeit).

1. Begriff und Bedeutung des Sozialraumes

Die seit den 60er-Jahren einsetzenden grundlegenden gesellschaftlichen Umbrüche, die vielfach mit den Begriffen Pluralisierung und Individualisierung beschrieben worden sind, haben die Bedeutung des Sozialraumes stärker in den Blick gerückt. Dieses komplizierte Gefüge der ökologischen, städtebaulichen, gemeindlichen und sozialen Systembedingungen, dessen Begrenzungen und Optionen und insbesondere dessen Ressourcen sind vor allem für die Entwicklungs- und Entfaltungsmöglichkeiten von Kindern von entscheidender Bedeutung, da diese, anders als Erwachsene, auf das Nahe und Greifbare angewiesen sind.

Alltag findet im Wesentlichen in diesem sozialen Raum statt, der „bestimmt wird durch den Vollzug wesentlicher Elemente des alltäglichen Lebens" (Springer, 1995). Für Springer (1996) ist Alltag dort, „wo die Kinder zum Kindergarten oder zur Schule gehen, wo sie als Jugendliche ihre Treffpunkte haben, ihre Cliquen, dort wo sie als Erwachsene ihre Kinder erziehen, Kontakte unterhalten zum Kindergarten, Schule und Kirchengemeinde, (...) wo sie einkaufen und konsumieren, wo sie ihre Freizeit verbringen auf dem Balkon oder in den Grünanlagen, auf Spielplätzen und in den Einkaufszonen. Der Alltag wird u.a. geprägt durch den Ärger über Heizkostenabrechnungen und Hausmeister, über Störungen der Nachbarn" (S. 5). Auch wenn sich der Lebensraum von Menschen durchaus von dem für sie subjektiv wahrgenommenen Sozialraum unterscheiden kann (etwa durch außerhalb wohnende Freunde, den Arbeitsplatz oder die Schule), so prägen doch dieser Raum und seine Ressourcen und Beschränkungen ihre Lebens- und Entfaltungsmöglichkeiten. Selbstverständlich sind soziale Räume so unterschiedlich wie Menschen selbst, ihre Ausdehnung hängt eng mit der Identifikation der Menschen und den sozioökonomischen Ressourcen zusammen. Wenn man ihn näher fassen und bestimmen will, kommt man nicht daran vorbei, ihn zu erleben, das Alltagshandeln der Bewohner mitzuerleben und ihre Wahrnehmung zu erfragen. Sozialräume können ebenso mit Stadtteilen übereinstimmen wie mit ländlichen Gemeinden, können mehrere solcher Einheiten umfassen, können sich kurzfristig etabliert haben oder quer zu Verwaltungsbezirken gewachsene Strukturen wie etwa eine Kirchengemeinde abbilden. Schon hier fängt sozialräumlich orientiertes Arbeiten an: sich als Beratungsstelle gemeinsam mit anderen Diensten klar zu werden, welches Territorium von den Bürgern als „das ihre" wahrgenommen wird, wo sie ihre sozialen Bezüge suchen und leben und wo demgemäß kooperative Strukturen der Sozialen Arbeit greifen können.

Auf einer eher pragmatischen Ebene schlägt Hinte (1999b, S. 104) folgende Kriterien für die Definition eines Sozialraumes vor:

- Identifikation der Bewohner/innen mit dem sozialen Raum
- Überschaubarkeit
  - in Städten: fußläufige Erreichbarkeit,
  - für die Organisation von Teams ca. 25.000-60.000 Einwohner,
  - für die Arbeit mit Bewohner/innen max. 10.000-15.000 Einwohner,
  - in Landkreisen können für die Organisation von Teams mehrere Gemeinden mit ca. 20.000-80.000 Einwohnern zusammengefasst werden,
  - bereits existierende Bezirksaufteilungen (Verwaltungsbezirke, Kirchengemeinden, Wahlbezirke, Schulverwaltungsbezirke etc.).

Während der Bezug zu diesem sozialen Raum, das Hineingeborenwerden in traditionelle Bezüge noch vor wenigen Jahrzehnten mit hoher Wahrscheinlichkeit bestimmte Biographien vorzeichnete, sind wir in der postmodernen Gesellschaft mit einer umfassenden Enttraditionalisierung und damit der Herauslösung aus solchen Vorgaben konfrontiert. Mit der Individualisierung von Lebensläufen (vgl. Beck, 1986) wandeln sich ehemals feststehende Normierungen (z.B. zu Ehegestaltung, Kinderfrage, Geschlechterbeziehungen, Familienformen, Bildungsgängen) zu Optionen, die ausgehandelt und entschieden werden müssen. Dieser „Zwang zur Wahl" (Eickelpasch, 1989, S. 126) stellt jedes Individuum (und Eltern zusätzlich für ihre Kinder) mit allen Chancen und Risiken vor die Entwicklungsaufgabe, die eigene Biographie zu erfinden und zu gestalten. Wir haben es, auch in der Beratungsarbeit, nicht (mehr) mit der „Normalisierung" der Spielarten und Brüche einer begrenzten Anzahl von „Normalbiographien" zu tun, sondern mit der Moderation und Unterstützung von zwischenmenschlichen Aushandlungsprozessen und der Unterstützung bei der Suche nach und der Erschließung von Ressourcen für das Gelingen individueller Biographien. Gerade die Ressourcen des sozialen Nahraumes sind es, deren Nutzung für die biographischen Weichenstellungen von Eltern für ihre Kinder von eminenter Bedeutung sind. Hinzu kommt, dass neben der Fähigkeit zum Aufspüren und Nutzen solcher Ressourcen auch der Aufbau und Erhalt von förderlichen Lebenszusammenhängen mehr und mehr zur Aufgabe des einzelnen Menschen wird. „Das Subjekt wird zunehmend und notwendigerweise zum Baumeister des Sozialen, seiner eigenen Gemeinde und Lebenswelt. Statt Einpassung von Subjekten in vorhandene soziale Zusammenhänge kommt es deshalb darauf an, dass Menschen die Fähigkeit entwickeln, sich selbst solche Zusammenhänge zu schaffen" (Marquard, 1998, S. 401).

Diesen sozialen Raum in der alltäglichen Beratungsarbeit in den Blick zu nehmen, seine Ressourcen für die Fallarbeit vor allem auch mit Kindern zu (er-)

kennen, zu mobilisieren und nutzbar zu machen und daraus präventive Handlungsmöglichkeiten zu entwickeln, sind somit unverzichtbare Bestandteile ganzheitlicher und an der Lebenswelt der Menschen orientierter Beratungsarbeit. Gleichzeitig geht es darum, die Sprache der Bürger vor Ort zu verstehen, ihre Anliegen zu kennen, sie als kompetenter Vermittler darin zu ermutigen und zu unterstützen, ihren Lebensraum als gestaltbar wahrzunehmen und seine Entwicklung, vor allem auch im Hinblick auf die Entfaltungsmöglichkeiten ihrer Kinder, in die Hand zu nehmen.

Sozialräumlich orientierte Beratungsarbeit organisiert sich mit anderen Diensten und Einrichtungen innerhalb dieses entlang der Wahrnehmung und den Lebensvollzügen der Bewohner definierten Raumes. Dies ist die eigentliche Triebfeder für Kooperation und Vernetzung: Ganzheitliche und nachhaltige Fall- und Feldarbeit in gemeinsamer Verantwortung für einen Sozialraum zu sichern und zu befördern. Dies bedeutet zum einen, die Lebensbedingungen des Sozialraumes genau zu kennen, Bedarfe zu ermitteln und zu analysieren, Themen und Problemfelder aufzugreifen und Selbsthilfekräfte zu stärken. Zum anderen erfordert dies, die individuellen Lebensentwürfe von Rat Suchenden zur Grundlage der Hilfe zu machen und erzieherische Hilfen sowohl weiter zu fassen als auch mit größerer Flexibilität an den individuellen Lebensbedingungen zu orientieren statt an traditionell gewachsenen Hilfestrukturen.

Ist dies ein neues Programm, andere Schwerpunkte und ein Mehr an Aufgaben oder ein bekannter Ansatz mit neu benannten Arbeitsinhalten? Nicht neu daran ist sicher die Berücksichtigung einer Geh-Struktur von Erziehungsberatungsstellen, der Dezentralisierung von Beratungseinheiten, der präventiven Arbeit im Sozialraum, der Niedrigschwelligkeit des Beratungsangebotes und der additiven Kooperation von Diensten der Jugendhilfe (vgl. z.B. Spittler & Pauly schon im Jahre 1984). Neu daran ist eher die Berücksichtigung der Individualisierung von Lebensläufen, der Fokus auf den Sozialraum als Bedingungsgefüge und Ressource problematischer Lebensphasen, die Ganzheitlichkeit von Hilfeangeboten, die Flexibilität und individuelle Vielfalt erzieherischer Hilfen und die gegenseitige Befruchtung und der emanzipatorische Ansatz von Fall- und Feldarbeit.

Wichtig ist es zu betonen, dass Fall- und Feldarbeit nicht im Sinne eines „Entweder-Oder" betrachtet werden sollten. Der Anspruch, „nicht die Menschen (zu) ändern, sondern die sozialen Räume, in denen sie leben" (Springer, 1996, S. 5), kann in seiner Absolutheit deshalb wohl eher nur als provokatorische Aussage gegen die ausschließliche Arbeit in Einzelfällen gemeint sein. Es geht im Folgenden also um die Frage der Verknüpfung beider Arbeitsweisen, um Formen fall- und feldorientierter Arbeit in Erziehungsberatungsstellen, um Schwerpunktsetzungen, fachliche Standards, Organisationsstrukturen und die Mitarbeiter, die dies alles letztlich leisten sollen.

2. Bausteine sozialraumorientierter Erziehungsberatung

In neuerer Zeit sind mehrfach Versuche unternommen worden, für die Jugendhilfe im Allgemeinen (etwa Hinte, 1999a, 1999b) und die Erziehungsberatung im Besonderen (Menne, 2000; Pavkovic, 2000) zu systematisieren, welche Prioritäten EBs angesichts der o.g. Entwicklungen setzen sollten. Aufbauend auf diesen Überlegungen wird hier folgendes Aufgabenprofil vorgeschlagen und in der Folge näher erläutert.

I. Fallarbeit	II. Feldarbeit
1. Spezialisten für Fachthemen	1. Spezialisten des Sozialraumes
2. fallübergreifende Arbeit	2. Vernetzung
3. flexible Hilfen	3. Aktivierung, Vermittlung und Einflussnahme

2.1. Fallarbeit

Spezialisten für Fachthemen

Trotz des häufig geäußerten Vorwurfs der Hochspezialisierung der Institution EB ist Erziehungsberatung immer eine Domäne der Generalisten gewesen. Die Breite der Themen, die Rat Suchende mitbringen, der weite Bereich von Problemlagen und Störungen, die in der Fallarbeit von jedem Mitarbeiter zu bearbeiten sind, rechtfertigten nicht den Status einer Spezialeinrichtung. Spezialisiert war EB sicher im Bereich der pädagogisch-therapeutischen Arbeit, die in dieser Form nur selten von anderen Jugendhilfediensten geleistet worden ist. Eine Spezialisierung von Mitarbeitern, die fundierte Kenntnisse und Fertigkeiten für die Hilfe in bestimmten Problemkomplexen meint, ist für EB-Arbeit sicher unerlässlich.

Individuelle Problemkonstellationen sind häufig so sehr durch bestimmte, hochkomplexe psychodynamische und interaktionelle Prozesse mit bedingt, dass deren Bearbeitung ein hohes Maß an Wissen und Erfahrung bezüglich dieser spezifischen Konstellationen notwendig macht (z.B. Arbeit mit jugendlichen Misshandlern, Arbeit mit wahrnehmungsgestörten Kindern, Arbeit mit Kindern in Trennungs- und Scheidungssituationen). Hier ist spezielle Fachkompetenz unerlässlich. Solche lässt sich jedoch nicht auf allen Gebieten der EB-Arbeit erlangen, sodass eine Spezialisierung einzelner Mitarbeiter notwendig wird. Problem- und methodenbezogene Fortbildungen waren und sind notwendige Elemente der fachlichen Qualifikation von Mitarbeitern in Erziehungsberatungsstellen. Allerdings heißt Spezialisierung in diesem Zusammenhang nicht, dass einzelne Mitarbeiter ausschließlich in eng begrenzten Segmenten der EB-Arbeit arbeiten sollten. Gedacht ist hier eher an den Beratungsgeneralisten in der EB, der sich im Laufe seiner beruflichen Entwicklung per Fortbildung und Erfahrungsbildung einigen Ausschnitten des Leistungsspektrums intensiver nähert, hier im Team als Multiplikator und Experte bestimmte Problemlagen besonders gut kennt und andere in ihrer Arbeit unterstützt. Eine „Entspezialisierung" von Mitarbeitern wäre genau das, was vielerorts im Zusammenhang mit der Flexibilisierung von Hilfen befürchtet wird: eine Reduzierung der fachlichen Standards von EB-Arbeit. Dagegen sollte das Ziel darin bestehen, Spezialistenwissen verfügbar zu machen und daraus keine engen Zuständigkeitsgrenzen für die Stelle oder den Mitarbeiter abzuleiten.

Fallübergreifende Arbeit

Dieser Bereich der Fallarbeit, den Hinte (1999a, S. 4) auch „fallspezifische Ressourcenmobilisierung" nennt, erweitert das pädagogisch-therapeutische Vorgehen in die Lebenswelt der Rat Suchenden hinein und berücksichtigt nicht nur die individuumsimmanenten Ressourcen, sondern erschließt bestehende soziale Netzwerke für die Reduzierung des Problemdrucks im Einzelfall. Welche engagierten, vielleicht ehrenamtlich tätigen Mitbürger in der Nachbarschaft oder Gemeinde können bei der sozialen Einbindung einer zugezogenen Familie hilfreich sein? Welcher Übungsleiter im lokalen Sportverein hat ein „Händchen" für den Umgang mit einem sozial isolierten Grundschulkind? Welche Kirchengemeinde finanziert auf unbürokratischem Wege den Schreibtisch, den die Eltern nicht bezahlen können, den das Kind aber dringend benötigt, um seine Hausaufgaben nicht mehr in der turbulenten Küchenatmosphäre machen zu müssen? Welcher Singkreis im lokalen Seniorencafé hat die ältere Dame zum Mitglied, die mit dem richtigen Gespür für Grenzen und dem Spaß am Umgang mit einem kleinen Kind einer hoch belasteten allein erziehenden Mutter den dringend gebotenen „kinderfreien Nachmittag" ermöglicht? Solche Fragen sind es, die auf nutzbare Ressourcen abzielen und die jenseits von therapeutischer Intervention sozialraumorientierte Fallarbeit ausmachen. Perspektivisch würde hierzu auch gehören, im Rahmen der Hilfeplanung dafür zu werben, dass neben den Angeboten der professionellen Jugendhilfe mitunter auch die Gewährung von Jugendhilfemitteln für andere Dienstleistungen (Hausaufgabenhilfe, Putzhilfe) eine für das zur Frage stehende psychosoziale Problem lösungsstiftende Maßnahme sein kann.

Der Berater agiert hier als Case-Manager, als Vermittler zwischen den Rat Suchenden und ihrem sozialen Nahraum. Natürlich ist dieses Vorgehen, wie jegliche Fallarbeit, in seiner Intensität auf die Bedingungen des Einzelfalles abzustimmen. Wieviel konkrete Unterstützung der einzelne Rat Suchende zur Erschließung solcher Ressourcen benötigt, ist von seinen individuellen Ressourcen abhängig. Während manchmal die Anregung, in eine solche Richtung zu denken, ausreichen wird, wird der Berater in einem anderen Fall die Nutzung solcher Ressourcen des Sozialraums direkt anbahnen müssen. Es geht weder um eine zusätzliche „Serviceleistung" noch um das unkritische „Abnehmen" von Problemen, sondern um einen erweiterten Fokus in der Fallarbeit, der nicht allein die Interaktion zwischen Berater und Klient als Medium von Veränderungsprozessen sieht, sondern auch die konkrete Selbstgestaltung der Lebenswelt durch den Rat Suchenden explizit zum Thema macht.

Flexible Hilfen

Das Thema „flexible Hilfen" stellt Erziehungsberatungsstellen vor die Frage, wie sie ihre Dienstleistung innerhalb einer ganzheitlich ansetzenden Hilfe zur Erziehung integrieren können. Ob unter Kooperation nicht nur die traditionelle Form der Zusammenarbeit verstanden wird, in der Teilaufgaben unter spezialisierten Diensten verteilt werden, sondern auch ein ko-produktiver Prozess, in dem sich die Kompetenzen verschiedener Dienste zu immer wieder neu gestalteten Hilfeformen verknüpfen, hängt entscheidend von der beruflichen Identität und der Strategie der Stellensicherung ab.

Wenn sich die berufliche Identität der Erziehungsberater vor allem an der Institution EB und der Therapieschulenzugehörigkeit orientiert und wenn gefürchtet wird, dass größere Schnittmengen in den Tätigkeiten von Diensten deren Profile nivellieren, dann kann weitergehende Kooperation durchaus als eine Gefahr für die Existenz einer Stelle angesehen werden. Wenn man eine weitergehende Kooperation anstrebt, dann muss man der Überzeugung sein, dass die damit verbundene Ausweitung der Zuständigkeit letztendlich nicht zu einer Reduzierung der Fachlichkeit führt, sondern zu einem höheren Wirkungsgrad der dann ganzheitlicher und individueller agierenden Beratung.

Leider ist die Diskussion um die strukturellen und vertraglichen Rahmenbe-

dingungen solcher „flexibler Hilfen" bislang durch einige begriffliche Unschärfen gekennzeichnet. So fragt Trede (1998, S. 97) mit Recht, wovon denn
„eigentlich die Rede" ist, wenn über „flexible" oder „integrierte" Hilfen „aus
einer Hand" gesprochen wird. *Was* wird flexibilisiert, *welche* Hilfen werden
wie integriert und was ist *„eine Hand"*? In neuerer Zeit (z.B. Koch, 2000) wird
deshalb vorgeschlagen, den Begriff der „integrierten Hilfen" vorzuziehen, um
damit den Aspekt der Verknüpfung von Jugendhilfeleistungen untereinander
und mit anderen Hilfesystemen und die damit angestrebte Integration bislang
nicht erreichter junger Menschen in die Jugendhilfe besser abzubilden. Eine
genaue Betrachtung des Begriffes der „flexiblen Hilfen" zeigt jedoch, dass diese Aspekte auch hier Berücksichtigung finden.

Grundsätzlich ist mit der Idee flexibler Hilfen gemeint, „dass die Anpassungsleistung an sich verändernde Problemlagen zunächst von den Professionellen
und ihren Organisationen erbracht wird, und nicht von den Klienten" (Weißmann, 2000, S. 18). Dem Anspruch liegt die nachvollziehbare Überzeugung
zugrunde, dass die Paragraphen des KJHG, nach deren Maßgabe Hilfen zur
Erziehung gewährt werden, nicht eine abschließende Aufzählung feststehen-
der Hilfepakete sein können, aus denen jeweils bei der Hilfeplanung ausgewählt werden muss, und die sich auch auf der institutionellen Ebene als ähnlich viele spezialisierte und voneinander getrennte Funktionseinheiten widerspiegeln. Hinzu kommt, dass sich individuelle Problemlagen nicht anhand von
Leistungsgesetzen abbilden lassen, dass also in einem Familiensystem z.B.
Fragen der Erziehung, der finanziellen Absicherung oder des Umgangs mit
Suchtmitteln nicht selten miteinander so verzahnt sind, dass wir bei versäul-
ten Hilfeangeboten Gefahr laufen, ständig weiterzuverweisen, zu lange nur einen Aspekt der problembedingenden Faktoren zu bearbeiten oder mit einer
verwirrenden Anzahl von Fachkräften tätig zu sein, wobei ein Großteil der
Energie von der Frage der Zuständigkeitsgrenzen und Rollendefinitionen der
Fachkräfte absorbiert wird.

Flexible Hilfen stellen den Versuch dar:
- die Lebensentwürfe von Rat Suchenden zu respektieren, die individuellen
  Bedürfnisse des Kindes, des Jugendlichen oder der Familie zum Ausgangspunkt der Hilfeplanung zu machen und in einem offenen Aushandlungsprozess den Bedarf, die Ziele und Inhalte von Hilfen abzustimmen;
- individuelle oder familienbezogene Probleme ganzheitlich anzugehen, sie
  neben der familiensystemischen oder psychodynamischen Sichtweise auch
  im Kontext der sozialen, wirtschaftlichen und beruflichen Situation zu sehen und vor dem Hintergrund bestehender oder zu mobilisierender Ressourcen der Individuen und ihres sozialen Raumes aufzugreifen;

- individuelle Hilfepakete zu schnüren, die die Beziehungskontinuität zu Professionellen als konstruktive Hilfebasis berücksichtigen und die nicht den Rat Suchenden einer Anpassungsleistung an bestehende Hilfestrukturen überlassen, sondern den Fachkräften die Aufgabe zuweisen, ein Lösungssystem zu schaffen, das sich sozusagen „passgenau" an die Struktur des Problemsystems „andockt".

Natürlich sind auch in solchen Arbeitsformen Spezialwissen und fachliche Standards unverzichtbar und auch hier kann kein einzelner Mitarbeiter die ganze Palette der Jugendhilfe abdecken. Auch unter dem Blickwinkel flexibler Hilfen kann eine hoch spezialisierte, z.B. auf das Individuum bezogene psychotherapeutische Intervention, als passgenaue Hilfe indiziert sein. Auch flexible Hilfen verlieren nicht den Charakter der „Zumutung", wie Winkler (1998, S. 293) meint, da sie eben nicht die notwendigen Anforderungen an Rat Suchende ausblenden und Auseinandersetzungen mit ihnen meiden, sondern Konflikt und Eigeninitiative auf dem Niveau ansiedeln, welches den Rat Suchenden Entwicklungsmöglichkeiten eröffnet. Die Hoffnung, dass flexible Hilfen immer schneller, einfacher und damit auch finanziell weniger aufwändig sind, ist zwar verständlich, kann aber im Einzelfall nicht handlungsleitend sein. Nachhaltige und ganzheitliche Hilfe wird sich langfristig als effizienter und kostengünstiger erweisen als ein wenig flexibles Vorgehen, kann in manchen Fällen jedoch auch ein Mehr an professionellen Ressourcen in Anspruch nehmen.

Die Flexibilisierung von Hilfen wird insbesondere dann zum spannenden Thema, wenn es um die konkreten Organisationsstrukturen geht. Benötigt werden Dienste und Einrichtungen, die größere Schnittmengen ihres Leistungsspektrums zulassen, zu immer wieder neuen und auf den Einzelfall abgestimmten Kooperationsformen bereit und in der Lage sind sowie ihre Kompetenzen in kreativer Weise zu individuellen Hilfeformen verknüpfen. Dagegen sind solche Strukturelemente möglichst weitgehend abzubauen, die es erschweren, dass sich das Lösungssystem „für und mit den jeweiligen Klienten spezialisiert" (Weißmann, 2000, S. 18). Enge Zuständigkeitsgrenzen, Hochschwelligkeit, Distanz zum Sozialraum der Rat Suchenden, Trägerkonkurrenzen, wenig transparente Arbeitsweisen, bürokratische Verweisungsprozesse, wenig Kommunikation unter den Diensten: All das sind Hemmnisse bei der Umsetzung flexibler Hilfen.

Den organisatorischen Königsweg zu solchen Hilfeformen kann es nicht geben. Gewachsene Trägerstrukturen, gültige Finanzierungsformen der Hilfen und vor allem die spezifischen Randbedingungen des Sozialraumes bestimmen mit, in welcher organisatorischen Vernetzung auch die Leistung Erziehungsberatung am sinnvollsten in das Konzert der Hilfen eingebunden werden kann. Hierzu gibt es eine ganze Reihe von Modellen (vgl. Peters et al., 1998), die in ihrem jeweiligen räumlichen Kontext Sinn machen, und es gibt in vielen Kommunen Bestrebungen, die zu unterschiedlichen Organisationsformen kommen (vgl. Landschaftsverband Westfalen-Lippe, 2000).

Die Annahme, dass allein die Dezentralisierung von Beratungsstellen, das Angebot verschiedener Dienste „unter einem Dach" oder der Anspruch, mit einem integrierten Team „Hilfen aus einer Hand" anzubieten, quasi automatisch zu flexiblen, ganzheitlichen und passgenauen Hilfen führt, greift jedoch zu kurz. Spezialisierungen, auch innerhalb von Teams, können langlebig und widerstandsfähig sein, da sie nicht selten den am stärksten identitätsstiftenden Aspekt für Mitarbeiter darstellen. Dazu können verschiedene Dienste unter einem Dach sehr wohl ihre Energien zur Abgrenzung von den näher gerückten Kollegen der anderen Abteilung verstärken. Worum es geht, ist die Frage, wie Kooperation, Kommunikation und Zuständigkeitsgrenzen so weit verändert werden können, dass kreative Lösungen ohne Ausgrenzung, ständige Weiterverweisung und Ausblendung wichtiger Problemaspekte und Ressourcen entstehen können.

Für Erziehungsberatungsstellen, die sich ernsthaft in solche Hilfeformen integrieren wollen, bedeutet es keine Verschleuderung von Ressourcen, wenn sich z.B. eine Fachkraft mit einer mehrjährigen Fortbildung in Kinder- und Jugendlichenpsychotherapie *auch* damit beschäftigt,
- über drei Wochen mehrere Stunden in einer Familie zu verbringen, in der sich die Beziehungskrise zwischen Eltern zu einer akuten Familienkrise zugespitzt hat, in deren Folge alltägliche Routinen zusammengebrochen sind;
- sich in langwierigen Telefonaten mit dem Sozialdienst Wohnungsnotfälle kundig zu machen über die Möglichkeiten, eine Wohnung mit entsprechendem Raum für die Kinder einer Familie zu bekommen;
- gemeinsam mit Mitarbeitern der Sozialpädagogischen Familienhilfe in einem Clearingprozess Informationen zu sammeln, die eine Entscheidung über das Aussehen einer langfristigen Hilfe zur Erziehung erst ermöglichen;
- gemeinsam mit der Kollegin der Suchtberatung in einer Familie Beratungsgespräche zu führen;
- den drückenden Ratenzahlungsvertrag für den kürzlich erstandenen Neuwagen einer Familie entgegenzunehmen und mit dem Kollegen der Schuldnerberatung zu erörtern, wie eine Stundung zu erwirken ist;
- in einen „Fall" der Schuldnerberatung mit einzusteigen und dort mit dem Kollegen und den Eltern über einen begrenzten Zeitraum die Frage zu be-

301

arbeiten, wie sie als Eltern mit den materiellen Ansprüchen der pubertierenden Kinder umgehen können.

Dies sollte der widersprüchliche Begriff „Entspezialisierung" bedeuten: sich nicht auf den Kern der erworbenen Fachlichkeit zurückzuziehen, sondern Problemlagen gleichsam mit dem Weitwinkelobjektiv zu betrachten und Lösungskontexte zu schaffen, die bislang nicht als „Produkt" definiert worden sind, und auch solche, die quer zu den engen Zuständigkeitsgrenzen existierender Dienste und Einrichtungen liegen. Ein solcher Perspektivenwandel braucht natürlich Zeit, Mut und Unterstützung. Nur wenn Mitarbeiter die Erfahrung machen, dass im Kollegenkreis und von Seiten der Leitung ein Experimentieren mit neuen Lösungskontexten nicht implizit als „fachfremdes Dilettieren" abqualifiziert wird, wenn die inoffizielle Hierarchie in Beratungsstellen nicht allein durch die psychotherapeutische Kompetenz begründet wird, wenn der Fleiß der Berater nicht allein an den Fallzahlen festgemacht wird, können sich Mitarbeiter darauf einlassen, einen solchen Ansatz als Erweiterung der Kompetenzen und Hilfsmöglichkeiten und nicht als Entfachlichung der Arbeit wahrzunehmen. Ohne die hiermit angesprochene Berücksichtigung des Bedürfnisses nach fachlicher Identität, struktureller Sicherheit und Anerkennung bei der Umsetzung flexibler Hilfeformen hat auch die bestens geplante Flexibilisierung von Organisationsformen wenig Aussicht auf Erfolg.

Auch wenn es wenig Sinn macht, Standardformen vernetzter EB-Arbeit zu entwickeln, gibt es doch einige Anhaltspunkte, die bei der Umsetzung flexibler Hilfestrukturen für EBs bedacht werden sollten (vgl. auch Menne, 2000):

- Stellgrößen für die Umsetzung flexibler Hilfen sind das Angebot und die Kooperationsmöglichkeiten im Sozialraum. Flexibilisierung als Gegenpol zur Versäulung ist mithin eine Forderung nicht allein an einzelne Mitarbeiter, eine Beratungsstelle oder einen Träger, sondern an das Gesamtkonstrukt des psychosozialen Systems in einem Sozialraum.
- Die Multiprofessionalität von Erziehungsberatungsstellen ist die stärkste fachliche Säule, die ihre Qualität begründet. Sie kann Modell für weitergehend vernetzte Arbeitsformen sein.
- Qualifizierte Erziehungsberatung als Element flexibler Hilfen profitiert von der Arbeit in einem Team mit Fachkräften anderer Dienste, d.h. auch Diensten außerhalb der Jugendhilfe. Unverzichtbar ist dabei vor allem die multiprofessionelle Grundlage der praktischen Arbeit.
- Organisatorische Annäherungen von Erziehungsberatungsstellen und anderen Fachdiensten sollten nicht die Optionen unterschiedlicher gesetzli-

cher Grundlagen und Aufträge verspielen. So muss der niedrigschwellige Zugang zu Beratungsdiensten erhalten bleiben.[1] Bei organisatorisch verankerten Kooperationsformen mit dem öffentlichen Träger der Jugendhilfe sollte sichtbar bleiben, an wen sich der Ratsuchende wendet und welcher Dienst welche Aufgaben, Möglichkeiten und Befugnisse hat.

- Die Frage des Datenschutzes sollte nachhaltig und für die Ratsuchenden transparent geklärt werden, ohne sie als Vehikel der Abschottung gegen Kooperation zu instrumentalisieren.
- Das „Proprium" oder die „Corporate Identity" des Trägers einer Beratungsstelle sollte auch in vernetzten Arbeitsformen lebbar sein.

2.2 Feldarbeit

Spezialisten des Sozialraumes

Bereits aus den Ausführungen zur Fallarbeit wird deutlich, was für den Bereich der Feldarbeit besonders gilt: Ohne eine genaue Kenntnis dessen, was die Chancen und Risiken des konkreten Sozialraumes für die Bürger und Rat Suchenden ausmachen, bleibt das Reden über eine Orientierung der Erziehungsberatungsarbeit am Sozialraum inhaltslos. Wolfgang Hinte beschreibt diesen beziehungsstiftenden und Ressourcen suchenden Anteil der Arbeit als „fallunspezifische Arbeit". Hier „erschließt sich die Fachkraft Kenntnisse in einem sozialen Raum, ohne schon darauf gerichtet zu sein, diese Ressourcen für einen bestimmten Fall abzurufen. Es geht hier um den Aufbau, die Unterstützung sowie das Aufspüren von lebensweltlichen Kapazitäten" (Hinte 1999a, S. 4). Zunächst geht es dabei um die Kenntnis der professionellen Kontexte:

- Wie steht es um Arbeitsweisen, Zugänge, erreichte Bürger, Fähigkeiten, Angebote, Probleme, vorherrschende Themen und Ressourcen von Kindertageseinrichtungen, Schulen, Kirchengemeinden, Arbeitsförderung, Bezirkssozialarbeit, Jugendarbeit, Gesundheitswesen und andere psychosoziale Dienste und Angebote?

Ebenso entscheidend wie die Kenntnis über diese Kräfte im Sozialraum ist das Wissen um den alltäglichen Lebenskontext:

- Wo haben Jugendliche ihre Treffpunkte, welche Cliquen und Gruppen von Jugendlichen haben im Sozialraum welche Bedeutung, welche Sportvereine haben welche attraktiven Angebote, wo werden Drogen verkauft und konsumiert, wo gibt es im Sozialraum Ausbildungs- und Beschäftigungsmöglichkeiten für Schulabgänger, wo treffen sich unterschiedliche ethnische

Gruppen, welche Vereine binden Jugendliche in welcher Art in ihre Strukturen ein, welche Betriebe interessieren sich für die Kinderbetreuung ihrer Mitarbeiter, wo gibt es Räume für Gruppen, Treffs und Versammlungen?

All dies sind Beispiele für die Vielzahl von Informationen, die Erziehungsberater präsent haben sollten, wenn sie ihre Arbeit am Sozialraum ausrichten wollen. Traditionen, Beschaffenheit der Wohnumwelt, Freizeitmöglichkeiten, Arbeitsmarkt, das soziale Milieu in einzelnen Wohnquartieren, drängende Themen und Fragen der Bürger, Vereinsleben, Spiel- und Treffmöglichkeiten für Kinder und Jugendliche, wichtige informelle Gruppen und Cliquen sind die Themen, für deren Erschließung und Erörterung im Zeitbudget des einzelnen Mitarbeiters und im Team Kapazitäten eingeplant werden müssen. Mit einem solchen Verständnis ist die Teilnahme an der Eröffnung eines Sozial- oder Stadtteilbüros nicht mehr allein Aufgabe der Leitung (um Präsenz zu zeigen und auf das Foto zu gelangen), sondern eine Gelegenheit zu erfahren, welche Bürger welche Probleme als drängend erachten und welche Akteure im Sozialraum welche Ressourcen zur Verfügung stellen. Die Teilnahme am Stadtteil- oder Gemeindefest, der Abend im Jugendzentrum oder die Mitgestaltung eines Bürgerabends zur Wohnqualität im Stadtteil sind dann ein wichtiger Teil der Arbeit, bei der Informationen aus der Beratungsarbeit einfließen und gemachte Erfahrungen in das Team rückgekoppelt werden.

Spätestens an dieser Stelle erweist sich, ob EBs mit der Sozialraumorientierung ernst machen: nur wenn das Kundigmachen im Sozialraum als ernst zu nehmender, wertvoller und notwendiger Teil der Arbeit begriffen wird, vom Träger gewünscht, vertraglich abgesichert und von der Leitung und im Kollegenkreis akzeptiert und gefördert wird, kann Fall- und Feldarbeit den Sozialraum in den Blick nehmen, mitgestalten und nutzen.

Vernetzung

Vernetzung meint an dieser Stelle nicht die weiter oben thematisierte institutionelle Verzahnung zur Sicherstellung flexibler Hilfen in der Einzelfallarbeit, sondern die Gestaltung präventiv ausgerichteter professioneller Kontexte.
Ein wichtiges Element der institutionellen Vernetzung sind psychosoziale Arbeitskreise in den Sozialräumen. Entscheidend für die Effektivität dieser Arbeitskreise ist die Frage, ob sie auf der Grundlage einer gemeinsamen Verantwortung der öffentlichen und freien Träger für die psychosoziale Versorgung in ihrem Sozialraum arbeiten und zu einer gemeinsamen Bedarfsanalyse, Zielfindung und Anforderungsformulierung beitragen. Dieses Vorgehen

kann eine Datenbasis schaffen, auf deren Grundlage stärker fachlich begründete Aushandlungen zwischen den Trägern möglich sind und ein Vorgehen nach dem Motto „Wer zuerst kommt, mahlt zuerst" zumindest erschwert ist. Sozialraumübergreifende Gremien, wie z.B. manche Arbeitsgemeinschaften nach § 78 KJHG, sind dazu nur sehr bedingt geeignet. Einerseits ist der Sozialraum hier wenig im Blick, andererseits konstituieren sich diese Arbeitskreise mitunter entlang verschiedener Teilbereiche der Jugendhilfe, die manchmal wohl weniger der Vernetzung dieser Bereiche, sondern der gegenseitigen Profilierung Vorschub leisten. Wichtige Foren der Vernetzung sind vor allem Stadtteilarbeitskreise, die neben psychosozialen Akteuren oft auch Gemeindevertreter, Schulen, Kindertageseinrichtungen, Polizei und andere im Sozialraum vertretene Hilfen und Dienste umfassen. Der Erziehungsberatung als niedrigschwelliger Einrichtung der Jugendhilfe kommt in diesen Arbeitskreisen eine besondere Bedeutung zu, da sie frühzeitig mit problematischen Veränderungen in den Lebensbedingungen im Sozialraum konfrontiert wird und somit in besonderem Maße gleichsam eine seismografische Funktion für diese Gremien übernehmen kann. Die aktive Mitgestaltung dieser Foren ist für die Erziehungsberatung unverzichtbar und bietet die Möglichkeit, für Themen und Entwicklungen zu sensibilisieren, mit anderen Diensten Themen aufzugreifen, gemeinsame Aktionen und Projekte zu planen und Möglichkeiten der Aktivierung und Bürgerbeteiligung auszuloten.

Ein weiterer wichtiger Aspekt der Vernetzung ist die aktive Gestaltung der Schnittstellen von einzelnen wichtigen professionellen Leistungsbereichen. Hierzu gehören die Bereiche Arbeit und Ausbildung, Gemeinden, Jugendarbeit, Schule und Kindertagesbetreuung. Neben der gegenseitigen Information über Entwicklungen und dem Aufbau tragender fachlicher Beziehungen (z.B. das Team ist Gast in der Lehrerkonferenz) geht es dabei um die Einrichtung unbürokratischer und frühzeitiger Unterstützungsmöglichkeiten (z.B. anonyme Fallbesprechungen in Schule und Kindergarten), um den Aufbau präventiver Projekte (z.B. Gewaltpräventionsprogramme, Streitschlichterkurse, Projekte zur Selbstwertstärkung von Kindern in Kindergärten oder Schulen) oder um das Aufgreifen institutionsspezifischer Themen (z.B. in Lehrerkonferenzen, Kita-Teams oder den Ehrenamtlichen eines Gemeinde-Sozialbüros, in Informations- und Elternabenden zu aktuellen Themen).

Ein dritter Faktor der Vernetzung ist der Aufbau von Gelegenheitsstrukturen für niedrigschwellige, nicht-problembezogene und unbürokratische Kontaktaufnahme zur Erziehungsberatung. Gerade die Form von Erziehungsberatung, die im § 16 KJHG grundgelegt ist und die in besonderem Maße geeignet ist, frühzeitig mit Informationsarbeit anzusetzen und somit spätere Hilfen zur

Erziehung vermeiden zu helfen, braucht kooperative Arbeitsformen. Sicher ist auch die Öffnung der Beratungsstellen selbst ein wichtiger Baustein dazu, helfen auch Vortragsreihen, Spielgruppen oder das „offene" Frühstück für allein Erziehende in den Räumen der Beratungsstelle dabei, Zugangsschwellen abzubauen und präventive Informations- und Beratungsarbeit zu leisten. Trotzdem schafft die Präsenz in der Alltagswelt von Eltern, Kindern und Jugendlichen einen direkteren Zugang zu den Bürgern und kann auch diejenigen erreichen, die auch mit dem attraktivsten Angebot nicht den Weg in eine Beratungsstelle finden. Solche Gelegenheitsstrukturen schaffen etwa die Präsenz in Jugendzentren, offene Sprechstunden in Kindertageseinrichtungen und Schulen oder die Teilnahme am Elterncafé im Kindergarten.

Aktivierung, Vermittlung und Einflussnahme

In ihrer konsequentesten Form zeigt sich Sozialraumorientierung in dem Anspruch, den Sozialraum selbst als Gegenstand der Veränderungsbemühungen in den Blick zu nehmen, d.h. die Entstehung solcher Lebensbedingungen zu begünstigen, unter denen die Lebensentwürfe von Menschen gelingen können. Der einzelne Mensch ist hier nicht mehr der zentrale Fokus, sondern als Adressat der Arbeit gilt der soziale Raum. Dabei geht es nicht nur um ein advokatorisches Aufgreifen und Verfolgen von Veränderungszielen für den Sozialraum durch die Professionellen, sondern im Wesentlichen um die Aktivierung der Bürger, um ein Bewusstwerden und Benennen ihrer Bedürfnisse an die Lebenswelt und um ein „Dialogmanagement" (Hinte, 1994; S. 54), bei dem die Professionellen die Bedürfnisse der Bürger erfragen, zu Aktivitäten anregen und zwischen Bürgern und Institutionen vermitteln. Zentral dabei ist die Stiftung von Beziehungen zwischen Menschen, sozialen Gruppen und Institutionen (von der örtlichen Sparkasse bis hin zu Vereinen, Schulen und informellen Gruppen), die letztlich zu sozialen Netzwerken beitragen sollen, die den Bürgern die Selbstgestaltung ihres Sozialraumes nach ihren Bedürfnissen ermöglichen. Orientierung an den Bedürfnissen der Bewohner, Aktivierung, Partizipation, Ressourcenerschließung und -nutzung, zielgruppen- und bereichsübergreifende Orientierung, Hilfe zur Selbsthilfe, Selbstverantwortung, Beziehungsstiftung und Kooperation sind die Kernbegriffe dieses Ansatzes Sozialer Arbeit (zusammenfassend s. Hinte, 1991; 1994).

Die KGSt listet in ihrem Bericht zum Kontraktmanagement (KGSt, 1998, S. 46f.) eine Vielzahl von sozialräumlich relevanten Methoden (z.B. aktivierende Befragungen, Stadtteilkonferenzen, Bewohnerversammlungen) und konkreten Aktivitäten (z.B. Sportaktivitäten in Kooperation zwischen Jugendhilfe und Sportvereinen, Flohmarkt, Stadtteilzeitung, Inliner-Parcours, ehrenamtliche Betreuung von Kindern und Jugendlichen) auf, an deren Durchführung, vor allem aber an deren Entstehung Einrichtungen der Jugendhilfe beteiligt sein können. Die KGSt schließt ausdrücklich aus, dass Dienste wie Erziehungsberatungsstellen solche Aktivitäten allein tragen. Angesichts ihrer Kenntnisse über den Sozialraum sind EBs jedoch sicherlich kompetent, an der Ideenentwicklung und an dem Zuschnitt von Aktivitäten auf die geäußerten Bedürfnisse von Eltern, Kindern und Jugendlichen mitzuwirken.

Da Abstimmung und Kooperation hier unverzichtbar sind, liegt gerade hier die Chance der Stadtteilarbeitskreise: Wer nimmt welche Entwicklung positiv oder problematisch wahr, wer kann auf welche Weise sinnvoll Elemente der Feldarbeit übernehmen, wie passen die Aktivitäten zusammen? Gemeinsame Verantwortung und Zuständigkeit für einen Sozialraum und dessen Entwicklung ist hier die entscheidende Grundlage, auf der alle psychosozialen Dienste ihren Beitrag zur Feldarbeit leisten können.

Eine Grundvoraussetzung für diesen Anteil fehlt allerdings noch in vielen Kommunen: die Finanzierung. Die KGSt (1998) hat hier Vorschläge gemacht, wie Leistungsverträge Spielräume für effektive vernetzte Arbeit am Fall und im Sozialraum schaffen können. Zumindest müssen Leistungsverträge fallunspezifische Arbeit als Leistungsbereich enthalten und diesen Tätigkeiten bestimmte Kapazitäten zuweisen. Wichtig wird es in Zukunft sein, die für Feldarbeit in der Jugendhilfe formulierten Ziele (wie ein hoher Anteil an Schulabschlüssen, an eigenen Hausständen, an Berufsausbildungen und -abschlüssen, vgl. KGSt, 1998, S. 31) weitgehend zu differenzieren und zu operationalisieren, damit auch politische Gremien bereit sind, für solche Arbeit auch Ressourcen zur Verfügung zu stellen.

3. Die Zielgruppe „kleine Kinder"

Gerade für die Entwicklungsphase des Kleinkind- und Vorschulalters hat die Einflussnahme auf die Lebensbedingungen im sozial-ökologischen Nahraum eine besondere präventive Relevanz. Angesichts des hohen Grades an institutionalisierten Kontakten kleiner Kinder zu professionellen Instanzen (Untersuchungsreihe bei Kinderärzten, täglicher Besuch von Kindertageseinrichtungen usw.) birgt gerade hier die Vernetzung solcher Instanzen ein hohes Potenzial an Möglichkeiten zur Prävention, Früherkennung und frühzeitigen Intervention bei Fehlentwicklungen.

Eine besondere Bedeutung als präventivem Handlungsfeld kommt in diesem Zusammenhang den Kindertageseinrichtungen zu (vgl. auch den Beitrag in diesem Buch über das Projekt „ERIK" von Pellander et al.). Hier sind die Bedingungen des Lebensraumes von Kindern direkt fassbar, hier werden Erziehungsnormen und -vorstellungen transportiert, hier sind die Bedarfe für Multiplikatoren- und Elternarbeit greifbar und die Wirkungen solcher Arbeit direkt beobachtbar. Gerade hier werden mit primärpräventiven Projekten Kinder direkt erreicht.

Welche konkreten Aktivitäten Erziehungsberatungsstellen in diesem Arbeitsfeld als Elemente von sozialraumorientierter Fall- und Feldarbeit tragen, mit tragen oder initiieren können, mag die folgende Liste beispielhaft verdeutlichen:

- Aufbau regelmäßiger Kontakte der Beratungsstelle zu Kontaktpersonen von Familien mit kleinen Kindern (Kinderärzte, Kindertageseinrichtungen, Vereine, Freizeitheime, Musikschulen, Pfarrer);
- Beteiligung an Foren der Jugendhilfeplanung;
- Initiierung von (Stadtteil-)Arbeitskreisen der Dienste und Einrichtungen, die mit kleinen Kindern arbeiten (Kindertageseinrichtungen, Kinderärzte, psychosoziale Dienste), um aktuelle Bedarfe, die an unterschiedlichen Orten deutlich werden, zu sammeln und Handlungsoptionen daraus abzuleiten;
- Aktionen wie das „Omaprojekt": Aufbau eines fachlich begleiteten Pools ehrenamtlicher älterer Menschen (z.B. Kooperation mit Kirchengemeinde), die zeitliche Entlastung für allein erziehende Mütter anbieten;
- Projekte wie „Familie im Stadtteil" (vgl. Gehrmann & Müller, 2000), bei denen ein Pool von ehrenamtlichen Helfern, koordiniert und fachlich begleitet durch professionelle Kräfte, in Familien mit kleinen Kindern in Überforderungssituationen oder nach Zuzug in den Stadtteil praktische Hilfen leistet und Kontakte im Stadtteil anbahnt;
- Projekte im Kindergarten, z.B. Projekt „Frühe Gewaltprävention" nach Müller (2000), Märchenmobil, gemeinsame Fortbildung von Beratern und Erzieherinnen aus einem Stadtteil, gemeinsame Nutzung eines umgebauten Bauwagens zum Thema „Kinder stark machen" (Kath. LAG Sucht in NW, 1998);
- offene Sprechstunden der Beratungsstelle in Kindertageseinrichtungen;
- anonyme Fallbesprechungen im Kindergarten, regelmäßige Konsultationen zur „Früherkennung", regelmäßige Veranstaltungen für alle Kindergärten des Ortes/Stadtteiles zu angefragten Themen mit Gelegenheit zu anonymen Fallbesprechungen;
- Anwesenheit und Mitgestaltung bei Elternabenden oder Elterncafés in Kindertageseinrichtungen;

- Nutzung eines (durch Sponsoren aus dem Stadtteil mitfinanzierten und von einer Gemeinde oder einem Trägerverbund unterhaltenen) Fahrzeugs (als „Infomobil" ausgebaut), das die Alltagsorte von Familien mit Kindern anfährt und dort über Angebote und Entwicklungen im Sozialraum informiert und zu Gespräch und Diskussion anregt;
- Initiierung selbst organisierter Flohmärkte und Tauschbörsen;
- „Aufräumaktion" mit Kindern und Eltern im Stadtteil;
- betreuter Spielplatz;
- Initiierung von Selbsthilfegruppen, Krabbelgruppen, Alleinerziehendentreffs mit stadtteilorientierten Themen wie z.B. Spielplatzsanierung, Verkehrsberuhigung, Sicherung der Verkehrswege u.a.;
- Initiierung von Gelegenheiten der Begegnung von Eltern mit kleinen Kindern wie z.B. Sporthallennutzung am Sonntagvormittag für Eltern und Kinder im Winter in Kooperation mit Sportvereinen u.ä.;
- Akquisition von Spendenmitteln z.B. durch Beteiligung potenter Firmen an Aktionen für Kinder;
- Moderation von Mieter-/Hausmeisterversammlungen in einem Wohnblock zu Konfliktthemen, die kleine Kinder betreffen, wie z.B. Absprachen zur Nutzung von Grünflächen für Kinder, Anlegen von Spielgeräten, Mittagsruhe, Auslegung der Hausordnung u.a.m.;
- Durchführung einer Gruppe zur Förderung nachbarschaftlichen Verhaltens für Kinder in großen Wohnblocks.

4. Schlussfolgerungen

Zusammenfassend lässt sich ein sozialraumorientierter Fokus von Erziehungsberatung in folgenden Punkten abbilden:
- Den Sozialraum als Bedingungsgefüge und Ressource für menschliche Lebens- und Problemlagen berücksichtigen und nutzen;
- dezentral in und für ein bestimmtes, in der Wahrnehmung der Bürger zusammenhängendes und alltagsrelevantes Territorium arbeiten;
- die Lebensbedingungen in einem Sozialraum aktiv erschließen, Wissen und ein Gespür dafür bekommen, wer hier wie, mit wem und unter welchen Bedingungen lebt;
- insbesondere die psychosozialen, aber auch die alltagsnahen und informellen Stützungsmöglichkeiten für Menschen kennen, lebendige Kontakte zu ihnen herstellen und aufrechterhalten und dabei helfen, sie in Netzwerken miteinander zu verknüpfen;
- die Lebensbedingungen im Sozialraum bei der Hypothesenbildung in der Fallarbeit einbeziehen und in der Gestaltung der Hilfe aufgreifen;

- Ressourcen nicht nur im engeren Umfeld von Problemsystemen suchen, sondern auch die Alltagsressourcen des Sozialraumes berücksichtigen;
- gemeinsam mit anderen Diensten und Einrichtungen aus KJHG und BSHG, mit freien und öffentlichen Trägern und Diensten Verantwortung für die Gestaltung des Lebensraums und die Hilfe für Einzelne übernehmen;
- die Verantwortung der Bürger für ihre Lebenswelt ernst nehmen, ihre Wünsche, Träume und Bedürfnisse hören und sie bei der Artikulation und Umsetzung derselben ermutigen und stützen;
- flexible Hilfearrangements im Einzelfall erarbeiten, die auf den Einzelnen, seine Bedürfnisse und Lebensvorstellungen, seine Stärken und die Ressourcen seiner Lebenswelt abgestimmt sind.

Entscheidend für eine Orientierung am Sozialraum ist die Einsicht, dass Erziehungsberatungsstellen, wie auch die anderen Dienste der Jugendhilfe, *fallspezifische, fallübergreifende und fallunspezifische* Arbeitsanteile einbauen und miteinander verknüpfen sollten. Die Nichtberücksichtigung eines der drei Bereiche verspielt Optionen, die sowohl für die Gestaltung des Sozialraumes als auch für eine effektive Fallarbeit genutzt werden können.

Praktisch geht es um die Gewichtung der drei Bereiche, um die Finanzierung und um die Frage, wie Erziehungsberatungsstellen, ihre Träger und Mitarbeiter sich mit Überzeugung und Sicherheit auf diesen Weg einlassen können. Natürlich gibt es dabei viele Hürden zu überwinden. Vor allem die gegenwärtigen, an der Fallarbeit orientierten Finanzierungsstrukturen und Effizienzkriterien (Fallzahlen!), die bevorzugte Bereitstellung von Finanzmitteln zu aktuellen Problemthemen anstatt zu präventiver Arbeit und die unzureichenden Indikatoren für die Wirksamkeit fallübergreifender und fallunspezifischer Arbeit erschweren die Implementierung sozialräumlich orientierter Arbeitsweisen. Hier bedarf es langfristig angelegter Abstimmungsprozesse zwischen freien und öffentlichen Trägern der Jugendhilfe auf kommunaler Ebene. Aber auch die oben beschriebenen möglichen stelleninternen Vorbehalte, beispielsweise zum Profil der Stelle, zur beruflichen Identität der Mitarbeiter oder zu den fachlichen Standards, müssen ernst genommen und aufgegriffen werden.

So lange ein Jahresbericht einer EB nicht mit dem Satz beginnen kann: „Wir freuen uns sagen zu können, dass in diesem Jahr 25% weniger Fälle bearbeitet wurden und wir uns stattdessen nach der Empfehlung der BKE umfassend über den Sozialraum informiert und erste Hilfsnetze angeregt haben", sind die Bedingungen für eine Orientierung am Sozialraum noch nicht hinreichend gegeben. Solange der Beitrag einer EB für den Aufbau von unterstützenden Systemen im Vorfeld der Hilfen nach § 27 KJHG im Sozialraum nicht gebührend honoriert, vertraglich abgesichert und finanziert wird, solange bewegt sich sozialräumlich orientierte EB-Arbeit auf unsicherem Terrain. Solange Mitarbeiter nicht mit den Chancen eines solchen Ansatzes vertraut gemacht werden, ihn als Zuwachs von Kompetenz und Interventionsmöglichkeiten erkennen und weniger als Methode der Einsparung von Kosten einschätzen, wird es ihnen schwer fallen, sich auf entsprechende Fortbildungen zu begeben und sich in der Lebenswelt der Bürger kundig zu machen. In der Wahrnehmung des Sozialraumes als hilfreichem Fokus in der Fall- und Feldarbeit, in der Umsetzung flexibler Hilfen und dem aktiven Betreiben einer vertraglichen Absicherung dieser Tätigkeiten liegt eine Chance für die Erziehungsberatung, sich als unverzichtbarer und ganzheitlich agierender Teil der Jugendhilfe weiter zu konsolidieren.

Anmerkung

1 Arbeit im Vorfeld des § 27 KJHG, Möglichkeit zu interner Hilfeplanung.

Literatur

Beck, U. (1986). Risikogesellschaft. Auf dem Weg in eine andere Moderne. Frankfurt: Suhrkamp.

Eickelpasch, R. (1989). Abschied von der bürgerlichen Familie? Umbrüche im Modernisierungsprozess. In: H. Flothkötter, H. Nacke (Hg.). Zerreisprobe: Auf der Suche nach der verlorenen Einheit unseres Lebens. Freiburg: Christophorus-Verlag, pp. 118-139.

Gehrmann, G., Müller, K. (2000). Familie im Stadtteil. In: Blätter der Wohlfahrtspflege 7+8, pp. 161-163.

Hinte, W. (1991). Stadtteilbezogene soziale Arbeit und soziale Dienste – Lebensweltbezug statt Pädagogisierung. In: Brennpunkte sozialer Arbeit: Sozialarbeit deutsch – deutsch. Neuwied: Luchterhand, pp. 59-61.

Hinte, W. (1994). Stadtteilentwicklung durch Dialogmanagment. In: Forum der Arbeit (Hg.). Nach der Kohlezeit. Aachen: Einhard, pp. 46-58.

Hinte, W. (1999a). Soziale Arbeit als gestaltende Instanz, Sozialraumbudgets statt Fallfinanzierung. Forum für Kinder- und Jugendarbeit 1/1999, pp. 13-18.

Hinte, W. (1999b). Flexible Hilfen zur Erziehung statt differenzierter Spezialdienste. In: Hinte, W., Litges, G., Springer, W. (Hg.). Soziale Dienste: Vom Fall zum Feld. Berlin: Ed. Sigma, pp. 87-107.

Katholische Landesarbeitsgemeinschaft Sucht in NW (Hg.). (1998). Das Märchenmobil: Sehnsucht auf Rädern. Münster: Dialogverlag Presse und Medienservice.

KGST (1998). Kontraktmanagement zwischen öffentlichen und freien Trägern in der Jugendhilfe. Bericht Nr. 12/1998.

Koch, J. (2000). Hürden zum Ziel - Silberstreifen am Horizont – Erfahrungen mit flexiblen, integrierten und sozialräumlich angelegten Erziehungshilfen. Vortrag auf der 3. Fachtagung der erzieherischen Hilfen der Caritas in der Diözese Münster (unveröffentlicht).

Landschaftsverband Westfalen-Lippe – Landesjugendamt (Hg.). (2000). Flexibilisierung erzieherischer Hilfen. Münster.

Marquard, P. (1998). Demokratisierung in der Jugendhilfe. Neue Praxis 4, pp. 401-405.

Menne, K. (2000). Organisation und Qualität. Kriterien für eine regionalisierte Erziehungsberatung. Informationen für Erziehungsberatungsstellen 1, pp. 8-16.

Müller, F.-W. (2000). Abenteuer Konflikt – frühe Gewaltprävention in Kindertagesstätten und Grundschulen. In: Praxis der Kinderpsychologie und Kinderpsychiatrie 10, pp. 779-788.

Pavkovic, Gari (2000). Aufgaben und Arbeitsweise der Beratungsstelle für Eltern, Kinder und Jugendliche nach der Flexibilisierung der Erziehungshilfen. Informationen für Erziehungsberatungsstellen 1, pp.17-25.

Peters, F., Trede, W., Winkler, M (Hg.). (1998). Integrierte Erziehungshilfe. Frankfurt a.M.: IGFH.

Spittler, H.-D.; Pauly, F.-P. (1984). Integration verschiedener caritativer Dienste zu einer Bezirksstelle. Jugendwohl 5, pp. 194-197.

Springer, W. (1995). Alltag und sozialer Raum als Fokus sozialpädagogischen Handelns. Neue Praxis 3, pp. 282-285.

Springer, W. (1996). Der lebensweltorientierte Ansatz. Referat auf der Fachtagung „Wir schaffen Netzwerke! Und die Klienten...?"

Trede, W. (1998). Integrierte Erziehungshilfen – Praxismodelle im Vergleich. In: Peters, F., Trede, W., Winkler, M. (Hg.). Integrierte Erziehungshilfen. Frankfurt a. M.: IGFH-Eigenverlag, pp. 97-117.

Weißmann, R. (2000). Flexibilisierung – warum und wieso? In: Landschaftsverband Westfalen-Lippe – Landesjugendamt (Hg.). Flexibilisierung erzieherischer Hilfen. Münster.

Winkler, M. (1998). Fachlichkeit durch Auflösung. Überlegungen zur Situation der Jugendhilfe. In: Peters, F., Trede, W., Winkler, M. (Hg.). Integrierte Erziehungshilfen. Frankfurt a. M.: IGFH-Eigenverlag, pp. 269-296.

Entwicklungsberatung für Eltern mit Säuglingen
Ein spezielles Interventionsprogramm der Städtischen Beratungsstelle für Eltern, Kinder und Jugendliche in Stuttgart

Sabina Schaefer und Ingeborg Widmann

1. Einleitung

In der Beratungsstelle für Eltern, Kinder und Jugendliche werden Familien beraten, wenn Kinder oder Jugendliche auffällig in ihrer Entwicklung sind oder wenn es Störungen in den familiären Beziehungen gibt. Oft kommt der Praktiker bei der Analyse der Entstehungsbedingungen, die zu Störung oder Auffälligkeit geführt haben, zu dem Schluss, dass die Eltern und das Kind schon viel früher Hilfe gebraucht hätten. Ausgehend von den Erkenntnissen der Bindungsforschung wurde an der Beratungsstelle deshalb ein Interventionsprogramm entwickelt, das sich an Familien mit Säuglingen richtet. Ziel ist es, die Eltern-Kind-Beziehung zu stärken und damit die Gesamtentwicklung des Kindes positiv zu beeinflussen.

2. Das Interventionsprojekt „Entwicklungsberatung für Eltern mit Säuglingen"

2.1 Bindungstheorie

Inzwischen gibt es viele Erkenntnisse darüber, was Kinder brauchen, damit ihre emotionale, soziale und kognitive Entwicklung positiv verläuft. Insbesondere die *Bindungstheorie* konnte zeigen, wie sich die Qualität der frühen Eltern-Kind-Bindung auf die weitere Entwicklung der Kinder auswirkt. Es wird grundsätzlich zwischen sicherer und unsicherer Bindungsqualität unterschieden. Eine sichere Bindungserfahrung stellt nach den Erkenntnissen der Bindungstheorie eine wesentliche Voraussetzung für einen günstigen Entwicklungsverlauf dar.

Sichere Bindungsqualität

Eine sichere Bindungsqualität stellt sich ein, wenn die Bezugspersonen (meist Mutter und Vater) feinfühlig, vorhersehbar und verlässlich mit dem Baby umgehen. Die Kinder können dann die Erfahrung machen, dass sie ihrer Umge-

313

bung vertrauen können, was wiederum die Voraussetzung dafür ist, dass die Kinder offen für Neues sind, ihre Umwelt erkunden wollen, positive Erwartungen an andere Menschen haben und sich kooperativ verhalten.

Unsichere Bindungsqualität

Im Unterschied dazu entsteht eine unsichere Bindungsqualität unter der Voraussetzung, dass die Erwachsenen nicht feinfühlig mit dem Kind umgehen können. Das Kind findet in seinen Bezugspersonen keine „Sicherheitsbasis" (ein zentraler Begriff aus der Bindungstheorie), weil sie nicht zuverlässig für das Kind da sind.

So findet das Kind beispielsweise nur manchmal Trost, wenn es ihm schlecht geht, und es wird bei anderen Gelegenheiten barsch abgewiesen. Die Bezugspersonen sind für die Kinder weder verlässlich noch vorhersehbar und infolgedessen entwickeln die Kinder keine positiven Erwartungen an ihre Mitmenschen. Es fällt ihnen schwer, Konflikte konstruktiv zu lösen, und sie sind häufiger als sicher gebundene Kinder in aggressive Auseinandersetzungen verwickelt (siehe dazu auch den Beitrag von Suess in diesem Band).

Bedingungen unsicherer Bindungen

Verschiedene Bedingungen können dazu führen, dass sich eine unsichere Bindungsqualität mit den daraus folgenden ungünstigen Entwicklungen einstellt: Zum einen kann das Baby besondere Anforderungen an die Bezugspersonen stellen, weil es zum Beispiel frühgeboren ist, Schwierigkeiten bei der Nahrungsaufnahme hat, viel schreit oder der Schlaf-Wach-Rhythmus gestört ist. Zum anderen können die Bezugspersonen Probleme haben, sich auf das Baby einzulassen, seine Äußerungen wahrzunehmen und angemessen darauf zu reagieren. Gründe für die Schwierigkeiten der Eltern können u.a. sein, dass das Baby ungewollt ist, dass die Eltern noch sehr jung oder schon relativ alt und im Umgang mit dem Kind unsicher und überfordert sind. Auch die psychische Erkrankung eines Elternteils (zum Beispiel Depressionen – siehe dazu den Beitrag von Fries in diesem Band), Partnerschaftsprobleme oder ein Mangel an sozialer Unterstützung sowie eigene ungünstige Bindungserfahrungen der Eltern können dazu führen, dass der Aufbau einer sicheren Bindung eines Kindes an seine Eltern misslingt.

Schlussfolgerungen für das Projekt

Liegen Risikofaktoren sowohl auf Seiten des Kindes als auch auf Seiten der Erwachsenen vor, besteht die erhöhte Gefahr, dass die Kinder misshandelt oder vernachlässigt werden, da die Eltern in einen Teufelskreis aus Frustration, Überforderung, untauglichen Lösungsversuchen und Hilflosigkeit geraten (hierzu siehe auch die Beiträge von Fries und Jacubeit in diesem Band). Verschiedene Erfahrungen mit Interventionsmethoden, die an der Entwicklung der elterlichen Sensitivität auf die kindlichen Signale ansetzen, legen nahe, dass sich über dieses Element die sich im ersten Lebensjahr des Kindes entwickelnde Bindung zwischen Eltern und Kind qualitativ beeinflussen lässt. Das Projekt war vorgesehen für Babys im Alter ab vier Monaten. Da das erste Lebensjahr als kritische Periode für den Aufbau einer sicheren Bindung angesehen werden kann, sollte die Projektteilnahme im Rahmen dieses ersten Jahres liegen.

2.2 Methode

Hausbesuche

Die Probleme von Familien mit einem „schwierigen" Säugling können im Rahmen eines regulären Beratungsangebots in der Beratungsstelle häufig nicht umfassend bearbeitet werden. Eltern mit Säuglingen sind oft wenig mobil und es ist für sie daher eine Erleichterung, wenn die Beratung bei ihnen zu Hause stattfindet und die Termine flexibel auf ihren Tagesablauf abgestimmt werden können. Deshalb werden im Rahmen des Interventionsprogramms Hausbesuche gemacht mit dem Ziel, die Eltern praktisch anzuleiten, feinfühlig mit ihrem Baby umzugehen. Die Eltern sollen lernen, die Signale ihres Kindes wahrzunehmen, richtig zu interpretieren und angemessen darauf zu reagieren.

Videoaufnahmen von Eltern-Kind-Interaktionen

Videoaufnahmen eignen sich gut als Mittel zur Selbstbeobachtung. Außerdem lassen sich darüber auch sehr kurze, trotzdem bedeutsame Interaktionseinheiten gut sichtbar machen, zum Beispiel durch langsames Abspielen und wiederholte Darbietung einzelner Szenen. Für viele Menschen besitzt zudem das Medium Videoaufnahme einen höheren Anreizcharakter als zum Beispiel ein normales Beratungsgespräch. In unserem Projekt hat deshalb die Arbeit mit Videoaufzeichnungen von Eltern-Kind-Interaktionen einen zentralen Stellenwert (siehe dazu auch Sirringhaus-Bünder et al. in diesem Band).

Ressourcenorientiertes Vorgehen

In einem ressourcenorientierten Vorgehen wird positives, d.h. auf die Bedürfnisse des Kindes orientiertes, elterliches Verhalten bekräftigt. Aus methodischen Gründen wird darauf verzichtet, über Begrüßung und Verabschiedung hinaus selbst mit dem Kind in Kontakt zu treten oder sich ihm intensiv zuzuwenden.

Elterninterview (Adult-Attachment-Interview)

Einen weiteren Baustein des Projekts bildet die Durchführung des Adult-Attachment-Interviews (AAI) in seiner deutschen Version[1]. Ausgehend von der Vorstellung, dass sich frühe Beziehungserfahrungen in einem so genannten internalen Arbeitsmodell (Bowlby, 1995) als Script für spätere Beziehungen abbilden, ermöglicht dieses halbstrukturierte Interview eine Einschätzung der Bindungsrepräsentationen Erwachsener. Gefragt wird nach den Beziehungserfahrungen in Kindheit und Jugend in der Herkunftsfamilie (Eltern, Geschwister, Großeltern), ob und wie sich Beziehungen im Laufe des Heranwachsens verändert haben und wie die heutige Beziehung zu den eigenen Eltern bewertet wird. Dabei werden die Interviewten einerseits angeregt, sich an bestimmte, möglichst konkrete Situationen zurückzuerinnern (zum Beispiel „Was haben Sie als Kind gemacht, wenn Sie Kummer hatten?", „Haben Sie sich in Ihrer Kindheit manchmal zurückgewiesen gefühlt?"), um anhand der geschilderten Beispiele auch einen Eindruck über die Authentizität der berichteten Beziehungsqualitäten zu bekommen. Andererseits beinhaltet das Interview auch Fragen auf der Meta-Ebene (zum Beispiel „Glauben Sie, dass die Erfahrungen mit Ihren Eltern Ihre Persönlichkeit beeinflusst haben?", „Warum haben sich, Ihrer Meinung nach, Ihre Eltern so verhalten, wie sie es getan haben?").

Das für das AAI entwickelte Auswertungsschema von Fremmer-Bombik et al. (1992) ermöglicht eine Kategorisierung der Bindungsrepräsentationen. Analog zur Beschreibung der Bindungsqualitäten im Kleinkindalter unterscheidet man ein sicheres („sicher-autonom") und drei unsichere („unsicher-distanziert", „unsicher-verwickelt" und „unverarbeitet-traumatisiert") Muster. Dabei zeichnet sich ein sicher-autonomes Muster durch kohärente Schilderung und Bewertung der eigenen Bindungsgeschichte im AAI und die Wertschätzung von Bindung allgemein aus und nicht notwendigerweise durch den Bericht ausschließlich positiver Bindungserfahrungen.

2.3 Projektmittel

Da es sich bei dem Vorhaben um ein neues Interventionsprogramm handelt, das zusätzlich zu der regulären Arbeit der Beratungsstelle Kapazität erfordert, wurden beim Landeswohlfahrtsverband Württemberg-Hohenzollern Mittel für das Projekt beantragt. Mit den genehmigten 10.000 DM konnte auf Honorarbasis eine Diplom-Psychologin beschäftigt werden, die selbst Erfahrung mit der Arbeit in einer Beratungsstelle hat und sich intensiv mit Bindungstheorie und -forschung befasste. Sachmittel und Sekretariatsleistungen wurden über die Beratungsstelle des Jugendamts Stuttgart zur Verfügung gestellt. Die Evaluation des Projektes erfolgte in Zusammenarbeit mit Prof. Dr. M. Moch von der Berufsakademie Stuttgart, Fachrichtung Sozialwesen.

2.4 Gewinnung von Teilnehmerinnen, Zielgruppe

Kontaktaufnahme über Kooperationspartner

Über Kooperationsbeziehungen zu Mutter-Kind-Wohnanlagen und PEKIP-Gruppen des Elternseminars sowie niedergelassenen Kinderärzten wurde Kontakt zu Eltern aufgenommen, bei denen die Gefahr bestand, dass sich eine ungünstige Eltern-Kind-Beziehung entwickeln könnte. Zuerst wurde das Vorhaben mit den Fachkräften der anderen Institutionen besprochen, danach wurde es interessierten Eltern (meist Müttern) vorgestellt. Insgesamt hatten sich für das Projekt 19 Mütter (14 davon mit ihrem ersten Kind) interessiert. Davon haben sieben bereits vor oder direkt nach dem ersten Termin die Teilnahme wieder abgebrochen, bei drei weiteren kamen lediglich drei bis fünf Termine zustande. Eine Mutter wurde an der Beratungsstelle beraten. In drei Fällen konnten zu einzelnen Terminen auch die Väter erreicht werden. Nachfolgend ist aufgeführt, über welche Zugänge die einzelnen Personen ins Projekt vermittelt wurden.

Zugang erfolgte über	Anzahl der Familien
• Wohnanlage für allein Erziehende, Jugendamt Stuttgart	5
• Mutter-Kind-Wohnheime (verschiedene Träger)	5
• PEKIP-Gruppen, Jugendamt Stuttgart	7
• Allgemeiner Sozialdienst, Jugendamt Stuttgart	1
• Niedergelassener Kinderarzt	1

Mit einer Ausnahme brachen ausschließlich die jungen Mütter aus den Wohnheimen die Projektteilnahme ab. Es handelte sich dabei durchweg um Frauen in sehr schwierigen Lebenssituationen (Alkoholprobleme, Drogenprobleme, psychische Erkrankungen, Schul- und Ausbildungsprobleme, große Schwierigkeiten in der Partnerschaft, Probleme mit der deutschen Kultur).

Von Müttern aus PEKIP-Gruppen des Elternseminars wurde das Angebot, beim Aufbau einer gelingenden Beziehung zu ihrem Baby Unterstützung zu bekommen, gerne angenommen. Frauen aus Mutter-Kind-Wohnanlagen äußerten Befürchtungen dahingehend, dass die Videoaufnahmen dazu benutzt werden könnten, ihnen vorzuhalten, was sie im Umgang mit dem Baby falsch machen.

2.5 Praktische Durchführung

Kontaktanbahnung mit den Familien

Nach der Vorstellung des Projektes fanden alle weiteren Kontakte mit den Familien in der häuslichen Umgebung statt. Vorgesehen waren fünf bis sieben Termine. Das erste Treffen diente dem gegenseitigen Kennenlernen und dem Aufbau eines vertrauensvollen Kontaktes. In einem informellen Gespräch sammelten wir Informationen über die Familienkonstellation, die derzeitige Lebenssituation und -zufriedenheit sowie bisherige Erfahrungen mit dem Baby. Wir erfragten die Erwartungen der Eltern an das Projekt und schätzten ihre verdeckten Motive zur Teilnahme ein. Erfahrungen mit dem Medium Video bzw. die eigene Einschätzung, wie viel Neugier oder Ängste mit dem Gefilmtwerden wohl verbunden sein werden, bildeten ebenfalls einen Bestandteil des Gesprächs.

Hausbesuche mit Videoaufnahmen

Die Kontakte fanden im Regelfall im Abstand von ein bis zwei Wochen statt. Längere Unterbrechungen kamen durch Krankheiten, Urlaub oder Unzuverlässigkeiten in der Terminabsprache häufiger zustande als geplant. Während eines Hausbesuchs wurde normalerweise die Videoaufnahme des vorhergehenden Termins angeschaut und besprochen. Im Anschluss daran erfolgte eine neue Aufnahme. Nebenbei entwickelte sich meistens ein Gespräch über aktuelle Entwicklungen in der Familie. Gefilmt wurden Szenen, die typisch sind für die Interaktion zwischen Mutter und Kind, nämlich Wickeln, Füttern bzw. Stillen, Baden und Spielen. Die Aufnahmedauer richtete sich nach der tatsächlichen Dauer des Vorgangs, wurde aber spätestens nach 20 Minuten beendet. Die Eltern wurden gebeten, alles möglichst so zu machen wie sonst auch. Um möglichst authentische Aufnahmen zu erhalten, wurden die Termine nach Möglichkeit so gelegt, dass sie mit dem Tagesrhythmus des Kindes übereinstimmten.

Auswertung der Filmsequenzen

Zwischen den Kontakten mit der Familie wurden die Filmsequenzen in der Beratungsstelle auf gelungene Interaktionseinheiten hin ausgewertet. Gelungen bedeutet dabei, dass kindliche Signale prompt und adäquat beantwortet werden, also elterliches Verhalten auf kindliche Bedürfnisse hin orientiert ist. Diese gelungenen Interaktionen wurden bei der Betrachtung mit der Familie hervorgehoben und bekräftigt, häufig in Verbindung mit dem Aufzeigen von Wechselwirkungen und begleitet von Interpretationsvorschlägen für die kindlichen Reaktionen.

Beispiel: Das Baby gibt beim Wickeln einen Laut von sich, die Mutter beugt sich vor und reagiert spontan mit einem ähnlichen Laut, das Kind strampelt und lacht.
Die Beraterin lobte die prompte und angemessene Reaktion der Mutter auf das kindliche Lautieren. Sie interpretiert die kindliche Reaktion auf das Verhalten der Mutter mit Worten wie: „Ja, das gefällt ihm, das ist fast schon ein kleines Gespräch. Sehen Sie, wie er jetzt strampelt, jetzt ist er ganz aufmerksam. So macht er die Erfahrung, dass er etwas bewirken kann."

In manchen Fällen waren die Videosequenzen auch Ausgangspunkt zur Überlegung alternativer Handlungsmöglichkeiten.

Beispiel: Eine Mutter äußerte beim Betrachten eines Videoausschnitts von sich aus, dass „das ja sehr ruhig ist". Es war zu sehen, wie das Kind auf einer Krabbeldecke immer wieder versuchte vorwärts zu kommen, um eine Rassel zu erreichen. Die Mutter saß direkt daneben, beschäftigte sich mit einem anderen Spielzeug und schüttelte ab und zu die Rassel. Nach ihrer Äußerung wurde überlegt, was sie in diesem Moment hätte sagen können, und sie erklärte sich bereit dazu, es gleich anders auszuprobieren. Während der Videoaufnahme hielt sie nach zwei kurzen Bemerkungen jedoch wieder inne mit der Äußerung, dass das ja ganz schön komisch sei und sie das normalerweise nie machen würde. Es erfolgte sofort der Vorschlag, einmal probehalber jede Bewegung des Kindes verbal zu beschreiben und darauf zu achten, ob und wie das Kind darauf reagiert. Ausgehend von diesem begleitenden Sprechen fiel es ihr leichter als vorher, das Baby auch direkt anzusprechen. Auf dem in dieser Stunde entstandenen Video ist die Zunahme in den Lautäußerungen des Kindes in Abhängigkeit von der Verbalisationsrate der Mutter sehr eindrücklich zu beobachten. Im Vergleich mit der Aufnahme von der Stunde vorher wurde zudem die Entwicklung von einem Nebeneinanderher zu einem Miteinander deutlich.

Neben der eigentlichen Arbeit mit dem Video ergaben sich immer auch Gespräche, die sich um entwicklungspsychologische Themen oder allgemein um die Erfahrungen mit dem Baby drehten. Im Regelfall betrug die Kontaktzeit während eines Hausbesuchs ungefähr eine Stunde.

Elterninterview und Abschluss

Zum Abschluss der Projektteilnahme erfolgte die Durchführung des Adult-Attachment-Interviews. Das Interview dauert ca. 1,5 bis 2 Stunden und wurde nach Möglichkeit in Abwesenheit des Kindes durchgeführt. Die Auswertung der Interviewdaten nach dem Auswertungsschema von Fremmer-Bombik et al. (1992) ist äußerst komplex. Uns dienten die Informationen aus dem AAI lediglich zur Grobeinschätzung der Erfahrungen mit der Herkunftsfamilie und zu einem tieferen Einblick in die Lebensgeschichte der Mütter. Auf eine differenziertere, kategorisierende Auswertung musste bisher aus Kostengründen verzichtet werden.

Für die Familie endete das Projekt mit einem kurzen Abschlussgespräch, das eine Wertschätzung des gezeigten Engagements beinhaltete. Bei diesem Gespräch wurde den Eltern eine Kassette mit den Videoaufnahmen übergeben, die wir von ihnen und ihrem Kind aufgenommen hatten.

3. Veränderungen des ursprünglichen Konzepts

3.1 Elternabende zu entwicklungspsychologischen Themen

Geplant war, während der Laufzeit des Projekts zwei Elternabende zu entwicklungspsychologischen Themen anzubieten. Diese Elternabende scheiterten einerseits an mangelndem Interesse der Teilnehmerinnen, andererseits aber auch an den sehr unterschiedlich verlaufenden Beratungen. Entwicklungspsychologisches Wissen floss deshalb vermehrt während der Kontakte zu Hause ein, entweder über gezielte Fragen der Eltern oder angeregt durch Beobachtungen der Beraterin. Häufiger als erwartet entwickelten sich auch „echte" Beratungsgespräche zu einzelnen Themen. Ein Zeichen dafür, dass manche Mütter den vertrauensvollen Kontakt zu einer Beraterin auch über den angezielten Rahmen hinaus für sich nutzen wollten und konnten.

Beispiel 1: Eine allein erziehende Mutter hatte für sich den Anspruch, ihrem zweiten Kind (mit dem sie am Projekt teilnahm) exakt gleich viel „bieten" zu wollen wie ihrem gut zwei Jahre älteren Kind. Die Folge war ein hoher Terminstress für Mutter und Kinder, zumal es äußerst schwierig war, alle Termine mit den unterschiedlichen Schlafenszeiten der Kinder in Einklang zu bringen. Bei der Mutter machte sich eine hohe Unzufriedenheit bei gleichzeitig starken Schuldgefühlen bemerkbar. Während eines längeren Gesprächs wurden Zusammenhänge zur eigenen Geschichte deutlich: Sie als Erstgeborene muss sich heute noch Vorwürfe ihres vier Jahre jüngeren Bruders anhören, der seine beruflichen Misserfolge u.a. auch darauf zurückführt, als Zweitgeborener in ihrem Schatten gestanden zu haben. Sie zog daraus den Schluss, dass Erstgeborene prinzipiell gegenüber den nachfolgenden Geschwistern im Vorteil sind, und leitete daraus den Anspruch an sich ab, ihre Aufmerksamkeit ganz gleichwertig (=gerecht) auf ihre beiden Töchter zu verteilen. Das anschließende Gespräch über Vor- und Nachteile einzelner Geschwisterpositionen sowie die Bestärkung in der Idee, dass die Teilnahme an einer Krabbelgruppe, die beide Kinder mit sichtlicher Neugier und Freude besuchen, ausreichend ist, führten bis zum nächsten Treffen zu einer Umgestaltung und Reduzierung der außerhäuslichen Termine. Die Mutter berichtete von deutlich spürbarer Entlastung bei sich und den Kindern und erzählte auch, dass sich der Schlafrhythmus beider Kinder besser eingependelt habe.

Beispiel 2: Eine Familie entschloss sich auf Anregung eines von einer Freundin empfohlenen Buches, die Einschlaf- und Durchschlafprobleme ihres Kindes mit Hilfe der so genannten „Checking-Methode" anzugehen. In der Planung und Durchführung wurden sie dabei von der Beraterin unterstützt. In diesem Zusammenhang wurde auch ein gemeinsames Elterngespräch zum Thema „unterschiedliche Erziehungsvorstellungen" (z.B.: „In welchem Bett soll das Kind schlafen?") geführt.

3.2 Zeitpunkt der Durchführung des AAI

Anfänglich wurde das AAI als Einstieg ins Projekt nach einem kurzen Kennenlerntermin beim zweiten Treffen durchgeführt. Schnell wurde jedoch deutlich, dass gerade bei Müttern mit einer belasteten Kindheit dieser frühe Zeitpunkt ungünstig ist, weil noch keine ausreichend vertrauensvolle Beziehung zur Beraterin besteht und die Teilnehmerinnen von sich aus wenig Interesse hatten, ihre Kindheitserinnerungen in dieser Ausführlichkeit zu berichten. Das Interview wurde deshalb an das Ende des Projektablaufs gestellt. In einem Fall wurde das Interview jedoch auch zwischendurch als Intervention genutzt, um über diesen ausschließlich der Mutter gewidmeten Termin ihrer Person Wertschätzung zu erweisen und Kontaktambivalenzen in der Beziehung zur Beraterin zu verringern. Eine Wirkung auf die Mutter-Kind-Beziehung war nicht intendiert. Überraschenderweise konnte aber direkt nach dem sehr ausführlichen AAI das erste Mal eine spontane, sehr innige und ambivalenzfreie Interaktionssequenz zwischen Mutter und Tochter gefilmt werden[2].

3.3 Videoauswertung anhand ausgewählter Sequenzen

Da es das Ziel des Projekts war, über die Bekräftigung von positiven Beispielen auf eine positive Bindungsqualität hinzuwirken, war geplant, den Eltern lediglich diese positiven Beispiele vorzuführen. Dies entstand auch aus der Befürchtung heraus, dass evtl. zu beobachtende negative Interaktionszyklen einen stärkeren, frustrierenderen Eindruck hinterlassen könnten. Diese Vorgehensweise scheiterte an dem großen Bedürfnis der Eltern, immer die ganze Aufnahme zu sehen. In einigen Fällen entwickelte sich daraus jedoch ein Vorteil. Beispielsweise kommentierte eine Mutter die Signale des Kindes während des Betrachtens mit den Worten „ah, jetzt mag sie nicht mehr" und zog dann für sich das Fazit, dass sie schon wesentlich früher mit dem Füttern hätte aufhören können. In einem anderen Fall führte der Gesamteindruck einer Aufnahme zu einer Umbewertung und einer Einstellungsänderung gegenüber der gefilmten Situation.

Beispiel: Erwartungshaltung der Mutter: „Immer gibt es Probleme beim Essen, mein Kind ist ein schlechter Esser." – Überraschter Ausruf nach Gesamtsequenz: „So schlecht isst sie ja gar nicht!"

4. Auswertung

4.1 Auswertung einzelner Videobänder – Beziehungsqualität

In Zusammenarbeit mit der Berufsakademie Stuttgart (s.2.3) wurden bislang in drei Fällen alle gefilmten Szenen von einer Gruppe Studierender auf die zu beobachtende Beziehungsqualität hin global eingeschätzt. Jede Szene wurde auf einer 6-stufigen Ratingskala nach folgenden fünf Dimensionen bewertet:
• Emotionales Klima in der Interaktion
• Atmosphäre der Gesamtsituation
• Kongruenz im Verhalten der Mutter
• Von der Mutter geäußerte Affekte
• Aufeinander-Bezogenheit der Interaktion

Zwei Ziele werden damit verfolgt: Zum einen bilden die Urteile zur Interaktionsqualität ein Kontrollurteil zu den von uns vorgenommenen Einschätzungen. Zum anderen erlauben die Ratings eine Abschätzung der Effekte des Projekts.

In allen drei Fällen ergaben die über alle Szenen zusammengefassten Einschätzungen Werte über dem Skalenmittelpunkt, sodass insgesamt die Interaktionen als positiv zu bewerten sind. Vergleicht man, getrennt nach Fällen, die Werte für die einzelnen Szenen, so zeigen sich in zwei Fällen deutlich positivere Schätzwerte für die letzten beiden Szenen als für die ersten. Da bei einer solchen Betrachtung von Einzelfällen keine Signifikanzprüfung möglich ist, können die beobachteten Veränderungen nur äußerst vorsichtig als Effekt der Projektteilnahme gewertet werden. Allerdings decken sich diese Ergebnisse mit den Beobachtungen der Beraterin während des Projektverlaufs und den im Abschlussgespräch berichteten Einschätzungen der Mütter selbst.

4.2 Auswertung der Interviewdaten

Wie bereits erwähnt, ist im Rahmen des Projekts die Auswertung der Adult-Attachment-Interviews nach den vorgesehen Richtlinien nicht möglich. Die gewonnenen Informationen sind jedoch auch als Form eines biographischen Interviews hochinteressant. So ergaben sich überraschenderweise nicht nur bei den Müttern in schwierigen Lebenslagen, sondern auch bei denjenigen, die nach außen hin in geordneten Verhältnissen leben, Hinweise auf ungünstige Beziehungserfahrungen in der Kindheit. Im Interview zeigten sich diese Mütter beim Bericht der lebenskritischen Ereignisse zwar einerseits emotional stark beteiligt, andererseits aber auch sehr reflektiert in der Bewertung des elterlichen Verhaltens und der Bedeutung dieser Ereignisse für das eigene Leben. Interessanterweise berichteten diese Mütter auch ungefragt von den Schlussfolgerungen, die sie aus diesen Erfahrungen für ihre eigene elterliche Haltung gezogen haben. Dies sei an drei Beispielen erläutert:

Beispiel 1: Zwei Mütter, die aus Gastarbeiterfamilien stammen, erlebten in ihrer Kindheit einen mehrmaligen Wechsel der Hauptbezugsperson. Dieser kam dadurch zustande, dass sie als Babys zu Beginn von den Müttern in Deutschland betreut wurden, dann jedoch bei den Großeltern im Herkunftsland aufwuchsen und lediglich während der Ferien direkten Kontakt zu den Eltern hatten. Im Schulalter erfolgte dann erneut ein Wechsel nach Deutschland. In beiden Fällen schildern die betroffenen Mütter die Beziehung zu den Großeltern als sehr innig und berichten von Problemen in der Anpassung infolge des Umzugs nach Deutschland.

Beispiel 2: In vier Fällen kam es während der Pubertät der befragten Eltern durch Tod, Trennung der eigenen Eltern oder massive Generationskonflikte zu endgültigen oder langfristigen Abbrüchen in der Beziehung zu einer oder mehreren Hauptbezugspersonen. Eine Mutter berichtete, dass noch heute die Beziehung zu den Eltern sehr belastet sei und sie eine „Sicherheitszone" von 600 km zwischen ihnen und sich brauchte. Diese Frau erlebte auch während ihrer Kindheit einen sexuellen Übergriff durch den Großvater.

Beispiel 3: Deutliche Hinweise auf einen Rollentausch mit der eigenen Mutter in der Kindheit ergaben sich in einem Interview. Die Mutter der Interviewten litt während der gesamten Zeit des Heranwachsens an phasisch wiederkehrenden Depressionen. In diesen Zeiten übernahm die Tochter (also die Interviewte) die Hauptverantwortung für das Wohlergehen ihrer Mutter, was auch heute noch häufig der Fall ist. Insgesamt, so erzählt sie, würde sie dazu neigen, sich Problemen anderer Menschen anzunehmen, auch wenn das immer wieder ihre Belastungsgrenzen übersteige.

Ein vorsichtiger Versuch, Informationen aus dem AAI in Beziehung zur gefilmten Interaktionsqualität zu setzen, führt zu dem Eindruck, dass es Eltern, die auch heute noch in der Beziehung zu ihren Eltern emotional verwickelt sind, schwerer fällt, intuitiv feinfühlig mit ihren Kindern umzugehen.

4.3 Schlussfolgerungen aus den Erfahrungen mit sehr jungen Müttern

Die hohe Abbrecherquote und die hohe Unzuverlässigkeit bei der Termineinhaltung (in einem Zeitraum von zwei Monaten kamen von 19 verabredeten Terminen 12 nicht zustande) bei Müttern aus Mutter-Kind-Wohnheimen legt nahe, dass für diesen Personenkreis nochmals andere als in unserem Projekt herrschende Bedingungen hergestellt werden müssten, um eine zuverlässigere Teilnahme zu gewährleisten. Gerade bei jungen Eltern aus der Risikogruppe wäre es daher sicher in manchen Fällen von Vorteil, einen finanziellen Anreiz für die Teilnahme am Projekt in Aussicht zu stellen. Außerdem erscheint es sinnvoll, die Fachkräfte der Mutter-Kind-Wohnanlagen über die erste Kontaktvermittlung hinaus stärker ins Projekt einzubeziehen. Dies könnte bedeuten, das Interventionsprogramm direkt vom Wohnheim aus als eigenes Angebot anzubinden, wie es von manchen Wohnheimen mit den PEKIP-Gruppen bereits praktiziert wird.

5. Umsetzung der Erfahrungen aus dem Projekt in die Beratungsarbeit

Die Erfahrungen aus dem Bindungsprojekt fließen selbstverständlich in die Arbeit mit Familien in der Beratungsstelle ein. Insbesondere die Durchführung des Adult-Attachment-Interviews zeigt die Bedeutung der Bindungserfahrungen von Eltern auf deren Erziehungsverhalten, aber auch auf deren Beziehungsgestaltung zum Partner. Bestimmte Verhaltensweisen von Erwachsenen werden für den Berater, aber auch für den Partner erst nachvollziehbar, wenn die Bindungsgeschichte bearbeitet wird. Sehr fruchtbar ist die Verknüpfung des entwicklungspsychologischen Blicks mit einem familientherapeutischen Vorgehen.

Beispiel: In einer Familienberatung beispielsweise wurde die Härte und Strenge des Vaters seinen beiden fünf und sechs Jahren alten Söhnen gegenüber erst durch die Schilderung seiner Kindheit verständlich, die von „Prügeln, endlosem Geschrei und Verboten" geprägt war. Es gab zwischen seinen Eltern, aber auch zwischen den Eltern und den Kindern kein Vertrauen und keine Zärtlichkeit, nur so genannte „Zwangsküsse" zu bestimmten Anlässen, wie zum Beispiel am Muttertag. Letzteres machte es für die Ehefrau des betreffenden Mannes zumindest besser nachvollziehbar, weshalb er auf Zuneigungsbekundungen ihrerseits oft zurückweisend, abwertend und ironisch reagierte, obwohl er sich andererseits nach Zuneigung und Nähe zu seiner Partnerin sehnte, wie er zum Ausdruck brachte.

Gerade in der Paar- und Familientherapie ermöglicht die Beschäftigung mit der Bindungsgeschichte, neue Perspektiven mit den Betroffenen zu entwickeln und Bedürfnisse nach Offenheit, Vertrauen und Sicherheit kommunizierbar zu machen. Darüber hinaus bietet die Bindungstheorie auch für Eltern selbst ein gut verständliches Erklärungsmodell: Sie können beispielsweise die Bindungsbedürfnisse ihrer Kinder besser verstehen, wenn sie über die Entwicklung normalen kindlichen Bindungsverhaltens Bescheid wissen. Man kann ihnen gewissermaßen ein Coaching anbieten, wie sie zum Beispiel für ihre Kinder zur „Sicherheitsbasis" werden können.

Die Erfahrungen mit der videogestützten Beratung ist auch für andere Fachkräfte der Beratungsstelle eine Ermutigung, in ihrer Arbeit dieses Medium einzusetzen. Oft bewirkt ein ergänzendes Video-Feedback mehr als ein reines Beratungsgespräch.

6. Zusammenfassung

Das Projekt „Entwicklungsberatung für Eltern mit Säuglingen" zeigt, dass Eltern von dieser Art der aufsuchenden Beratung (Hausbesuche) sehr profitieren. Sie werden durch die praktische, direkt auf der Verhaltensebene ansetzende Vorgehensweise sicherer im Umgang mit ihrem Kind.

Videoaufnahmen von Eltern-Kind-Interaktionen beim Füttern, Wickeln, Spielen und Baden werden als Grundlage für das Training verwendet und die Eltern lernen, genauer darauf zu achten, wie es ihrem Kind geht, wie sie seine Signale deuten und wie sie angemessen darauf reagieren können. Über die praktische Anleitung hinaus bekommen die Eltern Fragen zur Entwicklung ihres Kindes beantwortet und sie haben Gelegenheit, über ihre eigenen Bindungserfahrungen in den Herkunftsfamilien zu sprechen und vor diesem Hintergrund ihre eigenen Einstellungen zum Kind zu reflektieren. Der feinfühlige Umgang der Eltern mit ihrem Kind ist eine gute Voraussetzung dafür, dass die Beziehung für beide Seiten zufrieden stellend verläuft und das Kind eine sichere Bindungserfahrung machen kann. Für Fachkräfte aus Beratungsstellen ist dieses Programm eine wertvolle Erweiterung des Handlungsspektrums. Die Erfahrungen aus dem Projekt geben wichtige Impulse für die Fallarbeit in der Beratungsstelle.

Das Projekt zeigt auch, wie hilfreich es ist, mit Einrichtungen oder Fachkräften zusammenzuarbeiten, die bereits Kontakt zu Eltern mit „schwierigen" Babys haben. Die Kooperation der Fachleute schafft bei den Eltern die Vertrauensbasis zur Zusammenarbeit mit der Beraterin.

Anmerkungen

1 Die deutsche Übersetzung wurde uns dankenswerterweise von der Arbeitsgruppe um Prof. Dr. K. E. Grossmann und Dr. P. Zimmermann von der Universität Regensburg überlassen.
2 Es empfiehlt sich also, die Kamera immer mitzunehmen!

Literatur

Bowlby, J. (1995). Bindung: Historische Wurzeln, theoretische Konzepte und klinische Relevanz. In: G. Spangler & P. Zimmermann (Hg.). Die Bindungstheorie: Grundlagen, Forschung und Anwendung. Stuttgart: Klett-Cotta, pp. 17-26.
Fremmer-Bombik, E., Rudolph, J., Veit, B., Schwarz, G., Schwarzmeier, I. (1992). Verkürzte Fassung der Regensburger Auswertemethode des Adult Attachment Interviews. Manuskript. Universität Regensburg.
Grossmann, K., Grossmann, K. (1995). Frühkindliche Bindung und Entwicklung. Familiendynamik 20 (2), pp. 171-192.

Das Mutterberatungsprojekt Iglu der öffentlichen Jugendwohlfahrt des Landes Oberösterreich

Helmut Fellner

Vorbemerkung

Der Aufbau einer qualitativ neuen Eltern-/Mutterberatung der Jugendwohl-fahrt wurde mit der Einrichtung von Bezirkszentren für Gesundheitsförde-rung und Sozialvorsorge für die ersten drei Lebensjahre begonnen, die als „Iglu" bekannt geworden sind. Die vorliegende Projektpräsentation informiert über den politischen Auftrag und die gesellschaftliche Ausgangslage, die fach-lich relevanten Leitlinien, die alltagsunterstützenden Angebote und das Raumkonzept von Iglu.

1. Der politische Auftrag

Das Projekt Iglu ist eine landespolitische Initiative des Landesreferenten für Soziales, Gesundheit und Jugendwohlfahrt des Landes Oberösterreich, der 1994 ein kommunalpolitisches Konzept zur Neugestaltung der bestehenden Mutterberatung aufgriff. Die maßgebliche landespolitische Justierung zielte darauf, die *Gesundheitsprophylaxe* der Mutterberatung mit einer wirksamen *Sozialprophylaxe* unmittelbar zu verbinden. Durch eine – fast zeitgleich ver-laufende – zentrale Aufgabenreform beim Amt der oberösterreichischen Lan-desregierung erhielt das Projekt eine zusätzliche Akzentuierung durch den Auftrag an die Jugendwohlfahrt, die Mutterberatung des Landes in Richtung Früherkennung von Verhaltensauffälligkeiten und Verhaltenstörungen zu profilieren. Der politische Wille zielt darauf, in jedem der 18 Verwaltungsbe-zirke des Landes ein modernes Kompetenzzentrum für Gesundheits- und So-zialprophylaxe für die ersten drei Lebensjahre einzurichten und mit einem in-terdisziplinären Fachteam auszustatten. In einer Leitstellenfunktion ist die-sem Zentrum in der Folge die Anhebung des Standards der Mutterberatung bzw. der Mutterberatungsstellen des jeweiligen Verwaltungsbezirks aufgetra-gen.

Nach dem Abschluss der konzeptiven und der baulichen Vorbereitungsarbei-ten konnten im Oktober 1996 drei Projektstellen der Jugendwohlfahrt – in Wels, in Traun und in Mauthausen – eröffnet werden. Dank des Engagements der Mitarbeiterinnen der öffentlichen Jugendwohlfahrt konnte das intendierte interdisziplinäre Iglu-Kooperationsfeld erfolgreich initiiert werden.

In der Projektphase habe ich als Leiter das Projekt begleitet. Für die erforderliche wissenschaftliche Fundierung der frühen Prävention konnte Herr Prof. Dr. Hanus Papoušek gefunden werden, in weiterer Folge Frau Doz. Dr. Mechthild Papoušek für den Zugang der MitarbeiterInnen zu frühen Verhaltensregulationsstörungen und deren Behandlung (Papoušek & Papoušek, 1990a, 1990b, 1992). Die soziologische Begleituntersuchung hat den Weg der Weiterentwicklung des Projekts bestimmt – insbesondere in Richtung auf aufsuchende Sozialarbeit und Öffentlichkeitsarbeit sowie auf Angebote für werdende Eltern.

Im Beobachtungszeitraum der Begleituntersuchung von anderthalb Jahren – Oktober 1996 bis einschließlich Februar 1998 – betrug die Summe aller Teilnahmen – alle Angebote in allen Projektstellen – 10.569. Insgesamt nahmen 1.787 Personen durchschnittlich 5,9 Mal ein Iglu-Angebot in Anspruch. Inhaltliches Ergebnis der Begleituntersuchung war, dass Iglu im Sinne des Präventivauftrags und der Zielvereinbarungen Problemfälle erreichen kann und tragfähige Kontakte herstellt, die im Fall von auftretenden Problemen genutzt werden. Interviews mit den Müttern zeigten den hohen Stellenwert dieses Angebots, falls notwendig eine kompetente Ansprechperson zu haben.

Der Weiterausbau der Iglu-Bezirksleitstellen ist an freie Jugendwohlfahrtsträger übertragen worden. Im März 2000 hat der Sozialhilfeverband Wels-Land die erste Iglu-Leitstelle für diesen Bezirk mit Standort Marchtrenk eröffnet.

2. Gesellschaftliche Ausgangslage

2.1 Herausforderungen und Belastungen für die Elternschaft – heute

Gesellschaftliche Veränderungen stellen andere Anforderungen und Herausforderungen an Eltern als in der Nachkriegs- und Aufbauzeit.

Gesellschaftliche Werte und Ziele für Elternschaft und Erziehung haben sich markant geändert. Gewaltfreie Erziehung, Partnerschaftlichkeit in der elterlichen Erziehung, Anerkennung *auch des kleinen* Kindes als Person und Respektierung seiner Intimsphäre, Schutz vor Gewalt und Missbrauch sind gesellschaftliche Herausforderungen in unserer Zeit.

Herausforderungen bilden aber auch die Folgen der Veränderungen von Familienstrukturen, die zunehmende Berufstätigkeit junger Mütter, der hohe Anteil an allein Erziehenden, der Verlust von familiären Unterstützungssystemen, immer mehr Einzelkinder und zunehmende Anpassungsansprüche an Kinder aufgrund familiärer und gesellschaftlicher Veränderungen – bereits in den ersten Lebensjahren.

Junge Eltern stehen auch unter dem gesellschaftlichen Druck, dass in der Öffentlichkeit die Elternschaft im Kleinkindalter und Probleme von Kleinkindern noch immer vielfach bagatellisiert werden. Dabei fühlen sie sich heute in ihrer Elternrolle vielfach verunsichert und leben oft unter dem Druck hoher eigener Elternschaftsideale. Oft auf sich allein gestellt, sehen sie sich durchaus realen, großen und alltäglichen Betreuungs-, Beziehungs- und Erziehungsanforderungen im Kleinkindalter gegenüber. Vielen jungen Eltern der heutigen Generation fehlen auch eigene Erfahrungen im Umgang mit kleinen Kindern bzw. die Erfahrung des Aufwachsens in Mehrkinderfamilien oder die Erfahrung des Mitbetreuens jüngerer Geschwister.

Die Herausforderungen und Belastungen der Eltern erscheinen vielfältig. Sie werden sichtbar und spürbar im elterlichen Alltag und lassen sich nicht vereinfachend auf kognitive Defizite der Eltern reduzieren.

2.2 Herausforderungen und Belastungen für das Kindsein – heute

Die Entwicklung von Kindern ist in den ersten Lebensjahren besonders vielschichtig und sensibel für langfristige Auswirkungen. Frühe Entwicklungsbeeinträchtigungen haben nachhaltige Folgen – besonders auch für die soziale Entwicklung – und können in den Folgejahren in Beziehungs- und Verhaltensstörungen manifest werden. In diesem Kontext kommt auch den frühen Verhaltensregulationsstörungen der Babys und den frühkindlichen kommunikativen Störungen zwischen Babys und Eltern besondere Bedeutung zu.

Im weiteren Entwicklungsverlauf zeigen sich auch Überforderungen der Kinder, ganz besonders in der Gefühlsentwicklung und im Zuge von frühen Verlust- und Trennungserlebnissen, wenn kindliche Bedürfnisse von elterlichen Konflikten verdeckt und nicht mehr ausreichend wahrgenommen werden. Überforderungen in der frühen Gefühlsentwicklung bewirken häufig eine tief gehende Betroffenheit der Kinder, die sich verschieden zeigt – als starke Irritation und Abwendung, als erhöhte Angst, als gesteigertes Zuwendungsbedürfnis, als massiver Ärger und Protest, als Kampf um Aufmerksamkeit, als Aggression gegen sich selbst oder andere, als Depression oder Isolation, als psychosomatische Belastung und Erkrankung.

3. Leitlinien

3.1 Psychosozialer Zugang

Eltern zeigen heute in den ersten Lebensjahren ihrer Kinder ein besonders hohes Interesse an der Entwicklung, Erziehung und Förderung ihrer Kinder – auch an Fragen zur Bewältigung auftretender Probleme.

Gerade deshalb müssen die gesellschaftlichen Herausforderungen und Belastungen für Eltern und ihre kleinen Kinder in ihrem Alltag wahrgenommen und auch ernst genommen werden. Unser Zugang ist daher ein psychosozialer, ein Zugang auf die Herausforderungen und Belastungen im Alltag. Er zielt auf die fachliche Unterstützung und auf die Psychohygiene der betroffenen Eltern im Alltag und auch auf die Einrichtung geeigneter förderlicher Rahmenbedingungen für die Entwicklung der Babys und Kleinkinder.

3.2 Systemische Positionierung

Vom psychosozialen Zugang her positionieren wir daher die Angebote von Iglu – zielgenau nach dem Paradigma von Ludewig (1999) für professionelle Hilfe, bei der *der Klient* die Bedürftigkeit ermittelt: Die Angebote liegen primär in der *Begleitung* und in der *Beratung*, nicht in der Anleitung (Schulung) oder in der Therapie:

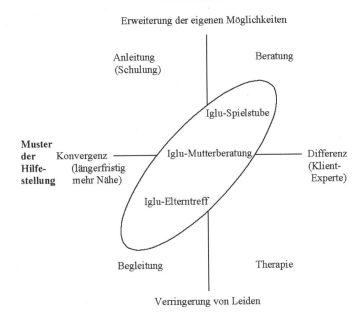

3.3 Wissenschaftliche Fundierung

Die wissenschaftlichen Erkenntnisse zur frühen Entwicklung lassen die *Kommunikation* als die *Drehscheibe der Entwicklung und Förderung erkennen* – von den ersten Lebensmonaten an. Diese Kommunikation erfolgt in der Frühphase der vorsprachlichen Entwicklung über Mimik, Gestik, Sprachmelodie und Ausdrucksverhalten weitgehend intuitiv gesteuert.

In dieser frühkindlichen intuitiven Kommunikation kann auch die Motivation der Babys unschwer erkannt und interpretiert werden im Sinne von: Ich bin, was ich bewirke. Die Wertschätzung dieses intuitiven elterlichen kommunikativen Verhaltens gegenüber der reflektierten Elternschaft und die Herstellung geeigneter Rahmenbedingungen zu ihrer Förderung sind maßgeblich für alle Angebote des Iglu-Projekts.

Frühe *Entgleisungen des Dialogs,* frühe – vielfach auch reifungsbedingte – Verhaltensregulationsstörungen und die damit verbundenen wichtigen psychodynamischen Themen bilden den Kernbereich des kommunikationsorientierten Präventivansatzes. Im Bereich der reflektierten Elternschaft steht die Erweiterung und Vielfalt der Möglichkeiten im Vordergrund, wobei den Zielorientierungen, Werten und Regeln sowie der Herstellung förderlicher Rahmenbedingungen besondere und modellhafte Beachtung zukommt, nicht nur den Erziehungsmitteln.

3.4 Entwicklungspsychologische Ausrichtung

Das entwicklungspsychologische Leitmotiv des Projekts bildet die Entwicklungsförderung des Kindes auf der Grundlage sicherheitsgebender Beziehungen und Bindungen. Diese fundieren die aktive Umweltzuwendung der Kinder im frühen Alter und bilden auch eine wirksame Kontrolle für frühkindlichen Stress, für frühkindliche Ängste und Aggressionen.

Alle Förderangebote des Projekts – auch die Gruppengespräche mit den Experten – sind daher alltagsorientiert auf die Gemeinsamkeit von Kindern mit ihren Eltern(teilen) angelegt.

Rahmenbedingungen für eine altersangemessene Breitbandförderung, insbesondere für das Lernen im freien Spiel, zielen darauf, das Bewegungsspiel, das Parallelspiel, das kreative Experimentieren und Gestalten, das nachahmende Spiel und Rollenspiel, die sozialen Kontakte und sozialen Spiele bzw. das soziale Modell- und Erfahrungslernen zu integrieren (Hartmann, Heginger & Rieder, 1989).

Eine entwicklungspsychologische Förder- und *Ressourcenorientierung* berücksichtigt dabei die Variationsbreite frühkindlicher Entwicklung.

Eine Defizitorientierung entspricht nicht den Zielsetzungen des Projekts.

331

4. Angebote des Projekts

Im Kernbereich bietet das Projekt fachliche Förderung, Begleitung und Beratung in der *Iglu-Mutterberatung,* im Babytreff, in der *Iglu-Spielstube* und im *Iglu-Elterntreff* an. Dort erhalten Eltern auch Informationen über spezielle Angebote sowie über andere wichtige Einrichtungen und Netzwerkpartner. Diese Angebote im Kernbereich sind *offene,* regelmäßige, ganzjährige und kostenlose Treffs mit freiem Zugang. Sie sind als *erlebnisorientierte* und *ganzheitliche* Erfahrungs- und Handlungsräume angelegt – unter strikter Beachtung der Eigenkompetenzen der Eltern und ihrer Kinder.

Die betreuenden Fachkräfte sind als Betreuer der Angebote jederzeit Ansprechpartner für Fragen und Probleme der Gesundheitsvorsorge und Gesundheitsförderung, der Pflege und Ernährung, der Entwicklung, Erziehung und Förderung, ebenso bei Fragen der Alltagsbewältigung und Psychohygiene, bei partnerschaftlichen und familiären Belastungen und Problemen, insbesondere auch bei familiären Übergangssituationen.

4.1 Personelle Ausstattung

Das interdisziplinäre Fachteam einer Iglu-Bezirksleitstelle bilden SozialarbeiterInnen (einschließlich Leitungsaufgaben der Stelle – gesamt 40 WSt. = Wochenstunden), eine PsychologIn (15 WSt.), ein/e Kinderfacharzt/ärztin (stundenweise nach Bedarf der Mutterberatung), eine Kinder- und Säuglingskrankenschwester (20 WSt.), eine Sekretärin, ständig beigezogene Fachkräfte der Gesundheitsdienste für Stillberatung, Ernährungsberatung und Zahngesundheitsförderung, sonstige externe Fachkräfte – nach Bedarf – und Reinigungskräfte.

4.2 Begleitung mit Beratung und zusätzliche Beratungen

In der Begleitung in den offenen Treffs des Projekts (mit Beratung) können primär- und sekundärpräventive Angebote kundenorientiert, sinnvoll und effizient miteinander verbunden werden. Dadurch kann eine möglichst niedrige Interventions- und Kontrollintensität – und damit auch eine niedrige Eintrittsschwelle – erzielt werden. Es kann dadurch aber auch – und das ist ökonomisch relevant – der zusätzlich erforderliche Einzelberatungsaufwand wesentlich begrenzt und reduziert werden.

Als spezielle Beratungsangebote der Gesundheitsprophylaxe sind die Still- und Ernährungsberatung der Abteilung Sanitätsdirektion des Landes Oberösterreich eingerichtet, ebenso wie die Zahngesundheitsförderung des Vereins für prophylaktische Gesundheitsarbeit (PGA). Diese Beratungen erfolgen überwiegend in Gruppengesprächen mit Schwerpunktthemen.

Über eine „Drehscheibe" für externe BeraterInnen bestehen noch zusätzliche Möglichkeiten, um aktuellen Bedürfnislagen zu entsprechen, z.B. Babymassage, Beratung durch eine Kindergärtnerin, eine Logopädin usw.

4.3 Iglu-Mutterberatung und Babytreff

In der Mutterberatung zentrieren sich die Maßnahmen der Gesundheits- und Sozialprophylaxe auf die Frühphase der Entwicklung – unter Mitwirkung von SozialarbeiterIn, PsychologIn, Facharzt/-ärztin und Säuglings- und Kinderkrankenschwester. Im Austausch mit anderen Müttern und mit Fachkräften steht das Baby ab der Neugeborenenzeit und die betreuende Mutter mit all ihren Fragen und Problemen im Fokus dieses sozialen Treffs.

Gegenüber der bisherigen gesundheits- und wachstumsorientierten Mutterberatung gewinnen frühe Anpassungsprobleme und interaktionsorientierte Verhaltensregulationsstörungen mit ihren psychodynamisch relevanten Themen, und in der Folge – ab dem 4./5. Monat – auch psychosoziale Themen der elterlichen Grenzsetzung und Abgrenzung wesentlich an Bedeutung.

Auch für mitkommende ältere Geschwister bietet die Mutterberatung, außer der Anteilnahme am Geschehen rund um das Baby, Kontakte mit anderen Kindern und Spielmöglichkeiten an.

Die Iglu-Mutterberatung ist als *kommunikatives* Zentrum angelegt.

Sofern die Verfügbarkeit des/der Kinderfacharztes/Kinderfachärztin begrenzt ist, kann zur Sicherung eines wöchentlichen Angebots für Babys ab der Neugeborenenzeit auch ein „Babytreff" eingerichtet werden. Bei Bedarf kann auch der *Iglu-Elterntreff* auf diese Babys ausgerichtet werden – natürlich auch mit ihren Geschwistern im Kleinkindalter.

4.4 Iglu-Spielstube

Die Iglu-Spielstube ist ein *offener* Treff für Kinder in den ersten drei Lebensjahren, gemeinsam mit den begleitenden Bezugspersonen. Bei der Spielstube stehen das freie Spiel und die Kompetenz der Säuglinge und Kleinkinder im Vordergrund – die kommunikative und soziale Kompetenz und die Handlungskompetenz im Umgang mit geeignetem Spielmaterial.

Zum freien Spiel gehören auch rezeptive und rekreative Tätigkeiten, wie sich im Umfeld orientieren, beobachten, zuschauen, nachahmen, mit der Mutter ein Bilderbuch ansehen und darüber sprechen ... sich erholen, kuscheln in der Kuschelecke, essen und (bei Babys) schlafen. Auch hier gilt, wie bei allen offenen sozialen Treffs, die Eigenverantwortung und Eigenkompetenz der begleitenden Eltern(teile). Alle Angebote verstehen wir als Hilfen zur Selbsthilfe, bei denen wesentlich ist, dass die fachliche Unterstützung bei Problemsituationen jederzeit gewährleistet ist. Besonders Einzelkindern und Kindern ohne außerfamiliäre Kontakte sollen Erfahrungsräume für soziales Lernen erschlossen werden.

Die Ausstattung der Spielstube ist – der oben beschriebenen entwicklungspsychologischen Ausrichtung entsprechend – auf Breitbandförderung ausgelegt. Hervorhebung verdient, dass das Bewegungsspiel der räumlichen Integration bedarf. Es kann in dieser frühen Entwicklungsphase räumlich-ausstattungsmäßig nicht ausgelagert werden. Bewährt haben sich mehrere Fortbewegungsgeräte für das entwicklungsrelevante Parallelspiel, wie Rutschis, Lauflernwagerl und Puppenwagen, aber auch eine niedrige Kleinkinderrutsche, in der das „einer nach dem andern" gelernt werden kann.

Von der Ausstattung her und vom Anspruch her dominieren in der Spielstube die bewegungsfreudigen Kleinkinder, auch wenn geschwisterliche Babys durchaus Raum erhalten.

Ein schon erwähnter Babytreff oder der Iglu-Elterntreff kann hier zu einer angemessenen Balance beitragen und den Babies mehr Raum geben.

Räumlich – sachlich stellt die Iglu-Spielstube spezielle Anforderungen und Herausforderungen. Mit Angeboten für Kinder dieser Altersgruppe betreten wir sozusagen in der öffentlichen Jugendwohlfahrt Neuland. Darum wird auf das *Raumkonzept von Iglu* noch gesondert eingegangen. Dabei erhält auch die Erweiterung der Spielstube *drinnen* – durch eine Spielstube *draußen* – als Spiel- und Bewegungsraum in der warmen Jahreszeit besonderes Gewicht, um die Attraktivität der Iglu-Stelle für Hilfe Suchende zu gewährleisten.

4.5 Iglu-Elterntreff

Der Informationsaustausch der Eltern(teile), der Austausch von Erfahrungen, der Austausch über Lebensverhältnisse und Alltag, Belastungen und Probleme der frühen Elternschaft und die Unterstützung durch die betreuenden Fachkräfte prägen den – ebenfalls *offenen* – Iglu-Elterntreff. Im Vordergrund des Elterntreffs stehen die Anliegen der begleitenden Elternteile bzw. Bezugspersonen – gleichsam als Gegenpol zur Spielstube, bei der die Interessen der Kleinkinder im Vordergrund stehen. Dabei lernen die begleitenden Kinder unter Anleitung ihrer Eltern(teile), sich schrittweise auch alleine oder mit anderen Kindern zu beschäftigen – natürlich im zumutbaren Ausmaß, das die begleitenden Eltern(teile) bestimmen. Auch hier bleiben die Eltern zuständig. Die Kinder werden nicht durch Dritte beaufsichtigt.

Im offenen Elterntreff ist es auch möglich, dass sich begleitende Bezugspersonen aus der Gruppe der Eltern zurückziehen, um sich in besonderer Weise ihrem Kind zuzuwenden, um sich ein Buch aus der Elternbuch- und Bilderbuchbibliothek der Iglu-Stelle näher anzusehen oder um ein Einzelgespräch mit einer fachlichen Betreuungskraft zu führen. Interessierten Eltern werden auch aktualisierte Listen von Elternbüchern und von Bilderbüchern der Bibliothek für die ersten drei Lebensjahre angeboten.

5. Iglu-Raumkonzept

Das Raumkonzept ist sowohl auf eine Mehrfachnutzung im Zeitablauf als auch auf eine parallele Mehrfachnutzung ausgelegt und kann damit den Erfordernissen eines gemischten Wohngebiets – auch in Stadtgebieten – entsprechen. Für Neubauwohngebiete mit Stadtteildimensionen wäre eine räumlich-funktionale Entflechtung eines solchen Zentrums indiziert.

Das Iglu-Raumkonzept ist als Ergebnis der Praxiserfahrungen der öffentlichen Iglu-Projektstellen anzusehen.

Das in 5.2 graphisch dargestellte Konzept ist keine Planvorgabe, sondern dient der Orientierung. Die räumliche Umsetzung der vielfältigen inhaltlichen Vorgaben des Iglu-Konzepts ist jedoch anspruchsvoll und spricht die Kompetenz von Architekten an.

5.1 Inhaltliche Richtlinien

Die Mehrfachnutzungen von Iglu – im Zeitablauf und parallel – betreffen die offenen Treffs – Mutterberatung, Spielstube und Elterntreff, eventuell auch Babytreff –, dann die fachlichen Beratungen, Gruppengespräche mit internen und externen Fachkräften, sowie Zusatzangebote nach Maßgabe des Bedarfs. Der Raumbedarf an gedecktem Raum beträgt mindestens ca. 150 qm, der unmittelbar räumlich zugeordnete Spielraum im Freien kann bis zu 400 qm betragen.

Die Mehrfachnutzung des Iglu wird dadurch erleichtert, dass im räumlichen Zentrum die Spielstube eine Raumeinheit aus zwei größeren, unmittelbar benachbarten Räumen darstellt – mit einer gemeinsamen Trennwand, mit Verbindungstür und Zweiwegscheibe. Diese dient der elterlichen Beobachtung der explorierenden Kleinkinder und ermöglicht elterliche Distanz, darüber hinaus ist so auch fachliche Beratung möglich.

Der Spielstubenbetrieb ist bis maximal 28 bis 30 Personen ausgelegt bzw. für 12 bis 14 Kinder mit ihren Begleitpersonen und die Betreuungskräfte; optimal ist eine durchschnittliche Anzahl von 8 bis 10 Kindern.

Die Spielstubenraumeinheit aus größeren Räumen erfüllt auch das Erfordernis einer räumlich-sachlich adäquat ausgestatteten, parallelen fachlichen Beratung von Eltern mit Babys und Kleinkindern – beispielsweise bei parallelen Beratungen von PsychologIn und Sozialarbeiterin. Für gesonderte Beratungen und vertiefte Gespräche während der sozialen Treffs oder bei mehr als zwei parallelen Beratungs- und Gesprächsangeboten ist die Mehrfachnutzung der kleineren Räume zweckmäßig und bei der Ausstattung zu berücksichtigen. Dies betrifft den Arztraum, den Mitarbeiterraum und auch die Garderobe. Eine Gangzone mit maximaler Raumerschließung ist für die Umsetzung der Mehrfachnutzung unbedingt erforderlich.

5.2 Grafisches Orientierungskonzept

Raumbedarf für den gedeckten Raum mindestens ca. 150 qm
Raumbedarf für den ungedeckten Raum bis zu 400 qm

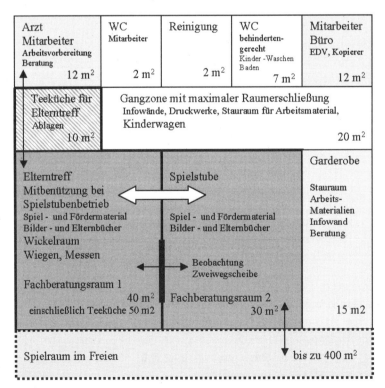

6. Schlussbemerkungen

Abschließend möchte ich nochmals anmerken, dass ein sozialpolitischer Auftrag die Grundlage für die Entstehung und Weiterentwicklung des richtungsgebenden Iglu-Projekts bildet. Die neue Eltern-/Mutterberatung als Gesundheits- und Sozialprophylaxe spricht allerdings mit ihren Angeboten gesundheitspolitische, sozialpolitische und familienpolitische Interessen – und Ressourcen – des Landes Oberösterreich an. Im neuen Präventivkonzept sind Babys und Kleinkinder zu gleichrangigen Interaktionspartnern geworden. Das neue fachliche Profil ist darauf ausgerichtet, dass aus Kindern mit frühen Problemen nicht Problemkinder werden.

Literatur

Papoušek, M. & Papoušek H. (1990a). Intuitive elterliche Früherziehung in der vorsprachlichen Kommunikation. I: Grundlagen und Verhaltensrepertoire. Sozialpädiatrie in Klinik und Praxis 12 (7), pp. 521–527.

Papoušek, M. & Papoušek H. (1990b). Intuitive elterliche Früherziehung in der vorsprachlichen Kommunikation II: Früherkennung von Störungen und therapeutische Ansätze. Sozialpädiatrie in Praxis und Klinik 12 (8), pp. 579–583.

Papoušek, H. & Papoušek, M. (1992). Vorsprachliche Kommunikation: Anfänge, Formen, Störungen und psychotherapeutische Ansätze. In: Integrative Therapie 18 (1–2), pp. 139–155.

Ludewig, K. (1999). Psychosoziale Versorgung zwischen Expertentum und Nichtwissen – eine systemische Sicht. In: H. Karlinger. Soziale Empfindsamkeit. Festschrift des Magistrats. Linz, pp. 3–68.

Hartmann, W., Heginger, W., Rieder, A. (1989). Spiel – Baustein des Lebens. Das Spiel in den ersten sechs Lebensjahren. Wien: Bundesverlag.

Hartmann, W., Heginger, W., Rieder, A., Schneider, p. (1998). Buch - Partner des Kindes. Wissenswertes über Bücher für die ersten acht Lebensjahre. Wien: Bundesverlag.

Erziehungshilfe, Rat und Information im Kindergarten – das Projekt ERIK

Fritz Pellander und Ursula Krambrock

Vorbemerkung

Seit den 70er-Jahren stellen primäre Prävention und niedrigschwellige, gemeinwesenorientierte Arbeit eine Option im erziehungsberaterischen Leistungsspektrum dar. Mittelverknappung und steigende Beratungszahlen wirkten jedoch in den letzten Jahren einer intensiven und flächendeckenden Präventionsarbeit entgegen.

Ende der 90er-Jahre entstand in der Erziehungsberatungsstelle Düsseldorf Eller der Arbeiterwohlfahrt (AWO) aus der wachsenden Arbeitsbelastung und der Frustration heraus, ständig im Nachgang, „zu spät und mit zu wenig" Hilfsmöglichkeiten die Klientel zu erreichen, das Bedürfnis, wieder stärker dem Präventionsauftrag nachzukommen, der seit der Gründung der Beratungsstelle in der Konzeption festgeschrieben ist.

1. Voraussetzungen des ERIK-Projektes

Mit einem neuen, innovativen Ansatz sollten Klienten angesprochen werden, die durch die traditionelle Komm-Struktur der Erziehungsberatungsstelle nur schwer zu erreichen und in den Fallstatistiken deutlich unterrepräsentiert sind: Eltern drei- bis sechsjähriger Kinder, insbesondere Eltern unterer sozialer Einkommensschichten, ausländische Eltern und allein Erziehende.

Als mögliche Kooperationspartner eines solchen Ansatzes boten sich die Kindertagesstätten der AWO Düsseldorf an, weil nahezu alle Kinder dieses Alters über den Kindergarten zu erreichen sind, eine verbandsinterne Kooperation aussichtsreich und relativ unkompliziert zu realisieren ist und weil die AWO-Kindertagesstätten sich mit ihren sozialen Auswahlkriterien explizit an ausländische Eltern und Eltern in sozial schwierigen Ausgangslagen wenden.

Die Voraussetzungen für das Projekt ERIK lassen sich aus der Sicht der Beratungsstelle folgendermaßen darstellen:

- „Kurative Frustration": Wir wollten individuellen und familiären Problemlagen nicht immer nur hinterherlaufen, sondern ihnen im Entstehen und in der Entwicklung entgegentreten.

- Präventivmotivation: Wir waren überzeugt davon, dass es sinnvoll und effektiv ist, Störungen durch frühe Diagnostik und frühe Hilfen für Kind und Familie zu verhindern.
- Unterrepräsentanz der Altersgruppe: Kindergartenkinder waren bei den Anmeldungen in der Beratungsstelle zahlenmäßig gering vertreten.
- Präventives Konzept: Prävention hat im gemeindenahen Konzept der Einrichtung einen hohen Stellenwert.
- Erfahrungen mit psychosozialer Prävention: In der Vergangenheit waren vereinzelt immer wieder ermutigende Erfahrungen mit präventiven Arbeitsansätzen gemacht worden.
- Vertrautheit mit Früherkennung: Der Einrichtungsleiter brachte langjährige Erfahrungen in der Prophylaxe aus seiner früheren Arbeitsstelle in einem Früherkennungszentrum mit.
- Innovationserfahrung: Es gibt in der Einrichtung zahlreiche und vielfältige Erfahrungen in der Projektentwicklung und im Projektmanagement.

Alle Kindertagesstätten der Düsseldorfer AWO wollten sich an ERIK beteiligen. Das Angebot fand schnelle Akzeptanz auf allen Ebenen, von der Erzieherin bis hin zur Abteilungsleitung. Seitens der Kindertagesstätten gab es folgende Interessenlage:

- Fachliches Profil: Im Rahmen ihrer eigenen Profildiskussion durch eine verstärkte Konkurrenz auf dem Markt (Sättigung) hatten die AWO-Kindertagesstätten ein großes Interesse, ihr fachliches Profil durch ergänzende Angebote der Familienbildung/Familienberatung anzureichern und zu schärfen.
- Organisationsentwicklung: Die verstärkte Kooperation zwischen Kindertagesstätten und Erziehungsberatungsstelle war und ist eingebettet in einen Organisationsentwicklungsprozess hin zu einer verstärkten Integration der Jugendhilfeangebote und wird von der gemeinsamen Bereichsleitung gewünscht und gefördert.

2. Entwicklung und Durchführung des ERIK-Projektes

Konzept

Aus den beschriebenen Voraussetzungen des Projektes wurden folgende konzeptionelle Eckpunkte entwickelt:

- Institutionelle Ausrichtung: Die Arbeit der Erziehungsberatungsstelle richtet sich über den Einzelfall und einzelne, präventive Angebote hinaus auf die Kindertagesstätte als System und fördert deren fachliche Weiterentwicklung.

- Hilfen für Eltern und Erzieherinnen: ERIK bietet eine auf die Situation der jeweiligen KITA speziell zugeschnittene Kombination von Hilfen für Eltern und Erzieherinnen an.
- Kooperationsorientierung: Die praktische Kooperation wird begleitet durch eine Steuerungsgruppe auf der Leitungsebene, deren Aufgabe die Bewertung und Weiterentwicklung der Arbeit ist.
- Kombination von Hilfebausteinen: ERIK bietet den Eltern eine auf ihre individuellen Bedürfnislagen ausgerichtete Kombination und Abfolge von Hilfeangeboten.
- Neue Interventionseinheiten: Der Zugang zu ERIK wird durch „Kinderkarten" erleichtert, eine regelmäßige Inanspruchnahme von Früherkennung wird durch den „PEC" (Psychosozialen-Entwicklungs-Check) ermöglicht.
- Ermutigende Attitüde: Die Eltern werden ermutigt, sich – in welcher Form auch immer – schon früh mit Erziehungsfragen auseinander zu setzen.
- Arbeitsgruppe: Eine Untergruppe aus Fachkräften unterschiedlicher beruflicher Provenienz und Erfahrung innerhalb des Teams spezialisiert sich auf ERIK und begleitet die Entwicklung in einem Gruppenprozess.
- Koordination: Eine Koordinatorin organisiert die Hilfen für die einzelnen Kindertagesstätten sowie den Einsatz interner und/oder externer Fachkräfte für die verschiedenen Interventionseinheiten.
- Präsentation: Eine ansprechende und einheitliche visuelle Aufmachung aller ERIK-Angebote sorgt für einen hohen Aufforderungsgehalt und Wiedererkennungswert.
- Organisationsentwicklungskonzept: Die auf ergänzende Spezialisierung ausgerichtete Strukturentwicklung innerhalb der Erziehungsberatungsstelle und die Entwicklung der Kooperation zwischen Kindertagesstätte und Beratungsstelle sind eingebettet in ein Strukturentwicklungskonzept des Verbandes.

Als erstes Kontaktmedium für den Einsatz im Präventionsprojekt boten sich die bei Eltern beliebten und qualitativ hochwertigen „Elternbriefe" des Verbandes „Neue Erziehung Berlin e.V." besonders an. Daher wurden die Elternbriefe redaktionell bearbeitet: Sie wurden auf die Altersgruppe hin ausgewählt, thematisch gegliedert und zu so genannten „Kinderkarten" umgestaltet, die so Kurzinformationen für Eltern zu wesentlichen Erziehungsfragen anbieten.

Als zweite Maßnahme, Kontakt zu den Eltern herzustellen, wurden von den Mitarbeiter/innen der Erziehungsberatungsstelle Konzeptionen zu Elternabenden entwickelt, die als Angebot zum „erzieherischen Diskurs" zum Teil Fragestellungen der Kinderkarten wiederaufnehmen, zum anderen sich übergreifenden Fragestellungen des familiären Erziehungsalltages und der psychosozialen Entwicklung des Kindes zuwenden.

Die Liste der angebotenen Elternabende umfasst folgende Themen:
- Diagnostische Eingrenzung von Verhaltensauffälligkeiten
- Sinn und Aufgabe von Erziehungsberatung
- Kinderschutz (Wie mache ich mein Kind stark)
- Umgang mit kindlichem Trotz
- Geschwister und Rivalität
- „Alle fünf Minuten etwas anderes" (Über Konzentration und Ausdauer)
- Bewusst einschalten und ausschalten (Über den Umgang mit dem Fernseher)
- Mein Kind im Alter von drei bis sechs Jahren
- Kinder brauchen Grenzen
- Mut zur Erziehung
- Brauchen Kinder perfekte Eltern?
- Autorität und Grenzen in der Erziehung
- Scheiden tut weh?!
- Vom Kindergartenkind zum Schulkind
- Verhaltensauffälligkeiten bei Kindern
- Das Spiel des Kindes – ein Kinderspiel?
- Entwickelt sich mein Kind normal?
- Geschwister – Freund oder Feind?
- Sensorische Integration
- Früherkennung von Entwicklungsstörungen
- Versorgung und Selbstständigkeit
- Erziehungsgewalt
- Grenzen, Schutz und Verantwortung in der kindlichen sexuellen Entwicklung

Die Referentinnen und Referenten der Elternabende kommen aus unterschiedlichen Berufsgruppen (Psychologie, Pädagogik, Medizin, Sozialpädagogik und Sozialarbeit, Psychotherapie und andere). Sie haben in der Gestaltung der Themen freie Hand. Einige der Referent/innen konzentrieren sich auf die Wissensvermittlung und referieren einen vorbereiteten Vortrag, andere beziehen stärker die Interessen und Bedürfnisse der anwesenden Eltern ein, berichten aus ihren eigenen Erfahrungsfeldern und beantworten aufkommende Fragen der Eltern; wieder andere gestalten den Abend als angeleitete Gruppendiskussion.

Für einen kleineren Kreis von Eltern, die sich vertieft mit einzelnen Fragestellungen auseinander setzen wollen, werden Elterngruppen als Weiterführung und Vertiefung der Elternabende angeboten. „Sprechstundenangebote der Erziehungsberatung in den Kindertagesstätten" sollen außerdem Eltern ermutigen, unkompliziert einen ersten Kontakt zu Mitarbeiter/innen der Erziehungsberatung aufzunehmen und Rat und Hilfestellung in alltäglichen Erziehungsfragen und -problemen zu suchen.

Sie dienen auch als möglichen Einstieg für das PEC-Angebot und helfen, weitere Unterstützungsmöglichkeiten der Beratungsstelle kennen zu lernen. Darüber hinaus werden „Sprechstunden ohne Voranmeldung" auch in der Erziehungsberatungsstelle Eller angeboten.

Neben den schon beschriebenen Elternangeboten gehören Öffentlichkeitsarbeit, Vernetzung und Kooperation sowie die Bemühung um Projektmittel zu den Arbeitsschwerpunkten des Projektes. Im Laufe der Jahre 1998 und 1999 wurde die Durchführung des ERIK-Projektes in den 15 AWO-Kindertagesstätten der Stadt Düsseldorf im Rahmen einer Diplomarbeit wissenschaftlich begleitet.

Öffentlichkeitsarbeit

Die optisch ansprechende Umsetzung der Kinderkarten, das einheitliche ERIK-Logo und Pressearbeit vor Ort dienten dazu, bei den Eltern und der interessierten Düsseldorfer Öffentlichkeit den Bekanntheitsgrad und den Wiedererkennungswert des ERIK-Projektes zu erhöhen.

Kooperation

Kollegiale Fachgespräche vor Ort und die intensive Kooperationsarbeit mit den Kindertagesstätten dienen der Akzeptanz für das Projekt sowie dem fachlichen Austausch. In einer Arbeitsgruppe treffen interessierte und kooperationsbereite Fachleute mit den Projektbeteiligten zusammen, um anfallende Probleme und Unklarheiten zu besprechen und die Projektstrukturen flexibel an die Bedürfnisse aller Beteiligten anzupassen (Axelrod, 1988; Spieß, 1996). Diese „Steuerungsgruppe" ist der zentrale Ort der Metakommunikation über das Projekt und seinen Verlauf und Informationsschnittstelle für alle beteiligten Kooperationspartner. Darüber hinaus wird ein intensiver fachlicher Austausch über die Grenzen Düsseldorfs hinaus gepflegt. So wurde auf der Wissenschaftlichen Jahrestagung der bke 1999 in Osnabrück ein Workshop zum ERIK-Projekt mit bundesweiter Resonanz durchgeführt. Über das Versenden von Informationsmaterial hinaus wurde ein „Interessentenpool" erstellt und ein Netz zum bundesweiten fachlichen Austausch geknüpft, das den Transfer dieses Düsseldorfer Modells im gesamten Bundesgebiet ermöglicht.

Projektmittel

Dem erheblichen Organisations- und Zeitaufwand entsprechend, den ein solcher neuer Arbeitsansatz bedeutete, wurde schon früh nach Ressourcen gesucht, dieses Projekt zeitlich und finanziell abzusichern. Es gelang, durch eine maßgebliche Förderung der Stiftung Jugendmarke einen Projektrahmen für die Jahre 2000 und 2001 zu definieren, der eine qualifizierte Begleitforschung ermöglichte.

3. Projektmodifikation durch Wissenschaftliche Begleitung und Praxis

Im Rahmen der Psychologie-Diplomarbeit war es möglich, eine Fragebogenaktion mit Eltern, die am ERIK-Projekt teilgenommen hatten, durchzuführen, eine Dokumentation der Projektaktivitäten zu erstellen und in qualitativen Befragungen die Erfahrungen und Wünsche von Eltern und Erzieherinnen zu eruieren (Schütze, 1987). Die Ergebnisse der Begleitforschung wie auch die praktischen Erfahrungen bei der Durchführung des Projektes führten zu Modifikationen der Arbeit mit den Eltern und Erzieherinnen.

So haben wir inzwischen das Setting der „Sprechstunde vor Ort", die von den Eltern gut angenommen wird, erweitert. Das „Sprechstundenangebot in der Erziehungsberatungsstelle", das nicht so gut angenommen wird wie erwartet, haben wir entsprechend eingeschränkt. Bei der Auswahl der Themen für die Elternabende gehen wir flexibler auf die Wünsche der Eltern und Erzieherinnen ein und berücksichtigen verstärkt die aktuellen Problemlagen der einzelnen Kindertagesstätten.

Wir haben die Kooperation zwischen den Kindertagesstätten und der Erziehungsberatungsstelle verstärkt. Es wurde ein so genanntes Praxis-Team gebildet mit drei Praxis-Berater/innen als festen Ansprechpartner/innen für die AWO-Kindertagesstätten. Diese Berater/innen stehen nunmehr einzelnen Kindertagesstätten für Informationen, Teambesprechungen und Sprechstunden zur Verfügung. Sie organisieren darüber hinaus Elternabende mit externen Experten und beraten die Kindertagesstätten zu den Themen Weiterbildung, Fortbildungsveranstaltungen und Supervision. Sie führen Spielbeobachtungen und entwicklungsdiagnostische Maßnahmen auf Wunsch von Eltern oder Er-

zieherinnen durch und vermitteln weitergehende Maßnahmen wie Elterngruppen oder Elterntrainings. Die Ansprechpartnerin einer Kindertagesstätte
dient auch als erste Anlaufstelle für die Eltern der dortigen Kinder. Sie führt
die Sprechstunde vor Ort durch und nimmt die Wünsche der Eltern (z.B. nach
bestimmten Gruppenveranstaltungen) entgegen. Wenn sie nicht selbst tätig
werden kann, leitet sie die Anliegen weiter.

Die Erzieherinnen hatten im Rahmen der Begleitforschung einen großen Bedarf an Fachberatung und Fortbildung zum Ausdruck gebracht. Wir haben
auf diese Nachfrage reagiert, indem wir die Arbeit mit den Erzieherinnen zu
einer zweiten Säule des Projektes ausgebaut haben.

4. Die Projektarbeit als kontinuierlicher Prozess

Mit Beginn des Jahres 2000 wird das ERIK-Projekt für den Zeitraum von zwei
Jahren finanziell gefördert mit dem Auftrag, neben der Durchführung des
Projektes eine systematische Begleitforschung zu etablieren und Chancen der
Übertragbarkeit des Projektes zu eruieren.

Neben dem Praxisteam und einer Vielzahl externer Expert/innen, die bei Bedarf hinzugezogen werden, arbeitet ein dreiköpfiges Wissenschaftsteam mit
soziologisch/psychologisch und erziehungswissenschaftlicher Ausrichtung,
dessen Aufgabe die qualitative Begleitforschung des Projektes ist.

Forschungsschwerpunkte sind „Niedrigschwelligkeit von Präventionsansät-
zen", „Kooperationsstrukturen des Projektes" und „Übertragbarkeit des Ansatzes". Der wissenschaftliche Diskurs wird über ein Fachforum im Internet,
intensive Zusammenarbeit mit Kooperationspartnern im ganzen Bundesgebiet und Fachtagungen intensiviert. Die neu entwickelte ERIK-Informations-
broschüre bietet eine umfangreiche Erstinformation für alle Interessierten.
Daneben stellt die Internetpräsenz (www.awo-erik.de) eine wesentliche Infor-
mationsplattform für Eltern, Erzieherinnen und interessierte Fachleute dar.

Literatur

Axelrod, R. (1988). Die Evolution der Kooperation. München: Oldenbourg.
Schütze, F. (1987). Das narrative Interview. Hagen: Fernuniversität.
Spieß, E. (1996). Kooperatives Handeln in Organisationen. Theoriestränge und empirische
    Studien. München: Mering.

Kinder mit Schmerzen und chronischen Krankheiten – Systemische Familienmedizin in einer Pädiatrischen Tagesklinik

Angela Eberding und Thomas Lob-Corzilius

1. Einführung

Im Gefolge der unbestrittenen Fortschritte der Medizin ist die Zahl der chronisch kranken Kinder gestiegen. Diese Kinder benötigen ein umfassendes Betreuungsangebot, das häufig ambulant nur schwer zu koordinieren ist. Parallel dazu hat sich in den letzten Jahren die pädiatrische Behandlung und Betreuung im Krankenhaus deutlich verändert. Dies hat vielfältige Gründe:

- Die Bedürfnisse von Eltern und Kindern an eine zeitgemäße Behandlung im Kinderkrankenhaus haben sich gewandelt: Als Beispiele seien die unbegrenzte tägliche Besuchszeit und die häufige Mitübernachtung von Mutter oder Vater im Rahmen der stationären Behandlung genannt; sie wird von über 30% aller Eltern mit steigender Tendenz genutzt. Eine zwingende medizinische Notwendigkeit für eine Übernachtung der Kinder ist oftmals nicht gegeben, war aber bis vor kurzem aufgrund der Bundespflegesatzverordnung bei vollstationärer Betreuung erforderlich. Zunehmend häufig wurde diese gesetzliche Erfordernis natürlich auch von den Eltern infrage gestellt.
- Auf der Seite der behandelnden ÄrztInnen in Klinik und Praxis haben sich die Erwartungen dahingehend verändert, dass insbesondere bei den derzeit als nicht heilbar angesehenen Erkrankungen wie z.B. Asthma, Diabetes und manchen neurologischen Erkrankungen der aktive Einbezug von Kind und Familie in den Behandlungsprozess notwendig ist, um mit der Krankheit eigenverantwortlich besser leben und sie besser bewältigen zu können.
- Das medizinische Selbstverständnis hat sich in den letzten Jahren zunehmend verändert: weg von der Vorstellung der „omnipotenten HelferIn und HeilerIn", die auf Compliance, d.h. auf die „folgsame und sich fügende" PatientIn setzt, hin zum Bild der BegleiterIn und UnterstützerIn einer in ihrer Kompetenz bestärkten und aufgeklärten PatientIn, was mit dem Begriff des „Empowerment" am besten umschrieben wird. Bedingt durch die langjährigen Schulungserfahrungen von Kindern und ihren Eltern in den Bereichen Asthma, Diabetes und Neurodermitis sind die individuellen Patienten-

kontakte in den Spezialambulanzen und auf den Stationen im Kinderhospital Osnabrück von diesem veränderten Bild geprägt (siehe z.B. Szczepanski et al., 2000).

All diese Aspekte bildeten den Hintergrund dafür, dass das Kinderhospital Osnabrück im Juli 1998 als eine der ersten Kinderkliniken Deutschlands eine *pädiatrische Tagesklinik* eingerichtet hat.[1]

Der wesentliche Inhalt der Arbeit in der Tagesklinik ist einerseits die Verpflichtung zu einer gründlichen, somatischen Abklärung unter Einbezug der Vorbefunde, andererseits die „sprechende", zu Empowerment verhelfende Therapie. Der Begriff „Medizin" wäre hier zu kurz gegriffen. Vielmehr handelt es sich in der Tagesklinik um ein familienmedizinisches Konzept, dass ohne die mehr als zehnjährigen praktischen Erfahrungen in der Betreuung und Schulung chronisch kranker Kinder und Jugendlicher nicht denkbar gewesen wäre (siehe z.B. Könning et al., 1997; Theiling et al., 1996).

Die eingangs skizzierten Veränderungen erfordern einen aktiven Einbezug von „kranken" und „gesunden" Familienmitgliedern mit ihren Krankheits- und Gesundheitsvorstellungen sowie von den individuellen sozialen und psychischen Ressourcen und Risiken der jeweiligen Familie. Darüber hinaus erfordern sie das Durchbrechen der starren Trennung von ambulanter und stationärer Versorgung durch den Einbezug der betreuenden Kinder- und HausärztInnen, wenn notwendig bzw. möglich auch von PsychologInnen, ErzieherInnen und LehrerInnen.

2. Die Tagesklinik im Kinderhospital Osnabrück

Mit der Errichtung einer Tagesklinik im Kinderhospital Osnabrück wurde bewusst Neuland in der stationären Kinderheilkunde betreten. Es ging darum, den o.g. Veränderungen Rechnung zu tragen und den unter den Eltern und Therapeuten verbreiteten Wunsch erfüllen zu können, erkrankte Kinder und Jugendliche, bei denen dies ärztlicherseits vertretbar ist, nachts in der vertrauten Umgebung schlafen zu lassen und so unnötige seelische Belastungen zu vermeiden.

Erstmals wurde beim Umbau einer bislang konventionell genutzten Station in eine Tagesklinik der Versuch unternommen, familienmedizinisches Denken und bisherige Erfahrungen in ein strukturiertes Handeln im normalen Klinikablauf zu integrieren und die bauliche Struktur, die Organisation und die personelle Besetzung danach auszurichten.

346

Die Tagesklinik verfügt über neun Plätze. In den ersten zwei Jahren hat das interdisziplinäre Team über 2.000 PatientInnen betreut, davon waren mehr als 50% jünger als sechs Jahre.

Behandelt werden Kinder mit chronischen Erkrankungen, wie z.B. Asthma, Allergien, Neurodermitis und Diabetes, sowie mit vielfältigen, teils funktionellen Beschwerden wie z.B. rezidivierenden Bauch- und Kopfschmerzen, Schwindel, Gedeihstörungen und schließlich Einnässen und Einkoten. Hinzu kommt eine steigende Zahl von Kindern und Jugendlichen mit Übergewicht, die in der Initialphase einer Langzeitbetreuung hier behandelt werden.

Tabelle 1 zeigt die Verteilung der häufigsten Diagnosen (im Jahr 1999):

Allergologie, Pneumologie	52%
HNO-Operationen	12%
Bauch- und Kopfschmerzen	8%
Obstipation	2%
Adipositas	2%

In die Diagnostik und Behandlung einbezogen sind immer die Eltern und ggf. auch andere Familienmitglieder wie Geschwister und Großeltern. Die Beschwerden und Symptome der Kinder geben nicht selten Hinweise z.B. auf eine belastete Familiensituation, eine Verunsicherung der Elternrolle, eine inkonsistente Erziehungshaltung und/oder unzureichende familiäre Ressourcen im Umgang mit einer chronischen Erkrankung.

2.1 Zwischenbilanz

Die in der Tagesklinik betreuten Kinder mit den o.g. Krankheitsbildern stellen einen Querschnitt durch die Klinik dar: Dies erforderte in der Übergangszeit eine Anpassung, Umstrukturierung und zusätzliche Qualifizierung der MitarbeiterInnen nicht nur hier, sondern in der gesamten Klinik. Im Sommer 2000 konnte nach zweijähriger Laufzeit folgende Zwischenbilanz zum Stellenwert der Tagesklinik im Kinderhospital gezogen werden: Die Integration in die Gesamtklinik ist gelungen. Die Kinderklinik mit 80 Betten versorgte 3.886 vollstationäre PatientInnen im Jahr 1999, die Tagesklinik mit neun Plätzen versorgte im selben Zeitraum 1.056 PatientInnen, d.h. gut 20% aller Aufnahmen. Im Jahr 1999 lag die durchschnittliche Belegung der Tagesklinik bei 8,8 Pt. pro Tag mit einer durchschnittlichen Verweildauer von 1,8 Tagen.[2]

2.2. Tagesablauf

Die Familien werden zur Neuaufnahme nacheinander ab 8.30 Uhr einbestellt, zu besonderen Tests auch schon früher. Die letzten Familien gehen um 16.30 Uhr. Von den acht bis neun Kindern, die jeden Tag in der Tagesklinik behandelt werden, sind drei bis vier Neuaufnahmen und fünf bis sechs „Wiederkommer".

Die Verweildauer liegt zwischen einem Tag und (sehr selten) drei Wochen. Die Wartezeit beträgt im Sommer 2000 zwischen vier und acht Wochen, prinzipiell ist eine Akutaufnahme pro Tag zusätzlich möglich, diese Möglichkeit wird aber selten genutzt.

Die Kinder werden in erster Linie von niedergelassenen Kinder- und Allgemeinärzten, aber auch von anderen Fachärzten und von den Fachambulanzen der Klinik überwiesen. Der Einzugsbereich liegt meistens innerhalb eines Radius' von 30 bis 40 km, nicht selten nehmen Eltern aber auch freiwillig einen Anfahrtsweg von 80 bis zu 100 km in Kauf, ohne dass eine Fahrgelderstattung erfolgt.

2.3. Interdisziplinäres Team

Eine das Kind bzw. den Jugendlichen und seine Eltern unterstützende therapeutische Intervention erfordert ein Team verschiedener Professionen mit einem optimierten interdisziplinären Betreuungskonzept. Das Behandlungsteam ist multiprofessionell zusammengesetzt und besteht aus erfahrenen Kinderkrankenschwestern, einer Familientherapeutin, einer Stationsärztin mit fortgeschrittener Facharztausbildung und einem Oberarzt. Ferner kooperiert das Team eng mit den Erzieherinnen, Diätassistentinnen und Physiotherapeutinnen der Klinik. Familien, deren Kinder von Neurodermitis oder Diabetes betroffen sind, können bei Bedarf von anderen in der Klinik angestellten FamilientherapeutInnen auch in der Tagesklinik weiterbetreut werden.

Die notwendige Koordination erfolgt bei der einstündigen mittäglichen Teamsitzung, die die bisher übliche Visite komplett ersetzt und an der alle Teammitglieder teilnehmen. In wechselnder Folge werden andere Fachärzte mit ihren jeweiligen Spezialgebieten hinzugezogen. Diese Teamsitzung hat im Konzept der Einrichtung einen sehr hohen Stellenwert. Neben der notwendigen

Klärung diagnostischer Aspekte der PatientInnen besteht hier die optimale Gelegenheit zu einem gleichberechtigten Austausch professioneller Sichtweisen auf das betreute Kind und die zumeist begleitende Mutter. Denn häufig erfahren die einzelnen Berufsgruppen hier mitunter sehr unterschiedliche Beobachtungen und Meinungen der Mütter über ihre Kinder, nicht selten muss eine ärztliche Anamnese nach der Teamsitzung umgeschrieben werden. In diesem Rahmen können auch gemeinsame Perspektiven für die der Familie empfohlenen therapeutischen Maßnahmen erarbeitet werden.

3. Die familienmedizinische Arbeit in der Tagesklinik

Je nach Vorinformation bzw. Einweisungsdiagnose werden mit den neu aufgenommenen Familien über die medizinische Diagnostik und Therapie hinaus initial explorierende Elterngespräche durchgeführt, die teilweise eine massive psychische oder soziale Belastungssituation bis hin zu massiven Problemen in der Familie mit Grenz- und Regelsetzung bzw. einer sehr geringen Frustrationstoleranz bei einzelnen Familienmitgliedern aufzeigen.

In Kenntnis der erhobenen medizinischen Daten werden diese Probleme zum Ausgangspunkt für eine wertschätzende, ressourcenorientierte familienmedizinische Beratung und Verlaufsbetreuung genommen (Theiling et al., 2000, S. 157). Hierbei legen wir ein Mehrebenenmodell zugrunde, das in unserem Hause für die Betreuung asthmakranker Kinder entwickelt wurde (Könning, 1997, S. 31; s. S. 350). Dieses Modell läßt sich an die jeweilige Gesundheitsstörung adaptieren und dient dazu, in das genannte familienmedizinische Vorgehen auch verhaltensmedizinische Komponenten und körperbezogene Übungen zur Selbstwahrnehmung zu integrieren.

Welchen Familien über eine organische Diagnose und Behandlung hinaus auch familientherapeutische Gespräche angeboten werden, entscheidet das Team meistens in der Mittagssitzung. In Ausnahmefällen führen Stationsärztin und Familientherapeutin das erste explorierende Familiengespräch gemeinsam, z.B. bei Kindern, die schon im Vorhinein und ausdrücklich auch zur Abklärung psychosomatischer Beschwerden eingewiesen werden, oder bei adipösen Kindern, bei denen es um eine Abschätzung der familiären Interaktionsstrukturen geht, die sich evtl. um das Thema „Essen" herum entwickelt haben.

Die Anzahl dieser Gespräche je Familie lag (je nach Diagnose) zwischen einem und über 10 (z.B. bei Obstipation und Harninkontinenz). Abschließende Familiengespräche mit beiden Eltern finden in ca. 20% der Fälle statt, wobei die interdisziplinäre Zusammensetzung wechselt, mal sind es der Arzt und die Familientherapeutin, mal eine Kinderkrankenschwester ohne Arzt.

Physiologische Ebene	Somatische Diagnostik und Therapie, Lungenbefund, Bronchien, Medikamentenspiegel, Allergene, Stufenplan
Ebene des subjektiven Körpererlebens	Körperschema, Körperhaltung, „im Körper zu Hause sein", Selbsteinschätzung, Entspannung, Atemgymnastik
Emotionale Ebene	Emotionale Grundbefindlichkeit, Gefühlsausdruck, Formen der emotionalen Abwehr
Kognitive Ebene	Selbstkonzept des Kindes, Krankheitskonzept, Kontroll-überzeugungen, Attributionsmuster, Leistungsanspruchs-niveau, rationale-irrationale Überzeugungen
Ebene des praktischen Verhaltens	Handlungsstrategien im Umgang mit der Krankheit (Inhalation, Vermeiden von Auslösern, Medikamente), Vermeidungsverhalten des Kindes in sozialen Situationen (soziale Kompetenz)
Sozialer Mikrokosmos Familie	Umgang der Familie mit Belastung, Blick auf die Inter-aktion in der Familie als Ganzes. Asthma als „organisie-rendes Prinzip" des Familienlebens. Umgang mit Gren-zen, elterlich-eheliches Subsystem, Geschwistersystem, gemeinsam geteilte Überzeugungen
Sozialer Mikrokosmos	Peergroup, Schule, Nachbarschaft, Gemeindekontext, Hausarzt, Klinik
Sozialer Makrokosmos	Gesellschaftlicher Lebensraum der Familie, Struktur des Gesundheitssystems, Luftverschmutzung, gesellschaftlich vermittelte Bilder von Gesundheit/Krankheit, Rauchen

Acht-Ebenen-Modell zur Erfassung von Personen und Situationen am Beispiel Asthma (Könning, 1997, S. 31)

Im Laufe von zwei Jahren wurde folgende Anzahl von Kindern mit den angegebenen Diagnosen familienmedizinisch betreut:

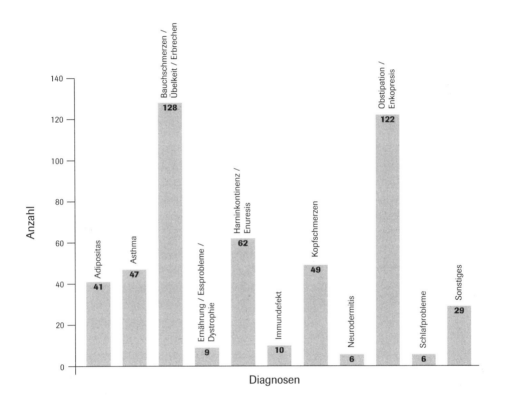

Anzahl der psychosozialen Beratungen

Die Verteilung der betreuten Kinder nach Alter und Geschlecht

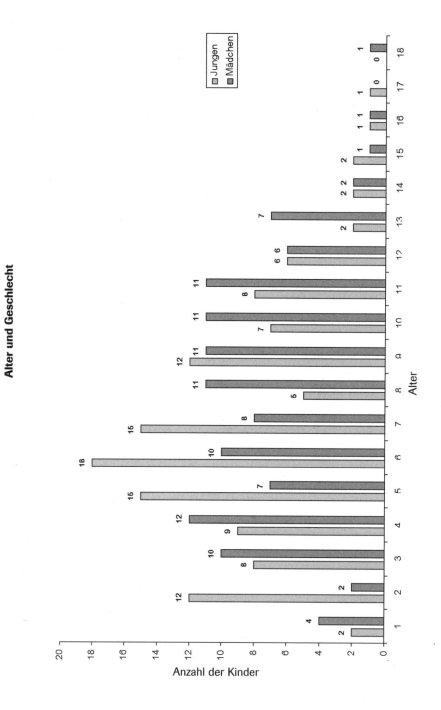

3.1 Der Klinikalltag

Beispiel aus einem normalen Tageskliniktag: In der – recht typischen – Teamsitzung werden folgende PatientInnen neu vorgestellt (Namen geändert):

1. Waldemar S., ein 2 Monate alter Junge aus einer Aussiedlerfamilie aus Weißrussland, Vorstellungsgrund: persistierende **Gelbsucht** zur Blutkontrolle und Sonographie.
2. Karin H., ein 12,5 Jahre altes Mädchen, Vorstellungsgrund: **Bauchschmerzen,** seit 3 Jahren Schmerzen, seit 8 Wochen ständig und sehr stark, ihr Bruder leidet an gutartigem Knochentumor.
3. Janis Ch., ein 21 Monate alter Junge griechischer Herkunft (ehemaliges Frühgeborenes), Vorstellungsgrund: **rezidivierende Bronchitiden.**

Folgende PatientInnen kommen zum wiederholten Mal:
4. Firat K., ein Junge türkischer Herkunft[3], fast 4 Jahre alt, Vorstellungsgrund: **Bauchschmerzen und Schlafprobleme.** Es handelt sich um den zweiten Termin, für die Schmerzen hatte sich bei den bisherigen Untersuchungen keine somatische Ursache finden lassen, in einem Gespräch mit der (türkischsprachigen) Familientherapeutin war eine inkonsistente Erziehungshaltung der Eltern deutlich geworden, auch dass F. nur gegenüber der Mutter über Schmerzen klagte.
5. Johannes M., ein fast 4 Jahre alter Junge, Vorstellungsgrund: **Obstipation.** Der Patient war nach der „Windelentwöhnung" sechs Monate trocken und sauber, nässte und kotete aber seit sechs Monaten wieder ein, zeigte ein problematisches Essverhalten. Es ist sein fünfter tagesklinischer Termin mit Toilettentraining, Krankengymnastik und Elterngesprächen.
6. Paula B., ein 9 Jahre altes Mädchen, Vorstellungsgrund: **Kopfschmerzen** (zum Vorgehen ausführlich s.u.).
7. Anna P., ein fast 4 Jahre altes Mädchen, Vorstellungsgrund: **Neurodermitis.** Sie hat seit dem ersten Lebensjahr Hautprobleme, ihre Familie war vor drei Wochen nach längerem Umbau umgezogen, seitdem Verschlechterung der Haut. Die Schwester (8) hat Asthma, der einjährige Bruder leidet ebenfalls an Neurodermitis.
8. Dennis B., ein 13 Monate alter Junge, Vorstellungsgrund: **Essstörung.** Der Patient hat in den letzten Wochen nicht zugenommen, isst sehr langsam und wenig, hat seit der Geburt (fast) noch nie durchgeschlafen, Mutter mit Schuppenflechte und Rheuma. Der dritte Termin dient zur Beobachtung sowie der Ernährungs- und Erziehungsberatung.

In der Besprechung wird jedes Kind bzw. jede Familie nacheinander vorgestellt, die zur Besprechung erhobenen Fakten (Ergebnisse von medizinischen Untersuchungen und Tests, Beobachtungen vor allem der Krankenschwestern, Ergebnisse von Schulungen, Familien- und Einzelgesprächen) werden diskutiert und das weitere Vorgehen geplant.

3.2 Familienmedizinische Betreuung bei Kopfschmerzen

Am Beispiel von Paula (s.o.) soll deutlich gemacht werden, wie im Einzelfall die Betreuung eines Kindes mit Kopfschmerzen in der Tagesklinik aussehen kann.

Paula wurde im September 1999 wegen Kopfschmerzen von ihrer Kinderärztin in die Tagesklinik überwiesen und von der Mutter vorgestellt. Sie war mit ihren 9 Jahren die jüngere Tochter der Familie, ihre Schwester war 18 Jahre alt und gerade in eine eigene Wohnung gezogen. Der Vater war aus beruflichen Gründen stark eingebunden und deshalb selten in der Familie. Frau B. war seit der Geburt der ersten Tochter Hausfrau.

Im explorierenden Erstgespräch mit der Stationsärztin berichtete die Mutter, dass Paula seit zehn Wochen unter einem ständigen Kopfschmerz litte, der sich trotz Einnahme leichter Schmerzmittel nicht bessere. Voruntersuchungen beim Augen-, Hals-Nasen-Ohrenarzt (Röntgen der Nasennebenhöhlen) und der Kinderärztin seien ohne Befund gewesen. Die Symptomatik beginne am Morgen und sei in den letzten vier Wochen so stark, dass Paula nur an drei Tagen die Schule besucht habe. Zum Mittag hin würden die Schmerzen deutlich weniger, nachts klage das Mädchen nie.

Primär wurde das Mädchen klinisch internistisch und neurologisch untersucht, der Blutdruck wurde gemessen sowie ein EEG und ein EKG abgeleitet. Alle Untersuchungen waren auch hier ohne Befund. Bei der Mittagsbesprechung lagen bereits einige Befunde vor, sodass eine organische Ursache für die Schmerzen schon am ersten Tag weitgehend ausgeschlossen werden konnte. Es wurde beschlossen, dass die Familientherapeutin am Nachmittag ein Gespräch mit Mutter und Tochter führen sollte. Die Stationsärztin bot der Mutter das Gespräch an; diese stimmte gerne zu.
In diesem Gespräch berichtet die stark übergewichtige Mutter, Paula besuche die dritte Klasse der Grundschule und sei eine gute Schülerin. Sie sei leicht übergewichtig, eher still und werde manchmal in der Klasse gehänselt. Insgesamt gehe sie aber gerne in die Schule und sei eine gute Schülerin. Allerdings habe sie wenig Freundinnen und verbringe ihre Freizeit oft zu Hause bei der Mutter. Mit der Einschulung habe es schon einmal eine Phase gegeben, in der Paula über starke Kopfschmerzen geklagt habe. Auch damals habe sie einige Tage in der Schule gefehlt. Nach einiger Zeit seien die Schmerzen aber nicht mehr aufgetreten. Ruhe und Kälte hätten damals geholfen.

Paula selbst berichtet, sie lese lieber und spiele mit der Mutter als zu anderen Kindern zu gehen. Insgesamt wirkt sie eher still und zurückhaltend. Ihre Mutter antwortet immer wieder für sie und auch die Regel, dass diejenige auf die Frage antworten möge, der sie gestellt worden sei, ist von der Mutter schwer einzuhalten.

Gemeinsam mit Mutter und Tochter werden Hypothesen dafür aufgestellt, was Paula wohl „Kopfzerbrechen" machen könnte:

• Die Frage nach einem Zusammenhang zwischen dem Auszug der Schwester und dem Beginn der Kopfschmerzen bei Paula wurde von Mutter und Tochter verneint.

• Genauso wenig konnten sich beide vorstellen, dass es etwas geben könnte, das Paula von einem regelmäßigen Schulbesuch abhalte, sodass das Symptom eine Art von Schutzreaktion sei.

Es werden verschiedene Möglichkeiten gesammelt, wie Paula mit den Schmerzen umgehen kann, damit diese sie nicht in ihrem Alltag beeinträchtigen (z.B. Massage, Ruhe, Kühlen oder Ablenken).

Zum Ende wird vereinbart, dass das Mädchen mit Unterstützung der Mutter in den nächsten zwei Wochen ein Symptomprotokoll führt, in dem sie notiert, was gegen die Schmerzen getan wurde und mit welchen Erfolg. Paula soll auch mit Kopfschmerzen wenigstens einige Tage in die Schule gehen um festzustellen, ob dies einen Unterschied mache.

Nach zwei Wochen wird Paula mit ihrer Mutter zur einem weiteren Gespräch bei der Familientherapeutin und zur Befundmitteilung nachstationär wieder einbestellt. Bei dieser Gelegenheit berichten Mutter und Tochter, dass Paula weiterhin unter ihren Schmerzen stark gelitten habe. Obwohl sie es versucht hatte – auch mit Begleitung der Mutter –, einen Tag in die Schule zu gehen, sei dies nicht gelungen.
Ruhe und Stirnmassagen der Mutter hätten geholfen, sodass es Paula nach einiger Zeit wieder so gut gegangen sei, dass sie mit der Mutter den Lernstoff der Klasse nachholen konnte. Beide scheinen mit dieser Lösung recht zufrieden zu sein.

Auf die Frage, ob Paula mit ihrem Symptom nicht sich, sondern vielleicht jemanden anderes schütze und wer dies denn sein könne, antwortet Paula spontan: „Meine Mutter". Es wird deutlich, dass Paula sich über ihre Mutter viele Gedanken macht. Im Laufe des weiteren Gespräches kann mit Mutter und Tochter erarbeitet werden, dass die Familie (nach Möglichkeit unter Beteiligung aller Familienmitglieder) von einer weiteren therapeutischen Begleitung glaubt profitieren zu können. Ziel könnte u.a. sein, andere, bessere Wege zu finden, um eine Vereinsamung der Mutter zu vermeiden und das Zusammenleben in der Familie so zu verändern, dass Paula wieder regelmäßig die Schule besuchen kann.

Die Familie wird mit der Empfehlung einer Auswahl an ihrem Wohnort tätiger Psychotherapeuten und Beratungsstellen entlassen.

Drei Wochen nach der Entlassung findet ein Telefongespräch zwischen der Familientherapeutin der Tagesklinik und einem Mitarbeiter einer Erziehungsberatungsstelle statt: Nach einem Erstgespräch dort hatte Frau B. ihn von der Schweigepflicht entbunden. Eine Psychodiagnostik und eine weiterführende Therapie sind geplant.

4. Vorläufiges Resümee und Zukunftsperspektiven

Die mittlerweile zweijährige Erfahrung tagesklinischer Tätigkeit zeigt eindeutig, dass das geschilderte Konzept teilstationärer Versorgung ein erfolgreiches Zukunftsmodell ist. Wie obige Tabellen verdeutlichen, kann eine beachtliche Anzahl an Patienten und – in ausgewählten Fällen – ihre Familien betreut werden. Damit wird zum einen die (auch für unsere Klinik wichtige) betriebswirtschaftliche Effizienz bewiesen, ebenso wie die Tatsache, dass hier kein „Luxusmodell von Patientenversorgung" auf dem Rücken anderer, vor allem der weiterhin konventionell arbeitenden Stationen etabliert wurde. Das teilstationäre Angebot wird von Eltern und betreuenden Haus- bzw. Kinderärzten gezielt nachgefragt, wie auch die Anreisen aus einem größeren Einzugsbereich belegen. Zunehmend werden besonders die Kinder mit speziellen psychosozialen Problemen bei der Bewältigung chronischer Krankheiten und funktioneller Schmerzzustände deshalb auf die Tagesklinik eingewiesen, weil sich die familienmedizinische Arbeitsweise herumgesprochen hat. Darüber hinaus profitieren insbesondere kleine Kinder und ihre Familien von einer tagesklinischen Betreuung, zum einen, weil die Kinder den Abend, die Nacht und die Wochenenden in vertrauter Umgebung verbringen können, zum anderen, weil gerade hier Behandlungs- und Unterstützungsangebote sehr früh einsetzen können, die sonst aus Furcht vor möglicher sekundärer Schädigung durch eine Trennung von den Eltern nicht in Anspruch genommen werden.

Das vorgestellte teilstationäre Konzept eignet sich zum gleitenden Übergang aus vollstationärer Betreuung und zur Vernetzung mit ambulanten Versorgungsstrukturen, nicht nur in der Medizin, sondern auch mit Erziehungsberatungsstellen und anderen Einrichtungen der Jugendhilfe.

Anmerkungen

1 Für diese neue Form teilstationärer Behandlung finden sich in Deutschland nur wenige Vorläufer z.B. im Wilhelmsstift Hamburg oder im Kinderkrankenhaus Köln.
2 Die vorläufigen Zahlen des Jahres 2000 sind weitgehend identisch mit dem Vorjahr.
3 Zum Thema „Gesundheitsberatung und Behandlung von Migrantenfamilien" s. Eberding und von Schlippe, 2001.

Literatur

Eberding, A., Schlippe, A. v. (2001). *Gesundheit und Migration: Konzepte der Beratung und Behandlung von* Migranten. In: P. Marschalck, K. H. Wiedl (Hg.). Migration – Krankheit und Gesundheit. Aspekte von Mental Health und Public Health in der Versorgung von Migranten. IMIS-Schriften 10. Osnabrück: Universitätsverlag Rasch (i.Dr.).

Könning, J., Szczepanski, R., Schlippe, A. v. (Hg.). (1997). *Die Betreuung asthmakranker Kinder im sozialen Kontext.* Stuttgart: Enke.

Könning, J. (1997). *Ein multidimensionales Konzept der Bewältigung chronischer Krankheit.* In: J. Könning, R. Szczepanski, A. v. Schlippe (Hg.), pp. 25-45.

Szczepanski, R., Schlippe, A. v., Brockmann, G., Lob-Corzilius, Th., Theiling, St. (2000). *Familienmedizinische Asthmabetreuung und Asthmaschulung.* In: F. Petermann, P. Warschburger (Hg.). Asthma bronchiale. Göttingen: Hogrefe, pp 257-274.

Theiling, S., Schlippe, A. v., T. Lob-Corzilius. (2000). *Systemische Familienmedizin in der Pädiatrie.* In: F. Kröger, A. Hendrischke, S. McDaniel (Hg.). Familie, System und Gesundheit. Heidelberg: Carl-Auer, pp. 130-164.

Theiling, S., Szczepanski, R., T. Lob-Corzilius (1996). *Der Luftikurs für Kinder mit Asthma.* Tübingen: Thieme.

Die Autorinnen und Autoren

Aarts, Maria, Urheberin des Marte Meo Arbeitsmodells, Direktorin des Internationalen Marte Meo Netzwerkes; Muntplein 1, NL-3841 EE Harderwijk

Bünder, Peter, Dipl.-Päd., pädagogisch-therapeutischer Mitarbeiter der Familien- und Erziehungsberatung der Stadt Köln, Vorsitzender des Kölner Vereins für Systemische Beratung; Dr.-Simons-Str. 3, 50679 Köln

Eberding, Angela, Dr. phil., Dipl.-Päd., Familientherapeutin, Kinderhospital Osnabrück; Kinderhospital, Iburger Straße, 49082 Osnabrück

Fellner, Helmut, Dr. phil., Gesundheitspsychologe, Psychotherapeut (SF); Amt der Oö. Landesregierung, Abt. Jugendwohlfahrt, Promenade 28, A-4021 Linz

Fries, Mauri, Dr. phil., Dipl.-Psych., Forschung und Praxis im Bereich Kleinkindentwicklung, Universität Rostock, Zentrum für Nervenheilkunde; Poliklinik für Kinder- und Jugendneuropsychiatrie/Psychotherapie, Gehlsheimer Str. 20, 18147 Rostock

Grabbe, Michael, Dipl.-Psych., Lehrtherapeut, Lehrender Supervisor am Institut für Familientherapie Weinheim; Psychotherapeutische Praxis, Wellingholzhauserstr. 44, 49326 Melle

Hahlweg, Kurt, Prof. Dr.; Institut für Psychologie der Technischen Universität Braunschweig, Spielmannstr. 12A, 38106 Braunschweig

Hawellek, Christian, Dr. phil., Dipl.-Päd., Erziehungs- und Familienberatung; Klingenhagen 4, 49377 Vechta

Jacubeit, Tamara, Dr. med., Kinderärztin, Säuglingspsychosomatik; Kreiskrankenhaus Elmshorn, Agnes-Karle-Allee, 25337 Elmshorn

Kaisen, Ralf, Dr. phil, Dipl.-Psych., Koordination der Erziehungsberatung und zweier fachdienstübergreifender Bezirksstellen, Münster; Kupferbrink 22, 48167 Münster

Keller, Heidi, Prof. Dr. phil., Dipl.-Psych., Forschungen zur kulturspezifischen frühen Sozialisation und deren Entwicklungskonsequenzen sowie zur Entwicklung von Verhaltensauffälligkeiten; Universität Osnabrück, Fachbereich Psychologie und Gesundheitswissenschaften, 49069 Osnabrück

Krambrock, Ursula, Dr. phil., Dipl.-Psych., Projektarbeit, Begleitforschung

Lanfranchi, Andrea, Dr. phil., Psychologe, Beratung und Therapie bei Migrantenfamilien, Fachleiter Interkulturelle Pädagogik in der Lehrerbildung des Kantons Zürich; Haltenweg 28, CH-8706 Meilen

Lob-Corzilius, Thomas, Dr. med, Kinderarzt, Oberarzt am Kinderhospital Osnabrück; Kinderhospital, Iburger Straße, 49082 Osnabrück

Loth, Wolfgang, Dipl.-Psych., Erziehungs- und Familienberatung, Psychotherapie, Supervision: Beratungsstelle für Eltern, Jugendliche und Kinder, Kirchstr. 1, 42799 Leichlingen, www.Erziehungsberatung.net; privat: Steinbrecher Weg 52, 51427 Bergisch Gladbach, E-Mail: kopiloth@t-online.de

Miller, Yvonne, Dr. rer. nat., Dipl.-Psych., Projekt „Zukunft Familie"; Institut für Psychologie der Technischen Universität Braunschweig, Spielmannstr. 12a, 38106 Braunschweig

Pellander, Fritz, Dr. phil., Dipl.-Psych., stadtteilorientierte Erziehungsberatung, Projektentwicklung; AWO-Beratungsstelle Eller für Kinder, Jugendliche, Erwachsene und Familien, Gertrudisplatz 24, 40229 Düsseldorf

Schaefer, Sabina, Dipl.-Psych., Psychologische Beratung von Eltern, Kindern und Jugendlichen, Projektarbeit; Jugendamt Stuttgart, Esslinger Str. 40, 70199 Stuttgart

Schneewind, Klaus A., Prof. Dr. phil., Lehre und Forschung in Psychologischer Diagnostik, Persönlichkeitspsychologie, Familienpsychologie; Institut für Psychologie, Universität München, Leopoldstrasse 13, 80802 München

Schneider, Kornelia, wiss. Referentin, Forschungstätigkeit, Deutsches Jugendinstitut, München; Kaiserstr. 30, 80801 München

Schweitzer, Jochen, PD, Dr. phil., Dipl.-Psych., stv. Direktor der Abt. Medizinische Psychologie und Psychiatrie am Universitätsklinikum Heidelberg, Lehrtherapeut u. Supervisor der Internationalen Gesellschaft für Systemische Therapie (IGST); Bergheimer Str. 20, 69115 Heidelberg

Sirringhaus-Bünder, Annegret, Dipl.-Soz.Päd., Praxis für Beratung, Supervision, Fortbildung, Köln; Dr.-Simons-Str. 3, 50679 Köln

Suess, Gerhard, Dr. phil., Dipl.-Psych., Leiter der Erziehungsberatung Hamburg Eppendorf, Bindungsforscher; Schleikamp 20a, 22851 Norderstedt, Fon/Fax +49/40/5479299 (priv.), Fon 040/ 53779284 (dienstl.), E-Mail: gerhard.suess@planet-interkom.de, http://www.planet-interkom.de/gerhard.suess/suess.htm

Tietze, Wolfgang, Prof. Dr. phil., Professor für Erziehungswissenschaft, Schwerpunkt Kleinkindpädagogik, Forschung zur Qualität frühkindlicher Umwelten, Freie Universität Berlin; Limastr. 28, 14163 Berlin

Walper, Sabine, Prof. Dr. phil., Dipl.-Psych., Professorin für Pädagogik mit Schwerpunkt Jugendforschung; Institut für Pädagogik der Universität München, Leopoldstrasse 13, 80802 München

Widmann, Ingeborg, Dipl.-Psych., Psychologische Beratung von Eltern, Kindern und Jugendlichen, Projektarbeit; Jugendamt Stuttgart, Esslinger Str. 40, 70182 Stuttgart

Wüstenberg, Wiebke, Prof. Dr. phil., Lehre und Forschung, Bereich Kinderschutz und Prävention von Gewalt; Fachhochschule Frankfurt am Main, FB Sozialpädagogik, Hartmann-Ibach-Str. 105, 60389 Frankfurt/M.

Die Herausgeber/in

Hawellek, Christian, Dr. phil., Dipl.-Päd., Studium der Erziehungswissenschaften, Psychologie und Soziologie in Münster; mehrjährige Tätigkeiten in der Ehe- und Paarberatung und der Kinder- und Jugendpsychiatrie, seit 1985 in der Erziehungs- und Familienberatung. Nebenberuflich Lehraufträge am Institut für Familientherapie, Weinheim, und am Fachbereich Klinische Psychologie, Osnabrück, Durchführung eigener Weiterbildungen. Diverse Veröffentlichungen zu Fragen der Beratung und Therapie mit Kindern und Familien. Kinder- und Jugendlichenpsychotherapeut, Weiterbildungen in systemischer Familientherapie; grad. Gestalttherapeut, Dipl.-Eheberater, Marte Meo Therapeut.
Anschrift: Beratungsstelle für Eltern, Kinder und Jugendliche im Landkreis Vechta, Klingenhagen 4, 49377 Vechta, Fon 04441/7011, Fax 04441/921297

Lösche, Gisela, Dr. phil., Dipl.-Psych., Studium an der TU Berlin; wiss. Mitarbeiterin am Institut für Psychologie der FU Berlin, Lehre und Forschung am Lehrstuhl Entwicklungspsychologie, speziell: Frühkindliche Entwicklung, Entwicklungspsychopathologie, wiss. Mitarbeiterin an der Kinderklinik der FU Berlin, leitende Psychologin an der Kinder- und Jugendpsychiatrie der Universität Tübingen, seit 1993 Leiterin der Erziehungsberatungsstelle des Landkreises Celle, seit 1997 Vorstandsmitglied der LAG Erziehungsberatung Niedersachsen, Mitglied der Gesellschaft für Seelische Gesundheit in der frühen Kindheit (GAIM). Weiterbildung in Gesprächspsychotherapie, Verhaltenstherapie, Kindertherapie, Familientherapie, Sozialmanagement; Psychologische Psychotherapeutin.
Anschrift: Erziehungsberatungsstelle des Landkreises Celle für Kinder, Jugendliche und Eltern, Denickestr. 110b, 29225 Celle, Fon 05141/42063, Fax 05141/951569,
E-Mail: gisela.loesche@lkcelle.de

Schlippe, Arist von, Dr. phil., Dipl.-Psych., Studium der Psychologie und Theologie in Hamburg; fünfjährige Tätigkeit in der Kinder- und Jugendpsychiatrie, seit 1981 an der Universität Osnabrück im Fachgebiet Klinische Psychologie, seit 1986 nebenamtlich Lehrtherapeut am Institut für Familientherapie, Weinheim, seit 1999 erster Vorsitzender der Systemischen Gesellschaft, Berlin, Mitherausgeber der Fachzeitschrift „Psychotherapie im Dialog" im Thieme-Verlag; Psychologischer Psychotherapeut, Weiterbildungen in Gesprächspsychotherapie, Systemischer Familientherapie, Gestalttherapie/Integrativer Therapie, Lehrtherapeut und Lehrender Supervisor der Systemischen Gesellschaft.
Anschrift: Fachbereich Klinische Psychologie der Universität Osnabrück, Knollstr. 15, 49069 Osnabrück, Fon 0541/9694743, Fax 0541/9694747,
E-Mail: arist.schlippe@uni-osnabrueck.de